中国社会科学院当代中国马克思主义政治经济学创新智库
中国社会科学院全国中国特色社会主义政治经济学研究中心

政治经济学前沿报告

（2025）

主　编／张　旭

社会科学文献出版社
SOCIAL SCIENCES ACADEMIC PRESS (CHINA)

前　言

2024 年是实现"十四五"规划目标任务的关键一年。面对外部压力加大、内部困难增多的复杂严峻形势，以习近平同志为核心的党中央团结带领全党全国各族人民，沉着应变、综合施策，经济运行总体平稳、稳中有进，高质量发展扎实推进，经济社会发展主要目标任务即将顺利完成。新质生产力稳步发展，改革开放持续深化，重点领域风险化解有序有效，民生保障扎实有力，中国式现代化迈出新的坚实步伐。

在实践中，我们不断深化对经济工作的规律性认识。党中央集中统一领导是做好经济工作的根本保证，在关键时刻、重要节点，党中央及时研判形势、做出决策部署，确保我国经济航船乘风破浪、行稳致远。必须统筹好有效市场和有为政府的关系，形成既"放得活"又"管得住"的经济秩序。必须统筹好总供给和总需求的关系，畅通国民经济循环。必须统筹好培育新动能和更新旧动能的关系，因地制宜发展新质生产力。必须统筹好做优增量和盘活存量的关系，全面提高资源配置效率。必须统筹好提升质量和做大总量的关系，夯实中国式现代化的物质基础。

当前外部环境变化带来的不利影响加深，我国经济运行仍面临不少困难和挑战，主要是国内需求不足，部分企业生产经营困难，群众就业增收面临压力，风险隐患仍然较多。同时必须看到，我国经济基础稳、优势多、韧性强、潜能大，长期向好的支撑条件和基本趋势没有变。我们要正视困难、坚定信心，努力把各方面积极因素转化为发展实绩。政治经济学理论工作者持续研究我国经济社会发展的重大问题，其研究成果形成了《政治经济学前沿报告（2025）》。

《政治经济学前沿报告（2025）》主要包括以下内容。

专题一"习近平经济思想研究进展"，主要包括"习近平经济思想的体系化学理化研究""全面深化改革的重要理论进展""把坚持高质量发展作为新时代的硬道理""加快形成新质生产力""处理好政府和市场的关系"。显然，这些问题相较于之前的研究，是紧密结合习近平经济思想的核心内容，针对经济发展实践的突出问题进一步细化、深化的理论成果。

专题二"中国特色社会主义经济研究进展"，则聚焦"构建高水平社会主义市场经济体制""从供给和需求两侧推动经济高质量发展""创新驱动与数字经济""城乡融合与区域协调发展""绿色发展与生态文明建设""构建高水平对外开放新格局"，对党的二十大、二十届三中全会的战略部署和全面深化改革的任务要求，进行了深入探讨。

专题三"马克思主义政治经济学基本理论研究进展"，通过八个分论题即"生产力理论""劳动理论、劳动价值论与剩余价值论""生产、消费、分配、交换（流通）理论""货币与资本理论""政治经济学整体研究与方法论研究""国家理论与世界市场理论""分工和所有制理论""马克思恩格斯其他经典理论"，对马克思主义政治经济学的基本理论问题和经典理论问题的最新研究成果进行了汇总。

专题四"当代资本主义经济研究进展"，从"当代资本主义发展的阶段性特征""帝国主义研究的回潮""当代资本主义的内生危机演变""数字资本主义演进的新形态及其内在矛盾""数字资本主义的生产过程"五个方面刻画了当代资本主义经济的形态。

专题五、专题六"国外政治经济学研究进展"，分别从"马克思主义政治经济学的研究方法""价值理论研究""剥削理论研究""资本积累理论研究""社会再生产理论研究""货币金融理论与金融化研究""生态学马克思主义研究""帝国主义理论研究""世界经济长期停滞与经济剩余的吸收""通货膨胀的理论解释及经验验证""技术进步、生产率和工作日""全球经济不平等交换"等方面，比较全景式地展现国外政治经济学研究的最新成果，并对后凯恩斯主义制度主义的理论进展：凡勃伦-康芒斯奖获得者查尔斯·威伦（Charles Whalen）的理论贡献进行了介绍。他山之石，可以攻玉，相信这些国外学者的成果可以拓展国内政治经济学界的研究视野。

专题七"年度专题：新质生产力研究进展"，比较系统地通过"新质生产力的概念与理论内涵""新质生产力的形成机制""新质生产力的理论创新""科技创新战略""产业创新战略""因地制宜发展新质生产力及相关实证研究"六个方面，汇总了关于新质生产力研究的理论和实践进展。

本书由张旭教授主编。张旭（中国社会科学院经济研究所）主持设计总框架，进行报告写作的组织和协调，并对全书进行了统稿和审定。

具体写作分工如下：前言：张旭；专题一"习近平经济思想研究进展"：张弛（中国社会科学院经济研究所）；专题二"中国特色社会主义经济研究进展"：秦蒙（中国社会科学院经济研究所）；专题三"马克思主义政治经济学基本理论研究进展"：王天蛟（中国政法大学马克思主义学院）；专题四"当代资本主义经济研究进展"：郭义盟（中共四川省委党校经济学部）；专题五、专题六"国外政治经济学研究进展"：李连波（中国社会科学院经济研究所）、孙小雨（中国社会科学院经济研究所）；专题七"年度专题：新质生产力研究进展"：陈雪娟（中国社会科学院经济研究所）、赵伟洪（中国社会科学院经济研究所）；附录"2024年政治经济学界大事记和2024年政治经济学主要著作、论文选目"：隋筱童（中国海洋大学）。

前沿报告的年度性质和研究的主题具有连续性，另外，由于文献作者们的写作和文献发表的时间差异，个别专题或问题会适当地上溯。同时，由于一些专题内容不可避免地存在着交叉，我们尽可能地进行了协调。相关议题的文献可能存在遗漏，还请各位同仁谅解；也希望政治经济学界同仁对前沿报告提出批评和建议，以使报告越做越好。

最后，感谢中国社会科学院经济研究所政治经济学研究团队以及有关高校同仁扎实、认真的工作。特别感谢社会科学文献出版社对《政治经济学前沿报告》的持续支持和编审人员细致的编校工作，这是我们坚持不懈做好这一工作的重要动力。

2025 年 5 月 6 日

目　录

专题一
习近平经济思想研究进展

2024 年，学术界对习近平经济思想的理论体系、重要内容展开了系统深入的研究，不断加深对习近平经济思想的系统化认识。本专题将主要从以下几个方面介绍习近平经济思想研究的最新动态，分别是：习近平经济思想的体系化学理化研究、全面深化改革的重要理论进展、把坚持高质量发展作为新时代的硬道理、加快形成新质生产力、处理好政府和市场的关系五个部分。

一 习近平经济思想的体系化学理化研究

习近平总书记强调："不断谱写马克思主义中国化时代化新篇章，是当代中国共产党人的庄严历史责任。"① 习近平经济思想是马克思主义政治经济学在当代中国的创新发展，是中国特色社会主义理论体系的重要组成部分，是推进中国式现代化、全面建设社会主义现代化国家的理论引擎。习近平总书记结合国内国际两个大局，深刻回答中国之问、世界之问、人民之问、时代之问，提出一系列新论断，做出一系列新举措，为中国特色社会主义政治经济学做出突出原创性贡献。

（一）习近平经济思想的理论体系

在全面建设社会主义现代化国家新征程的关键节点上，习近平经济思想为中国式现代化建设、社会主义现代化强国建设、中华民族伟大复

---

① 习近平：《高举中国特色社会主义伟大旗帜 为全面建设社会主义现代化国家而团结奋斗——在中国共产党第二十次全国代表大会上的报告》，人民出版社，2022，第 18 页。

兴提供了清晰的实践方向，展现出广阔的发展前景。张宇认为，作为马克思主义政治经济学在当代中国、21世纪世界的最新理论成果，习近平经济思想深刻反映了中国共产党对经济发展规律的新认识，以更加鲜明的主体性、更加突出的原创性、更加完备的系统性和更加丰富的原理性理论成果，不仅为我国经济高质量发展、全面建设社会主义现代化国家提供了科学指南，更推动了中国特色社会主义政治经济学迈向新阶段，为马克思主义政治经济学的创新发展贡献中国智慧。①

习近平经济思想是具有战略思维的理论体系。基于对经济安全的前瞻性思考，习近平经济思想提出了关于经济安全的一系列重要论述，建构了以经济安全战略地位论、目标导向论、结构体系论、科技自主论、制度机制论为核心要义的学理体系，极大地拓展了关于经济安全的理论疆域，并为应对新时代经济安全领域复杂挑战提供了具有操作性的策略导向。② 在战略与方法层面，习近平经济思想涵盖了脱贫攻坚战略、创新驱动发展战略、区域协调发展战略、乡村振兴战略等国家重大发展战略，坚持问题导向、系统观念，坚持稳中求进工作总基调，坚持目标导向和问题导向相结合，提出了统筹发展和安全等做好经济工作的一系列重要战略方针。③

习近平经济思想是本质鲜明、指导经济发展的理论系统。于金富、蔺大勇指出，习近平经济思想具有突出的"发展导向"特征，围绕发展这一主题，对马克思主义政治经济学进行了科学探索和理论创新，突出体现了新时代马克思主义政治经济学理论的发展导向性。④ 在制度与体制方面，习近平经济思想强调坚持公有制为主体、多种所有制经济共同发展，按劳分配为主体、多种分配方式并存，社会主义市场经济体制等

---

① 张宇：《中国特色社会主义政治经济学的历史性贡献》，《中国社会科学》2024年第4期。

② 翟坤周、王敏月：《习近平关于经济安全重要论述的建构逻辑、内涵要义及实践路径》，《党政研究》2024年第2期。

③ 张凯：《习近平经济思想系统集成的探索》，《政治经济学评论》2024年第6期。

④ 于金富、蔺大勇：《基于发展视角的习近平经济思想学理化研究》，《经济纵横》2024年第7期。

社会主义基本经济制度，① 实现了对基本经济制度内涵的拓展，实现了对马克思主义理论的丰富与发展。② 在改革与发展方面，习近平经济思想提出进一步全面深化改革，并将经济体制改革作为全面深化改革的突破口。③ 与此同时，习近平经济思想关于发展的观点对我国发展策略、发展目标的构建提供理论支撑。新发展理念形成于中国特色社会主义事业的发展历程中，是治国理政方面的重大创新成果，直指国家发展中存在的主要矛盾和突出问题。④ 尤其是新发展阶段的提出，是在第一个百年奋斗目标完成之时，对我国发展阶段的准确定位，⑤ 是把握未来发展主动权的战略部署。⑥

习近平经济思想深刻洞察中国与世界的经济关系，是具有突出国际视野的理论体系。习近平总书记建设"21世纪数字丝绸之路"的论断为数字经济的发展和全球经济增长注入了强大动力，成为新型全球化进程中的数字纽带，它不仅是国际社会共享发展机遇、深化合作、实现共赢的重要载体，更承载着全球数字经济协同繁荣的美好愿景。⑦ 从世界经济长周期的角度研判大国经济发展的阶段性特征，是习近平经济思想的重要特点，⑧ 裴长洪指出，习近平经济思想是马克思主义世界经济理论中国化时代化的标志，提出了当今世界经济政治的基本判断，

① 李玉举：《习近平经济思想的道理学理哲理》，《党建》2024年第2期。
② 蔡继明、高宏：《社会主义基本经济制度再认识的飞跃：从邓小平理论到习近平新时代中国特色社会主义思想》，《政治经济学评论》2024年第6期。
③ 丁任重、郭义盟：《以经济体制改革为牵引：进一步全面深化改革的突破口》，《政治经济学评论》2024年第6期。
④ 张涛、李均超：《以新发展理念引领中国式现代化建设》，《中国社会科学院大学学报》2024年第3期。
⑤ 刘萍：《习近平关于新发展阶段重要论述的生成逻辑、科学意涵与时代价值》，《思想理论教育导刊》2024年第4期。
⑥ 韩喜平、马丽娟：《马克思经济循环理论与构建新发展格局》，《马克思主义与现实》2024年第5期。
⑦ 曾祥明、胡元：《习近平关于数字经济重要论述的内涵特征、理论价值与实践指向》，《思想政治教育研究》2024年第4期。
⑧ 邬欣欣：《习近平经济思想对大国改革规律的揭示及其原创性贡献》，《经济学家》2024年第11期。

以及开放型世界经济的价值观和意识形态。①

（二）习近平经济思想的重点问题

习近平经济思想围绕经济社会发展中出现的一系列重大问题，坚持人民立场，持续推进全面深化改革，将分阶段实现共同富裕作为理论体系的重要内容，②形成了全面深化改革领导论，为我国经济的高质量发展提供了坚实的政治保障与理论指引。③

习近平经济思想高度重视物质文明与精神文明的协调发展。逄锦聚指出，人文经济学是经济学、文化、艺术、美学、教育、哲学、历史、法律等多学科交叉融合的学科，就其研究对象而言，是研究经济与文化相互交融从而促进经济社会协调发展、满足人民美好生活需要的学科；从基本学科属性看，它归属于经济学门类。当前，建构中国自主的人文经济学知识体系具有重要意义。④狭义的人文经济学是指经济的文化化、文化的经济化，或者说文化产业化、产业文化化等，重点是关注文化的经济功能。⑤广义的人文经济学是指经济学向人文的回归，即重新坚持以人的全面发展为出发点来研究人类的经济学行为的经济学。⑥从"人"的方面看，新时代中国特色社会主义政治经济学是以人为本、以人民为中心、追求人的全面自由发展的经济学；从"文"的方面看，新时代中国特色社会主义政治经济学是研究民族历史，体现民族价值，采取民族形式的经济学。⑦也就是说，只有从"现实的人"的物质生活需要与精神生活需要出发，才能准确认识人民对美好生活的需要，这是把握新时

---

① 裴长洪：《习近平经济思想理论内涵研究述要》，《经济研究》2024年第2期。

② 杨新铭：《共同富裕的两重经济学内涵——兼论分阶段推动共同富裕的理论基础》，《经济学动态》2024年第9期。

③ 韩雨辰、高正礼：《习近平关于全面深化改革重要论述的逻辑体系》，《中南民族大学学报》（人文社会科学版）2024年第12期。

④ 逄锦聚：《建构中国人文经济学自主知识体系》，《光明日报》2024年1月16日。

⑤ 罗卫东：《关于构建中国人文经济学的若干思考》，《浙江社会科学》2024年第6期。

⑥ 郭志伟：《中国人文经济学：内涵、出场逻辑、研究主线与构建路径——基于中国式现代化视角》，《管理学刊》2024年第6期。

⑦ 高德步：《从"照着讲"到"接着讲"到"自己讲"：中国经济学的历史发展与当代人文构建》，《经济纵横》2024年第12期。

代人文经济学内在逻辑的基本前提。① 因此，人文经济学的提出实现了对古典政治经济学的超越，揭示了资本主义生产方式规制的经济实践带来的人文缺失、人文悖论和人文危机。② 新时代的人文经济学不仅关注物质生产与交换，更重视人的需求、动机与决策，提倡将人文精神与文化价值深度融入市场经济发展中，以文化的繁荣和人的全面发展为核心构建经济增长模式，③ 是对马克思主义政治经济学的最新发展。④

习近平经济思想高度重视对马克思主义资本与市场理论的创新发展。资本作为社会主义市场经济的重要生产要素，其规范与治理是坚持和发展中国特色社会主义的重要理论与实践命题。习近平总书记始终高度关注资本问题，创新性地运用马克思主义政治经济学原理，围绕资本的性质、功能、运行规律以及治理策略等方面，提出了一系列具有前瞻性和创新性的思想、观点和论断，构建起新时代关于资本问题的重要理论体系。在马克思主义理论的指导下，习近平总书记深刻洞察了社会主义市场经济条件下各类资本的特性及其功能定位，推动了对资本认识的拓展与升华。习近平总书记关于资本的重要论述科学回答了在社会主义市场经济体制中如何更好发挥资本作用的时代课题，形成了具有时代特征、中国特色的资本问题自主知识体系，实现了对马克思主义政治经济学原理的守正创新，⑤ 实现了对资本增值逻辑、资本权力逻辑、资本形而上学范式的超越。⑥

习近平经济思想高度重视破解世界经济发展难题。赵恩德、韩海涛

---

① 王生升、刘慧慧：《在人文经济学视域中把握经济发展与文化建设的辩证关系》，《经济纵横》2024 年第 12 期。

② 张佑林：《人文经济赋能新质生产力：内在逻辑与实践路径》，《苏州大学学报》（哲学社会科学版）2024 年第 5 期。

③ 代玉启：《精神富有：人文经济学研究的重要维度》，《浙江学刊》2024 年第 6 期。

④ 胡承槐、顾青青：《人文经济学的概念、对象、方法及其实践性、科学性》，《浙江社会科学》2024 年第 6 期。

⑤ 李永进、刘赟：《习近平关于资本问题重要论述的生成语境、内涵要义与时代价值》，《马克思主义与现实》2024 年第 5 期。

⑥ 桑延海：《论习近平经济思想对资本逻辑的三重超越》，《江苏大学学报》（社会科学版）2024 年第 2 期。

指出，习近平总书记提出的构建人类命运共同体的理念，历经十余年时间，产生了广泛而深刻的国际影响，已成为引领当今时代前进的光辉旗帜。① 习近平经济思想提出的全球发展倡议，以消除全球发展赤字、实现共同安全为实践旨归，是新时代推动构建全球伙伴关系的重要理论构想，鲜明地体现了发展导向型全球治理的和平性、开放性、包容性。中国积极倡导并践行发展导向型全球治理，以"一带一路"为平台，致力于带动国际社会共同发展。② 此外，"一带一路"建设作为构建人类命运共同体的关键举措，对促进国际合作、破解发展难题具有重要意义。"一带一路"倡议虽然源于中国，但机会和成果属于全世界，它不仅带动了共建国家经济发展，而且促进了世界经济增长，成为真正意义上的全球共识、全球平台、全球行动，为经济全球化开辟新路径，为国际合作拓展新空间。③

习近平经济思想高度重视高水平对外开放。在新时代背景下推进高水平对外开放，促进国内国际规则的深度耦合，加深中国经济与全球经济的联动发展，这标志着中国经济对既有全球经济治理体系变革的主动响应。高水平对外开放道路创造性地提出以平等为基础、以开放为导向、以合作为动力、以共享为目标的治理理念，以中国国内经济治理实践中的成功经验指明全球经济治理体系的未来之路，以合作共赢为核心的新型国际关系引导全球经济治理体系朝着全人类共同价值的实现之路转向，为引领全球经济治理理念与规则转型贡献了中国智慧与中国方案，彰显了胸怀天下的大国担当。④

习近平经济思想高度重视如何丰富世界经济发展范式。习近平总书

---

① 赵恩德、韩海涛：《以人类命运共同体理念引领"全球南方"团结合作》，《红旗文稿》2024 年第 23 期。
② 刘凯、许利平：《发展导向型全球治理：缘起、内涵与中国方案》，《和平与发展》2024 年第 6 期。
③ 赵可金：《构建人类命运共同体理念的时代价值、理论与实践逻辑》，《当代世界》2024 年第 10 期。
④ 宋宪萍、曹宇驰：《新时代高水平对外开放：重塑全球经济治理体系的原创性贡献》，《世界社会主义研究》2024 年第 9 期。

记多次强调要"以中国式现代化全面推进中华民族伟大复兴"。① 中国式现代化作为一种全新的人类文明形态，在与其他全球文明的交流互鉴中，将极大地充实世界文明的多元图景。中国式现代化的成果经验充分论证了西方现代化并非通向现代化的唯一蓝图。中国式现代化创造出人类文明新形态，这是一种物质文明、精神文明、政治文明、社会文明和生态文明相协调的文明形态，蕴含着独特的世界观、价值观、历史观、文明观、民主观、生态观，是对世界现代化理论和实践的重大创新，② 是为人类文明交流互鉴搭建新机制的文明新形态，是为人类社会治理贡献新方案的文明新形态，是为人类文明进步注入新动力的文明新形态，表征了全新人类文明形态的崭新样式，整体性地构建了现代文明的新图景。③

（三）习近平经济思想的原创性贡献

习近平经济思想的原创性贡献凝结于其原创性理论之中。裴长洪指出，习近平总书记将马克思主义基本原理同中国具体实际相结合、同中华优秀传统文化相结合，是中国改革与建设的实践指南。习近平经济思想中既有对中国历届领导人理论创新的深化发展，也有对重大理论观点和理念的系统集成，更有依据新发展格局所提出的原创性理论观点和重要思想，是马克思主义中国化的重大理论成果。④

首先，习近平经济思想实现了对马克思主义关于政治与经济关系理论的创新发展。党对经济工作的领导具有不可替代的重要性，是确保经济工作正确方向、凝聚共识、制定科学经济政策以及应对经济风险和挑战的重要保障。习近平总书记创造性提出加强党对经济工作的全面领导，确保经济工作的正确方向，深刻阐明社会主义条件下经济和政治高度统一的辩证

---

① 习近平:《高举中国特色社会主义伟大旗帜　为全面建设社会主义现代化国家而团结奋斗——在中国共产党第二十次全国代表大会上的报告》，人民出版社，2022，第21页。

② 金轩:《深刻理解习近平经济思想的世界意义（深学笃行阐释习近平经济思想）》，《人民日报》2024年9月24日。

③ 王永贵:《现代化之问的中国叙事逻辑和世界历史意义》，《马克思主义研究》2024年第12期。

④ 裴长洪:《〈资本论〉的当代价值与习近平经济思想的理论基础》，《马克思主义研究》2024年第7期。

关系，丰富发展了马克思主义政治经济学关于经济和政治关系的理论。①

其次，习近平经济思想因其重要理论与实践意义展现出强烈的实践导向。周文、肖玉飞指出，习近平经济思想从经济发展的根本道路和发展模式、经济发展的根本立场和价值旨归以及经济发展的世界愿景和国际担当出发，创造性地回答了新时代中国经济实现什么样的发展和怎样实现发展的理论问题和实践课题，创造性地解答了政府与市场关系的世界性难题、效率与公平关系的世界性难题和自近代以来世界发展水平与国际力量对比失衡的世界性难题，② 展现出强烈的实践导向、突出的实践特性以及重大的实践意义，并在实践中展现出广阔而光明的发展前景。张杨指出，习近平经济思想紧密结合中国国情，探索适合中国实际的生产理论，创造性提出加快形成新质生产力与建设现代化产业体系；提出实现"两个同步"，为实现共同富裕提供理论支撑；提出"双循环"理念，为有效应对外部风险、推动经济高质量发展提供理论指导；提出实现供给和需求更高水平动态平衡，强调消费的基础性作用，实现对消费理论的创新发展。③ 习近平经济思想清晰界定了以国内大循环为主体、国内国际双循环相互促进的新发展格局作为我国经济发展的战略导向，有效解答了在新的时代背景下，如何确保我国经济活动协调高效进行，从而实现社会再生产的顺利进行和社会总产品的有效配置这一关键问题。以习近平同志为核心的党中央将加速构建新发展格局视为兼顾发展与安全的核心战略抉择，致力于扩大内需和深化供给侧结构性改革协调推进，力促内需体系全面成型，加速科技自主创新步伐，加快构建现代化产业体系，稳步推动高水平对外开放进程，并确保加快构建新发展格局的各项战略措施得以稳步推进。④

---

① 中央党史和文献研究院第四研究部课题组：《习近平新时代中国特色社会主义思想对马克思主义的创新发展》，《马克思主义与现实》2024 年第 4 期。
② 周文、肖玉飞：《论习近平经济思想的实践前景》，《求是学刊》2024 年第 5 期。
③ 张杨：《习近平关于社会再生产重要论述的理论贡献研究》，《马克思主义研究》2024 年第 8 期。
④ 中央党史和文献研究院第四研究部课题组：《习近平新时代中国特色社会主义思想对马克思主义的创新发展》，《马克思主义与现实》2024 年第 4 期。

　　再次，习近平经济思想的原创性贡献沉积于中国特色社会主义事业之中。习近平经济思想基于对中国国情与时代发展特征的深刻洞察，为中国经济发展提供了全面且系统的理论指引。顾海良指出，现代化经济体系是习近平经济思想中的重要命题，是对习近平总书记提出的发展和创新中国特色"系统化的经济学说"观点的现实应用和理论创新，是习近平经济思想在新发展阶段的创新性发展。[①] 李光辉、程仕杰指出，习近平总书记在继承马克思主义理论的同时，将马克思主义对外贸易和世界市场理论创新地与社会主义国家、发展中国家实际相结合，充分吸收了我国社会主义现代化建设所积累的宝贵经验，形成了独有的关于自由贸易试验区建设的重要思想。[②] 陈甬军等指出，习近平总书记针对转型当中的中国经济提出了"一带一路"实践构想，是马克思主义理论与中国社会发展实践辩证统一的理论产物。[③] 由此可见，习近平经济思想不仅实现了对马克思主义政治经济学的创新发展，更实现了对中国特色社会主义事业的正确指引。

　　最后，习近平经济思想的原创性贡献汇聚于中国经济学自主知识体系的升华中。构建具有中国特色的系统化的经济学说是习近平经济思想的发展方向，是中国经济学自主知识体系由点、线、面最终形成学说综合体的发展过程。顾海良指出，习近平经济思想勾画出中国经济学自主知识体系具有的四个基本方面的自主性特征和特色：从经济发展新常态到供给侧结构性改革，构成中国经济学自主知识体系构架的演进逻辑；新发展理念以及新发展阶段、新发展格局、高质量发展的深度结合，形成中国经济学自主知识体系架构的主导和主线；从建设现代化经济体系到推进中国式现代化理论体系，再到发展新质生产力，是中国经济学自主知识体系架构的过程特征和战略目标；从全面深化改革的三个"进一

[①]　顾海良：《现代化经济体系与中国式现代化的系统集成》，《马克思主义与现实》2024年第6期。

[②]　李光辉、程仕杰：《习近平关于自由贸易试验区建设重要思想的形成逻辑、科学内涵与实践方略》，《经济学家》2024年第1期。

[③]　陈甬军、晏宗新、陈义国：《共建"一带一路"：习近平经济思想的实践发展与理论创新》，《广东财经大学学报》2024年第6期。

步"新观点，到社会主要矛盾变化新判断，再到社会主义初级阶段基本经济制度新概括，构成中国经济学自主知识体系构架的制度规定及根本优势。① 习近平经济思想的重要内容相互链接，实现了"术语革命"的系统化跃升，为构建"系统化的经济学说"做出突出原创性贡献。

二 全面深化改革的重要理论进展

全面深化改革是我国在新时代实现高质量发展、推进国家治理体系和治理能力现代化的关键举措。推进中国式现代化，是进一步全面深化改革的主题，必须牢牢把握而不能偏离这一主题。② 当前，我国正处于经济转型升级、社会结构深刻变革的时期，面临着诸多深层次的矛盾和问题，如经济结构调整、社会公平正义、生态环境保护等。全面深化改革能够打破体制机制障碍，激发市场活力和社会创造力，为经济发展注入强大动力。

（一）发挥经济体制改革的牵引作用

经济体制改革是全面深化改革的重要环节，"具有牵一发而动全身的作用"。③ 习近平总书记强调："在全面深化改革中，我们要坚持以经济体制改革为主轴，努力在重要领域和关键环节改革上取得新突破，以此牵引和带动其他领域改革，使各方面改革协同推进、形成合力，而不是各自为政、分散用力。"④ 我国推进改革的历程充分证明，经济体制改革是把握新机遇、培育新优势、塑造新动能的关键突破口，牵引着政治、文化、社会等领域的发展与革新。因此，充分把握经济体制改革的内涵意蕴、深刻理解发挥经济体制改革牵引作用的重要意义、明晰发挥经济体制改革牵引作用的实践进路具有重大理论与现实意义。

第一，发挥经济体制改革的牵引作用。习近平总书记创造性提出

① 顾海良：《习近平经济思想与中国经济学自主知识体系的建构》，《教学与研究》2024年第9期。
② 逢锦聚、冯泓铭：《牢牢把握进一步全面深化改革的主题》，《政治经济学评论》2024年第5期。
③ 《习近平谈治国理政》，外文出版社，2014，第94页。
④ 《习近平谈治国理政》，外文出版社，2014，第94页。

"突出经济体制改革牵引作用"，① 并赋予其丰富的理论内涵。吴志远分析了发挥经济体制改革牵引作用的内涵意蕴，指出发挥经济体制改革牵引作用意味着进一步全面深化改革体量庞大、任务繁重，需要通过经济体制改革及其成果来拉动、带动；意味着要增强经济体制改革对进一步全面深化改革的引导、引领作用，这就对深化经济体制改革的价值与目标定位提出了明确要求；意味着经济体制改革须先行一步，进而以更多、更丰富的经济改革成果来拉动并牵引进一步全面深化改革，经济改革成效是其发挥牵引作用的前提条件；意味着对系统集成改革的迫切需求，即要求协同推进政治、文化、社会、生态文明等其他领域的改革，以此为深化经济体制改革创造更好环境和条件。② 发挥经济体制改革牵引作用的丰富内涵为全面深化改革提供重要理论指引与行动指南。

第二，发挥经济体制改革牵引作用的重要意义。习近平总书记强调，要注重发挥经济体制改革牵引作用，指出"深化经济体制改革仍是进一步全面深化改革的重点"。③ 习近平总书记关于"以经济体制改革为牵引"的新论断，明确了经济体制改革的重要战略地位，进一步突出了经济体制改革的牵引作用，揭示经济体制改革带动其他方面改革进而形成改革合力的重要性。④ 这充分展现了中国共产党对经济建设规律的深刻洞察，体现了发挥经济体制改革牵引作用的关键意义。因此，只有牵住经济体制改革这个"牛鼻子"，才能有力促进其他领域深层次矛盾的化解，为全面深化改革创造条件、提供动力，是全面深化改革的内在要求；只有深化经济体制改革、加快构建高水平社会主义市场经济体制，才能扎实推动高质量发展，不断为巩固和发展"两大奇迹"提供强大动力，

---

① 习近平：《关于〈中共中央关于进一步全面深化改革、推进中国式现代化的决定〉的说明》，《人民日报》2024 年 7 月 22 日第 1 版。
② 吴志远：《充分发挥经济体制改革在进一步全面深化改革中的牵引作用》，《中国井冈山干部学院学报》2024 年第 6 期。
③ 习近平：《关于〈中共中央关于进一步全面深化改革、推进中国式现代化的决定〉的说明》，《人民日报》2024 年 7 月 22 日第 1 版。
④ 韩雨辰、高正礼：《习近平关于全面深化改革重要论述的逻辑体系》，《中南民族大学学报》（人文社会科学版）2024 年第 12 期。

是高质量发展的必然要求；只有更加注重发挥经济体制改革的牵引作用，进一步全面深化改革，继续完善各领域体制机制，才能持续提升国家治理效能、推进国家治理体系和治理能力现代化。[①] 由此可见，把经济体制作为改革切入口是必需的也是必要的，通过经济体制改革不断解放和发展社会生产力，不断激发全社会活力，让一切创造活力充分迸发，不仅可以进一步增强改革开放的物质基础，还可以为其他领域的改革扫清障碍，形成良好的示范效应。[②]

第三，发挥经济体制改革牵引作用的实践进路。习近平总书记强调，深化经济体制改革"主要任务是完善有利于推动高质量发展的体制机制，塑造发展新动能新优势，坚持和落实'两个毫不动摇'，构建全国统一大市场，完善市场经济基础制度"。[③] 习近平总书记的深刻论断为深化经济体制改革、发挥经济体制改革牵引作用指明了实践进路。首先，要明确经济体制改革的核心问题。政府与市场的关系是我国经济体制改革的核心问题，要把构建高水平社会主义市场经济体制摆在突出位置，紧紧围绕改革的主要任务科学谋划和务实推进。其次，要精确把握经济体制改革的主要任务。深化经济体制改革要推动各种所有制经济共同发展，不断激发经营主体发展活力，坚持和落实"两个毫不动摇"；要创造更加公平、更有活力的市场环境，完善科学的宏观调控、有效的政府治理；要推动改革和发展高效联动，激活高质量发展的内生动力。[④] 最后，要明确经济体制改革的科学方法。要坚持系统思维，注重发挥经济体制改革牵引带动作用，注重改革的系统性、整体性、协同性，积极推进各个领域的改革。[⑤]

[①] 蒋传海：《以经济体制改革为牵引进一步全面深化改革》，《红旗文稿》2024 年第 21 期。

[②] 辛鸣：《进一步全面深化改革的新时代意蕴》，《北京师范大学学报》（社会科学版）2024 年第 6 期。

[③] 习近平：《关于〈中共中央关于进一步全面深化改革、推进中国式现代化的决定〉的说明》，《人民日报》2024 年 7 月 22 日第 1 版。

[④] 国家发展改革委体制改革综合司：《构建高水平社会主义市场经济体制 继续把经济体制改革推向前进》，《宏观经济管理》2024 年第 10 期。

[⑤] 张家臻、李蕉：《习近平总书记关于全面深化改革重要论述的三维论析》，《新疆社会科学》2024 年第 6 期。

经济制度体系的每一项改革都必须置于经济体制综合改革的大背景之下，综合考虑经济制度体系的整体框架，突出把握好相关改革事项的协同性、在实践中关键环节改革的配套性，使各项改革的规划和执行能够真正有效有力地协同起来。① 具体而言，就是要处理好经济体制改革的若干重大关系。深化经济体制改革涉及领域广、触及利益深，必须统筹兼顾、系统施策，要处理好经济和社会、政府和市场、效率和公平、活力和秩序、发展和安全等重大关系，不断增强改革的系统性、整体性、协同性。②

（二）坚持社会主义市场经济的改革方向

推进全面深化改革必须坚持社会主义市场经济改革方向，这是马克思主义政治经济学与中国特色社会主义理论的内在要求，也是改革开放以来成功经验的总结。只有坚持社会主义市场经济改革方向才能充分激活我国经济发展潜力、优化资源配置效率、激发各类市场主体的活力与创造力，推动经济高质量发展。因此，要坚持将社会主义基本制度与市场经济紧密融合，兼顾效率与公平，建设高水平社会主义市场经济体制，加强制度与法律保障，推动全面深化改革行稳致远。

首先，"制度优势是一个国家的最大优势，制度竞争是国家间最根本的竞争"，③ 社会主义市场经济改革必须充分发挥中国特色社会主义制度优势，坚持社会主义市场经济改革方向。第一，构建高水平社会主义市场经济体制要巩固好社会主义基本经济制度，也就是注重公有制经济和非公有制经济之间的关系，坚持"两个毫不动摇"，立足社会主义基本经济制度，谋划落实进一步全面深化改革。④ 第二，坚持社会主义市场经济改革方向要正确认识我国基本国情。中国社会主义市场经济体制的构建深深根植于本国的基本国情土壤之中，既坚守社会主义的核心理

---

① 陈雪娟、张旭：《论系统推进中国特色社会主义经济制度体系建设》，《经济纵横》2024 年第 11 期。

② 国家发展改革委：《发挥经济体制改革牵引作用 开辟中国式现代化新前景》，《宏观经济管理》2024 年第 9 期。

③ 《习近平谈治国理政》第三卷，外文出版社，2020，第 119 页。

④ 张占斌：《构建高水平社会主义市场经济体制的历史逻辑、实践逻辑与目标逻辑》，《经济社会体制比较》2024 年第 6 期。

念，又融入市场机制的灵活性，有效激活各类经济主体的活力，驱动国家经济的蓬勃发展。因此，全面深化改革需要立足我国长期处于社会主义初级阶段的基本国情，充分发挥国有经济在保障民生、促进社会公平与实现共同富裕中的重要作用，同时发挥民营经济在解决百姓生计和人民美好生活需要方面的主要优势。① 第三，要坚持党的领导。在推动市场化改革过程中，始终坚持党的全面领导，维护党中央权威和集中统一领导，发挥党总揽全局、协调各方的领导核心作用，把党的领导贯穿于社会主义市场经济体制机制改革和调适的过程中，坚持根本制度、筑牢党的领导制度、坚持马克思主义在意识形态领域指导地位、坚持人民代表大会制度，确保全面深化改革取得实效。② 总之，全面深化改革应树何种旗帜、行何种道路、往何方迈进，关乎根本方向与重大原则，不容丝毫含糊，应坚持和发展中国特色社会主义，而绝不是要否定或偏离中国特色社会主义。③

其次，推动经济高质量发展与满足人民美好生活需要是关键目标。第一，要坚持以人民为中心的价值立场。从价值立场的维度观之，无论是公有制经济还是非公有制经济，其根本目的都是满足人民需要并受社会主义生产关系及其上层建筑的保护。④ 社会主义市场经济体制应当坚持以人民为中心的发展思想，必须牢牢把握人民利益这个根本出发点和落脚点，归根到底要落实到提升人民的生活品质上来，这不仅是对社会主义本质的深刻理解，更是中国共产党以人民为中心的发展思想的体现。⑤ 因此，我们要始终牢记"社会主义市场经济"是一个整体，市场

---

① 路嘉煜、沈开艳：《构建高水平社会主义市场经济体制的内在逻辑、核心要义和实现路径》，《上海经济研究》2024 年第 12 期。

② 何自力：《进一步深化改革，构建高水平的社会主义市场经济体制》，《当代经济研究》2024 年第 10 期。

③ 张家臻、李蕉：《习近平总书记关于全面深化改革重要论述的三维论析》，《新疆社会科学》2024 年第 6 期。

④ 胡怀国：《现代化视域下的所有制问题——兼论"两个毫不动摇"的理论逻辑》，《山东社会科学》2024 年第 2 期。

⑤ 路嘉煜、沈开艳：《构建高水平社会主义市场经济体制的内在逻辑、核心要义和实现路径》，《上海经济研究》2024 年第 12 期。

经济始终以"社会主义"为规范，始终要体现社会主义制度的政治优势，坚持"以人民为中心"的价值导向。① 第二，要兼顾效率与公平。我国坚持公有制为主体、多种所有制经济共同发展，按劳分配为主体、多种分配方式并存，"既能有效防止居民收入分配差距扩大和社会两极分化，维护广大劳动者的切身利益，也能动员社会主体力量，充分调动各种要素所有者的积极性和创造性，在社会主义制度内实现效益和公平的有机统一"。② 由此可见，贯彻落实社会主义基本经济制度，是兼顾效率与公平、坚持社会主义市场经济改革方向的关键举措。第三，在发展中保障和改善民生。保障和改善民生并非一蹴而就的终点，而是不断迈向更高层次的全新起点。因此，要采取"针对性更强、覆盖面更大、作用更直接、效果更明显的举措，全力解决好人民群众关心的就业、教育、收入、社保、医疗、养老、居住、环境、食品药品安全、社会治安等问题，实实在在帮群众解难题、为群众增福祉、让群众享公平"。③

再次，构建高水平社会主义市场经济体制是重点任务。高水平社会主义市场经济体制是社会主义市场经济在新时代的拓展与提升，是中国式现代化的重要保障。应继续坚持社会主义市场经济改革方向，以构建高水平社会主义市场经济体制为主题，把激活经营主体活力、深化垄断行业改革、创新生产要素市场化配置方式、加快建设全国统一大市场、持续完善宏观经济治理体系摆到更加重要的位置；④ 持续建设更高水平的开放型经济体制，以国内大循环吸引全球资源要素，提升贸易投资合作质量与水平，打造更高层次、更优环境、更广辐射面的对外开放平台，维护多元稳定的国际经济格局和经贸关系。⑤

---

① 邓力平、陈丽：《全面建成高水平社会主义市场经济体制与财税体制改革》，《当代财经》2024年第 11 期。

② 白佶：《中国式现代化的政治经济学意蕴》，《华东理工大学学报》（社会科学版）2024 年第 6 期。

③ 王克强：《在发展中保障和改善民生是中国式现代化的重大任务》，《红旗文稿》2024 年第 16 期。

④ 刘方：《构建高水平社会主义市场经济体制的重点任务》，《宏观经济管理》2024 年第 12 期。

⑤ 逄锦聚、赵春玲：《构建高水平社会主义市场经济体制　为中国式现代化提供重要保障》，《经济学家》2024 年第 9 期。

最后，加强体制机制建设是重要保障。坚持社会主义市场经济改革方向，不仅是经济体制改革的基本遵循，也是全面深化改革的重要依托。社会主义市场经济改革方向的推进需要完善的体制机制作为支撑，加强体制机制建设有利于在全面深化改革的进程中坚持社会主义市场经济改革方向，为全面深化改革、推进中国式现代化提供重要支撑。一方面，必须坚持和落实"两个毫不动摇"。社会主义市场经济是创造活力充分迸发、财富源泉充分涌流的社会，因此要坚持和落实"两个毫不动摇"。坚持和落实"两个毫不动摇"要保证各种所有制经济依法平等使用生产要素、公开公平公正参与市场竞争、同等受到法律保护，坚持权利平等、机会平等、规则平等，激发各种所有制经济主体的活力和创造力。① 要巩固和发展好公有制经济主体地位，正确处理国有经济、民营经济与外资经济之间的相互关系，促进多种所有制经济共同发展。② 另一方面，要进一步完善市场机制。进一步优化市场机制、减少行政干预、促进公平竞争，同时，要改进和优化相关体制机制，如改革财税体制、金融体制和产业政策等，推动深化行政管理体制改革，健全要素市场体系，包括完善劳动力市场、资本市场和技术市场，打破行业垄断，提高全要素生产率。

（三）全面深化改革的正确方法论

方法论不仅是理论的总结，更是实践的指南，理解把握全面深化改革的正确方法论具有极其重要的意义。理解把握全面深化改革的方法论有助于确保改革方向的正确性、提高改革的科学性和有效性、协调改革的系统性和协同性、增强改革的稳定性和可持续性。因此，必须正确理解与把握全面深化改革的科学方法，将全面深化改革推向前进。

第一，坚持系统观念。系统观念是马克思主义实践与认知方法论的重要内容，与习近平新时代中国特色社会主义思想的世界观方法论紧密

---

① 张弛：《坚持社会主义市场经济改革方向　推进中国式现代化》，《前进》2024 年第 9 期。
② 胡乐明：《完善所有制结构，优化所有制生态》，《当代经济研究》2024 年第 10 期。

融合，是擘画全面深化改革开放战略蓝图的一项重要方法与恒定准则。习近平总书记指出："必须从系统观念出发加以谋划和解决，全面协调推动各领域工作和社会主义现代化建设。"① 全面深化改革涉及经济、政治、文化、社会、生态文明等各个领域，牵一发而动全身，是一项庞大而复杂的系统工程。全面深化改革的复杂性需要系统观念来统筹，解决深层次矛盾和问题需要系统观念来协调，提高改革整体效能需要系统观念来优化，确保改革的科学性和可持续性需要系统观念来保障。因此，只有坚持系统观念，才能实现各领域改革的协同推进，避免"单兵突进"或"碎片化修补"。

坚持系统观念推进全面深化改革，需要坚持用马克思主义唯物辩证法的普遍联系和发展变化的观点来探寻改革规律，需要继续完善和发展中国特色社会主义制度，需要着眼提高全面深化改革的联动与实效，统筹兼顾推进经济体制改革任务和其他各领域改革任务，将进一步全面深化改革整体性向前推进。② 从对象来看，进一步全面深化改革要求全局"大视野"的整体谋划；从主体来看，进一步全面深化改革要求全国"一盘棋"的集体行动；从方式来看，进一步全面深化改革要求全域"立体化"的完整体系；从趋势来看，进一步全面深化改革要求全程"开放式"的动态推进。③ 具体而言，要继续完善制度体系，整体推进经济、政治、文化、社会、生态文明等各领域改革；要突出重点领域改革，以经济体制改革牵引和带动其他方面改革，要统筹发展和安全，通过健全国家安全体系改革保障改革大局稳定。要毫不动摇地坚持和加强党的全面领导、充分发挥中国特色社会主义制度的优势、立足"两个大局"开展战略谋划和策略运筹。④ 但是，在坚持系统观念的同时不能忽略全面深化改革

---

① 《习近平谈治国理政》第四卷，外文出版社，2022，第 117 页。
② 赵中源、何小红：《坚持系统观念进一步推进全面深化改革的逻辑要义》，《学术研究》2024 年第 12 期。
③ 赵义良：《坚持系统观念　增强改革系统性、整体性、协同性》，《光明日报》2024 年 11 月 29 日。
④ 肖贵清、卢阳：《坚持系统观念：进一步全面深化改革的基本原则和方法论》，《当代世界与社会主义》2024 年第 6 期。

的重点论。进一步全面深化改革涉及许多复杂因素，必须更加注重系统集成，然而，注重系统集成并不等于平分兵力、眉毛胡子一把抓，系统论与重点论是统一的，必须更加注重突出重点。①

第二，坚持守正创新。习近平总书记指出："守正和创新是辩证统一的，只有守正才能保证创新始终沿着正确方向前进，只有持续创新才能更好地守正。"② 在当前复杂、严峻且充满不确定性的发展环境中，进一步全面深化改革、推进中国式现代化进程，必须将守正创新作为关键的思想方法。进一步全面深化改革只有坚持守正创新，才能在保持改革稳定性、延续性的基础上，不断突破创新，推动中国特色社会主义事业不断向前发展，实现更高质量、更有效率、更加公平、更可持续、更为安全的发展。

全面深化改革需要统筹守正与创新。习近平总书记指出："要坚持守正创新，改革无论怎么改，坚持党的全面领导、坚持马克思主义、坚持中国特色社会主义道路、坚持人民民主专政等根本的东西绝对不能动摇，同时要敢于创新，把该改的、能改的改好、改到位，看准了就坚定不移抓。"③ 由此可见，守正和创新相辅相成，构成了进一步全面深化改革的"两翼"，守正是守住根本原则不动摇。创新是与时俱进开辟新境界、开创新局面。④ 一方面，全面深化改革需要"守正"。四十余年改革开放实践的宝贵经验充分证明，进一步全面深化改革必须坚持党的领导、必须坚定不移走中国特色社会主义道路、必须坚持以人民为中心，这不仅是由全面深化改革的本质属性和要求决定的，也是保障全面深化改革沿着正确方向稳步前进的思想指南。⑤ 另一方面，全面深化改革需要"创新"。

---

① 颜晓峰：《紧紧围绕推进中国式现代化主题进一步全面深化改革》，《世界社会主义研究》2024年第9期。

② 习近平：《进一步全面深化改革中的几个重大理论和实践问题》，《求是》2025年第2期。

③ 《习近平主持召开企业和专家座谈会强调　紧扣推进中国式现代化主题　进一步全面深化改革　王沪宁蔡奇出席》，《人民日报》2024年5月24日。

④ 沈传亮、张伟丽：《深入理解新时代进一步全面深化改革的重大原则》，《理论学刊》2024年第6期。

⑤ 韩振峰：《习近平关于全面深化改革的新思想、新观点、新论断探析》，《思想理论教育导刊》2024年第9期。

创新即不断突破旧有束缚，勇于探索新思路、新方法，是进一步全面深化改革的动力之基、活力之源，要坚持创新精神，积极识变应变求变，不断推进各方面创新，激发社会活力和创造力，从而推动我国的科技进步、经济发展，推进全面深化改革取得实效。① 总之，在进一步全面深化改革进程中，只有既做到"守正"，又始终坚持"创新"，才能找准改革方向、增强改革定力、保持改革韧劲，推进全面深化改革持续提质增效。②

第三，坚持问题导向。改革往往是由问题倒逼推动的，问题既是改革的起因，也是推动改革不断深化的动力。习近平总书记指出："改革是由问题倒逼而产生，又在不断解决问题中得以深化。"③ 中国特色社会主义进入新时代，"两个大局"加速演进，不确定难预测因素明显增多，我们党紧跟时代步伐，突出问题导向，围绕发展所需，积极谋划针对性好、实效性强的高质量发展新举措，把破解重大时代课题作为推进中国特色社会主义理论、实践、制度、文化全方位创新的重要着力点。④ "坚持问题导向是马克思主义的鲜明特点"，⑤ 在全面深化改革的进程中，只有直面问题、瞄准问题，才能找到改革的切入点和突破口。

坚持问题导向，要集中解决卡点堵点问题。习近平总书记指出："着力解决制约构建新发展格局和推动高质量发展的卡点堵点问题、发展环境和民生领域的痛点难点问题、有悖社会公平正义的焦点热点问题，有效防范化解重大风险，不断为经济社会发展增动力、添活力。"⑥ 进一步全面深化改革需要把握一系列突出问题，需要着力解决制约高质量发展的堵点问题、影响社会公平正义的热点问题、民生方面的难点问题、党的建设的突出问题等各领域风险问题，自觉把"问题清单"作为"改革清

① 刘凯：《进一步全面深化改革的重大原则及其内在逻辑》，《毛泽东研究》2024 年第 6 期。
② 徐艳玲：《"于变局中开新局"：深刻认识和把握"六个坚持"重大原则》，《人民论坛》2024 年第 17 期。
③ 《十八大以来重要文献选编》（上），中央文献出版社，2014，第 497 页。
④ 段妍、马文梦：《新时代全面深化改革的宝贵经验》，《学校党建与思想教育》2024 年第 19 期。
⑤ 习近平：《论党的宣传思想工作》，中央文献出版社，2020，第 225 页。
⑥ 习近平：《全面深化改革开放，为中国式现代化持续注入强劲动力》，《求是》2024 年第 10 期。

单"，奔着问题去、盯着问题改，根据实践需要和试点探索提出新的改革举措。① 此外，坚持问题导向归根结底是要坚持以人民为中心，解决人民急难愁盼问题，"紧紧抓住人民最关心最直接最现实的利益问题"。② 由此可见，坚持问题导向必须坚持人民至上，发现、分析、解决问题必须牢记"宗旨"，始终站稳人民立场，既依赖人民群众及时准确地发现问题，又要用力用情用心用行动去解决问题。③ 同时，坚持问题导向要与坚持目标导向紧密结合，将解决现实问题作为全面深化改革的重要目标，坚持问题导向和目标导向相结合，使各项改革都朝着总目标聚焦发力，激发整体效应。④

第四，坚持破立并举、先立后破。"破"即破除旧的、不适应新时代发展形势的体制机制、思维观念、发展模式等。这些不适应时代发展形势的旧体制、旧模式往往会成为改革发展的障碍，因此需要破除。"立"则是建立新的、符合时代发展要求和中国式现代化建设需要的制度体系、发展理念、实践路径等。新制度、新模式能够为经济社会发展提供新的动力与强劲支撑。改革的目的就是破旧立新，以"破"疏通卡点堵点，以"立"健全体制机制，在改革过程中，既要敢于打破旧的束缚，又要善于建立新的秩序，二者协同推进，共同推动改革发展。

全面深化改革应坚持以"破"为手段，以"立"为目的，做到破立并举、先立后破，应将"该立的积极主动立起来，而且要立得稳、立得住，行得通、真管用；该破的在立的基础上及时破、坚决破、彻底破，在破立统一中实现改革蹄疾步稳"，⑤ 以制度建设为主线，把握好时度

① 洪向华、李梦珂：《全面深化改革"六个坚持"：出场语境、丰富内涵与实践要求》，《大连理工大学学报》（社会科学版）2024 年第 6 期。
② 《高举中国特色社会主义伟大旗帜　为全面建设社会主义现代化国家而团结奋斗——在中国共产党第二十次全国代表大会上的报告》，人民出版社，2022，第 46 页。
③ 关锋：《"坚持人民至上"与"坚持问题导向"的内在关联》，《学术界》2024 年第 6 期。
④ 韩振峰：《习近平关于全面深化改革的新思想、新观点、新论断探析》，《思想理论教育导刊》2024 年第 9 期。
⑤ 习近平：《进一步全面深化改革中的几个重大理论和实践问题》，《求是》2025 年第 2 期。

效，对改革理念、改革举措进行充分论证，推动全面深化改革深入推进。一方面，要先立后破、以"破"促"立"。进入新时代，社会中的大部分问题是"非对抗性"的，能够通过"先立后破"的方法实现"稳中求进"的目标，这更要求我们根据事物转变的客观规律制定工作方案，不急于求成、搞"一刀切"，既看到本领域的变革，也考虑本领域变革带来的"联动效应"，以此领域的"破"为彼领域的"立"提供助力。① 另一方面，要以"立"字当头、以"破"疏堵。全面深化改革要坚持"立"字当头，以系统思维推进新旧动能转换；坚持以"破"疏堵，破除体制机制弊端与发展堵点，以"时度效"为准则，坚持系统观念，既不能过度超前或滞后，也不能力度失当、急躁冒进，而是要以改革实效为追求。② 由此可见，全面深化改革是一项系统工程，要求党员干部准确把握"破"与"立"的方法论，做到在狠抓落实中不驰于空想、不骛于虚声，在推进高质量发展中踏石留印、抓铁有痕。③

三　把坚持高质量发展作为新时代的硬道理

高质量发展是全面贯彻新发展理念的必然要求，它超越了传统以速度和规模为导向的发展模式，更加注重经济发展的质量和效益。只有坚持以高质量发展为引领，才能在新时代的浪潮中行稳致远，为人民创造更加美好的生活。

（一）高质量发展的理论意蕴

党的领导是中国特色社会主义制度的最大优势，实现高质量发展必须坚持党的领导。习近平总书记指出："能不能驾驭好世界第二大经济体，能不能保持经济社会持续健康发展，从根本上讲取决于党在经济社

① 关锋、上官锦行：《"先破后立"与"先立后破"——"两个结合"与中国共产党推进社会变革与发展的两种方法》，《福建师范大学学报》（哲学社会科学版）2024年第5期。
② 韩喜平：《全面深化改革要把握好"先立后破"方法论》，《人民论坛》2024年第10期。
③ 王明龙：《把握好进一步全面深化改革的"破"与"立"》，《党建》2024年第12期。

会发展中的领导核心作用发挥得好不好。"[1] 党的领导在经济社会发展中起着至关重要的作用，坚持党的全面领导是经济社会发展必须遵循的首要原则，也是高质量发展的根本保证与本质特征。[2] 由此可见，能否实现高质量发展关键在党，"推动高质量发展、推进中国式现代化，必须加强和改进党的建设"。[3] 党的建设是推动党和国家事业向前发展、向好发展的根本保证，党的建设成效直接关系着发展成果，高质量党建为高质量发展提供价值引领和机制驱动，高质量发展取得实实在在的成绩离不开高质量党建在其中发挥的重要作用。[4]

坚持以人民为中心是高质量发展的鲜明底色。人民是历史的创造者是马克思主义的基本观点。在中国共产党的领导下，国家治理、政府治理、社会治理回答了发展和现代化"为了谁"的问题，以高质量发展推进的中国式现代化是以人民为中心的现代化，实质上以"人"为本超越了西方的以"物"为本。[5] 由此可见，高质量发展必须坚持以人民为中心的核心价值导向，全力满足人民群众对美好生活的向往。随着我国社会主要矛盾的变化，人民群众对美好生活的需求日益增长，而发展不平衡不充分问题仍然比较突出，要有效解决这一矛盾，就必须从高速增长转向高质量发展，提高发展的质量和效益，满足人民群众多层次、多样化需求，实现共同富裕和社会公平正义，坚持发展为了人民，发展依靠人民、发展成果由人民共享。[6]

坚持协调发展是高质量发展的内生特点。高质量发展具有突出的协

---

[1]　习近平：《论把握新发展阶段、贯彻新发展理念、构建新发展格局》，中央文献出版社，2021，第 51 页。

[2]　邓子纲、刘亚威：《习近平关于高质量发展重要论述的形成逻辑、思想意蕴与理论特质》，《湖南社会科学》2024 年第 4 期。

[3]　《习近平在湖南考察时强调　坚持改革创新求真务实　奋力谱写中国式现代化湖南篇章　蔡奇陪同考察》，《人民日报》2024 年 3 月 22 日第 1 版。

[4]　谭鹏：《以高质量党建推动高质量发展：价值引领、机制驱动和实践路向》，《湖南社会科学》2024 年第 4 期。

[5]　丁志刚、张书华、冯祎琛：《全面深化改革背景下以高质量发展推进中国式现代化的实践形态与内在特质》，《西安交通大学学报》（社会科学版）2024 年第 6 期。

[6]　王治东：《坚持以高质量发展推进社会主义现代化建设》，《思想理论教育》2024 年第 5 期。

调性、平衡性特征，协调发展既是实现高质量发展的重要目标，也是高质量发展的内生特点。制约中国高质量发展的矛盾很多，其中就有区域协调发展问题、产业协调发展问题、城乡协调发展问题、物质文明和精神文明协调发展问题，这些问题得不到很好的解决，就谈不上高质量发展。① 区域协调发展是实现高质量发展的工具，也代表了对高质量发展的目标期望。协调发展也包括发展与安全的协调，尤其是当前对于经济发展与生态安全的研究相对孤立，要实现协调发展必须更好统筹高质量发展与高水平保护，着力推动绿色发展。②

推进中国式现代化是高质量发展的目标任务。习近平总书记指出，"高质量发展是全面建设社会主义现代化国家的首要任务"。③ 高质量发展是推进中国式现代化的关键之举，是全面建设社会主义现代化国家的首要任务。其中，创新发展注重解决发展动力问题，协调发展注重解决发展不平衡问题，绿色发展注重解决人与自然和谐问题，开放发展注重解决发展内外联动问题，共享发展注重解决社会公平正义问题，它们是推动中国式现代化的关键环节。④ 中国特色社会主义进入新时代，必须牢记高质量发展是新时代的硬道理，聚焦高质量发展短板弱项，以新发展理念引领改革，完善推动高质量发展激励约束机制，大力发展新质生产力，努力绘就高质量发展新篇章，以高质量发展推进中国式现代化。⑤因此，推动高质量发展，应以推进中国式现代化为目标任务，以更高的发展质量、更优的发展成效推动现代化建设。

加快构建新发展格局是高质量发展的战略举措。加快构建新发展格

---

① 侯耀文：《以系统思维做好习近平关于高质量发展重要论述的学理阐释》，《马克思主义研究》2024 年第 4 期。

② 黄承梁、潘家华、高世楫：《实现高质量发展与生态安全的良性互动——以习近平经济思想与习近平生态文明思想推动绿色发展》，《经济研究》2024 年第 10 期。

③ 《高举中国特色社会主义伟大旗帜　为全面建设社会主义现代化国家而团结奋斗——在中国共产党第二十次全国代表大会上的报告》，人民出版社，2022，第 28 页。

④ 中央党史和文献研究院第四研究部课题组：《习近平新时代中国特色社会主义思想对马克思主义的创新发展》，《马克思主义与现实》2024 年第 4 期。

⑤ 董志勇、张雪媛：《以高质量发展推进中国式现代化》，《新视野》2024 年第 5 期。

局，着力推动高质量发展，就要坚持供给侧结构性改革，促进居民消费优化升级，建设全国统一大市场，加快实现高水平科技自立自强，在更高水平上扩大对外开放，更好地利用国内国际两个市场、两种资源。[①]

（二）建设现代化产业体系

在全球经济格局深刻调整的背景下，现代化产业体系不仅是经济稳定增长的基石，更是应对国际竞争与风险挑战的战略支撑。打造自主可控、安全可靠、竞争力强的现代化产业体系，是顺应时代潮流、契合发展规律的战略选择。

建设现代化产业体系具有重大战略意义。第一，建设现代化产业体系有利于推动产业转型升级，实现高质量发展。中国经济已由高速增长阶段转向高质量发展阶段，传统产业体系显然已不能适应经济高质量发展的需要，因此加快构建现代化产业体系，是推动产业转型升级、实现高质量发展的迫切需要。[②] 第二，建设现代化产业体系有利于统筹发展和安全，构建新发展格局。在全球化开放经济条件下，保证产业链不被"卡"、不"断链"，在遭遇外部冲击时能够减轻影响、迅速恢复，建设"大而强，全而优"富有韧性的现代化产业体系是推进经济高质量发展、保障国家发展安全的关键举措。[③] 第三，建设现代化产业体系有利于赢得战略主动，提升国际竞争力。现代化产业体系在促进国际产业竞争力提升、契合全球产业链竞争优势方面有诸多现实表现，集中体现在发展实体经济、支持专精特新企业发展、推动产业融合发展等方面。[④]

建设现代化产业体系面临诸多现实挑战。第一，产业体系整体水平不高。与世界先进水平相比，我国产业主要处于中低端位置，与先进国家仍存在较大差距。我国产业体系生产效率相对较低、产业基础较为薄

① 闫海潮：《习近平关于"做好自己的事情"重要论述研究》，《经济社会体制比较》2024年第1期。
② 张朝华、徐鹏杰：《建设现代化产业体系的重大意义与着力点》，《人民论坛·学术前沿》2024年第22期。
③ 汪彬、刘璐：《现代化产业体系建设的战略方向、问题挑战及实现路径》，《理论视野》2024年第6期。
④ 钱贵明、阳镇：《现代化产业体系：逻辑解构与推进路径》，《经济体制改革》2024年第6期。

弱，基础零部件、基础元器件、基础软件、基础材料、基础工艺以及产业技术基础的短板和瓶颈问题尤为显著，关键核心技术领域"卡脖子"问题仍然较为突出。[①] 第二，科技创新牵引力不足。目前，我国产业体系仍存在科技产业"两张皮"现象。因此，需要强化科技创新策源功能，及时将科技创新成果应用到各行各业，改造提升传统产业，培育壮大新兴产业，超前布局建设未来产业，催生以新技术产业化应用为标志的新产业、新模式。[②] 第三，传统产业转型仍处于攻坚期。目前，我国传统产业转型处在"登梯爬坡"的艰难阶段，数字化绿色化"双线作战"导致一些企业特别是中小企业投入较多、难度较大、要素适配性较低，国内统一大市场建设尚有堵点，国内国际双循环相互促进的新发展格局有待完善。[③]

建设现代化产业体系的实践向度。第一，把实体经济发展作为重中之重。实体经济在建设现代化产业体系中占据着举足轻重的地位，它是国家经济发展的基石，为整个经济体系提供了物质财富增长的根本动力。因此要将发展实体经济作为建设现代化产业体系的核心举措。加快建设以实体经济为支撑的现代化产业体系，其要义是要保持制造业的占比基本稳定。[④] 因此，要坚持制造业立国，深入实施制造强国战略，持续推动制造业智能化、高端化、绿色化发展，瞄准我国与世界主要制造业强国的差距，促进人力、金融和创新等资源要素向实体经济汇聚。[⑤] 第二，推动产业结构升级。正确处理现代产业体系与传统产业体系的关系，推进产业结构升级，要实现产业结构的合理化与高级化。所谓"产业结构合理化"是指在一定经济发展阶段内实现生产要素合理配置的各产业协

---

① 邱霞、原磊：《我国现代化产业体系的政策演进、建设现状与发展建议》，《价格理论与实践》2024年第9期。

② 李锋：《推动科技创新和产业创新融合发展》，《光明日报》2024年12月23日。

③ 杨丹辉：《以全面深化改革打通束缚新质生产力发展的堵点卡点》，《人民论坛》2024年第10期。

④ 李海舰、李真真、李凌霄：《建设现代化产业体系：理论内涵、问题与对策》，《经济与管理》2024年第4期。

⑤ 张越、刘婷、周建波：《现代化产业体系的评价指标与发展路径》，《宏观经济管理》2024年第5期。

调发展的结构水平；所谓"产业结构高级化"则是随着收入增长、生产率提升以及追求长远技术进步、国家安全保障等原因而发生的生产要素的产业转移过程。[①] 第三，以数实融合助推现代化产业体系建设。数实融合是构建现代化产业体系的战略选择，要通过新一代信息技术的广泛应用，促进创新链与产业链的精准对接，降低研发成本，提升研发效率，实现产业链从低附加值向高附加值转变。[②]

（三）健全推动经济高质量发展的体制机制

党的二十届三中全会提出要"健全推动经济高质量发展体制机制"。健全推动经济高质量发展的体制机制是实现经济可持续发展、提升国家竞争力的必由之路，也是新时代经济改革的重要任务。这一战略部署不仅具有深远的理论意义，而且具有重要的实践价值，将引领我国经济在高质量发展的道路上不断前进。因此，掌握健全经济高质量发展体制机制的科学方法与实践路径，是推动经济高质量发展的本质要求与必由之路。

第一，完善治理体系，推动国家治理和社会发展更好地相适应。积极化解国家治理与社会发展在诸多领域存在的不协调现象，让人民群众在就业、教育、医疗、住房、养老等关键民生领域切实感受到高质量发展与国家治理体系和治理能力现代化协同共进所带来的显著效益。随着经济社会的不断发展，人民对美好生活有了新期待。改革国家治理体系，推动国家治理与社会发展同向同行，使发展成果惠及全体人民，是健全推动经济高质量发展体制机制的应有之义。[③]

第二，完善改革体制，助推深化改革与经济发展双向互促。全面深化改革是进一步推进经济高质量发展的关键。党的二十届三中全会提出"健全推动经济高质量发展体制机制"，其本质就是要求以新发展理念引

① 刘文勇、郭连生：《现代化产业体系建设的事实经验与实践向度》，《学习与探索》2024 年第 9 期。
② 徐华亮：《建设现代化产业体系：理论基础、演进逻辑与实践路径——基于实体经济支撑视角》，《中州学刊》2024 年第 1 期。
③ 张辉、唐琦、吴尚：《健全推动经济高质量发展体制机制的三重逻辑》，《中国人民大学学报》2024 年第 6 期。

领全面深化改革。坚持以发展导向型改革健全推动经济高质量发展中新发展理念落实的体制机制，并与治理导向型改革结合推动高质量发展和高水平安全的良性互动，从而为加速推进高质量发展塑造新动能和新优势，为中国式现代化新的发展提质维稳增速。①

第三，完善发展机制，实现制度建设与经济发展相辅相成。健全因地制宜发展新质生产力体制机制，健全未来产业、新兴产业、传统产业发展机制；健全促进数字经济和实体经济深度融合制度，强化数字基础设施建设，完善数字技术赋能产业发展机制；完善发展服务业体制机制，完善服务业统计制度，推进服务业标准化建设；健全现代化基础设施建设体制机制，构建新型基础设施规划和标准体系；健全提升产业链供应链韧性和安全水平制度，健全产业链多元供应和优化布局机制。②

四　加快形成新质生产力

习近平总书记创造性地提出发展新质生产力，是习近平经济思想的又一重大理论成果，使我们党对生产力发展的规律性认识达到新高度，极大地丰富和发展了马克思主义生产力理论，开拓了马克思主义生产力理论中国化时代化新境界，是当代中国马克思主义政治经济学重要的原创性和原理性理论成果。③

（一）新质生产力的理论内涵

新质生产力以科技创新为核心驱动力，催生新产业、新模式、新动能，推动生产要素实现创新性配置，促进劳动者、劳动资料、劳动对象优化组合与更新跃升，是对生产力发展普遍规律的深刻把握，体现为新

---

① 任保平、李培伟：《以全面深化改革健全推动经济高质量发展的体制机制》，《学习与探索》2024 年第 10 期。
② 黄汉权：《健全推动经济高质量发展体制机制》，《党建》2024 年第 8 期。
③ 张宇：《马克思主义生产力理论在当代中国的创新发展》，《光明日报》2024 年 10 月 8 日。

要素、新产业、新动能、新模式，[1] 数字经济是当前阶段新质生产力的综合质态。[2] 新质生产力理论是新征程上推动高质量发展的科学指南和根本遵循，必须以马克思主义为指导，全面认识新质生产力理论的实践依据和思想来源，从而深刻理解其科学性；全面认识新质生产力理论的丰富内涵，从而深刻理解其系统性；全面认识发展新质生产力与高质量发展之间的逻辑关系，从而深刻理解其重要性；全面认识新质生产力理论与马克思主义理论的内在联系，从而深刻理解其创新性。[3] 新质生产力是生产力现代化转型的最新体现，科学回答了政治经济学生产力现代化转型的世界之问、时代之问、中国之问。从生产力现代化转型形成新质生产力的历史逻辑看，新质生产力是立足世界生产力现代化的历史进程和中国式现代化进程中生产力现代化转型的实践创新。从生产力现代化转型形成新质生产力的理论逻辑来看，新质生产力是对马克思主义政治经济学生产力理论的创新发展，是中国共产党生产力理论的创新发展。从生产力现代化转型形成新质生产力的实践逻辑来看，形成新质生产力必须遵循生产力现代化的规律和趋势，构建包括科技创新体系、现代化产业体系、绿色生产力体系和相应的生产关系体系在内的新质生产力体系。[4]

新质生产力是马克思主义政治经济学的范畴创新和术语革命。[5] 新质生产力是生产力的新形态，代表了生产力三要素及其组合方式的系统性新质化，是一个由新型劳动者、新型劳动资料和新型劳动对象等生产力要素构成的相互依存、相互关联的有机整体。[6] 一方面，新质生产力"以劳动者、劳动资料、劳动对象及其优化组合的跃升为基本内涵"。[7]

①　原磊、张弛：《加快发展新质生产力》，《中国金融》2024 年第 2 期。
②　洪银兴：《新质生产力及其培育和发展》，《经济学动态》2024 年第 1 期。
③　邱海平：《新质生产力理论的科学内涵及其重大创新意义》，《财经问题研究》2024 年第 5 期。
④　任保平：《生产力现代化转型形成新质生产力的逻辑》，《经济研究》2024 年第 3 期。
⑤　方敏、杨虎涛：《政治经济学视域下的新质生产力及其形成发展》，《经济研究》2024 年第 3 期。
⑥　刘明松、王倩：《"新质生产力"：中国特色社会主义政治经济学的标识性概念》，《社会主义研究》2024 年第 6 期。
⑦　习近平：《发展新质生产力是推动高质量发展的内在要求和重要着力点》，《求是》2024 年第 11 期。

就劳动者而言，传统生产力主要依赖普通的技术型工人，随着科技的迅速发展和产业结构的深度调整，新质生产力对劳动者的要求发生了显著变化，新质生产力要求与之相匹配的、具备更高水平的知识和技能且更富有创新精神和实践能力的新型劳动者。[①] 另一方面，新质生产力是"符合新发展理念的先进生产力质态"。[②] 新质生产力的"质"表征高质量发展的生产力，体现经济社会发展的新方式、新动能，新质生产力提供了高质量发展的新方式、释放了高质量发展的新动能，也是高质量发展的现实要求。[③] 新质生产力具有高科技、高效能、高质量特征。"高科技"体现为技术的革命性突破和应用；"高效能"意味着生产要素创新性配置和生产过程的效率提升，使各种要素之间能够协同工作；"高质量"强调的是加快转变经济发展方式，使生产制造过程符合标准，产品质量安全可靠、绿色环保，符合消费者的新要求和新期待，进而推动经济实现量的合理增长和质的稳步提升。[④]

新质生产力是马克思主义生产力理论的创新发展，不仅继承了马克思主义生产力理论，而且在新形势下丰富和发展了马克思主义生产力理论，进而推动马克思主义中国化时代化。[⑤] 新质生产力是建设现代化产业体系的必然要求。新质生产力代表了新时代生产力发展的新方向，是经济社会发展的关键。形成和发展新质生产力，不仅意味着生产力的解放和发展，而且意味着现代产业体系建设中技术创新和产业创新的良性互动。[⑥] 新质生产力是促进人与自然和谐共生的重要力量。中国的新质生产力是符合新发展理念的先进生产力质态，蕴含着"创新、协调、绿

① 周文：《新质生产力的时代内涵和核心要义》，《毛泽东研究》2024 年第 6 期。
② 习近平：《发展新质生产力是推动高质量发展的内在要求和重要着力点》，《求是》2024 年第 11 期。
③ 宋德勇、陈梁：《发展新质生产力的理论逻辑、关键问题与实践路径》，《经济与管理评论》2024 年 5 期。
④ 刘元春：《新质生产力的科学内涵与发展着力点》，《中国社会科学评价》2024 年第 3 期。
⑤ 朱前星、饶诗雨：《新质生产力的演进逻辑、实践路径及价值意蕴》，《西南民族大学学报》（人文社会科学版）2024 年第 5 期。
⑥ 保虎：《新质生产力赋能中国式现代化：理论逻辑、价值意蕴及实践路径》，《西北民族大学学报》（哲学社会科学版）2024 年第 4 期。

色、开放、共享"的基本特性，强调推动绿色技术应用、绿色产业成长、绿色金融发展、绿色制度完善和绿色生活方式流行，实现科学技术与经济社会的系统变革，降低人类活动对自然环境的损害，解决好工业文明带来的矛盾。①

（二）因地制宜发展新质生产力

党的二十届三中全会强调要"健全因地制宜发展新质生产力体制机制"。刘伟指出，发展新质生产力必须遵循经济社会发展的创新规律，创新是新质生产力的根本特征；必须遵循经济社会发展的产业结构演进规律，新质生产力的体现是结构高度提升；必须遵循社会主义市场经济运行规律，新质生产力的实现机制是以市场在资源配置中起决定性作用、更好发挥政府作用为基础。② 谢富胜等认为，发展新质生产力意味着科技自立自强，形成网络化智能化生产组织与数字化产业生态系统，统合城乡发展，改革人才培养体系与社会保障制度，以生产方式转型推动社会供需在新的水平上达到平衡。发展新质生产力，是推动经济高质量发展的根本遵循，更是中国面对百年未有之大变局、实现中华民族伟大复兴的必然要求。③

生产力发展具有地域性特征，不同区域在自然资源、劳动力素质、科技水平和市场环境等方面存在差异，这决定了生产力发展不能采取"一刀切"的模式。因地制宜能够充分发挥各地的比较优势，避免资源浪费和重复建设，实现差异化发展。

第一，地区发展不平衡、产业发展差异突出是因地制宜发展新质生产力的现实图景。我国地域辽阔，不同地区在自然条件、经济发展水平、资源禀赋以及文化背景等方面存在显著差异。地区差异性、发展不平衡性是各地因地制宜发展新质生产力的出发点，各地区新质生产力发展水平差距大，客观上需要中央从宏观层面推动高效有力的区域协调发展，

---

① 周文、张奕涵：《新质生产力赋能生态文明建设》，《生态文明研究》2024年第4期。
② 刘伟：《科学认识与切实发展新质生产力》，《经济研究》2024年第3期。
③ 谢富胜、江楠、匡晓璐：《马克思的生产力理论与发展新质生产力》，《中国人民大学学报》2024年第5期。

以确保区域发展的平衡性、协调性并达到预期目标。同时，因地制宜并不局限于地区或地方层面，还应拓展到产业与企业层面，不同的产业与企业，性质不同、地位不同、发展阶段不同，要把各类产业、企业的潜力都释放出来，各类产业都可以发展新质生产力。①

第二，发展新质生产力是推动经济高质量发展的重要举措。新质生产力通过推动新产业、新模式、新动能发展，为经济社会高质量发展、可持续发展提供持续动能。② 因地制宜发展新质生产力既有利于生产力水平的大幅跃升，也有助于充分利用区域优势、提高生产效率，推动经济高质量发展。因地制宜发展新质生产力充分利用各地区的资源和优势，可以实现资源优势互补，促进中国中西部地区和东部沿海地区的经济协调发展，减少区域发展的差距，为中国式现代化提供更为坚实的基础。③ 我国产业体系存在区域资源分布不均，地区产业发展失衡等问题，国内高端产业体系不健全，区域间高端创新要素、新介质材料与高素质劳动者也存在显著差异，现代化产业体系发展不均衡④，因地制宜发展新质生产力是建设现代化产业体系的重要支撑。高科技是新质生产力的核心特征，新质生产力依托于科技创新的连续突破，不仅推动了产业的革新，而且能有效地推动高水平科技自立自强。⑤

第三，推进协调发展、促进科技创新是因地制宜发展新质生产力的实践路径。"社会主义的根本任务是解放和发展社会生产力"，⑥ 因地制宜发展新质生产力是解放和发展社会生产力的重要举措。目前，学界对于因地制宜发展新质生产力实践路径的研究主要集中于空间维度、产业

---

① 徐礼伯、沈坤荣：《因地制宜发展新质生产力：逻辑、内涵与价值》，《贵州社会科学》2024年第9期。

② 刘凡熙：《新质生产力及其对习近平经济思想的丰富发展》，《北京行政学院学报》2024年第4期。

③ 张夏恒、马妍：《因地制宜发展新质生产力的必要性、科学性及着力点》，《北京工业大学学报》（社会科学版）2024年第4期。

④ 陈梦根、张可：《新质生产力与现代化产业体系建设》，《改革》2024年第6期。

⑤ 周文：《新质生产力的时代内涵和核心要义》，《毛泽东研究》2024年第6期。

⑥ 习近平：《坚持历史唯物主义不断开辟当代中国马克思主义发展新境界》，《求是》2020年第2期。

维度、科技创新维度等关键领域。

首先，重视地区差异、发挥区域优势，是因地制宜发展新质生产力的重要举措。要"因地制宜"找准地区比较优势，有效利用资源禀赋协同打牢产业基础；"分类指导"统筹推进新型工业化，科学筹划因地制宜发展新质生产力。① 同时，要处理好发达地区与欠发达地区的产业布局问题，立足新发展阶段、贯彻新发展理念、构建新发展格局，必须统筹东部、中部、西部和东北地区产业布局，促进区域协调发展。② 要充分了解各地的优势与短板，用好资源禀赋的先天优势，根据实际状况锚定发展目标，制定符合自身特点的发展策略，打造地方特色品牌，根据具体问题采取相应的措施和方法，精准施策、靶向发力。③

其次，发展新兴产业、促进传统产业升级，是因地制宜发展新质生产力的物质基础。作为新质生产力载体的产业体系正向数字化、智能化、绿色化、融合化方向转型发展。基于技术成熟度的分类，产业体系可由未来产业、新兴产业和传统产业组成。④ 发展新质生产力要坚持把做实做强做优实体经济作为主攻方向，促进传统产业转型升级，同时推动战略性新兴产业发展壮大，推动制造业加速向高端化、智能化、绿色化发展，提高产业链供应链稳定性和现代化水平。⑤ 要在智能制造、新材料、生物技术等重点领域集中攻关，形成创新发展先发优势并通过技术共享和知识扩散为其他产业发展提供强有力的技术支撑，使"卡脖子"问题得到根本性解决。⑥ 同时，应该注意发展新质生产力并不意味着放弃传统产业。发展新质生产力，建设制造强国，不能忽视、放弃传统产业，而是要致力于提高劳动者、劳动对象和劳动资料等的品质和效能，加入和发展科技、管理、数据等先进优质生产要素，拓展传统产业发展新质

① 张辉、唐琦：《因地制宜发展新质生产力的重要原则研究》，《教学与研究》2024 年第 9 期。
② 朱安东、黄怡暄：《因地制宜发展新质生产力》，《红旗文稿》2024 年第 14 期。
③ 杨敏、沈泉鑫：《习近平总书记关于新质生产力的重要论述：时代出场、理论创新与价值意蕴》，《南昌大学学报》（人文社会科学版）2024 年第 4 期。
④ 黄群慧：《新质生产力与新型工业化》，《中国社会科学》2024 年第 6 期。
⑤ 方江山：《因地制宜发展新质生产力要牢牢把握好六个关系》，《人民论坛》2024 年第 11 期。
⑥ 黄文义、胡乐明：《经济长波视角下的"百年变局"》，《当代经济研究》2024 年第 11 期。

生产力的新路径。①

最后，推动科技创新、提升自主创新能力是因地制宜发展新质生产力的重要着力点。技术创新是推动生产力发展的重要动力，也是各地区因地制宜发展新质生产力的重要路径，要通过模仿创新、自主创新和颠覆性创新三种形式推动不同地区新质生产力的发展。② 我国需要强化前瞻性、战略性、系统性布局，不断推进基础研究高水平支撑平台建设，形成强大的基础研究骨干网络，为新质生产力发展提供坚实的硬件基础，以高新技术创新为牵引，加快实现高水平科技自立自强。③ 同时，必须高度重视激发全社会的首创精神，通过各种政策措施，调动一切生产要素的活力。发展新质生产力，绝不是哪一个人、哪一个部门、哪一个地区的事情，而是全社会的共同责任。发展新质生产力，也绝不是某一个企业、某一个研究机构、某一所大学的事情，而是生产过程所有环节的共同任务。④

（三）形成同新质生产力相适应的生产关系

习近平总书记指出："生产关系必须与生产力发展要求相适应。发展新质生产力，必须进一步全面深化改革，形成与之相适应的新型生产关系。"⑤ 新质生产力的形成与发展促进了生产力的突破性发展，必然引起生产关系的革命性变化。⑥ 深入理解生产力与生产关系之间的矛盾关系以及生产力和生产关系各自内部的矛盾关系，是全面准确地把握新质生产力论的方法论前提。⑦

马克思的生产关系理论认为，随着生产力的发展，"人们也就会改

---

① 涂永红：《因地制宜发展新质生产力需避免的认知误区》，《人民论坛》2024 年第 6 期。
② 郭夏、庄忠正：《因地制宜发展新质生产力的体制机制路径构建研究》，《中州学刊》2024 年第 9 期。
③ 韩文龙：《新质生产力的政治经济学阐释》，《马克思主义研究》2024 年第 3 期。
④ 张旭：《加快发展新质生产力 扎实推进经济高质量发展》，《马克思主义研究》2024 年第 8 期。
⑤ 《习近平在中共中央政治局第十一次集体学习时强调：加快发展新质生产力 扎实推进高质量发展》，《人民日报》2024 年 2 月 2 日第 1 版。
⑥ 顾海良：《新质生产力与中国经济学自主知识体系的拓新》，《中共中央党校（国家行政学院）学报》2024 年第 2 期。
⑦ 孟捷、韩文龙：《新质生产力论：一个历史唯物主义的阐释》，《经济研究》2024 年第 3 期。

变自己的一切社会关系"。① 生产力是生产关系的基础，生产力的变革与发展必然推动生产关系的调整与重塑。生产力的每一次进步都会催生新的生产关系，从而为社会经济结构的优化与转型提供动力。新质生产力是生产力发展质的跃迁，其形成和发展促进新型生产关系的出现，新质生产力发展必然需要调整现存的生产关系，这是对生产力与生产关系矛盾运动规律的根本遵循。② 进一步全面深化改革、扎实推进高质量发展的需要是形成新型生产关系的现实基础。在当前新质生产力快速发展的阶段，要以全面深化改革构建与之相适应的新型生产关系，赋能新质生产力的塑造。③

要加快形成与新质生产力相适应的生产关系。新质生产力呼唤与新质生产力相适应的生产关系。同时新型生产关系的形成对新质生产力的发展具有良性促进作用。因此，"我们不能把形成适应于新质生产力的新型生产关系视为一种简单的历史被动，而应该更多地把它视为一种促进新质生产力发展的主动过程"。④

第一，要深化体制改革，为新型生产关系的形成奠定体制基础。首先，要以科技创新体制为重点。推动科技创新体制不断完善，深入实施科教兴国、人才强国以及创新驱动发展战略，推动人才培养链与产业链、创新链有机衔接，破除科技创新链条上的体制机制障碍，为创新提供良好的政治生态和宏观政策支持。⑤ 其次，要从国家战略高度深入分析国内外科技发展趋势，准确把握新质生产力发展方向和重点领域，强化基础研究领域、交叉前沿领域科技创新的战略导向、规划统筹和政策实施，为基础研究与交叉前沿领域的技术突破提供坚实的战略支撑。⑥ 最后，

① 《马克思恩格斯文集》第一卷，人民出版社，2009，第602页。
② 赵鹏、李毅格：《构建与新质生产力相适应的新型生产关系》，《学术交流》2024年第9期。
③ 王岩、熊峰：《以全面深化改革塑造新型生产关系》，《思想理论教育导刊》2024年第12期。
④ 胡怀国：《以新质生产力推动高质量发展的政治经济学解析》，《亚太经济》2024年第3期。
⑤ 刘鹏飞、候美莎：《新质生产力的出场逻辑、认知结构与实践指向》，《当代经济研究》2024年第11期。
⑥ 盖凯程、唐湘：《加快形成同新质生产力更相适应的生产关系》，《世界社会科学》2024年第5期。

要充分发挥新型举国体制在科技创新中的体制作用，加强政府政策制度支持，以企业作为创新主体和市场主体，依托高校进行基础学科知识供给与创新人才、科技人才培养，形成科技创新强大合力。①

第二，要实现生产要素创新性配置，为新型生产关系的形成创造有利环境。推动新质生产力发展。要充分发挥社会主义市场经济体制的制度优势，坚持先立后破、稳中求进的方法论原则，围绕以科技创新推进产业创新、提高全要素生产率的主线，坚定不移大力发展新质生产力。②要推进要素市场化改革，加快建设全国统一大市场，确保生产要素的保障机制形成系统性、科学性体系，真正实现由市场评价贡献、按贡献决定报酬，注重完善数据要素的价格机制和市场保障，促使各类优质生产要素向发展新质生产力顺畅流动，全面提升生产要素配置效率。③此外，要更好发挥政府作用，使要素在区域间的流动加快，促进新质生产力在空间分布上趋向平衡，积极发挥数字技术对要素配置效率的正向影响，提高全要素生产率。④

第三，完善社会主义分配制度，为新型生产关系的形成提供坚实保障。要完善社会主义分配制度，促进效率与公平相统一，坚持按劳分配为主体、多种分配方式并存的收入分配制度，维护人民切身利益。⑤政府要进一步完善税收、社会保障支出等再分配制度，加大对初次分配结果的调节，弥补初次分配的不足，帮扶社会中低技能的劳动群体，构建以企业为主、社会组织为辅、家庭和个人为补充的第三次分配制度。⑥

---

① 谢霄男：《有效协调新质生产力与新型社会主义生产关系的互相适应性》，《海派经济学》2024年第4期。

② 中国社会科学院经济研究所课题组，黄群慧、杨耀武、杨虎涛、楠玉：《结构变迁、效率变革与发展新质生产力》，《经济研究》2024年第4期。

③ 卢国琪、陈心见：《新质生产力：马克思主义生产力理论的重大创新与发展》，《理论探索》2024年第6期。

④ 张永刚：《基于新质生产力的生产要素创新和优化配置》，《学术界》2024年第5期。

⑤ 谢霄男：《有效协调新质生产力与新型社会主义生产关系的互相适应性》，《海派经济学》2024年第4期。

⑥ 程恩富、罗玉辉：《适应新质生产力，塑造"四主型"经济制度的新型生产关系》，《海派经济学》2024年第4期。

此外，要加快构成新型分配关系。以市场评价、激励保障举措，实现要素报酬的科学分配，健全所有生产要素参与收入分配的市场评价机制，更好体现新质生产力要素的市场价值。[①]

五　处理好政府和市场的关系

构建高水平社会主义市场经济体制，关键是处理好政府和市场的关系，这也始终是经济体制改革的核心问题。党的二十届三中全会提出，必须更好发挥市场机制作用，创造更加公平、更有活力的市场环境，实现资源配置效率最优化和效益最大化，既"放得活"又"管得住"，更好维护市场秩序、弥补市场失灵，畅通国民经济循环，激发全社会内生动力和创新活力。学界围绕这一领域持续开展深入探讨。

（一）政府和市场关系理论的新发展

"放得活"与"管得住"具有丰富的理论内涵。"放得活"，就是要充分发挥市场在资源配置中的决定性作用，以改革消门槛、破壁垒、除阻碍，把市场机制能有效调节的经济活动交给市场，政府只管该管的事，才能让一切劳动、知识、技术、管理、资本的活力竞相迸发；"管得住"就是要政府管理那些市场管不了或管不好的事情；"放"与"管"殊途同归，都是为了畅通循环、激发活力。[②] "放得活"和"管得住"，就是要在完善的中国特色社会主义法治体系下，实现政府和市场优势互补、形成合力，通过增强改革系统性、整体性、协同性，形成各类经营主体活力迸发、要素配置高效畅通、市场体系竞争有序、宏观政策取向一致的高水平社会主义市场经济体制。[③]

"放得活"与"管得住"具有深刻的价值意蕴。首先，既"放得活"又"管得住"是落实"两个毫不动摇"的重要保障。坚持和落实

---

① 刘立云、孔祥利：《全面深化改革与加快构建新型生产关系：内涵、逻辑及路径》，《西北大学学报》（哲学社会科学版）2024 年第 6 期。

② 华平：《"放得活"与"管得住"》，《人民日报》2024 年 9 月 20 日。

③ 张旭：《如何理解既"放得活"又"管得住"》，《经济日报》2024 年 8 月 15 日。

"两个毫不动摇"，充分发挥各类经营主体的作用，重点在于充分发挥市场在资源配置中的决定性作用，更好发挥政府作用，实现资源配置效率最优化和效益最大化，这就要求在"放得活"的前提下"管得住"。[①] 其次，既"放得活"又"管得住"是建设高水平社会主义市场经济体制的必然要求。实现既"放得活"又"管得住"，是高水平社会主义市场经济体制中正确处理政府和市场关系的内在必然要求，也是对经济发展活力和秩序辩证统一的深刻认识，有利于推动有效市场和有为政府更好结合起来。[②] 最后，既"放得活"又"管得住"是统筹发展和安全的重要举措。实现既"放得活"又"管得住"有助于在社会主义市场经济条件下充分发挥政府作用，促进有效市场和有为政府更好结合、活力与秩序有机统一，以及高质量发展和高水平安全良性互动。[③]

"放得活"与"管得住"需要科学的实践方略。习近平总书记强调："我们要坚持辩证法、两点论，继续在社会主义基本制度与市场经济的结合上下功夫，把两方面优势都发挥好，既要'有效的市场'，也要'有为的政府'，努力在实践中破解这道经济学上的世界性难题。"[④] 因此，既要"放得活"又要"管得住"，同时做到两者统筹兼顾，促进有效市场与有为政府形成良性互动关系。

首先，要"放得活"。一方面，必须更好发挥市场机制作用，以更加公平、更有活力的市场环境激发各种所有制经济的内生动力和创新活力，实现资源配置效率最优化和效益最大化。另一方面，要使市场在资源配置中的决定性作用得到充分发挥、更加凸显，使市场化、法治化、国际化营商环境更加优化，价格信号更加灵敏地反映市场供求关系，引

① 刘洪愧：《与时俱进构建高水平社会主义市场经济体制》，《中国社会科学报》2024 年 12 月 25 日。

② 蒋传海：《以经济体制改革为牵引进一步全面深化改革》，《红旗文稿》2024 年第 21 期。

③ 吕炜、刘欣琦：《既"放得活"又"管得住"的理论意义和实践要求》，《中国社会科学报》2024 年 8 月 29 日第 1 版。

④ 中共中央文献研究室编《习近平关于社会主义经济建设论述摘编》，中央文献出版社，2017，第 64 页。

导资源要素向高效益、高附加值领域流动，形成更加公平、更有活力的市场环境，① 进一步改善企业投资效率、增强企业创新能力、促进企业多元化经营，进一步促进企业高质量发展从而提升其全要素生产率。② 此外，也要调动广大企业家的积极性、主动性、创造性，改善社会心理预期、提振发展信心，同时为企业家健康成长和干事创业筑牢制度保障。③

其次，要"管得住"。要"管得住"，就必须毫不动摇巩固和发展公有制经济。深化国资国企改革，完善管理监督体制机制，增强各有关管理部门战略协同，推进国有经济布局优化和结构调整，推动国有资本和国有企业做强做优做大，增强核心功能，提升核心竞争力。④ 同时，中国的市场化进程是在政府的主导下推进的，政府是市场建设的培育者、约束者和守护者，应最大限度地降低经济改革的阻力，保障经济与社会的平稳运行，保障市场秩序，规范市场交易。⑤

最后，既要"放得活"又要"管得住"。要充分发挥市场在资源配置中的决定性作用，更好发挥政府作用，最大限度地发挥政府和市场二者的优势，实现市场有效、政府有为，在更高水平、更深程度上实现二者的有机融合和良性互动。⑥ 必须统筹好有效市场和有为政府的关系，实现市场与政府"两手并用"，相互补充、相互配合、协同发力，促进各种所有制经济优势互补、共同发展，推动生产要素畅通流动、各类资源高效配置、市场潜力充分释放，更好发挥社会主义市场经济体制

---

① 张占斌：《构建高水平社会主义市场经济体制的历史逻辑、实践逻辑与目标逻辑》，《经济社会体制比较》2024 年第 6 期。
② 申烁、罗朝阳、李雪松：《国际营商环境与企业全要素生产率》，《河南大学学报》（社会科学版）2024 年第 3 期。
③ 张弛：《新时代新征程上弘扬企业家精神》，《红旗文稿》2024 年第 17 期。
④ 韩保江：《构建"放得活、管得住"的高水平社会主义市场经济体制》，《光明日报》2024 年10 月 3 日。
⑤ 路嘉煜、沈开艳：《构建高水平社会主义市场经济体制的内在逻辑、核心要义和实现路径》，《上海经济研究》2024 年第 12 期。
⑥ 宁阳：《既"放得活"又"管得住" 加快构建高水平社会主义市场经济体制》，《人民论坛》2024 年第 14 期。

优势。①

（二）完善宏观经济治理体系

宏观经济治理体系是指国家对整个经济进行宏观调控和管理的综合体系，主要包括宏观经济政策、宏观经济监测、宏观经济调控、宏观经济评估等方面。健全宏观经济治理体系是推动我国经济高质量发展、实现国家治理体系和治理能力现代化的关键。它有助于构建高水平社会主义市场经济体制，更好地发挥政府作用和市场机制作用，并保障宏观经济政策取向的一致性。因此，需要从多方面入手，不断完善和优化宏观经济治理体系，以推动我国经济实现更高质量、更有效率、更加公平、更可持续、更为安全的发展。

完善宏观经济治理体系具有丰富的理论内涵。从一般意义上说，宏观经济治理体系是指在既定的发展战略和发展规划下，国家对宏观经济运行所进行的治理或管理；从特殊意义上说，宏观经济治理体系有别于西方"宏观经济学"，范围比宏观经济调控更为宽泛。② 具体而言，宏观经济治理体系在体系构成上不仅包括一系列宏观经济政策，而且包含系统的宏观经济体制机制；在政策结构上，宏观经济治理体系不仅包括一般意义上的货币政策、财政政策等总量政策，而且包括一系列结构性政策；在政策目标上，宏观经济治理体系不仅要求明确不同经济政策的具体政策目标，而且注重各项经济政策目标和力度的协调；在调控方式上，宏观经济治理体系不仅能够实施需求侧管理，而且能够有效实施供给侧调控。③

完善宏观经济治理体系要深化财税金融体制改革。首先，要规范财政收入制度，适当扩大地方税收管理权限，增加地方自主财力。建立权责清晰、财力协调、区域均衡的中央和地方财政关系。健全货币政策和宏观审慎政策调控框架，健全基础货币投放机制。④ 其次，要完善金融

---

① 唐珏岚：《深化经济工作规律性认识 确保经济发展行稳致远》，《光明日报》2024年12月19日。

② 林木西：《健全宏观经济治理体系 完善宏观调控制度体系》，《政治经济学评论》2024年第5期。

③ 刘伟：《健全宏观经济治理体系是进一步全面深化改革的重要任务》，《经济纵横》2024年第8期。

④ 何自力：《健全宏观经济治理体系》，《红旗文稿》2024年第18期。

监管体系，守护金融稳定，通过前瞻性的监管措施，有效抵御金融体系功能失衡对宏观经济稳定及微观经济主体健康发展的潜在威胁。[①] 最后，应持续深入考量财税体制的独特属性，以预算、税收、央地关系等为重点，以推进预算公开透明、促进税收制度现代化、持续推进省（区市）以下财政体制改革为发力点，在积极推进财税体制改革的基础上，构建并完善公平、高效、可预期的宏观经济治理体系。[②]

完善宏观经济治理体系要增强宏观政策取向一致性，推动各项宏观政策形成合力。科学的宏观调控、有效的政府治理是发挥社会主义市场经济体制优势的内在要求。必须完善宏观调控制度体系，统筹推进财税、金融等重点领域改革，增强宏观政策取向一致性，要立足全国一盘棋，追求重大战略之间、宏观政策之间、重大战略与宏观政策之间的联动效应和叠加效应，乃至牵引撬动的乘数效应，实现经济治理成效最大化。[③] 具体而言，一方面，要以国家发展规划为战略导向，构建国家战略制定和实施机制，健全国家经济社会发展规划制度体系，强化国家战略对专项规划和区域规划等相关规划的宏观引导、统筹协调。[④] 另一方面，要健全就业、产业、投资、消费、环保、区域等政策协同发力机制，构建高效宏观经济政策供给体系。[⑤]

完善宏观治理体系要促进区域协调发展。首先，要促进城乡区域间要素自由流动，完善要素市场制度和规则，推动生产要素畅通流动、各类资源高效配置、市场潜力充分释放。[⑥] 其次，要完善国家战略规划体系和政策统筹协调机制，强化专项规划、区域规划、空间规划、地方规

① 李天一、齐文浩：《以金融体制改革推动宏观经济治理体系的健全：内涵特征、机遇挑战与实践路径》，《学术交流》2024 年第 11 期。
② 李炜光、臧建文：《财税体制改革何以驱动宏观经济治理体系健全》，《探索与争鸣》2024 年第 11 期。
③ 倪红福、王树森：《中国宏观经济治理体系：演进逻辑与理论内涵》，《学习与探索》2024 年第 11 期。
④ 李江涛：《进一步健全宏观经济治理体系》，《经济日报》2024 年 10 月 22 日。
⑤ 何自力：《健全宏观经济治理体系的主要措施》，《海派经济学》2024 年第 4 期。
⑥ 孙久文：《区域协调发展：健全宏观经济治理体系的重要抓手》，《中国社会科学报》2024 年 9 月 3 日。

划与国家总体发展规划的有机衔接，突出规划的战略性、系统性。① 最后，要完善区域协调发展战略规划，为各地经济社会发展提供顶层设计、推进机制和保障体系，以京津冀、长三角、粤港澳大湾区为经济发展龙头，全力推进西部大开发，促进东北全面振兴，实现中部地区加快崛起，加快推进东部地区现代化。②

（三）保障和改善民生与促进全体人民共同富裕

民生事业是社会发展的基石，其本质在于满足人民群众的基本生活需要并逐步提升其生活质量，新时代的民生发展不再仅仅局限于解决基本的生存问题，而是更加注重人民群众的全面发展与自我价值实现。③ 保障和改善民生的根本目的是让人民过上更好的生活，实现人的全面发展和社会的全面进步。全体人民共同富裕是这一目标在更高层次上的体现，实现生活品质的全面提升，使人民群众真正共享发展成果，感受到生活的幸福和美好，这也是保障和改善民生工作的最终价值追求。

首先，进一步加大对公共服务现代化和基本公共服务均等化的投入，逐步实现全面富裕。推进基本公共服务均等化，集中更多财力用于保障和改善民生，加大对教育、医疗、就业等领域的投入和支持力度，不断增加社会保障的覆盖面，扩大医保报销药品范围和种类，提高人民群众养老金水平。④ 其次，不断推进消除两极分化，确保收入差距合理的普遍富裕。消除两极分化、缩小贫富差距，要坚持基本收入制度。基本收入制度强调民众普遍享有、追求社会更加公正，有利于筑牢民生底线、解决基本生活问题、缩减贫富差距，这是推进共同富裕型民生建设的主要任务。⑤ 最后，健全覆盖全人群、全生命周期的人口服务体系，促进人口高质量发展。要建立健全人口发展监测预警机制，及时发现并妥善

---

① 徐善长：《全面提升宏观经济治理能力水平》，《经济日报》2024 年 7 月 25 日。

② 郑联盛：《健全宏观经济治理体系以提升宏观政策效能的思考》，《经济纵横》2024 年第 9 期。

③ 杨灿明、万欣：《增进民生福祉推进全体人民共同富裕》，《财政研究》2024 年第 8 期。

④ 高天艳：《新时代共同富裕：内涵解析、理论逻辑与实现路径》，《山西财经大学学报》2024 年第 12 期。

⑤ 高和荣、王宇峰：《基本收入制度的兴起与共同富裕型民生的建设》，《中州学刊》2024 年第 4 期。

应对人口变动带来的各种问题；加强跨部门、跨区域协同合作，形成推动人口高质量发展的强大合力；注重发挥市场在资源配置中的决定性作用，促进人口与经济社会良性互动和协调发展；在生育政策、户籍制度、教育体制、社会保障体系等方面加大改革力度，创造更加有利的条件和环境。①

保障和改善民生与促进全体人民共同富裕是中国特色社会主义事业的重要组成部分，二者紧密联结，以实现人民对美好生活的向往为实践导向。保障和改善民生与实现全体人民共同富裕之间具有密切关系：一方面，保障和改善民生是实现全体人民共同富裕的前提和基础，它关注并解决人民群众最直接、最现实、最迫切的利益问题，提升民众的生活质量和幸福感，为共同富裕奠定坚实的物质基础和社会基础；另一方面，全体人民共同富裕是保障和改善民生的更高目标和最终追求，它旨在消除贫困、缩小差距，让全体人民共享改革发展成果，过上更加宽裕、更有尊严的生活，这不仅是社会主义的本质要求，也是人民群众的共同期盼。二者相辅相成，相互促进，共同推动着中国特色社会主义事业不断向前发展。②

保障和改善民生是实现全体人民共同富裕的基础。完善收入分配制度、完善就业优先政策、健全社会保障体系等是健全保障和改善民生制度体系的重点任务，以人民为中心、惠及全民是保障和改善民生制度体系的鲜明特征。由此可见，保障和改善民生既有利于实现民生领域进一步优化发展，也是维护社会公平、实现全体人民共同富裕的重要方针。习近平总书记强调："实现共同富裕不仅是经济问题，而且是关系党的执政基础的重大政治问题。"③党的十八大以来，习近平总书记明确了实现共同富裕的总体思路，指明了共同富裕的具体路径，设计了推进共同富裕的阶段性目标和时间表、路线图等，切实推进了全体人民共同富裕

---

① 阴俊、王莉：《中国式现代化的民生政治之维：价值遵循、推进维度与实现路径》，《理论月刊》2024 年第 12 期。
② 龚云：《科学把握和全面发展邓小平的社会主义本质论》，《马克思主义研究》2024 年第 7 期。
③ 习近平：《把握新发展阶段，贯彻新发展理念，构建新发展格局》，《求是》2021 年第 9 期。

进程。

第一，收入分配制度是实现全体人民共同富裕的基础性制度。在初次分配方面，提高居民收入在国民收入分配中的比重，提高劳动报酬在初次分配中的比重，完善劳动者工资决定、合理增长、支付保障机制；在再分配方面，完善税收、社会保障、转移支付等再分配调节机制；在第三次分配方面，要支持发展公益慈善事业，鼓励社会捐赠等举措有利于维护社会公平，为全体人民共同富裕提供基础性制度保障。① 第二，就业优先政策是实现全体人民共同富裕的重要保障。健全高质量充分就业促进机制，完善促进就业公共服务体系，着力解决结构性就业矛盾。完善高校毕业生、农民工、退役军人等重点群体就业支持体系，健全终身职业技能培训制度。统筹城乡就业政策体系，优化创业促进就业政策环境，支持和规范发展新就业形态。完善促进机会公平制度机制，畅通社会流动渠道。完善劳动关系协商协调机制，加强劳动者权益保障。第三，健全社会保障体系是实现全体人民共同富裕的关键环节。社会保障关乎人民最关心最直接最现实的利益问题，发挥着民生保障安全网、收入分配调节器、经济运行减震器的作用，是促进全体人民共同富裕的关键一环。② 社会保障自从诞生就蕴含着人类对美好生活和社会公平正义的向往与设想，是彰显政府道义、体现经济发展进步和引导社会文化价值的复合型、多面向政策安排，不仅具有政治、经济和社会属性，与党和国家的长期发展目标、战略规划实施紧密相关，还深入涉及生产、消费与分配领域，同时具有民生和文化属性，是对共同富裕目标的有效回应。③

---

① 王克强：《在发展中保障和改善民生是中国式现代化的重大任务》，《红旗文稿》2024 年第 16 期。
② 蒋永穆：《推动全体人民稳步迈向共同富裕》，《经济日报》2024 年 9 月 25 日。
③ 李鹏、张奇林：《面向共同富裕的社会保障演进：逻辑动因、实践要义与政策因应》，《当代经济管理》2024 年第 2 期。

专题二
中国特色社会主义经济研究进展

2024 年是实现"十四五"规划目标任务的关键一年。面对外部压力加大、内部困难增多的复杂严峻形势，以习近平同志为核心的党中央团结带领全党全国各族人民，沉着应变、综合施策，经济运行总体平稳、稳中有进，高质量发展扎实推进，经济社会发展主要目标任务即将顺利完成。在这一年，我们坚持以习近平新时代中国特色社会主义思想为指导，全面贯彻党的二十大和二十届三中全会精神，新质生产力稳步发展，改革开放持续深化，重点领域风险化解有序有效，民生保障扎实有力，中国式现代化迈出新的坚实步伐。与此同时，当前外部环境变化带来的不利影响加深，我国经济运行仍面临不少困难和挑战，主要是国内需求不足，部分企业生产经营困难，群众就业增收面临压力，风险隐患仍然较多。针对当前我国经济社会发展中的热点和难点问题，本专题从"构建高水平社会主义市场经济体制""从供给和需求两侧推动经济高质量发展""创新驱动与数字经济""城乡融合与区域协调发展""绿色发展与生态文明建设""构建高水平对外开放新格局"六个部分梳理了学术界关于中国特色社会主义经济重大问题的最新研究进展。

一　构建高水平社会主义市场经济体制

高水平社会主义市场经济体制是中国式现代化的重要保障。党的二十届三中全会强调，到二〇三五年，全面建成高水平社会主义市场经济体制，中国特色社会主义制度更加完善，基本实现国家治理体系和治理能力现代化，基本实现社会主义现代化，为到本世纪中叶全面建成社会主义现代化强国奠定坚实基础。进一步全面深化改革，加快推进中国式现代化建设，必须聚焦构建高水平社会主义市场经济体制，充分发挥市场在资源配置中的决定性作用，更好发挥政府作用，既"放得活"又"管得住"，更好维护市场秩序、弥补市场失灵，畅通国民经济循环，激发全社会内生动力和创新活力。

（一）坚持和落实"两个毫不动摇"

2024 年 3 月，习近平总书记在参加十四届全国人大二次会议江苏代表团审议时指出："完善落实'两个毫不动摇'的体制机制，支持民营经济和民营企业发展壮大。"2024 年 7 月，党的二十届三中全会通过的《中共中央关于进一步全面深化改革、推进中国式现代化的决定》强调，新时代新征程进一步深化改革，必须聚焦构建高水平社会主义市场经济体制，特别是要"毫不动摇巩固和发展公有制经济，毫不动摇鼓励、支持、引导非公有制经济发展，保证各种所有制经济依法平等使用生产要素、公平参与市场竞争、同等受到法律保护，促进各种所有制经济优势互补、共同发展"。公有制经济和非公有制经济都是社会主义市场经济的重要组成部分，毫不动摇巩固和发展公有制经济，毫不动摇鼓励、支持、引导非公有制经济发展，是构建高水平社会主义市场经济体制的重要内容，也是推进中国式现代化的根本保障。在新时代新征程，必须坚持"两个毫不动摇"，推动公有制经济和非公有制经济发挥各自所长，相互促进、共同发展，推动构建高水平社会主义市场经济体制。

首先，坚持和落实"两个毫不动摇"的必要性。李政、周希禛认为，"两个毫不动摇"是坚持和完善社会主义基本经济制度、构建高水平社会主义市场经济体制的必然要求，是"两个结合"的重要成果和中国特色社会主义道路的主要特征。坚持和落实"两个毫不动摇"，促进各种所有制经济优势互补、共同发展，是中国式现代化具有现代化一般特征和以人民为中心的中国特色的必要条件。[①] 杨静强调，坚持"两个毫不动摇"，既反映了我国社会主义初级阶段的生产力发展水平，又体现了社会主义制度的优越性。作为社会主义国家，"公有制为主体、多种所有制经济共同发展的基本经济制度"是党和人民的伟大创造，为中国式现代化做出了重大贡献。[②] 刘翔峰指出，社会主义生产关系下的公有制和非公有制经济都是社会主义市场经济的重要组成部分，都是我国经济社会发展的重要基础，都是推进中国式现代化的重要力量。毫不动摇巩固和发展公有制经济，毫不动摇鼓励、支持、引导非公有制经济发展，是坚持和完善我国社会主义基本经济制度的重要内容。坚持"两个毫不动摇"，有利于完善社会主义市场经济体制，有利于培育高质量经营主体，有利于塑造产业链竞争优势。[③] 徐晓明、杜何颜还指出，坚持和落实"两个毫不动摇"，有利于引导支持民营经济健康高质量发展。[④]

其次，坚持和落实"两个毫不动摇"是推进中国式现代化的根本保证。葛扬认为，"两个毫不动摇"是我国新发展阶段实现中国式现代化必须坚持的基本方略。只有坚持"两个毫不动摇"，才能加快发展新质生产力，为中国式现代化提供新动能；只有坚持"两个毫不动摇"，才能全面建成高水平社会主义市场经济体制，为中国式现代化提供制度保障；只有坚持"两个毫不动摇"，才能完善高水平开放体制机制，为推进中国式现代化构筑新格局。[⑤] 胡怀国基于马克思主义唯物史观强调，所有制绝不是一种孤立的存在，它决不能脱离生产力和生产关系之间的矛盾运动而独立地发挥作用，其在社会主义初级阶段的具体实现形式更

① 李政、周希祺：《以"两个毫不动摇"为保障推进中国式现代化的政治经济学阐释》，《社会科学辑刊》2024年第5期。
② 杨静：《"两个毫不动摇"的理论构建与现实推进——基于系统观念的视角》，《马克思主义研究》2024年第2期。
③ 刘翔峰：《深刻认识坚持"两个毫不动摇"的重要意义》，《人民日报》2024年3月14日。
④ 徐晓明、杜何颜：《坚持和落实"两个毫不动摇"引导支持民营经济健康高质量发展——关于民营企业发展纾困的调查与思考》，《沂蒙干部学院学报》2024年第3期。
⑤ 葛扬：《坚持"两个毫不动摇"是推进中国式现代化的根本保障》，《当代经济研究》2024年第10期。

是不能脱离经济发展这一根本任务和人的发展这一根本目的。因此，社会主义生产关系下的公有制经济和非公有制经济都是社会主义市场经济的重要组成部分，都是社会主义现代化事业的建设者和中国式现代化的推动者，决不能简单地把社会主义市场经济条件下的公有制经济和非公有制经济对立起来。在全面建设社会主义现代化国家、以中国式现代化全面推进中华民族伟大复兴的新时代新征程上，我们必须毫不动摇巩固和发展公有制经济，毫不动摇鼓励、支持、引导非公有制经济发展。[①]

最后，在深化改革中坚持和落实"两个毫不动摇"的具体路径。逢锦聚指出，要坚定不移把"两个毫不动摇"落实到进一步全面深化改革、推进中国式现代化中，具体包括：一要构建高水平社会主义市场经济体制，为坚持和落实"两个毫不动摇"提供体制机制保证；二要进一步深化国资国企改革，毫不动摇巩固和发展公有制经济；三要毫不动摇鼓励、支持、引导非公有制经济发展；四要完善中国特色现代企业制度，弘扬企业家精神，加快建设更多世界一流企业。[②] 杨静基于系统观念提出了切实落实"两个毫不动摇"的具体路径：一要打破壁垒以确保公有制经济和非公有制经济统一于社会主义市场经济整体，包括持续推动法治化建设、坚决保障各类经营主体依法平等使用资源要素、持续营造国企民企平等对待的社会氛围；二要优化结构以促使公有制和非公有制经济始终处于高质量发展主线，包括坚持供给侧结构性改革、坚持市场化以推动有效市场和有为政府更好结合、注重逆周期调节；三要激发活力以助推公有制和非公有制经济形成集合力量，包括促进各类所有制经济要素资源的相互流动、促进各类所有制经济在国际市场开发上和企业管理上的相互借鉴和相互学习、促进各类所有制经济在助力推进全体人民共同富裕中实现角色互补。[③] 郑红亮认为，必须破除制约国有经济和民

---

① 胡怀国：《现代化视域下的所有制问题——兼论"两个毫不动摇"的理论逻辑》，《山东社会科学》2024 年第 2 期。

② 逢锦聚：《在进一步全面深化改革中坚持和落实"两个毫不动摇"》，《学习时报》2024 年 9 月 4 日。

③ 杨静：《"两个毫不动摇"的理论构建与现实推进——基于系统观念的视角》，《马克思主义研究》2024 年第 2 期。

营经济优势互补、共同发展的体制机制障碍，这需要构建高水平的社会主义市场经济体制、持续推动促进高质量发展的多层次制度创新、发展完善高水平对外开放体制机制。[①]

（二）加快构建全国统一大市场

从建立和完善社会主义市场经济体制的理论和实践创新历程看，构建全国统一大市场始终是社会主义市场经济体制的题中应有之义。党的十八大以来，以习近平同志为核心的党中央对构建全国统一大市场高度重视，也做出了一系列重要论述。2022 年发布的《中共中央　国务院关于加快建设全国统一大市场的意见》明确强调建设全国统一大市场是构建新发展格局的基础支撑和内在要求。[②] 2024 年 12 月召开的中央经济工作会议将"发挥经济体制改革牵引作用，推动标志性改革举措落地见效"作为 2025 年的九大任务之一，其中"经济体制改革"中又强调要"制定全国统一大市场建设指引"。[③] 党的二十届三中全会通过的《中共中央关于进一步全面深化改革、推进中国式现代化的决定》对构建全国统一大市场进行了战略部署，强调要"推动市场基础制度规则统一、市场监管公平统一、市场设施高标准联通""完善要素市场制度和规则""完善流通体制""加快培育完整内需体系"。必须加快建设高效规范、公平竞争、充分开放的全国统一大市场，全面推动我国市场由大到强转变，为建设高标准市场体系、构建高水平社会主义市场经济体制提供坚强支撑。

第一，关于构建全国统一大市场的方向和关键。郭丽岩认为，必须把握量变质变规律，加快构建全国统一大市场。加快构建全国统一大市场涉及市场规模、结构、质量、影响力等多个方面，包括商品、服务、要素资源和制度规则等多个维度。因此，加快构建全国统一大市场，既要以市场规模和范围拓展、增速扩大的"量变"为前提和基础，又要以提升市场发展质量、运行效率和治理能力的"质变"为出发点和落脚点。此外，加快构建全国统一大市场、全面推动我国市场由大到强转变

---

① 　郑红亮：《落实"两个毫不动摇"促进各种所有制经济共同发展》，《前线》2024 年第 11 期。
② 　《中共中央　国务院关于加快建设全国统一大市场的意见》，人民出版社，2022，第 1 页。
③ 　《中央经济工作会议在北京举行》，《人民日报》2024 年 12 月 13 日第 1 版。

的关键在于，推动有效市场与有为政府更好结合。① 张辉指出，全国统一大市场建设的关键与主要方向包括以下三大方面：一是推动地方政府功能转型，充分发挥市场在资源配置中的决定性作用；二是加快市场一体化进程；三是持续推进要素市场化改革。② 刘志彪、孔令池总结了我国"十四五"时期全国统一大市场建设的进展并提出了"十五五"时期改革的展望。他们认为，"十四五"期间，全国统一大市场的建设目标已经从争议走向了共识、建设思路已经从体系走向了大市场、建设重点从商品市场转向了要素市场、建设方法从"先破后立"转向了"破立并举"、建设手段从强调硬件转向了强调软件。当前央地立法权、人事任免权和考核权、事权和财权以及司法权的分配状况，是阻碍全国统一大市场建设进程的重要因素，"十五五"时期应当通过区域一体化引领、要素市场化配置改革带动、央地关系重塑以及高标准市场经济体系建设来构建全国统一大市场。③

第二，加快构建全国统一大市场的必要性和重要性。拥有超大规模且极具增长潜力的市场，是我国未来发展的巨大优势和应对百年未有之大变局的坚实依托。一方面，加快构建全国统一大市场有利于促进新质生产力发展。刘志彪、孔令池强调，作为新型生产关系的重要组成部分，建设全国统一大市场可以从信息提供、供求引导、激励机制、收入分配等诸多方面拉动或推进新质生产力发展，并主要体现在技术革命性突破、生产要素创新性配置、产业深度转型升级三个方面。④ 许永洪、黄泽霖阐述了新质生产力与全国统一大市场协同发展的逻辑。他们认为，全国统一大市场是适配于新质生产力形成的生产关系，这不仅体现于全国统一大市场建设与"新质生产力"概念相同的时代背景、共同的政策底

---

① 郭丽岩：《构建全国统一大市场的重大改革举措》，《学习时报》2024 年 9 月 23 日。

② 张辉：《全国统一大市场建设与配套金融改革创新》，《现代金融导刊》2024 年第 7 期。

③ 刘志彪、孔令池：《全国统一大市场建设："十四五"进展、"十五五"改革举措与展望》，《财经智库》2024 年第 5 期。

④ 刘志彪、孔令池：《建设全国统一大市场与发展新质生产力双向驱动的机制及路径》，《行政管理改革》2024 年第 8 期。

色，也体现于其实际内涵与现实作用。全国统一大市场建设通过破除现有市场区域壁垒、建设相对公平竞争的交换环境以及推进统一监管标准等方式促进新质生产力的形成和积累。① 另一方面，建设全国统一大市场是构建新发展格局的重要支撑。杜丽群、陈洲扬认为，建设全国统一大市场是百年未有之大变局下加快构建"以国内大循环为主体、国内国际双循环相互促进的新发展格局"的时代需求。在全球经济增长放缓、逆全球化趋势明显的客观情况下，必须进一步畅通国内大循环才能实现中国经济未来持续增长。而我国拥有全球规模最大的全产业链、单一市场优势，这也为实现国内大循环为主体创造了客观条件，因此，加快构建新发展格局，关键在于实现经济循环流转和产业关联畅通，这离不开全国统一大市场的构建。② 祝合良强调，构建新发展格局的重点就是要以国内大循环为主体，强化内需对经济增长的带动作用，这必须发挥全国统一大市场的基础支撑作用和强大国内市场的牵引作用以畅通国内大循环。③ 此外，周泽红、郭劲廷认为，全国统一大市场建设能够通过生产与交换两个渠道有效推动区域协调发展：全国统一大市场既可以通过建设统一的要素市场、破除要素流动障碍而缓解劳动力相对短缺与地租上涨的自我限制，进而推动各区域资本积累与利润总量的提升；又可以通过促进区域间贸易推动要素流动与价值转移，在竞争中促进区域间产业布局优化与利润率平均化，最终实现区域协调发展。④

第三，加快构建全国统一大市场的实现路径。周文、李亚男指出，当前我国全国统一大市场建设仍存在区域壁垒、规制不一、地方保护主义和平台经济垄断等市场分割问题，必须实现有效市场和有为政府更好

---

① 许永洪、黄泽霖：《新质生产力和全国统一大市场的高质量发展与协同逻辑》，《经济学家》2024 年第 6 期。
② 杜丽群、陈洲扬：《加快建设全国统一大市场的时代需求与路径选择》，《新视野》2024 年第 2 期。
③ 转引自本刊编辑部《"构建全国统一大市场与完善流通体制"学术笔谈》，《中国流通经济》2024 年第 12 期。
④ 周泽红、郭劲廷：《以全国统一大市场建设推动区域协调发展的政治经济学分析》，《马克思主义与现实》2024 年第 2 期。

结合；清除地方保护和市场壁垒，实现要素自由流动；营造市场主体公平竞争环境，激发各类市场主体活力；促进国家治理现代化，把握好中央和地方关系、政府和市场关系、国内市场和国际市场关系以及整体和局部关系。① 刘志彪强调，市场扩张与分工发展是建设全国统一大市场的两个底层逻辑；商品、要素、资源的自由流动与竞争秩序，是全国统一大市场建设需要统一的两个基本规则；行政性分权改革逐步走向经济性分权改革则是构建全国统一大市场的实践逻辑和基本路径。在当前经济转型背景下，构建全国统一大市场必须在明确政府与市场边界的基础上，对涉及政府与市场一体化的事务进行分类管理、分别推进。② 唐任伍、曾庆均、刘建湖等学者从完善流通体制角度提出了构建全国统一大市场的具体路径。唐任伍指出要以物联网创新为引擎推动物流行业的数字化转型，通过物联网驱动全社会物流成本降低以加速构建全国统一大市场。曾庆均强调要通过完善流通体制、推进现代流通体系建设以推进全国统一大市场建设。刘建湖则认为全国商贸流通统一大市场是建设全国统一大市场的核心，必须推进城乡商品流通市场的基础设施联通、市场要素资源流通、商品服务标准统一和市场监管体系协同；必须推进统一区域市场建设，重在构建系统的法规政策制度规范体系以统一市场行为规则，消除地方保护主义以维护市场公平竞争，加快东中西部产业梯度转移。③ 张辉从金融改革角度提出了金融赋能全国统一大市场建设的建议。一要发挥金融"主力军"作用，精准赋能统一大市场，包括各类银行机构要进一步明确战略发展定位；发挥金融资源配置功能以引导要素资源流向实体经济重大战略、重点领域和薄弱环节。二要推动数字金融高质量发展，包括持续推进数字金融基础设施建设、数字金融要更加

① 周文、李亚男：《建设全国统一大市场：从分割到高质量发展》，《马克思主义与现实》2024 年第 2 期。

② 刘志彪：《全国统一大市场构建的底层逻辑与推进路径》，《东南学术》2024 年第 2 期。

③ 转引自本刊编辑部《"构建全国统一大市场与完善流通体制"学术笔谈》，《中国流通经济》2024 年第 12 期。

聚焦服务产业链上中下游互联互通。[1] 杨素等则强调税收亦可以助力全国统一大市场建设。他们指出，坚持税收中性、落实税收法定、优化税收征管以及强化税收监管和执法，有助于要素和资源市场统一、市场基础规则统一、市场基础设施高标准联通以及市场公平竞争，因此，应从强化税收制度中性、规范税收优惠立法、推进区域纳税服务规范协同、增强税收治理能力入手，服务全国统一大市场建设目标。[2]

（三）完善市场经济基础制度

党的二十届三中全会通过的《中共中央关于进一步全面深化改革、推进中国式现代化的决定》明确提出，要"完善市场经济基础制度"，并提出完善产权制度、市场信息披露制度、市场准入制度、企业退出制度，健全社会信用体系和监管制度等重大改革举措。这是继党的二十大报告提出"完善产权保护、市场准入、公平竞争、社会信用等市场经济基础制度"之后，对"市场经济基础制度"内涵的进一步拓展，也是对市场经济运行规律认识深化的重要体现。必须全面贯彻习近平新时代中国特色社会主义思想，深入学习领会党的二十届三中全会精神，坚决落实好完善市场经济基础制度的各项任务，以更好推进高水平社会主义市场经济体制建设。

高水平社会主义市场经济体制对市场经济基础制度建设提出了更高的要求。社会主义市场经济的发展实践推动了我国市场经济基础制度的演变与认识深化，市场经济基础制度的不断完善又进一步成为市场经济发展的力量来源，充分发挥了市场在资源配置中的决定性作用。党的十八大以来，以习近平同志为核心的党中央不断加强市场经济基础制度建设，市场经济的各项基础制度在深化改革中更加成熟，也在更大程度上激发了市场主体活力，在更大范围内提高了资源配置的效率。[3] 但同时也要清醒地认识到，高水平社会主义市场经济体制建设要求既坚持社会

---

① 张辉：《全国统一大市场建设与配套金融改革创新》，《现代金融导刊》2024年第7期。
② 杨素、魏天骐、班若琳、代志新：《税收助力全国统一大市场建设：内在逻辑、现实问题与实现路径》，《财政科学》2024年第7期。
③ 郭义盟：《完善市场经济基础制度的理论逻辑、历史演进与实践路径》，《财经科学》2024年第10期。

主义基本原则，又符合市场经济一般规律的市场经济基础制度不断完善；高质量发展还需要市场经济基础制度的充分供给；发展新质生产力亦对健全市场经济基础制度、促进各类先进生产要素向发展新质生产力集聚提出了更高要求；面对新一轮科技革命和产业变革，引领新业态新领域发展的市场经济基础制度也要加快补齐短板。① 当前，我国市场经济基础制度仍存在诸多不完善之处。胡海峰指出，我国市场经济基础制度仍存在产权保护制度、信息披露制度有待完善，市场准入仍存隐性壁垒，企业退出制度不完善，社会信用监管水平有待提高等一系列问题，需要通过进一步全面深化改革来解决。② 曾铮、刘方强调，"十五五"时期是我国加快构建新发展格局、着力推动高质量发展的攻坚期，亟须推进关键市场领域和重点市场环节体制改革，其中完善市场经济基础制度是难点，必须重点解决以下四点问题：一是产权制度建设仍不适应经济发展的要求；二是市场准入不准营问题仍然存在；三是各类所有制企业平等参与市场竞争的隐性壁垒和障碍仍然存在；四是社会信用体系不健全。③

加快构建高水平社会主义市场经济体制，需要进一步完善市场经济基础制度。郭丽岩指出，构建更加系统完备、更加成熟定型的高水平社会主义市场经济体制，必须推进重点领域改革，加快完善市场经济基础制度，这需要做到以下四点：全面完善产权保护制度，持续强化产权激励机制；健全统一的市场准入制度，着力提升市场准入效能；强化竞争政策基础地位，维护统一的公平竞争制度；构建统一的社会信用体系，加强基于信用的新型监管。④ 胡海峰则根据党的二十届三中全会精神，更进一步细化了加快完善市场经济基础制度的具体措施。一要完善产权制度，加强产权执法司法保护，包括完善平等保护产权的法律法规体系、健全以"公平"为核心原则的产权保护制度、加强产权执法司法保护并

---

①　罗文：《完善市场经济基础制度》，《人民日报》2024 年 8 月 19 日。

②　胡海峰：《加快完善市场经济基础制度》，《中国党政干部论坛》2024 年第 7 期。

③　曾铮、刘方：《"十五五"时期充分发挥市场在资源配置中的决定性作用研究》，《改革》2024 年第 8 期。

④　郭丽岩：《推进重点领域改革　加快完善市场经济基础制度》，《学习时报》2024 年 5 月 17 日。

健全统一规范的涉产权纠纷案件执法司法体系、建立高效的知识产权综合管理体制。二要完善市场信息披露制度，构建商业秘密保护制度，包括不断扩大市场信息披露制度的覆盖范围、持续完善信息披露内容以及不断健全信息披露的保护机制。三要完善市场准入制度，优化新业态新领域准入环境，包括深入推行"全国一张清单"管理模式、持续推动新业态新领域准入放宽、持续开展违背市场准入负面清单案例归集通报以及建立市场准入评估制度。四要健全企业破产机制，完善企业退出制度，包括制定企业破产法、加强司法与行政协调配合、加强司法能力及中介机构建设、完善各经营主体退出以及特定领域退出机制以及推出关联权益保障机制。五要健全社会信用体系，构建新型信用监管制度，包括加快推进社会信用立法、加快构建以信用为基础的新型监管机制、强化失信治理。[1] 洪银兴则强调，在数字经济时代，完善市场经济基础制度需要与数字经济深度融合。一方面，市场经济基础制度的完善要充分利用数字经济的平台和技术；另一方面，数字经济的广泛应用也要适应市场经济要求，其中包括：建立与数字经济相适应的新型财产权制度、数据要素市场形成市场准入的空间拓展机制、以信用为基础的新型监管机制。[2]

二　从供给和需求两侧推动经济高质量发展

习近平总书记深刻指出："没有需求，供给就无从实现，新的需求可以催生新的供给；没有供给，需求就无法满足，新的供给可以创造新的需求。"[3] 供给和需求是国民经济运行的两个基本方面，要畅通国民经济循环，实现供给和需求间的动态平衡，必须提高以供给侧和需求侧管理为基本手段的宏观经济治理能力。当前，中国经济已经转向高质量增

---

[1]　胡海峰：《加快完善市场经济基础制度》，《中国党政干部论坛》2024 年第 7 期。

[2]　洪银兴、郭克莎、赖德胜、洪俊杰：《深入学习贯彻党的二十届三中全会精神笔谈（上）》，《经济学动态》2024 年第 7 期。

[3]　中共中央宣传部编《习近平总书记系列重要讲话读本（2016 年版）》，学习出版社、人民出版社，2016，第 154 页。

长阶段，社会主要矛盾已经转化为结构性矛盾，矛盾的主要方面在供给侧，必须坚持以深化供给侧结构性改革为主线，同时将扩大内需战略同深化供给侧结构性改革有机结合起来，实现两者协同发力，以加快推动经济高质量发展。2024 年中央经济工作会议提出了"五个必须"，"必须统筹好总供给和总需求的关系，畅通国民经济循环"是其中重要的一环，这是当前和今后一段时期经济工作推进的重点。

（一）全方位扩大内需是当前经济工作的重点

2024 年中央经济工作会议指明，当前我国经济运行仍面临不少困难和挑战，主要是国内需求不足。因此，"大力提振消费、提高投资效益，全方位扩大国内需求"成为 2025 年经济工作九项重点任务之首。近年来，面对全球各国经济增速放缓、西方主要国家贸易主义抬头等国际环境，要实现中国经济未来持续增长，必须进一步扩大国内需求，畅通国内大循环。

首先，要认识到全方位扩大内需是当前经济工作的重点。当前，我国经济已经由高速增长阶段转向高质量发展阶段，正处在转变发展方式、优化经济结构、转换增长动力的攻坚阶段，扩大内需已经成为当前推动经济增长的主要动力。张川川指出，协调好质量和总量的关系是高质量发展阶段实现经济长期增长的关键，而扩大内需则是统筹提升质量和做大总量的重要抓手。[①] 黄卫挺强调，当前正处于"两个大局"加速演进并深度互动的背景下，全方位扩大内需具有重大的战略作用。更具体地说，为应对不断加剧的国际环境的负面影响，切实增强内循环的动力和可靠性，必须将全方位扩大国内需求作为重要的战略之举加以推进，从规模和层次上大力提振国内需求，加快消除总供给和总需求之间的不平衡，使国内需求成为拉动经济增长的主动力和稳定锚，以激发中国经济长期稳定增长潜力。[②] 丁任重等指出，扩大内需战略是以习近平同志为核心的党中央根据我国面对的新国际环境、新发展任务做出的重要选择，

---

① 张川川：《统筹好提升质量和做大总量的关系》，《光明日报》2024 年 12 月 17 日。

② 黄卫挺：《扩大内需是长期战略之举》，《光明日报》2024 年 12 月 27 日。

事关经济发展和国计民生，也是解决我国社会主要矛盾和应对复杂严峻的外部环境的必然选择，关系到全面建成社会主义现代化强国、实现第二个百年奋斗目标的完成。①

其次，扩大内需要把提振消费放在重中之重，并形成消费和投资相互促进的良性循环。党的二十届三中全会强调，要"完善扩大消费长效机制"，提振消费是当前扩大国内需求的工作主线之一。黄卫挺强调，提振消费是扩大内需的重中之重。为提振消费，在短期，需要把促进消费和惠民生结合起来，以政府资源投入提升居民消费能力和意愿，通过加大财政对终端消费的直接投入、提升社会保障水平等多种方式，切实稳定并着力提升全社会关于未来收入增长的预期和信心；在中长期，则要坚持以经济建设为中心，持续扩大中等收入群体规模，进一步放大和增强消费的基础性作用。② 杜平等认为，当前要充分发挥消费对经济发展的基础性作用，不断满足人民群众对美好生活的向往。因此，一定要抓住改革机遇，抓住"两新"政策机遇，通过深化实施扩大内需机制、优化升级消费供给机制、健全居民就业增收机制以及完善放心消费行动机制以完善扩大消费长效机制。③ 蔡彤娟指出，当前我国收入分配制度改革、政策协同配合、优化消费环境与服务业发展等方面政策举措的实施为释放消费潜力、推动扩大消费和消费提升创造了更有利的条件；未来要通过减税降费、稳定资产市场、支持重点消费领域和加强消费金融等方面来提振消费。④ 关利欣更进一步强调，扩大国内需求，必须进一步全面深化改革，形成市场主导的有效投资内生增长机制，完善扩大消费长效机制，形成消费和投资相互促进的良性循环。这必须加快培育完整内需体系。一要构建全国统一大市场；二要发展新技术新业态新模式，

---

① 丁任重、李晶维、李溪铭：《新发展格局下扩大内需战略的理论逻辑、时代特征与实现路径》，《当代经济研究》2024 年第 12 期。

② 黄卫挺：《扩大内需是长期战略之举》，《光明日报》2024 年 12 月 27 日。

③ 杜平、陈静静、盛德婷：《完善扩大消费长效机制稳增长——2024 年上半年消费形势及若干建议》，《浙江经济》2024 年第 8 期。

④ 蔡彤娟：《扩大内需、提振消费的政策思路与空间》，《中国发展观察》2024 年第 12 期。

统筹扩大内需和深化供给侧结构性改革；三要推进高水平对外开放，深化外商投资和对外管理体制改革。[①] 刘奕、王文凯也指出，消费和投资并非割裂而是相互支撑的，应以消费转化为出发点扩大投资，重点从促进增收、推动集聚、建设载体、优化供给、改善民生等角度入手，即通过促进居民多渠道增收、加快培育多层次消费中心、推动建设一批新型消费基础设施、推动传统消费数字化转型、将投资更多向民生领域倾斜的方式推动形成消费和投资相互促进的良性循环。[②]

还有其他学者提到了扩大内需的一些其他重要举措。刘志彪、郭梦华认为，把扩大内需战略和创新驱动发展战略有效结合起来，能够实现"需求-创新"间的良性互动，加速构建双循环格局。一方面，要利用市场的聚合力、引力去拉动科技创新，加快科技成果产业化步伐；另一方面，要通过科技创新提高生产率、降低成本、优化产品质量和供给结构，进而扩大市场需求，以科技革命推动结构转型和经济增长，实现经济的高质量发展。[③] 夏杰长、张雅俊强调了数字经济对推动消费提质扩容的关键性驱动作用。他们认为，数字经济能够促进消费主体消费能力和消费意愿提升，推动消费客体供给质量提升和创新升级，释放长尾效应，优化和创新消费场景，基于消费主体、消费客体和消费场景协同赋能消费提质扩容。可以从消费主体、消费客体、消费场景和消费治理四个方面入手解决数字消费内蕴矛盾、数字鸿沟、数字治理体系构建等问题，以破除数字化时代制约消费升级的障碍。[④] 赖立、胡乐明则指明了首发经济发展对推动消费升级的重要作用。他们指出，首发经济能够通过高匹配度的有效供给，创造高质量的消费需求，充分释放消费市场潜力，培育消费新增长点，是促进消费升级的重要"助推器"，有助于推动形

---

①　关利欣：《形成消费投资相互促进的良性循环》，《经济日报》2024 年 9 月 11 日。

②　刘奕、王文凯：《形成消费和投资相互促进的良性循环：理论逻辑与实践进路》，《改革》2024 年第 4 期。

③　刘志彪、郭梦华：《基于扩大内需的创新驱动发展战略：理论与实证分析》，《北京交通大学学报》（社会科学版）2024 年第 1 期。

④　夏杰长、张雅俊：《数字经济赋能消费提质扩容的机理与路径》，《延边大学学报》（社会科学版）2024 年第 3 期。

成扩大消费的长效机制。① 还有学者强调了扩大农村需求对于扩大内需的重要作用。农村作为扩大内需的潜力后劲以及重点难点，必须坚持乡村振兴和新型城镇化双轮驱动，加快完善城乡一体化发展的体制机制，推动城乡要素自由流动。②

（二）深化供给侧结构性改革

加快构建以国内大循环为主体、国内国际双循环相互促进的新发展格局，是"十四五"时期的重大战略任务，这对深化供给侧结构性改革提出了新的要求。当前，我国正面临巨大的内需规模和需求结构的加快转型升级，必须依靠深化供给侧结构性改革、优化供给结构、改善供给质量、提升供给体系对国内需求的适配性，才能更好打通经济循环堵点，提升产业链、供应链的完整性，使国内市场成为最终需求的来源。党的十八大以来，习近平总书记围绕深化供给侧结构性改革发表了一系列重要论述，2024 年党的二十届三中全会也强调："高质量发展是全面建设社会主义现代化国家的首要任务。必须以新发展理念引领改革，立足新发展阶段，深化供给侧结构性改革，完善推动高质量发展激励约束机制，塑造发展新动能新优势。"

首先，坚持深化供给侧结构性改革这条主线具有必要性和重要性。《中共中央关于制定国民经济和社会发展第十四个五年规划和二〇三五年远景目标的建议》中指出，"十四五"时期制约我国经济发展的因素，供给和需求两侧都有，但矛盾的主要方面仍在供给侧，"以深化供给侧结构性改革为主线"③ 是"十四五"时期经济社会发展的指导思想之一。郭克莎强调，坚持持续深化供给侧结构性改革，以供给侧结构性改革带动需求侧结构性改革，促进其他重点领域和关键环节改革，特别是深化财税体制改革和金融体制改革，对于完善宏观调控制度体系，增强宏观

---

① 赖立、胡乐明：《发展首发经济 推动消费升级》，《光明日报》2024 年 10 月 15 日。
② 经济学研究热点课题组、李军林：《2023 年中国经济学研究热点分析》，《经济学动态》2024 年第 4 期。
③ 《中共中央关于制定国民经济和社会发展第十四个五年规划和二〇三五年远景目标的建议》，人民出版社，2020，第 6 页。

调控的动能和效率，更好发挥社会主义市场经济体制优势具有重要意义。①龚刚、王雪松则具体论述了供给侧结构性改革对于推动实质性自主研发的技术进步、促进产业链优化升级，最终实现创新驱动的高质量发展的重要作用。他们指出，在高质量发展阶段，供给侧结构性改革的"结构"应更侧重于产业链的优化与升级。当前中国大量企业仍是国际产业链上的依附型企业，必须进行针对产业链结构的供给侧结构性改革，并通过适当的产业政策使其加快实现从依附型企业向全球产业链主导型企业的转型。②

其次，要以高质量供给引领和创造新的需求。现有供给的质量和水平严重制约了内需的扩大，供给侧结构性改革的着力点就在于优化升级供给结构，既要减少无效和低端供给，又要扩大有效和中高端供给。李义平指出，在高质量发展阶段，必须紧紧抓住新一轮科技革命和产业变革的机遇，以科技创新推动产业创新，以优质高效供给满足有效需求，以新产业、新模式、新业态创造引领新需求，这需要着眼于以新质生产力深化供给侧结构性改革。③ 孙华玉强调，推动供给和需求高水平动态平衡关键在于高质量供给，因此必须顺应新一轮科技革命和产业变革趋势，以高质量供给创造有效需求：一要在立破并举中推动科技创新；二要在统筹布局中优化供给结构；三要在深化改革中促进产需有机衔接。④ 经济学研究热点课题组、李军林认为，实现高质量供给有两条路径：一是升级型供给引领新需求，即通过传统产业升级和产品质量提升以提供更高质量产品，形成改善型需求；二是创新型供给创造新需求，即通过发展新兴产业、提供新产品，驱动潜在需求转化为真实需求，满足用户对更多新产品、更多功能、更高效率的需求。⑤ 还有学者指出，深化金融供给侧结构性改革，是健全现代金融体系、推动金融高质量服务于经

① 洪银兴、郭克莎、赖德胜、洪俊杰：《深入学习贯彻党的二十届三中全会精神笔谈（上）》，《经济学动态》2024 年第 7 期。
② 龚刚、王雪松：《论产业链视域下的供给侧结构性改革》，《南方经济》2024 年第 12 期。
③ 李义平：《供给侧结构性改革的政治经济学含义》，《人民日报》2024 年 3 月 12 日。
④ 孙华玉：《深化改革构建高质量供给体系》，《经济日报》2024 年 1 月 17 日。
⑤ 经济学研究热点课题组、李军林：《2023 年中国经济学研究热点分析》，《经济学动态》2024 年第 4 期。

济高质量发展的必然要求。蔡庆丰、刘昊指出，金融供给侧结构性改革的关键在于金融结构的优化，这可以通过以下几个途径实现：一要加快发展"双创金融"，完善多元金融市场建设；二要着力发展"科技金融"，推动金融赋能实体经济；三要重点优化"存量金融"，健全资本市场枢纽功能；四要大力发展数字经济，推动数字赋能金融机构改革；五要强化金融体系监管，防范化解系统性金融风险。[①] 财政部党组理论学习中心组强调，为推动金融高质量发展，更好满足实体经济和人民群众多层次多样化金融服务需求，必须通过强化财政与金融政策的协调配合、加强国有金融资本管理、建立健全结构合理的金融市场体系以及建立健全多样化专业化的金融产品和服务体系以深化金融供给侧结构性改革。[②]

（三）统筹扩大内需和深化供给侧结构性改革推进经济高质量发展

进入新发展阶段，我国宏观经济面临总需求与总供给叠加风险冲击和双向萎缩问题。有效需求不足，尤其是内需疲软，是当前经济总量增长动力不足的主要问题之一，这具体体现在社会消费品零售总额增速、投资增速在2024年上半年均低于2023年。与此同时，供给侧的结构性矛盾仍然突出，部分行业的产能过剩、美国等西方国家打压下产业链的核心技术卡点和堵点使得矛盾更为尖锐。为解决宏观经济供需失衡问题，推动高质量发展、全面推进中国式现代化，必须统筹好总供给和总需求关系，统筹扩大内需和深化供给侧结构性改革，最终形成需求牵引供给、供给创造需求的更高水平动态均衡，实现国民经济良性循环。

首先，要准确把握统筹扩大内需和深化供给侧结构性改革的丰富内涵和现实意义。金轩认为，在统筹推进扩大内需和深化供给侧结构性改革工作中，要坚持系统观念，准确理解"统筹"的深刻内涵，要把握好扩大内需和深化供给侧结构性改革的目标一致性、问题导向性、相互促

---

①　蔡庆丰、刘昊：《以金融供给侧结构性改革推动经济高质量发展》，《金融博览》2024年第5期。

②　财政部党组理论学习中心组：《坚持深化金融供给侧结构性改革——学习〈习近平关于金融工作论述摘编〉》，《人民日报》2024年4月23日。

进性和协同匹配性。① 权衡指出，实现总供给和总需求的总量与结构均衡是实现经济稳定增长和平衡运行的根本表现，实施宏观经济调控、完善宏观经济治理就是为了确保总供给和总需求的总量与结构均衡。从这个意义上讲，统筹扩大内需和深化供给侧结构性改革，正是立足新时代中国经济增长总量和结构关系，从实现总量平衡与结构平衡以及供需相互作用、促进经济转型升级的内在要求和内在规律出发，不断提升国内经济大循环的内生动力，不断提高供给侧质量、效率和促进需求端转型升级，实现经济高质量发展做出的科学选择，也是新时代做好经济工作的重要规律性认识。② 郭克莎强调，以统筹方式使扩大内需和深化供给侧结构性改革有机结合起来，是一项长期性、基础性、综合性的宏观调控和深化改革政策。从中国现阶段情况看，总需求不足是发展阶段转变等因素引起的长期趋势，扩大内需必须从长期着手，实施阶段性、长期性政策。需求管理的阶段性和长期性，也要求供给管理的配合必须有阶段性和长期性的视角，不能仅从短期出发来应对供求结构性矛盾，而是必须通过持续推动高质量发展，加强创新驱动发展的作用和效应，促进产业结构不断优化升级，发挥供给引领和带动需求的长期性作用，从动态上、根本上推动总供给和总需求相互协调、相互促进。③

其次，要做好需求管理政策和供给管理政策的相互配合。谢地强调，统筹总供给和总需求关系，需要做好需求管理政策和供给管理政策的相互配合，供给结构管理通常要与需求管理结合在一起配合使用，才能发挥保持宏观经济稳定、促进经济高质量发展的作用。④ 刘伟、苏剑认为，2024 年中国的宏观经济运行处于供给和需求双恢复的状态，应当采取需求、供给双扩张的政策。扩张性需求管理政策以货币政策为主，财政政

---

① 金轩：《统筹扩大内需和深化供给侧结构性改革》，《经济日报》2024 年 9 月 20 日。

② 权衡：《论统筹扩大内需和深化供给侧结构性改革》，《中共中央党校（国家行政学院）学报》2024 年第 1 期。

③ 郭克莎：《统筹扩大内需和深化供给侧结构性改革的深层逻辑》，《中国社会科学》2024 年第 6 期。

④ 谢地：《统筹好总供给和总需求关系 进一步畅通国民经济循环》，《红旗文稿》2024 年第 24 期。

策主要以提质增效为核心，注重风险可控和可持续。扩张性供给管理政策则应进一步推动供给侧结构性改革，同时鼓励新技术自主研发、扩大对外开放。① 陈彦斌、吴韬强调，根据宏观政策"三合一"理论，供给和需求并非孤立存在，供给侧结构性改革需要在扩大内需的配合下才能顺利推进；扩大内需也需要与供给侧结构性改革相配合才能更有力地推动经济高质量发展。扩大内需的政策应着力提振居民消费并激发企业投资，这一方面需要完善居民消费长效机制，另一方面需要优化市场环境，降低准入门槛并强化制度保障。供给侧结构性改革则应重点关注部分行业产能过剩和经济增长质量不高问题，这既要通过充分发挥市场在资源配置中的决定性作用和更好发挥政府作用以应对行业产能过剩问题，又要以科技创新推动产业创新，加快经济增长方式转型，推动新质生产力成型成势。②

最后，以更好统筹扩大内需和深化供给侧结构性改革推动经济高质量发展的实践路径。刘伟强调，必须深化认识和自觉遵循客观规律，实现需求与供给两端协同发力，提升宏观经济治理和政策调控有效性，最终推动总供给和总需求能够接近均衡状态，以实现经济质的有效提升和量的合理增长。要实现两者更好地结合，需要做到：一是在政策目标和政策导向上，必须追求以有效的市场需求牵引供给，以高质量的供给创造需求，从而实现高水平的动态平衡，而不是以"大水漫灌"式的劣质需求去拉动低效率的经济泡沫；二是在政策制定和传导机制上，要坚持稳中求进工作总基调，并以此作为长期坚持的治国理政的重要原则，这是我们党对经济工作重要的规律性认识；三是要推进市场化、法治化，坚持社会主义市场经济的改革方向，以提供供求均衡发展的制度基础。③ 刘元春指出，坚持深化供给侧结构性改革和着力扩大有效

---

① 刘伟、苏剑：《2024年中国经济形势展望与政策建议》，《北京交通大学学报》（社会科学版）2024年第1期。

② 陈彦斌、吴韬：《"十四五"下半程实现5%以上年均增速的必要性和实现路径》，《经济纵横》2024年第7期。

③ 刘伟：《以有效需求牵引供给 以高水平供给创造需求——学习习近平宏观经济治理供求关系良性互动的论述》，《治理研究》2024年第1期。

需求协同发力是实现经济高质量发展的必然之举，但二者各自实施的环节、落实的工具以及实施的主体存在很多差异，需要把握科学方法，统筹好二者之间的关系，实现有机结合、协同发力。一要坚持以高质量发展为主题、以全面深化改革为基本动力。二要坚持以高水平动态平衡的国内大循环为主体，充分发挥超大规模市场优势，在统筹发展和安全中稳步实施各项改革发展举措。三要坚持稳中求进、以进促稳、先立后破，坚持系统观念，把握经济规律。此外，还必须抓住主要任务，推进包括发展新质生产力、发挥超大市场规模优势以实施扩大内需政策、扩大高水平对外开放在内的各项战略任务的实施和落地。[①] 徐康宁强调了创新发展在深化供给侧结构性改革和扩大有效需求协同发力中的重要作用。他认为，必须始终坚持创新发展的理念，以创新意识统领二者的动态平衡，重点是以科技创新推动产业创新，促进市场创新，实现供给端和需求端的双向结构优化，协同促进高质量发展。在需求端，要向创新要动能、要空间、要增长，从多方入手，努力扩大内需，增强国内大循环所依靠的内需主动力；在供给端，则要以科技创新为引领，持续推动产业创新，增加有效供给，创造新的需求，促进供给和需求在更高水平上实现均衡。[②]

三　创新驱动与数字经济

党的十八大以来，以习近平同志为核心的党中央立足我国和世界发展的历史新方位，将创新摆在了我国现代化建设全局的核心地位。党的二十届三中全会站在时代发展与国家战略全局的高度，着重强调"构建支持全面创新体制机制"，为我国在新发展阶段的创新驱动发展锚定了方向，并提出了一系列针对性强且极具前瞻性的改革措施。创新驱动发展战略是我国实现高质量发展的必由之路，在新时代新征程，为解决关

---

① 刘元春：《必须坚持深化供给侧结构性改革和着力扩大有效需求协同发力》，《求是》2024 年第 7 期。

② 徐康宁：《坚持深化供给侧结构性改革和着力扩大有效需求协同发力》，《红旗文稿》2024 年第 1 期。

键核心技术"卡脖子"问题，提高创新能力，必须坚持实施创新驱动发展战略，大力发展数字经济。

（一）坚持实施创新驱动发展战略

2024 年 6 月 24 日，习近平总书记在全国科技大会、国家科学技术奖励大会上讲话时强调："科技兴则民族兴，科技强则国家强。""中国式现代化要靠科技现代化作支撑，实现高质量发展要靠科技创新培育新动能。必须充分认识科技的战略先导地位和根本支撑作用，锚定 2035 年建成科技强国的战略目标，加强顶层设计和统筹谋划，加快实现高水平科技自立自强。"进入新时代以来，新一轮科技革命和产业变革深入发展，但我国科技事业发展还存在一些短板、弱项，必须进一步增强紧迫感，深刻坚持实施创新驱动发展战略，抢占科技竞争和未来发展制高点。

首先，坚持实施创新驱动发展战略的重要性和必要性。当前，新一轮科技革命和产业变革正深刻重塑全球秩序和发展格局，为提高原始创新能力、攻克关键核心技术难点，必须坚持实施创新驱动发展战略，助力发展新质生产力，为坚定不移走中国特色自主创新道路、推进中国式现代化建设而努力奋斗。高中华强调，创新驱动发展战略是我国实现高质量发展的必由之路。一方面，创新为我们开辟发展新领域新赛道、塑造发展新动能新优势提供了强大引擎。另一方面，创新为持续改善民生福祉提供了技术解决方案。[①] 刘伟认为，进入以中国式现代化全面推进强国建设、民族复兴伟业的关键时期，加快推进高质量发展具有时代紧迫性，为此，必须继续做好创新这篇大文章，健全推动经济高质量发展体制机制，构建支持全面创新体制机制。[②] 杜博士、吴宗法总结了创新驱动发展战略在支撑发展和保障安全齐头并进中取得的五大成就：为建设创新型国家打造科技平台、为经济社会高质量发展注入科技新动能、为保障能源粮食安全和推进重大工程建设提供科技智慧、为环境保护和生态文明

---

① 高中华：《创新驱动引领高质量发展》，央广网，https://news.cnr.cn/dj/sz/20240628/t20240628_526767548.shtml，最后访问时间：2025 年 2 月 26 日。
② 刘伟：《高质量发展的关键在于推动经济质态演进》，《中国高校社会科学》2024 年第 5 期。

建设提供科技方案和为人民生命安全和身体健康筑牢科技防线。^① 秦朝、吴建南则利用中国省级面板数据检验创新驱动发展战略实施对地区经济发展方式转变水平的影响：创新驱动发展战略实施不仅能显著提升地区经济发展方式转变水平，而且对经济发展方式转变四个维度（经济结构调整、科技发展、社会发展和资源环境可持续发展）均有显著促进作用。^②

其次，实施创新驱动发展战略的具体举措。侯虹印、孙森从国家创新系统深度优化的视角进行了分析，认为创新驱动发展战略为优化国家创新体系提供了动力源泉，提出为了推动国家创新体系的健康和可持续发展，必须强化国家创新体系的法治引领、坚持和完善党对国家创新体系的领导、发挥社会主义举国创新体制优越性，以全面提升国家整体创新能力，为强国建设、民族复兴注入不竭创新精神动力。^③ 周勇提出，针对我国高水平科技创新推动高质量发展中存在的科技全链条创新水平有限、成果发布和评价机制有待完善、"创不如买"的战略性局限以及双向布局不合理、行动不协调等问题，需要统筹各部门、各相关领域，不断提高科技创新的变革水平，增强高质量发展的长效支撑；完善高水平科技成果的发布和评价机制，推进知识体系高质量发展；强化高水平科技创新的战略性，服务于新发展格局构建；协调布局和行动，强化高水平科技与高质量发展的体系性整合。^④ 吴卫星从科技金融体制角度提出了促进创新的具体途径。他认为，科技创新具有高投入与高风险并存、长周期性与高回报性、迭代性与持续创新需求等内在规律。科技金融是建立"科技—产业—金融"良性循环、大力发展新质生产力、实现高水平科技自立自强的应有之义。要构建同科技创新相适应的科技金融体制：

① 杜博士、吴宗法：《新时代创新驱动发展战略的部署、推进与成就》，《当代中国史研究》2024年第1期。
② 秦朝、吴建南：《创新驱动发展战略实施是否促进了经济发展方式转变：基于中国省级面板数据的实证研究》，《上海交通大学学报》（哲学社会科学版）2024年第11期。
③ 侯虹印、孙森：《国家创新体系深度优化的中国方案：逻辑缘起、制度架构与机制保障》，《西安财经大学学报》2024年第6期。
④ 周勇：《高水平科技创新推动高质量发展：机制、问题及路径》，《深圳大学学报》（人文社会科学版）2024年第1期。

一是遵循科技创新规律，推进科技金融服务体系建设；二是科技创新反哺金融，赋能金融系统更好服务实体经济；三是把握国际竞争与合作态势，有效利用金融资源支持科技创新。① 慕慧娟等认为在新发展阶段，以政府引导基金制度为代表的新型举国体制，推动政府和市场在科技自立自强战略实施中的深度融合，并通过探索中国特色的科技金融投资模式，提出从建立政策性目标和商业性目标协调机制、创新吸引社会资本进入的风险分担机制、健全政府引导基金的绩效评价机制等六个方面构建我国政府引导基金投资新范式。② 吴爱芝等则强调了城市群的协同创新作用。他们详细论述了京津冀、长三角和粤港澳大湾区沿海三大城市群成为高质量发展动力源的创新发展基础：一是沿海三大城市群拥有丰富的创新资源，是其发挥高质量发展动力源作用的原动力；二是沿海三大城市群完善的创新体系是其发挥高质量发展动力源作用的重要保障；三是沿海三大城市群日益增强的创新辐射也在其发挥高质量发展动力源作用中具有关键影响力。因此，可以推广与创新借鉴沿海三大城市群积累形成的先进体制机制，以带动全国高质量发展。③

（二）以实数深度融合助力经济高质量发展

推进经济发展质量变革、效率变革、动力变革，满足人民日益增长的美好生活需要，实现高质量发展是新时代我国发展的目标和要求。实体经济与数字经济深度融合，能够为推动高质量发展提供强劲动能，是推进中国式现代化的关键举措。党的二十届三中全会提出，"健全促进实体经济和数字经济深度融合制度"，并提出了一系列改革举措，包括加快推进新型工业化，培育壮大先进制造业集群，推动制造业高端化、智能化、绿色化发展；建设一批行业共性技术平台；优化重大产业基金运作和监管机制；建立坚持制造业合理比重投入机制等。

---

① 吴卫星：《构建同科技创新相适应的科技金融体制》，《中国党政干部论坛》2024 年第 11 期。
② 慕慧娟、王灿、曹立鹏等：《中国政府引导基金助推创新驱动发展：新范式、障碍与对策建议》，《西南金融》2024 年第 8 期。
③ 吴爱芝、吕爽、李国平：《沿海三大城市群发挥高质量发展动力源作用的创新驱动机制》，《经济地理》2024 年第 8 期。

首先，实数深度融合推动经济高质量发展的重要意义。党的二十届三中全会通过的《中共中央关于进一步全面深化改革、推进中国式现代化的决定》将"数实融合"的表述变更为"实数融合"，这更加强调了实体经济在接纳、利用数字技术时的主动性和积极性，并且这一变化也暗示了政策重心的变化，既彰显出我国对实体经济数字化转型的重视，也凸显实体经济在融合过程中的主体作用和价值。① 在新一轮技术革命和产业变革迅速发展的时代背景下，推动实体经济与数字经济深度融合具有深刻的战略意义和时代价值，符合引领全球数字化转型的战略选择，顺应了建设现代化产业体系的内在要求，蕴含着推动高质量发展的科学路径，即通过实体经济与数字经济深度融合形成的新发展范式能够充分释放数字红利、促进传统生产力向新质生产力转化，系统地、全面地、深入地推动高质量发展。学者的研究也主要是从实数融合对生产力、生产关系、生产范式、生产效率等方面的影响展开的。李佳霖、董嘉昌认为，通过数据要素深度融入实体经济、数字技术深度赋能实体经济、数字经济与实体经济深度互构，推动生产和创新范式全面变革，提高要素投入质量和要素配置效率并推动技术进步，全面提升生产效率和全要素生产率从而支撑高质量发展。同时能够对创新发展、协调发展、绿色发展、开放发展、共享发展产生深层作用，全面促进高质量发展。② 冉戎、花磊、刘志阳强调，实体经济和数字经济深度融合可以充分发挥数字经济高创新性、强渗透性等优势，为科学技术创新、战略性新兴产业和未来产业发展提供契机，激发实体经济的创造力和竞争力，响应新质生产力摆脱传统技术应用和创新发展路径的新要求，进而成为加快新质生产力发展的重要途径。一方面，实数融合通过促进整个产业链的融合发展，响应新质生产力"以新促质"的客观要求，有效提升新质生产力的融合性。另一方面，实数融合通过调整生产关系来激发社会生产力的发展活力，为新质生产力发展所带来的创新技术应用提供

① 朱克力：《从"数实融合"到"实数融合"》，《检察风云》2024年第17期。
② 李佳霖、董嘉昌：《以数字经济与实体经济深度融合推动高质量发展的理论逻辑及实现路径》，《陕西师范大学学报》（哲学社会科学版）2024年第4期。

载体和支撑。① 徐亚平、史依铭则通过实证分析证明实体经济与数字经济融合对"专精特新"企业全要素生产率具有赋能效应，而且实体经济与数字经济融合和全要素生产率能够发挥协同效应推动实现"专精特新"企业内共同富裕。②

其次，实数深度融合推动经济高质量发展的实现路径。当前，我国正全方位推进经济社会的数字化转型和高质量发展。国家正统筹布局、系统推进"五位一体"数字中国建设，包括数字经济、数字政务、数字社会、数字文化、数字生态文明建设，全面提升数字中国建设的整体性、系统性、协同性，大力促进实体经济和数字经济的深度融合、创新发展，以数字化驱动生产生活和治理方式变革，形成推进中国式现代化的强大动力。③ 刘东浩、雷洲从加快产业发展模式与经营方式数智化进程的视角提出了推进"实数融合"的三种方式：一是着力推动传统产业发展方式的数字化转型；二是加快推进制造业生产方式的数智化改造，聚焦应用人工智能、物联网、工业互联网等领域，实现生产设备和系统的智能化互联；三是全面推行企业经营管理模式的智慧化运作，运用先进的数字技术和智能化手段，对经营管理中的各个环节进行优化和升级，从而提高运行效率和创新能力。④ 冉戎、花磊、刘志阳提出科技创新多模态应用、加强数字基础设施建设、数字技术嵌入实体经济发展全流程等作用路径，以及运用数字技术、打通合作壁垒、重塑硬件生态、搭建人才梯队和优化制度供给构建"五维"保障体系。⑤ 李佳霖、董嘉昌认为要更好发挥以数字经济与实体经济深度融合推动高质量发展的作用，应从四个方面入手：一是强化数字基础设施，夯实基础；二是促进数字化转型，筑牢根基；三是化解协同障碍，畅通堵点；四是优化要素资源配置，

---

① 冉戎、花磊、刘志阳：《加快新质生产力发展的实数融合路径探析》，《改革》2024 年第 9 期。
② 徐亚平、史依铭：《数字经济与实体经济融合赋能"专精特新"企业高质量发展》，《经济体制改革》2024 年第 4 期。
③ 王钦敏：《推动实体经济与数字经济深度融合》，《中国科学院院刊》2024 年第 11 期。
④ 刘东浩、雷洲：《创新引领 协同推进数字经济高质量发展》，《红旗文稿》2024 年第 22 期。
⑤ 冉戎、花磊、刘志阳：《加快新质生产力发展的实数融合路径探析》，《改革》2024 年第 9 期。

健全保障。① 司聪、任保平从建设现代产业体系的视角出发，提出应全面深化数实深度融合的体制机制改革，系统构建数驭未来的全新产业格局，踔厉锻造聚数汇智的新型基础设施，加速探索数实策应的新型治理模式，为产业体系开辟创新勃发、架构完整、内核先进、稳健安全的现代化实现路径。② 任保平进一步强调，要实现实数融合更好推进经济高质量发展，必须促进实体经济尤其是制造业高质量发展。他指出，在推动新型工业化的过程中，实体经济的核心是制造业，数字经济与实体经济融合的重点领域也是制造业，因此将实体经济聚焦制造业，从推进新型工业化的视角来分析实体经济和数字经济的深度融合问题。③

四 城乡融合与区域协调发展

近年来，我国城市发展速度加快，城镇化率显著提高，使得现代城市的繁荣发展与乡村的相对落后形成了较大反差，城乡发展不平衡、农村发展不充分成为当前制约我国社会发展的突出问题。习近平总书记指出："全面建设社会主义现代化国家，最艰巨最繁重的任务仍然在农村。"为解决制约我国城乡发展的基本问题，党的二十届三中全会明确指出，"城乡融合发展是中国式现代化的必然要求"，要通过全面深化改革"完善城乡融合发展体制机制"。

（一）全面推进城乡融合高质量发展

农业农村现代化是全面建设社会主义现代化国家的重要内容，也是薄弱环节。推动乡村全面振兴，才能为全面建成社会主义现代化强国、实现中华民族伟大复兴提供坚实基础。④

① 李佳霖、董嘉昌：《以数字经济与实体经济深度融合推动高质量发展的理论逻辑及实现路径》，《陕西师范大学学报》（哲学社会科学版）2024 年第 4 期。
② 司聪、任保平：《以数实深度融合建设现代化产业体系——战略意蕴、重点任务与实现路径》，《财经问题研究》2024 年第 11 期。
③ 任保平：《数字经济与制造业深度融合推动新型工业化的机制与路径》，《山东社会科学》2024 年第 1 期。
④ 胡向东：《城乡要素平等交换、双向流动困境及解决思路》，《农业经济问题》2024 年第 12 期。

首先，全面推进城乡融合高质量发展的必要性和重要性。林聚任认为，城乡融合发展是中国式现代化的必然要求，也是新发展阶段从根本上解决"三农"问题、促进城乡高质量发展的必然要求。[1] 匡远配、彭云、李姗姗提出，在中国式现代化的蓝图中，农业农村现代化地位更重要、作用更重大。乡村振兴战略是推进新时代中国农业农村现代化的战略导向和重要依据，首要一点便是加快推进城乡融合发展。[2] 张琦、王一凡也认为针对农业农村现代化所面临的现实挑战与困境，如农业"大而不强"、城乡要素配置不合理、乡村资源资产盘活利用阻碍大、资源环境双重约束趋紧、小农生产方式转型面临瓶颈、乡村治理模式亟待调整等，要在工农城乡关系良性互动融合发展中谋突破，关键之举在于推进城乡要素合理有效配置，重点在于以体制机制创新为抓手，打通城乡要素顺畅流动的渠道。[3] 杨果、万凌霄、张莉则从共同富裕的视角提出，城乡融合发展与共同富裕具有内涵的相似性、核心要义的一致性以及现实基础的共同性。共同富裕体现为物质、权利、文化、生态等多个维度，城乡融合发展能够通过城乡产业协同发展、城乡要素双向流动、城乡基本公共服务逐步均等、城乡空间布局更加合理等，筑牢物质基础、实现权利平等、推动精神共富、推进生态增值，从而促进共同富裕。[4]

其次，全面推进城乡融合高质量发展的实现路径。改革开放以来，我国针对改善城乡关系采取了一系列有力举措，但仍然面临城乡产业协同发展不足、要素双向流动依然不畅、民生保障共享性有待提升、城乡发展空间布局失衡等一系列问题。缩小城乡社会发展不平衡是促进城乡融合发展的深层关键。全面推进城乡融合高质量发展的实现路径也是关于这些突出问题和关键点的解决方案。杨果、万凌霄、张莉提出要以县

[1]　林聚任：《以高质量城乡融合发展推进中国式现代化》，《人民论坛·学术前沿》2024 年第 21 期。
[2]　匡远配、彭云、李姗姗：《新时代中国农业农村现代化的多重逻辑、基本特征及实现路径》，《中国农村经济》2024 年第 12 期。
[3]　张琦、王一凡：《中国式现代化进程中农业农村现代化的现实挑战与展望》，《兰州大学学报》（社会科学版）2024 年第 5 期。
[4]　杨果、万凌霄、张莉：《以城乡融合发展促进共同富裕的作用机理及推进路向》，《改革》2024 年第 12 期。

域为单元，促进要素在城乡之间自由流动和平等交换，建立健全城乡公共资源均衡配置体制机制，促进优质教育资源、医疗资源等基本公共服务在县、乡、村层面的统筹供给，向乡村倾斜，加快补上乡村基础设施建设与公共服务的短板，缩小城乡差距，并进一步推动城乡产业融合发展。① 胡向东基于城乡要素平等交换、双向流动的视角分析认为，畅通城乡要素流动是城乡融合发展的内在要求，有助于推动资本、技术等各类发展要素向乡村流动，为农业农村发展提供新动能，缩小城乡发展差距，推动形成工农互促、城乡互补、协调发展、共同繁荣的新型工农城乡关系，为此提出必须完善要素流动制度建设，需要从顶层设计上破除城乡二元体制及户籍制度、土地制度、金融制度、科技制度等存在的障碍壁垒；夯实乡村人才基础，探索农民进城落户和城市居民返乡下乡试点政策；深化土地制度改革，激活乡村土地要素；加大乡村建设投入，以有限财政资金撬动更多社会资本和金融资本；强化科技创新与应用，支撑现代乡村建设。② 还有一些学者在细分领域对城乡融合发展的实现路径进行了详细分析。在资本运用方面，钱霖亮从辩证法视角出发分析了数字资本与城郊村的城乡融合发展之间的演变关系，并针对资本进村这一点，通过对两个具体的城郊村进行案例分析提出，要引导资本发挥积极作用，就要在尊重市场规律的基础上，由地方政府和各村"两委"协助内外资本建立利益共赢的机制，同时引导外来资本流出与流入的村庄建立合作机制、形成差异化产业集群，共同分享数字资本下乡带来的红利。③ 在产业发展方面，吕宛青、余正勇基于对西南地区多案例研究提出民宿产业集群作为强有力的城乡融合产业载体，通过规模化、集群化和品牌化等效益使城乡多重要素集聚乡村空间，外引内培优化配置城乡资源要素，联动城乡形成内外发展动力赋能乡村全

---

① 杨果、万凌霄、张莉：《以城乡融合发展促进共同富裕的作用机理及推进路向》，《改革》2024年第12期。
② 胡向东：《城乡要素平等交换、双向流动困境及解决思路》，《农业经济问题》2024年第12期。
③ 钱霖亮：《兴衰的辩证法：数字资本下乡与城郊村的城乡融合发展》，《江淮论坛》2024年第6期。

面振兴。① 庞舒雅、张晓林、张波探索了能源富集区城乡融合的路径，提出要推进能源富集区城乡产业协同互补发展，优化城乡空间布局，促进城乡居民收入公平分配，以期实现城乡共同富裕。其中，要实现城乡产业协同互补发展，一是调整城市地区产业结构，增强与农村地区合作的广度与深度；二是重视农村地区自身特色资源的挖掘，强调以人为主体的产业开发；三是产业活动遵循绿色发展原则，实现产业发展与生态保护并重。② 在数字经济方面，罗序斌深入阐释了城乡融合发展的内在机制，认为应从"数字城乡基础设施一体化""数字城乡治理联动一体化""数字城乡包容性政策一体化""数字城乡金融发展一体化""数字城乡下沉平台一体化"等方面进一步优化数字经济赋能城乡融合质量提升的路径。③ 杨文贞认为，数字经济的快速崛起为城乡融合发展提供了新动能，应在准确把握乡村振兴和数字经济相关政策动向、矫正数字赋能城乡融合发展的误区（如数字鸿沟、信息孤岛等）、缩小城乡数字化发展差距、打破信息孤岛、强化要素双向流动、整合公共服务资源等方面寻找突破路径。④ 金晓斌、叶超、岳文泽等也提出，新时代城乡融合发展需要关注数字技术和智能化平台支撑下城乡治理精细化和乡村转型发展的认知提升与实践创新。应建立城乡数据共享平台，破解城乡融合的"数字鸿沟"，实现城乡治理精细化；深度应用5G、物联网、人工智能等技术，支持传统基础设施转型升级；促进实体经济和数字经济深度融合，通过互联网、数字技术对接消费市场，打通多元化的农产品上行渠道；将数字技术植入乡村产业发展和社会治理全过程。⑤

---

① 吕宛青、余正勇：《城乡融合下民宿产业集群赋能乡村振兴的内在逻辑及实践路径——基于西南地区的多案例分析》，《西南民族大学学报》（人文社会科学版）2024年第1期。

② 庞舒雅、张晓林、张波：《共同富裕视角下能源富集区城乡融合路径探索》，《经济问题》2024年第2期。

③ 罗序斌：《数字经济提升城乡融合质量的机制与路径研究——以脱贫地区为例》，《山西大学学报》（哲学社会科学版）2024年第1期。

④ 杨文贞：《数字经济赋能中国城乡融合发展的制约因素与突破路径》，《区域经济评论》2024年第1期。

⑤ 金晓斌、叶超、岳文泽等：《新时代中国城乡融合发展：挑战与路径》，《自然资源学报》2024年第1期。

（二）区域高质量协调发展的新格局与实现路径

促进区域协调发展，是解决发展不平衡不充分问题的关键路径和根本发展战略，是推进中国式现代化的重大现实要求，是抓好经济建设这一中心工作的根本战略举措，是推动高质量发展这一首要任务的重要战略安排。[①] 区域协调发展战略一直是中国政府高瞻远瞩做出的长期战略部署，开创性地形成了中国特色区域协调发展的理论创新和实践道路。党的十八大以来，党中央围绕区域协调发展做出一系列重大战略部署，有力地推动了区域协调发展。党的二十届三中全会提出，要"完善实施区域协调发展战略机制。构建优势互补的区域经济布局和国土空间体系"。并针对不同的区域提出了相应的战略部署，为新征程下推动区域协调发展指明了方向。因此，完善实施区域协调发展战略机制是推动区域协调发展的必然要求和关键支撑，也是迈向中国式现代化的重要一环。

首先，当前我国区域协调发展成就与挑战并存。区域经济是国家经济的空间基础，无论是基于缩小区域经济差距的历史经验，还是基于理论分析，或是基于具体实践，区域协调发展均具有重要意义。孙久文、殷赏指出，新中国成立以来，我国区域协调发展经历了四个历史阶段和三次理论演进，进行了战略基础、极点支撑和功能分工等探索实践，逐渐步入高水平协调发展阶段。但也面临区域要素流动受阻、区域发展极化、区域功能分工程度较低和区域产业转移缓慢等新问题。[②]

一方面，我国区域重大战略、区域协调发展战略不断向纵深推进，相关体制机制不断健全，国土空间治理水平得到大幅提升，区域协调发展取得显著成效。一是区域重大战略引领性不断增强。京津冀高质量发展蹄疾步稳，区域一体化向纵深推进；创新大江大河治理模式，走出生态优先绿色发展之路；粤港澳大湾区建设稳步推进，加速迈向国际一流目标；长三角一体化发展成果丰硕，发展蓝图渐成实景画。二是区域协调发展战略深入实施。我国经济南北、东西区域差距首次出现收窄迹象；

---

① 李明：《以新时代区域高质量协调发展推进中国式现代化》，《人民论坛·学术前沿》2024 年第 4 期。

② 孙久文、殷赏：《论区域协调发展的理论深化与实践创新》，《华东经济管理》2024 年第 11 期。

区域间人民生活水平差距逐渐缩小；基本公共服务均等化水平不断提高；特殊类型地区（如革命老区、边境地区等）实现振兴发展。三是国土空间治理水平持续提升。主体功能区定位更加明确，城市群的承载能力进一步增强，生态功能区绿色发展取得新成效，农产品生产向优势产区集中的格局逐步形成。① 李明从经济发展差异性、社会服务和公共资源分布均衡性以及不同地区之间的协调性三个方面论述了我国新时代区域协调发展的显著成效。②

另一方面，我国区域发展不平衡不充分问题仍然突出，内外部因素变化对区域协调发展带来新挑战。刘培林、肖文认为挑战主要体现在：东部地区与其他地区的绝对差距较大，东北地区增速偏低，区域政策空间单元的内部差距进一步扩大，区域协调发展的体制机制尚不健全，如劳动人口的自由流动仍然存在壁垒，农产品产销利益协调机制不健全，市场化生态补偿机制不足等。③ 因此，在高水平协调发展阶段，既要巩固我国区域协调发展取得的新成效，又要应对好面临的新挑战。张文忠认为在中国式现代化建设背景下，推动区域协调发展需要处理好九大关系，即区域协调发展战略与区域重大战略、主体功能区战略和新型城镇化战略的融合关系，经济发达地区与特殊类型地区协同发展的关系，经济发展与资源环境承载力的匹配关系，中心区与外围区的关系，城市与乡村的关系，发展与安全的关系，创新链与产业链的协同关系，内循环与外循环的关系，以及陆海发展的关系，从而不断推动我国经济高质量发展。④

其次，实现区域高质量协调发展的实现路径。在探析区域高质量协调发展的实现路径上，学者们的研究同样呈现整体与局部的层次性。

第一，对区域高质量协调发展实现路径的整体研究，通常会涉及区域发展的多个方面，且较为宏观。张辉认为，处理好我国经济发展"稳"与

---

① 刘培林、肖文：《推动区域协调发展向更高质量迈进》，《人民论坛》2024 年第 3 期。
② 李明：《以新时代区域高质量协调发展推进中国式现代化》，《人民论坛·学术前沿》2024 年第 4 期。
③ 刘培林、肖文：《推动区域协调发展向更高质量迈进》，《人民论坛》2024 年第 3 期。
④ 张文忠：《推动区域协调发展需处理好九大关系》，《人民论坛》2024 年第 16 期。

"进"的关系是实现经济高质量发展、扎实推进中国式现代化的重要思想方法，其中区域协调发展有助于解决经济发展不平衡问题，是实现"稳"与"进"的内在驱动。① 刘培林、肖文认为在新形势下，应顺应人口流动和分布格局变化趋势，不断健全区域协调发展体制机制，从优化区域开放布局、增强动力源地区引擎作用等方面着手，以区域协调发展推进中国式现代化。② 李明认为应顺着习近平总书记提出的新形势下区域协调发展"尊重客观规律、发挥比较优势、完善空间治理、保障民生底线"的总思路③，为打通区域协调发展"经络"，推动各大区域板块发挥比较优势、形成良性互动，应健全区域协调发展战略新机制，将顶层设计与专项部署相结合，推动制度创新和制度改革联动，为促进区域协调发展提供良好制度保障。④ 孙久文、殷赏提出新时代实现区域协调发展的具体思路：完善资源要素流动的体制机制，优化重大基础设施布局，细化区域功能分工，完善区域协调发展政策体系，以新质生产力赋能区域协调发展。⑤ 于泳莲、邢文利将深化南北区域间的经济合作、优化南北区域协调发展的政策环境和强化城市群带动作用三个方面作为南北区域协调发展的策略选择。⑥ 吴海瑾针对当前区域发展中以能力分化为特征的非均衡新趋势，提出应从构建空间耦合关系、因地制宜发展新质生产力、深化市场化改革、打造四级联动的增长极体系、补齐欠发达地区能力短板等方面着手，系统探索中国式现代化进程中区域协调发展的科学路径。⑦ 陈建斌、唐龙辉在系统梳理马克思主义相关理论基础上，通过回溯新中国成立以来区域协调发展战略的历史过程和实践探索，认为

① 张辉：《中国经济实现"稳"与"进"的策略选择》，《人民论坛·学术前沿》2024年第3期。
② 刘培林、肖文：《推动区域协调发展向更高质量迈进》，《人民论坛》2024年第3期。
③ 《十九大以来重要文献选编》（中），中央文献出版社，2021，第190页。
④ 李明：《以新时代区域高质量协调发展推进中国式现代化》，《人民论坛·学术前沿》2024年第4期。
⑤ 孙久文、殷赏：《论区域协调发展的理论深化与实践创新》，《华东经济管理》2024年第11期。
⑥ 于泳莲、邢文利：《共同富裕视域下南北区域协调发展研究》，《财经问题研究》2024年第3期。
⑦ 吴海瑾：《中国式现代化的空间表达：共同富裕导向的区域协调发展》，《江海学刊》2024年第3期。

新时代我国区域协调发展战略的推进路径是：实施高水平对外开放，构建优势互补高质量发展的区域经济新格局，加快推动新旧动能转换和跨区域流动，建立健全区域协调发展体制机制。①

第二，针对某个具体区域高质量协调发展的实现路径。张壹帆、陆岷峰根据长三角地区一体化发展的经验，提出进一步促进新质生产力和区域经济共同发展应从政策激励（研发投入激励、创新环境建设、完善跨区域合作政策）、生产力流动机制建设（建立区域协调发展平台、优化区域物流网络、制定灵活的人才政策）、人力资本提升（教育体系改革、终身教育体系建设、国际人才引进与交流）等方面入手，制定新质生产力与区域经济协调发展策略。② 郭爱君、朱瑜珂以黄河流域城市群为例研究推进区域协调发展的机制与路径，提出区域协调发展是黄河流域生态保护和高质量发展的必然要求。通过对 2003~2019 年黄河流域城市群功能分工指数的特征事实分析，提出了黄河流域区域协同发展的三大路径：一是以功能分工深化促进黄河流域城市群在错位分工中良性发展；二是以网络一体化为指引构建黄河流域区域高质量发展空间格局；三是以制度化、多层次的合作契约机制推进黄河流域区域协同发展。③李晓琳、王继源、刘峥延等研究分析了广东、江苏、山东、浙江、福建五个东部经济大省的区域发展不协调问题，提出自然条件及区位差异导致最初的经济分化，但随着经济社会的发展，制度性因素的影响越来越突出。因此推动省域内部的协同发展，要立足不同地区比较优势，以切实改善民生、推动共同富裕为根本出发点和落脚点，以畅通要素区域间流动、提高发展效率和效益为主要动力，以公共服务均等化、基础设施通达均衡为基本手段，以完善区域利益关系、优化区域协调发展机制为重要保障，更加注重构建相对落后地区培育内生发展动力的长效机制，

---

① 陈建斌、唐龙辉：《新时代我国区域协调发展战略的推进路径》，《行政论坛》2024 年第 3 期。

② 张壹帆、陆岷峰：《新质生产力与区域经济协调发展：共生机理与共进路径——以长三角区域经济发展为例》，《湖湘论坛》2024 年第 4 期。

③ 郭爱君、朱瑜珂：《黄河流域城市群推进区域协调发展的机制与路径研究——基于功能分工视角》，《甘肃社会科学》2024 年第 1 期。

在高质量发展中解决发展不平衡不充分问题。[①] 环渤海区域是中国北方经济发展的重要增长极，促进环渤海经济高质量发展对于遏制南北差距扩大趋势、加快构建新发展格局、更好地统筹发展和安全都具有重要意义。李晨、蔡之兵提出以提高战略地位为支撑、以明确发展定位为基础、以推动产业转型升级为抓手、以促进区域协调发展为纽带、以深化体制机制改革为保障等具体政策建议。[②] 文瑞分析了中部地区崛起 20 年过程中取得的成效和存在的深层次发展瓶颈，提出进入高质量发展阶段后，中部地区要持续稳固"三基地一枢纽"战略定位，以粮食安全为要，以创新之力、开放之机、体制之新重塑和优化中部地区发展优势，努力开创中部地区崛起的新局面。[③] 西部地区在全国改革发展稳定大局中举足轻重，进一步推动西部大开发形成新格局意义重大。王颂吉认为西部大开发战略实施特别是中央部署新时代推进西部大开发形成新格局五年来，西部地区的生态环境保护修复和经济社会发展取得显著成绩，但西部地区发展仍然面临不少困难和挑战，这要求进一步推动形成大保护、大开放、高质量发展新格局。进一步推动西部大开发形成新格局建立在增强西部地区内生发展动力的基础之上，需要从加快产业转型升级、加强生态环境保护修复、提高对内对外开放水平、统筹推进新型城镇化和乡村振兴等方面增强内生动力。进一步推动西部大开发形成新格局离不开中央和其他地区的外力支持，需要从完善东西部协作、深化对口支援、优化区际补偿、加强财政转移支付等方面增强协同发展的外部动力。[④]

第三，以共同富裕为目标推进区域高质量协调发展的实现路径。全体人民共同富裕是中国式现代化的本质特征，区域协调发展是实现共同富裕的必然要求，完善区域协调发展战略机制需以着力推动全体人民共

---

① 李晓琳、王继源、刘峥延等：《中国东部经济大省区域发展不协调问题研究》，《区域经济评论》2024 年第 5 期。

② 李晨、蔡之兵：《构建环渤海区域高质量发展新格局：现实挑战、优化思路与政策建议》，《河北学刊》2024 年第 5 期。

③ 文瑞：《中部崛起 20 年：成效、难点与突破》，《郑州大学学报》（哲学社会科学版）2024 年第 5 期。

④ 王颂吉：《进一步推动西部大开发形成新格局：进展与动力》，《改革》2024 年第 8 期。

同富裕为核心目标。① 多位学者基于共同富裕视角对区域协调高质量发展的实现路径进行了研究。于泳莲、邢文利在系统梳理区域协调发展相关文献的基础上，分析了南北区域协调发展对实现共同富裕的重大意义，提出全体人民共同富裕是中国式现代化的本质特征，区域协调发展对于促进全体人民共同富裕取得更为明显的实质性进展具有重大意义，区域协调发展是实现共同富裕的必然要求，推动区域协调发展是实现高质量发展的必由之路，是实现中国式现代化的关键支撑，能从根本上破解区域发展不平衡不充分问题。② 吴海瑾同样从共同富裕的视角展开研究，并把共同富裕导向的区域协调发展作为中国式现代化的空间表达，提出在我国进入全面建设社会主义现代化国家新征程上，区域协调发展担负着促进高质量发展、构建共同富裕空间格局的时代使命。③

第四，新质生产力和科技创新在区域经济协调发展中的重要性日渐突出。张壹帆、陆岷峰认为在经济全球化和科技快速进步背景下，新质生产力对区域经济协调增长至关重要。新质生产力和区域经济之间是互相促进和共同发展的关系，技术革新作为新质生产力的核心，促进生产要素合理配置，助力区域经济平衡增长。通过对长三角区域一体化发展这一典型案例的分析验证了新质生产力在区域经济体中的应用及其正面影响。④ 罗婷、张永庆运用耦合协调度和相对发展度模型，对高技术产业技术创新与区域经济高质量发展之间的内在联系及其耦合协调路径进行了分析，论证了高技术产业技术创新推动区域经济高质量发展的重要性。⑤ 曾刚在论述推进长三角一体化高质量发展的重点任务时，提出要

① 刘耀彬、陈利鹏：《完善实施区域协调发展战略机制的关键：推进优势互补、高质量发展的区域经济布局——学习贯彻党的二十届三中全会精神》，《重庆大学学报》（社会科学版）2024 年第 6 期。
② 于泳莲、邢文利：《共同富裕视域下南北区域协调发展研究》，《财经问题研究》2024 年第 3 期。
③ 吴海瑾：《中国式现代化的空间表达：共同富裕导向的区域协调发展》，《江海学刊》2024 年第 3 期。
④ 张壹帆、陆岷峰：《新质生产力与区域经济协调发展：共生机理与共进路径——以长三角区域经济发展为例》，《湖湘论坛》2024 年第 4 期。
⑤ 罗婷、张永庆：《高技术产业技术创新与区域经济高质量发展耦合协调研究》，《上海理工大学学报》2024 年第 5 期。

紧扣一体化和高质量两个关键，同样聚焦在科技创新上，并提出从土地、劳动力、资本等消耗型三要素向科技、数据、关系等增量型三要素转变，具体包括实现海外技术合作伙伴多样化，加快培育新质生产力，探索区域创新协同新形态等路径。① 刘耀彬、陈利鹏认为，当前完善实施区域协调发展战略机制的逻辑与重点在于推进优势互补、高质量发展的区域经济布局。基于优势互补视角，区域协调发展不仅是经济总量的提升和产业结构的优化，更在于通过科学合理的规划与高效资源配置，确保发展成果能够公平惠及全民，即"合理分配蛋糕"。基于高质量发展视角，区域协调发展在宏观层面超越了单一的经济总量增长，是一场以经济结构优化和质量提升为驱动的全方位变革，旨在"做大且做好蛋糕"。因地制宜培育和发展新质生产力，是推进优势互补、高质量发展区域经济布局的重要策略。一方面，新质生产力的发展不仅体现在对区域原有比较优势的进一步深化上，还能够为各地区培育新的比较优势。另一方面，新质生产力通过新一轮的技术创新能够促进区域发展形成新的经济增长点，增强经济内生增长动力，同时，新质生产力本身就是绿色生产力，是增强区域可持续发展的重要动力源。②

第五，推动实现区域数字经济协调发展。陆扬、王育宝立足于新时代区域协调发展理念，建立区域协调数字经济模型，论证区域一体化对数字经济的驱动效应，并基于生产要素剖析区域一体化促进数字经济发展的跨区域动态影响路径，得出区域一体化在创新要素流动的调节作用下促进数字经济发展这一重要结论，提出利用数字经济能够突破地理距离的限制，顺应区域一体化战略构筑数字经济协调发展网络，实现跨地区分工合作，缩小区域间数字经济发展差距，从而促进区域协调发展。③

① 曾刚：《持续深入推进长三角一体化高质量发展》，《人民论坛》2024 年第 10 期。
② 刘耀彬、陈利鹏：《完善实施区域协调发展战略机制的关键：推进优势互补、高质量发展的区域经济布局——学习贯彻党的二十届三中全会精神》，《重庆大学学报》（社会科学版）2024 年第 6 期。
③ 陆扬、王育宝：《区域一体化、数字经济发展与创新要素流动路径》，《经济问题探索》2024 年第 9 期。

五　绿色发展与生态文明建设

2023 年 7 月，习近平总书记在全国生态环境保护大会上强调："今后 5 年是美丽中国建设的重要时期，要深入贯彻新时代中国特色社会主义生态文明思想，坚持以人民为中心，牢固树立和践行绿水青山就是金山银山的理念，把建设美丽中国摆在强国建设、民族复兴的突出位置，推动城乡人居环境明显改善、美丽中国建设取得显著成效，以高品质生态环境支撑高质量发展，加快推进人与自然和谐共生的现代化。"2024 年，党的二十届三中全会通过的《中共中央关于进一步全面深化改革、推进中国式现代化建设的决定》将建设美丽中国作为七个"聚焦"之一，提出"加快经济社会发展全面绿色转型，健全生态环境治理体系，推进生态优先、节约集约、绿色低碳发展，促进人与自然和谐共生"。生态文明建设是关乎民生福祉和中华民族永续发展的根本大计，我们必须以习近平生态文明思想为根本遵循和行动指南，着力深化生态文明体制改革，加快经济社会发展全面转型，推动实现绿色低碳高质量发展。

（一）深入理解和把握绿色发展的内涵

党的十八届五中全会鲜明提出了创新、协调、绿色、开放、共享的发展理念。绿色发展理念作为新发展理念的五大理念之一，是我们党科学把握发展规律的创新理念，也为我们党切实担当起新时期执政兴国使命指明了前进方向。党的十八大以来，习近平总书记围绕推动绿色发展做出了一系列重要论述，必须系统学习，深刻领会推动绿色发展的重大意义和丰富内涵。

第一，绿色发展理念是新发展理念的重要内容。习近平总书记指出："绿色是永续发展的必要条件和人民对美好生活追求的重要体现。绿色发展，就是要解决好人与自然和谐共生问题。"[1] 钟平强调，在五大发展

---

[1]　中共中央宣传部编《习近平总书记系列重要讲话读本（2016 年版）》，学习出版社、人民出版社，2016，第 150 页。

理念中，绿色发展是解决人与自然和谐共生问题的关键，也是建设人与自然和谐共生现代化的内在要求。为实现全面建设社会主义现代化国家的目标，必须牢固树立和坚持"绿水青山就是金山银山"的理念，扎实推进生态优先、节约集约、绿色低碳发展，实现更高质量、更有效率、更加公平、更可持续、更为安全的发展。[①] 李明认为，绿色发展塑造了美好生活"新面貌"。绿色发展理念作为新发展理念的重要内容之一，既体现了中国式现代化的发展要求，又彰显了中国式现代化的价值追求。坚持绿色发展引领，就要坚持生态惠民，牢固树立绿色发展理念，准确把握生态与产业、保护与发展的关系，把生态文明建设与推进发展升级结合起来，探索更多将"绿水青山"转化为"金山银山"的实现路径，将生态优势转化为经济优势，努力走出一条生态良好、生产发展、生活富裕的生态文明发展之路。同时也要坚持生态利民和生态为民，让良好生态环境成为人民幸福生活的增长点。[②]

第二，绿色发展是高质量发展的底色。党的二十大报告强调，高质量发展是全面建设社会主义现代化国家的首要任务，推动经济社会发展绿色化、低碳化是实现高质量发展的关键环节，中国式现代化是人与自然和谐共生的现代化。黄承梁指出，在中国式现代化历史进程中，要站在人与自然和谐共生的高度谋划发展，以高质量发展推动高水平保护，以高品质生态环境支撑高质量发展。高质量发展是实现高水平保护的根本；坚持高品质生态环境保护，则是从根本上为中国式现代化、为高质量发展塑造新动能、新优势。[③] 钟平认为，绿色发展是实现高质量发展的关键环节，也是高质量发展的鲜明底色。着眼于推动绿色低碳高质量发展，必须主动顺应全球绿色发展大势，强化绿色低碳科技创新，提升经济社会发展质量效益和资源能源利用效率，在经济发展中促进绿色转型、在绿色转型中实现更大发展，为全面建设社会主义现代化国家提供

---

① 钟平：《学深悟透习近平总书记关于推动绿色发展的重要论述精神》，求是网，http://www.qstheo-ry.cn/20241103/5056e6d4773f47b2a4dc9468fb8e3ef9/c.html，最后访问时间：2025 年 2 月 26 日。

② 李明：《新发展理念引领创造美好生活》，《光明日报》2024 年 1 月 29 日第 15 版。

③ 黄承梁：《生态文明建设要正确处理五个重大关系》，《前线》2023 年第 11 期。

强劲的绿色发展动能。[1]

第三，新质生产力本身就是绿色生产力。习近平总书记深刻指出："绿色发展是高质量发展的底色，新质生产力本身就是绿色生产力。"[2]靳晓春强调，新质生产力是符合新发展理念的先进生产力质态，绿色发展是新质生产力的基本要求，坚持绿色发展，摆脱传统的"大量生产、大量消耗、大量排放"的生产模式和消费模式，实现经济社会发展和生态环境保护协调统一、人与自然和谐共处，是题中应有之义。此外，发展新质生产力，壮大绿色产业，培育绿色经济增长点，亦是抓住新一轮科技革命和产业革命趋势的必然要求。[3]岳奎、曲秀玲认为，绿色发展融入并赋予新质生产力绿色底蕴，是发展新质生产力的题中应有之义和重要向度。绿色生产力作为新质生产力的生态本体论基底，要以绿色发展理念引领新质生产力，打造高效能、高质量、绿色化的生产力发展新范式，同时以绿色技术创新赋能新质生产力，构建绿色技术创新体系，培育发展新质生产力的绿色动能。[4]

（二）深化生态文明体制改革以推进全面绿色转型

党的二十届三中全会强调："中国式现代化是人与自然和谐共生的现代化。必须完善生态文明制度体系，协同推进降碳、减污、扩绿、增长，积极应对气候变化，加快完善落实绿水青山就是金山银山理念的体制机制。"2024 年 7 月，中共中央、国务院印发了《关于加快经济社会发展全面绿色转型的意见》，提出要坚定不移走生态优先、节约集约、绿色低碳高质量发展道路，以碳达峰碳中和工作为引领，协同推进降碳、减污、扩绿、增长，深化生态文明体制改革，健全绿色低碳发展机制，加快经济社会发展全面绿色转型。2024 年底的中央经济工作会议亦将

[1]　钟平：《学深悟透习近平总书记关于推动绿色发展的重要论述精神》，求是网，http://www.qstheo-ry.cn/20241103/5056e6d4773f47b2a4dc9468fb8e3ef9/c.html，最后访问时间：2025 年 2 月 26 日。
[2]　习近平：《发展新质生产力是推动高质量发展的内在要求和重要着力点》，《求是》2024 年第 11 期。
[3]　靳晓春：《绿色发展赋能新质生产力跃升》，《红旗文稿》2024 年第 13 期。
[4]　岳奎、曲秀玲：《新质生产力的绿色发展维度》，《当代经济研究》2024 年第 8 期。

"协同推进降碳减污扩绿增长，加紧经济社会发展全面绿色转型"作为明年的九大重要任务之一。党中央对新时代新征程深化生态文明体制的重要部署充分展现了生态文明建设在进一步全面深化改革、推进中国式现代化建设中的基础性和战略性地位。

第一，深化生态文明体制改革的必要性和重要性。庄贵阳指出，生态文明体制改革是推动生态文明建设取得新进展新成就的重要保障，是进一步全面深化改革、推进中国式现代化的题中应有之义。扎实推进经济社会发展全面绿色转型，必须持续深化生态文明体制改革，打通束缚新质生产力发展的堵点卡点，加快破除妨碍推动绿色低碳发展和中国式现代化的思想观念和体制机制弊端，破解深层次体制机制障碍和结构性矛盾。① 黄承梁强调，要深刻认识到深化生态文明体制改革的重大意义。新时代新征程深化生态文明体制改革，一是能为推进中国式现代化提供强大动力，二是高质量发展的必然要求，三是增进人民福祉的重要保障，四是参与引领全球环境与气候治理的迫切需要。② 中共生态环境部党组认为，全面深化改革是生态文明建设阔步前行的重要法宝，也是当前面对生态环境保护结构性、根源性、趋势性压力现状的必然选择。因此，在生态文明建设的关键期，必须深化生态文明体制改革，继续把改革推向前进。这是进一步完善生态文明制度体系、推进生态环境治理体系和治理能力现代化的必然要求，是践行"绿水青山就是金山银山"理念、以高水平保护支撑高质量发展的必然要求，是推动生态环境根本好转、让美丽中国建设成果更多更公平惠及全体人民的必然要求，是深度参与全球环境治理、推动共建清洁美丽世界的必然要求。③

第二，推进全面绿色转型的具体实现路径。张静如、易承志指出，在生态文明建设实践中，应通过进一步深化生态文明体制改革来推动实现全面绿色转型。一要完善以环境法律规章为主体的生态文明基础体制，系统推动绿色发展制度体系构建，具体包括构建"多规合一"的生态安

---

① 庄贵阳：《全面推进美丽中国建设与深化生态文明体制改革》，《人民论坛》2024 年第 15 期。
② 黄承梁：《深化生态文明体制改革》，《红旗文稿》2024 年第 17 期。
③ 中共生态环境部党组：《聚焦建设美丽中国　深化生态文明体制改革》，《求是》2024 年第 21 期。

全工作协调机制、健全环境保护监测监管制度以及清晰界定自然资源资产产权。二要健全以多目标协同为特征的生态环境治理体系，协同推进降碳、减污、扩绿、增长，这既要以监管体系、法律法规体系与治理责任体系间的联动关系为基础推进减污降碳协同减排；又要做到以良好的市场体系与政策体系的互动关系为依托，促进生态保护修复，实现绿色经济效益。三要健全绿色低碳发展机制，加快发展绿色生产力，这一方面需要强化绿色低碳发展的技术与人才赋能机制；另一方面需要完善绿色低碳发展的规范与监管机制。① 吕文斌、赵盟认为，要坚持以碳达峰碳中和为牵引，努力培育和发展绿色新质生产力，深入推动重点领域节能降碳，稳妥推进能源绿色低碳转型，促进生态环境质量改善由量变到质变，加快经济社会发展全面绿色转型，积极引领全球生态文明建设。具体包括加快建立能耗双控向碳排放双控全面转型新机制、积极健全资源环境要素市场化配置体系、持续完善绿色发展支持政策、不断提升绿色发展政策的协同效应。② 周文、张奕涵认为，新质生产力是推进绿色发展的关键动力，因此必须加快发展新质生产力，赋能生态文明建设，加快推进全面绿色转型，这需要：一是加快绿色科技和先进绿色技术推广；二是加快建设智能化、绿色化、融合化的现代化产业体系；三是加快形成绿色新型生产关系，支撑高质量发展与高水平保护；四是加快形成节约资源和保护环境的绿色生活方式。③

（三）重点攻坚黄河流域生态保护和高质量发展

黄河流域是我国经济社会发展的重点区域，黄河生态安全是黄河流域经济社会可持续发展的重大前提。习近平总书记指出："黄河流域生态保护和高质量发展，同京津冀协同发展、长江经济带发展、粤港澳大

---

① 张静如、易承志：《深化生态文明体制改革 加快全面绿色转型》，《光明日报》2024 年 11 月 19 日。
② 吕文斌、赵盟：《以碳达峰碳中和为牵引 加快经济社会发展全面绿色转型》，《生态文明研究》2024 年第 6 期。
③ 周文、张奕涵：《新质生产力赋能生态文明建设》，《生态文明研究》2024 年第 4 期。

湾区建设、长三角一体化发展一样，是重大国家战略。"① 党的十八大以来，习近平总书记提出了一系列新思想新观点新要求，全面部署了黄河流域生态环境保护和高质量发展工作。2024 年 9 月 12 日，习近平总书记在主持召开全面推动黄河流域生态保护和高质量发展座谈会时发表了重要讲话，并要求"以进一步全面深化改革为动力，坚持生态优先、绿色发展，坚持量水而行、节水优先，坚持因地制宜、分类施策，坚持统筹谋划、协同推进，促进全流域生态保护上新台阶、绿色转型有新进展、高质量发展有新成效、人民群众生活有新改善，开创黄河流域生态保护和高质量发展新局面"。在实现第二个百年奋斗目标的新征程上，推动黄河流域生态保护和高质量发展迈上新台阶，必须牢牢把握以习近平同志为核心的党中央提出的相关战略要求，努力开创黄河流域生态保护和高质量发展新局面。

伴随着黄河流域生态保护和高质量发展战略的提出和实施，黄河流域生态环境质量稳步提升，水安全保障能力持续增强，能源粮食安全基础不断巩固，黄河流域生态保护和高质量发展站到了更高起点上。但同时也要看到，仍有不少难题需要进一步破解。例如，黄河流域的产业发展方式落后，区域发展不平衡问题突出；水资源严重短缺；生态保护和高质量发展耦合性失调；② 流域生态环境脆弱；"悬河"与防洪防凌问题等，③ 都是黄河流域生态保护和高质量发展必须重视和解决的问题。为破解这些难题，必须全面推动黄河流域生态保护和高质量发展。王满传指出，要实现黄河流域生态保护和高质量发展，需要牢牢把握和着力完成下面五项重点任务：一是持续完善黄河流域生态大保护大协同格局，筑牢国家生态安全屏障；二是实施最严格的水资源保护利用制度，提高水资源节约集约利用水平；三是完善防灾减灾体系，全力保障黄河安澜；四是推动发展方式全面绿色转型，建设特色优势现代产业体系；五是统

①　《十九大以来重要文献选编》（中），中央文献出版社，2021，第 201 页。

②　徐祗琦、周成莉：《黄河流域生态保护和高质量发展：价值、困境与路径》，《天水行政学院学报》2024 年第 6 期。

③　张楚汉、王光谦：《关于黄河流域生态保护和高质量发展的思考》，《人民黄河》2024 年第 9 期。

筹新型城镇化和乡村振兴，稳步增进民生福祉。^① 张娟强调，充分挖掘黄河流域富有特色的绿色生产力，大力发展绿色低碳经济，因地制宜发展富有黄河流域特色的优势农业，发展壮大体现黄河流域生态优势和竞争优势的现代化产业体系，推动绿色低碳产业聚链成群，促进黄河流域绿色转型有新进展、高质量发展有新成效，是推动黄河流域生态保护向纵深发展的重要路径。^② 王佃利认为，黄河流域生态治理工作应顺应时代发展要求，构建更加科学、高效的协同发展机制：一要强化协同治理与区域合作，共绘黄河流域生态协同治理"一张图"；二要构建多层级、协同联动的黄河流域生态治理机制；三要优化政策工具组合，为黄河流域生态协同治理赋能。^③ 何苗、任保平则从完善黄河流域生态保护和高质量发展两者协同推进机制的视角提出了促进黄河流域生态保护和高质量发展的实践机制，包括构建权责明晰的功能定位体系、构建优势互补的产业联动体系、构建统筹规划的区域管理体系以及构建多元参与的全流域大治理体系。^④

六　构建高水平对外开放新格局

开放是中国式现代化的鲜明标识。党的二十届三中全会强调，要"完善高水平对外开放体制机制"，提出要从"稳步扩大制度型开放""深化外贸体制改革""深化外商投资和对外投资管理体制改革""完善推进高质量共建'一带一路'机制"等方面做出系统性部署。2024年的中央经济工作会议亦将"扩大高水平对外开放，稳外贸、稳外资"作为明年的九大重要任务之一。必须深刻领会党的二十届三中全会精神，坚定不移推进高水平对外开放，构建高水平对外开放的新格局。

---

① 王满传：《推动黄河流域生态保护和高质量发展迈上新台阶》，《光明日报》2024年10月22日。
② 张娟：《推动黄河流域生态保护向纵深发展》，《学习时报》2024年10月16日。
③ 王佃利：《黄河流域生态协同治理实践与发展路径》，《人民论坛》2024年第20期。
④ 何苗、任保平：《黄河流域生态保护与高质量发展耦合协调的协同推进机制》，《经济与管理评论》2024年第1期。

（一）深刻理解和把握新时代高水平对外开放的丰富内涵

高水平对外开放有着特定的内涵和时代特征，是一种更大范围、更宽领域、更深层次的对外开放，反映了中国式现代化建设的本质要求。高水平对外开放是时代发展的产物，国家越发展，就越开放。①

第一，高水平对外开放是对接国际高标准经贸规则的制度型开放。经济全球化把更加广阔的市场连成一体，产业链、供应链、价值链被赋予更多国际元素，必然要求参与国的经济制度与国际经贸规则相适应。②制度型开放是中国共产党人的原创性概念之一。党的二十大报告明确提出，稳步扩大规则、规制、管理、标准等制度型开放；2024 年，党的二十届三中全会和中央经济工作会议进一步强调要稳步扩大制度型开放，深化了其内涵。稳步扩大制度型开放，既是建设更高水平开放型经济新体制的首要任务，也是我国适应全球经济治理变革的必然要求。洪俊杰认为，制度型开放是一个通过不断调整各种制度以更好地同国际接轨与互动，不断拓展和深化各领域高水平开放，以实现互利共赢和深度参与国际经济治理的过程。对于制度型开放，一方面是要主动对接；另一方面是要积极引领，如推动建立全球价值链友好型经贸规则，推动构建公正合理的碳排放核算框架体系，构建兼顾发展与包容的数字规则体系，充分利用高能级开放平台的复合比较优势。③ 徐康宁指出，制度型开放的内涵中包括对改革的促进，没有高水平开放的作用因素，一些深层次的改革问题由于难度大，一般不会触及。在加快推进高水平开放过程中，一些深层面的制度障碍必须突破，一些被认为很难的改革问题就会摆到议事日程上来，最终想办法解决突破。④ 此外，郑欣、徐政和丁守海提出，稳步扩大制度型开放，对接国际高标准经贸规则还包括积极扩大高

---

① 　徐康宁：《高水平开放促进深层次改革的内在逻辑与现实路径》，《南京社会科学》2024 年第 12 期。

② 　徐康宁：《高水平开放促进深层次改革的内在逻辑与现实路径》，《南京社会科学》2024 年第 12 期。

③ 　洪俊杰：《扩大高水平对外开放 加快推进中国式现代化进程》，《红旗文稿》2024 年第 24 期。

④ 　徐康宁：《高水平开放促进深层次改革的内在逻辑与现实路径》，《南京社会科学》2024 年第 12 期。

标准自由贸易区建设，这是因为自贸区可以依靠良好的产业基础和开放的政策环境，围绕企业、要素、产业、市场和政府各维度开展体制机制改革，为科技产业创新和贸易投资自由化提供广阔空间。①

第二，高水平对外开放是更加积极的自主开放和单边开放。扩大自主开放，对内构建更高水平开放型经济新体制，更好发挥以开放促改革促发展的动力作用；对外推动建设开放型世界经济，更好发挥以开放促合作促共赢的引领作用。扩大单边开放则是对最不发达国家的一贯政策，表现为单方面、主动扩大开放，不寻求对等回报。我国给予最不发达国家零关税待遇，提供市场准入便利，开展多双边合作，彰显负责任大国形象。②

第三，高水平对外开放是把握数字化、智能化时代发展机遇的开放。顺应全球经济发展的新形势，对外贸易从传统贸易转向数字服务贸易，将数字化融入服务贸易之中是重要趋势，未来服务贸易的开展将在全数字化场景下进行。陈兵认为，必须通过扩大服务贸易对外开放的范围与程度，倒逼服务贸易在参与国际竞争中实现数字化转型和升级，让更多的服务贸易领域在扩大开放中加速数字化，真正从贸易大国走向贸易强国。具体来说，就是建设高水平数字贸易港已成为融入全球数字经济市场竞争、加快新质生产力发展的关键抓手和重要机遇，有助于加快贸易数字化转型升级和数字化贸易创新展业的同步发展。③

第四，高水平对外开放是满足人民美好生活需要的开放。郑欣、伍笛凯明确指出高水平对外开放通过成果惠民增进人民福祉。一方面，高水平对外开放能更好满足人民的需求层次提升；另一方面，高水平对外开放能更好促进我国民生事业发展。④ 王德蓉梳理并分析了新时代我国

① 郑欣、徐政、丁守海：《高水平对外开放体制机制的核心要义、价值旨归与未来进路》，《经济学家》2024 年第 12 期。
② 洪俊杰：《扩大高水平对外开放 加快推进中国式现代化进程》，《红旗文稿》2024 年第 24 期。
③ 陈兵：《建设高水平数字贸易港的关键与举措》，《人民论坛》2024 年第 15 期。
④ 郑欣、伍笛凯：《以高水平对外开放促进中国式现代化的内在逻辑与实践路径——深入学习党的二十届三中全会精神》，《新疆社会科学》2024 年第 5 期。

开放发展的基本经验,其中一条就是坚持人民至上,在开放发展中保障和改善民生,让全体人民共享新时代开放发展成果:不断提升贸易投资合作质量和水平,增强外贸外资扩就业、惠民生的带动效应;以增加优质产品和服务进口为着力点推动打造高质量消费供给体系,更好满足人民群众消费升级需求;加快内陆沿边开放步伐,助力区域协调发展、脱贫攻坚等国家重大战略和重大任务,给人民群众带来更多获得感和幸福感。①

第五,高水平对外开放是推动建设开放型世界经济的开放。原倩认为,在我国对外开放领域一系列战略调整基础上,我国高水平对外开放的基本内涵更加注重内外联动,依托我国超大规模市场优势,以国内大循环吸引全球资源要素,增强国内国际两个市场两种资源联动效应。一方面,解决好"输入"的问题,依托国内大循环吸引全球优质科技、人才等资源作为突出任务,更好解决我国经济循环中"卡脖子"的堵点难点;另一方面,继续保持外贸进出口和境外直接投资的合理规模和节奏,继续用好国际市场助力我国高质量发展。②

(二)完善高水平对外开放体制机制

党的二十届三中全会指出,开放是中国式现代化的鲜明标识。坚持以开放促改革,完善高水平对外开放体制机制是以习近平同志为核心的党中央统筹"两个大局"所谋划的战略任务,对推动中国式现代化进程具有重大意义。学者们对于具体完善高水平对外开放体制机制的研究主要集中在以下几个方面。

第一,深化外贸体制改革。郑欣、徐政、丁守海认为,要深化外贸体制改革,迈向全球中高端产业价值链,体现高水平对外开放的高价值特征,应在三个方面发力:一是在货物贸易方面,要推动货物贸易结构不断优化,转向高附加值行业是改革的重点方向;二是在服务贸易方面,中国服务贸易竞争力和增值能力不断提升,但仍与发达国家有较大差距;

---

① 王德蓉:《新时代我国开放发展的基本经验研究》,《党的文献》2024年第3期。

② 原倩:《新发展阶段积极推进我国高水平对外开放》,《宏观经济管理》2024年第12期。

三是在数字贸易方面，随着信息技术的飞速发展，数字贸易逐步成为中国贸易增长新引擎。① 黄茂兴、薛见寒指出，应坚持以供给侧结构性改革为主线，提高出口产品质量，加强品牌建设，优化外贸供给体系，加快推动传统制造业向高技术、高附加值产业转型，培育新的外贸增长点，如创新发展数字贸易，积极培育和发展基于信息技术的数字服务贸易和基于传统文化资源的文化服务贸易等新型服务贸易业态；强化贸易政策和财税、金融、产业政策协同，创新贸易监管方式；加快内外贸一体化改革，构建统一的内外贸政策体系等。②

第二，深化外商投资和对外投资管理体制改革。我国拥有着超大规模的市场，全球投资与经济贸易在中国市场充满机遇。依托我国超大规模市场优势，营造市场化、法治化、国际化一流营商环境，以国内大循环为主体将全球资源要素"引进来"，为外商提供更多、更优质的投资机会和投资环境，推动产业链供应链国际合作，从而提升贸易投资合作质量和水平。③ 黄茂兴、薛见寒认为，深化投资管理体制改革，不仅关系我国市场活力的充分释放，也是以双向投资积极融入世界经济、构建新发展格局的内在要求。在市场体系建设层面，应鼓励和引导民间投资，发挥其在促进创新、扩大就业等方面的积极作用；在外商投资层面，扩大鼓励外商投资产业目录，注重引导外资投向高新技术、绿色环保、现代服务业等对促进我国经济结构转型升级具有重要意义的领域；在对外投资层面，完善促进和保障对外投资体制机制，建立统一协调、高效运转的对外投资项目管理平台，建立健全对外投资管理服务体系。④

第三，优化区域开放布局，加快形成全面协同开放格局。对外开放

---

① 郑欣、徐政、丁守海：《高水平对外开放体制机制的核心要义、价值旨归与未来进路》，《经济学家》2024 年第 12 期。
② 黄茂兴、薛见寒：《我国建设更高水平开放型经济新体制的时代意义、重点方向与推进路径》，《中共福建省委党校（福建行政学院）学报》2024 年第 5 期。
③ 郑欣、徐政、丁守海：《高水平对外开放体制机制的核心要义、价值旨归与未来进路》，《经济学家》2024 年第 12 期。
④ 黄茂兴、薛见寒：《我国建设更高水平开放型经济新体制的时代意义、重点方向与推进路径》，《中共福建省委党校（福建行政学院）学报》2024 年第 5 期。

区域发展不均衡是当前存在的现实，这在一定程度上造成了科技、创新、人才、产业各种要素资源的流通壁垒，不利于经济社会高质量发展。郑欣、徐政和丁守海强调，需要完善三个方面的协同以优化区域开放布局：一是推动中西部和东北地区对外开放纳入国家区域经济发展战略；二是因地制宜发挥区域开放优势；三是完善东西协作对口支援机制。① 黄茂兴、薛见寒认为，建设更高水平开放型经济新体制迫切需要优化区域开放体系，完善实施区域协调发展战略机制，加快形成全方位、多层次、宽领域的区域开放发展新格局。应将建设更高水平开放型经济与国家区域协调发展战略相结合；加强基础设施建设，提高区域内的交通网络密度和运输效率；因地制宜探索边境地区开放合作新模式；逐步扩大内陆地区经济试验区范围等。② 区域经济合作的多元化布局，是实现高水平对外开放的有效路径，可以以区域经济合作布局调整扩大高水平对外开放。③

第四，加强自由贸易区建设。黄茂兴、薛见寒指出，进一步加强自由贸易区网络建设，不仅是推动我国更高水平开放型经济新体制建设的必然选择，也是增强国际国内联动效应、实现全球资源优化配置的关键举措。④ 傅晋华、王雅利、李跟强以海南自由贸易港区域开放创新体系的构建为研究对象，提出建设海南自由贸易港是我国推动高水平对外开放的重大区域发展战略，开放创新是其中应有之义。新时期，海南自由贸易港应加快完善区域开放创新体系，推动企业、高校、研发机构、创新服务机构、金融服务机构等主体的开放创新，促进各类创新要素跨境流动，充分发挥政府创新主体作用，在若干重点领域提升创新制度开放水平。⑤

---

① 郑欣、徐政、丁守海：《高水平对外开放体制机制的核心要义、价值旨归与未来进路》，《经济学家》2024 年第 12 期。
② 黄茂兴、薛见寒：《我国建设更高水平开放型经济新体制的时代意义、重点方向与推进路径》，《中共福建省委党校（福建行政学院）学报》2024 年第 5 期。
③ 黎峰：《区域经济合作空间布局调整与高水平对外开放：理论内涵与中国实践》，《当代经济研究》2024 年第 9 期。
④ 黄茂兴、薛见寒：《我国建设更高水平开放型经济新体制的时代意义、重点方向与推进路径》，《中共福建省委党校（福建行政学院）学报》2024 年第 5 期。
⑤ 傅晋华、王雅利、李跟强：《海南自由贸易港区域开放创新体系的构建与发展》，《区域经济评论》2024 年第 5 期。

第五，完善推进高质量共建"一带一路"机制。陈甬军、宴宗新和陈义国强调，"一带一路"倡议是我国在新的历史起点上扩大对外开放的必然要求与产物，标志着中国对外开放战略从早期的以"引进来"为主导，逐步演变为"引进来"与"走出去"并重。完善共建机制，推进"一带一路"高质量建设可以从以下四个领域突破：一要深化共建"一带一路"人文交流，弘扬人类命运共同体理念；二要优化共建"一带一路"循环路径，激发新发展格局动力机制；三要巩固"一带一路"合作机制，构筑新型国家利益共享机制；四要健全共建"一带一路"保障体系，强化政治互信、政策协调与法律保护。[①] 丑则静认为，深化"一带一路"安全治理是中国推进高质量共建"一带一路"的有效路径。应在统筹发展和安全思想指导下，挖掘发展成果的安全价值、筑牢安全治理的发展基础，不断提升风险防控、安全保障能力，推进多领域安全合作的机制化建设。[②]

（三）以高水平对外开放全面推进中国式现代化

第一，深刻认识扩大高水平对外开放的重要意义。洪俊杰认为，高水平对外开放既是加快推进中国式现代化的重要动力，也是加快推进中国式现代化的必然选择。一方面，以开放促改革、促发展推动中国式现代化建设取得了辉煌成就；另一方面，面对当前世界之变、时代之变、历史之变，要通过高水平开放促进深层次改革、推动高质量发展，在激烈的国际竞争中赢得主动、优势和未来。[③]

第二，以高水平对外开放促进深层次体制改革，是推进中国式现代化的重要内容。一方面，建设高水平对外开放体制机制倒逼社会主义市场经济体制改革，通过在制度层面实现更宽领域、更大范围与更深层次的对外开放，协调国内经济运行与世界市场的发展，吸收全球资源要素构建全国统一大市场，引入先进科学技术和管理经验推动国有企业和民营企业完善

---

① 陈甬军、晏宗新、陈义国：《共建"一带一路"：习近平经济思想的实践发展与理论创新》，《广东财经大学学报》2024 年第 6 期。

② 丑则静：《深化安全治理：推进高质量共建"一带一路"的有效路径》，《探索》2024 年第 6 期。

③ 洪俊杰：《扩大高水平对外开放 加快推进中国式现代化进程》，《红旗文稿》2024 年第 24 期。

中国特色现代企业制度。另一方面，建设高水平对外开放体制机制推动全面创新体系的发展完善，如扩大教育对外开放，强化中外合作办学；深化科技对外开放，扩大国际科技交流合作；增强文化开放力度，大力推动中华优秀文化走向世界，增强创新合力，形成推动高质量发展的倍增效应。[1]

第三，以高水平对外开放促进高水平创新，是推进中国式现代化的重要动力。徐康宁指出，高水平对外开放有助于更好地了解世界，及时追踪国际科技前沿和先进管理制度；有助于知识的外溢和技术的扩散，是创新发展的重要路径；有助于国家间的科技与经济合作，使创新跃上一个新的高度。[2] 郑欣、徐政和丁守海从推动生产要素创新性配置、激发新质生产力发展新动能的视角提出，高水平对外开放促进数据要素的高效流通，可发挥数据驱动新质生产力发展的全局性乘数效应；高水平对外开放推动科技要素的创新发展，市场主体在全球化的激烈竞争中，必须要集中资源和力量攻克一系列"卡脖子"技术难题，才能在科技创新的前沿占据有利地位，推动产业升级，优化经济结构，提高国家产业在全球价值链中的地位；高水平对外开放助推人才要素的良性循环，劳动者主体地位提升，新型劳动者的积极性与创造力得到显著激发，团队协作与沟通效率显著提高，知识结构更新速度显著增快，从而增强新质人才的适应性和竞争力。[3]

---

① 郑欣、徐政、丁守海：《高水平对外开放体制机制的核心要义、价值旨归与未来进路》，《经济学家》2024 年第 12 期。

② 徐康宁：《高水平开放促进深层次改革的内在逻辑与现实路径》，《南京社会科学》2024 年第 12 期。

③ 郑欣、徐政、丁守海：《高水平对外开放体制机制的核心要义、价值旨归与未来进路》，《经济学家》2024 年第 12 期。

专题三
马克思主义政治经济学基本理论研究进展

　　2024 年是实现"十四五"规划目标任务的关键一年。面对外部压力加大、内部困难增多的复杂严峻形势，以习近平同志为核心的党中央团结带领全党全国各族人民，沉着应变、综合施策，经济运行总体平稳、稳中有进，高质量发展扎实推进，经济社会发展主要目标任务即将顺利完成。新质生产力稳步发展，改革开放持续深化，重点领域风险化解有序有效，民生保障扎实有力，中国式现代化迈出新的坚实步伐。[①] 2024 年 7 月 15 日至 18 日，中国共产党第二十届中央委员会第三次全体会议在北京举行，全会审议通过了《中共中央关于进一步全面深化改革、推进中国式现代化的决定》。全会对进一步全面深化改革做出系统部署，在经济层面，强调构建高水平社会主义市场经济体制，健全推动经济高质量发展体制机制，构建支持全面创新体制机制，健全宏观经济治理体系，完善城乡融合发展体制机制，完善高水平对外开放体制机制。[②] 2024 年中共中央政治局多次召开会议，分析研判经济形势，把握经济总体态势，及时调整经济政策，特别是 9 月 26 日中央政治局会议果断部署一揽子增量政策，推动经济运行明显回升，社会信心有效提振，对全年发展预期目标顺利实现起到了决定性作用。如何进一步全面深化改革，构建高水平社会主义市场经济体制，推进中国式现代化，迫切需要政治经济学界予以分析。与此同时，随着人工智能的不断发展，人工智能时代马克思劳动价值论是否依然成立，剩余价值的来源是什么，这一系列

---

① 《中央经济工作会议在北京举行》，《人民日报》2024 年 12 月 13 日第 1 版。
② 《中共二十届三中全会在京举行》，《人民日报》2024 年 7 月 19 日第 1 版。

问题也需要政治经济学界予以回应。2024 年，政治经济学界基于马克思主义政治经济学基本理论审视和分析中国经济发展的实践，取得了诸多理论成果。他们不仅基于马克思生产力理论，对新质生产力的内涵、实践路径及其推动经济高质量发展的内在机制进行了深入研究，还进一步探索了人工智能时代下的劳动价值论问题。针对进一步全面深化改革所要面对的具体问题，政治经济学界对马克思的生产消费分配交换（流通）理论、农业与城乡关系思想、国家与世界市场理论进行了深入分析，基于这些基本理论，探索了健全宏观经济治理体系、完善城乡融合发展体制机制、完善高水平对外开放体制机制具体方略。还有学者对马克思的货币与资本理论、政治经济学整体研究与方法论研究、国家理论与世界市场理论、分工和所有制理论、"跨越卡夫丁峡谷"理论、生态思想等进行了分析。

一　生产力理论

2023 年 7 月，习近平总书记创造性提出新质生产力概念，并发表一系列重要论述，做出发展新质生产力的重大部署，引领和推动高质量发展取得新进展新成效。同年召开的中央经济工作会议再次强调："要以科技创新推动产业创新，特别是以颠覆性技术和前沿技术催生新产业、新模式、新动能，发展新质生产力。"① 2024 年，学者们基于对马克思的生产力理论的研究，探索发展新质生产力的路径，取得了丰硕的理论成果。机器和大工业把巨大的自然力和自然科学并入生产过程，极大地提高了社会生产力。有学者也对马克思机器生产理论、技术创新理论进行了研究，取得了一定的成果。

（一）生产力理论

马克思对生产力的认识经历了感性具体、具体到抽象、抽象到具体的逻辑进程。在早期著作中，马克思基于人本主义框架审视资产阶级发

---

① 《中央经济工作会议在北京举行》，《人民日报》2023 年 12 月 13 日第 1 版。

展生产力的手段及其对工人的剥削，在感性具体的材料中总结出生产力的多种形式及基本属性。从《关于费尔巴哈的提纲》到《哲学的贫困》阶段，马克思在物质活动中认识到人的主体性及建构性，确认评判社会制度的标准以及历史发展的动力，从社会生产的具体形式中抽象出生产力的本质规定及其发展规律。在《资本论》及其手稿中，马克思通过对劳动、机器、资本的详细解析，揭示了生产力的劳动主体属性、物化对象化表现及其被占有的发生机制，在思维具体层面综合分析生产力的多重本质及其内在关联。由此，王欢、杨渝玲指出，马克思生产力思想对当代中国激发劳动者创造力、改造劳动方式、优化经济制度具有重要的指导价值。[1] 贾丽民认为，在新时代新征程中，习近平总书记立足当前我国生产力发展实际，着眼于推动高质量发展全局，从创新生产力基本要素、总结生产力发展阶段和如何提升生产力等方面，创造性地提出新质生产力论断，实现了对马克思生产力理论的重大创新和发展。新质生产力既在生产力基本要素上实现了对劳动者、劳动资料、劳动对象的丰富发展，又在生产力发展阶段上更新总结了生产力发展质态、特征、形式，提出了通过要素优化组合跃升、生产关系和科技创新提升生产力的举措，对马克思生产力理论做出了原创性贡献，对进一步全面深化改革、推进中国式现代化具有重要的理论意义和现实意义。[2]

郭冠清、谷雨涵以唯物史观为方法论基础，首先对传统教科书的生产力范畴、生产力核心要素、生产力核心命题进行了批判性分析，并以此为基础搭建了马恩经典作家的生产力理论；其次，对马克思主义生产力理论中国化时代化历史进程进行了研究，概括了毛泽东和邓小平对生产力理论的创新发展；最后从对符合新发展理念的先进生产力范畴进行了术语革命、对生产关系的内涵和形式进行了创新表述、对生产力和生产关系原理进行了创造性思考，构建了以科技创新为核心要素的高质量

---

① 王欢、杨渝玲：《马克思生产力思想的逻辑进程及现实启示》，《北京理工大学学报》（社会科学版）2024 年第 1 期。

② 贾丽民：《论新质生产力对马克思生产力理论的原创性贡献》，《南昌大学学报》（人文社会科学版）2024 年第 5 期。

发展引擎等方面概括总结了新质生产力理论对马克思主义生产力理论的创新发展。① 孙绍勇认为，马克思生产力思想的理论构建主要源于唯物史观和政治经济学的奠基与演进。唯物史观视域下的生产力集中体现的是人类生产过程中蕴含的推动社会进步的主体力量与客体力量的总和。政治经济学视域下的生产力则是偏向于通过"劳动生产力"来反映生产活动的效率。新质生产力作为生产力在更高层次上的能级跃升，同样需要从唯物史观和政治经济学的双重视域来考察其基本范畴和学理逻辑。着眼时代进步和社会生产发展，新质生产力在坚持和发展马克思生产力思想的基础上更加突出先进科学技术、高素质劳动者、新型生产资料在推动生产力现代化变革中的重要作用。发展新质生产力需要深刻把握马克思生产力思想的旨趣，在促进生产力的质性变革中强化人才驱动、绿色发展，塑造新型生产关系、建设现代化产业体系，为推进生产力现代化提供新动能、新优势。②

张旭强调，马克思所论述的生产力是劳动者运用各种劳动资料对劳动对象进行加工的结果，是既得的力量。也就是说，是全社会生产能力获得的全部财富，无论这种财富是以产品的形式还是以科学技术成果为表现。高质量发展需要新的生产力理论来指导。新质生产力是贯彻新发展理念，实现高质量发展的中心环节，也是科技创新和产业创新能力的集中体现。当前应坚持劳动者至上、创新引领、深化改革，实现生产力的整体跃升，助力高质量发展和中国式现代化建设。③ 陈绍辉、孙熙国认为，马克思主义关于生产力的实质、要素、生产力与生产关系、生产力与人类解放等方面的论述，既科学地揭示了经济社会发展规律和人类解放道路，也为在新历史发展方位上加快发展新质生产力提供了重要遵循。习近平总书记关于新质生产力的新时代阐释，正当其时，意义重大：

① 郭冠清、谷雨涵：《论新质生产力理论对马克思主义生产力理论的创新发展》，《上海经济研究》2024 年第 5 期。

② 孙绍勇：《马克思生产力思想及其对发展新质生产力的启示》，《马克思主义与现实》2024 年第 5 期。

③ 张旭：《正确把握新质生产力的内涵和实践途径》，《前线》2024 年第 9 期。

新质生产力实现了在生产力内涵上的质的跃升；重构和拓展了生产力要素结构；新质生产力本身就是绿色生产力，有利于打破经济发展与环境保护二元对立的窠臼；新质生产力坚持高水平对外开放，创新发展了马克思"世界市场"理论；在方法上提出先立后破、因地制宜发展新质生产力的实践辩证法；在全面深化改革上提出把握与新质生产力相适应的新型生产关系的"历史主动"；在思想上实现了中华民族"创新"禀赋的创造性转化。新质生产力不仅是对马克思主义生产力理论的守正创新，开辟了马克思主义政治经济学新境界，而且为在理论上摆脱西方经济学"学徒"状态、实践上打破"脱实向虚"和"脱钩断链"，提供了强大思想武器和科学行动纲领。[1]

吴越认为，马克思主义政治经济学使用有机总体性和历史过程性的分析方法，在横向上采用一般到特殊再到个别的多层次分析框架，并结合历史发展进行纵向考察。因此，马克思主义生产力理论具有质性和历史双重维度上的较强可拓展性，面向普遍联系和永恒发展的世界，能够与"技术—经济"系统的不断演化和质变相兼容并持续创新。习近平总书记关于新质生产力的重要论述，基于对生产力质性和历史的双重分析维度，开创性地提出了生产力的不同层次质性及其历史演化趋势，不仅能够解释微观经济的运行过程，而且可以为更大时间尺度下社会经济的进一步发展指明方向。[2] 胡莹、刘铿以马克思生产力理论为指导，从理论上凝练新质生产力的抽象内涵，从实践中总结新质生产力的具体规定性，分析新质生产力赋能经济高质量发展的机制，提出发展新质生产力的主要政策着力点，以期为加快培育新质生产力进而赋能经济高质量发展做出贡献。[3]

---

[1] 陈绍辉、孙熙国：《论新质生产力对马克思主义生产力理论的守正创新》，《河南社会科学》2024 年第 7 期。

[2] 吴越：《政治经济学视角下的新质生产力：理论创新与实践探索》，《天津社会科学》2024 年第 5 期。

[3] 胡莹、刘铿：《新质生产力推动经济高质量发展的内在机制研究——基于马克思生产力理论的视角》，《经济学家》2024 年第 5 期。

石先梅认为，马克思对生产力、生产力三因素和生产力影响因素在概念上做了明确区分，并以系统方法来研究生产力的各个组成部分。诸多影响生产力系统的因素分为两类，一类是生产力三因素，另一类是影响生产力三因素种类与结构的因素。梳理马克思生产力三因素理论与七大生产要素分类有助于把握好各种生产力影响因素之间的逻辑联系，完整阐释七大生产要素在新质生产力系统中所发挥的作用。科技创新、先进制造、颠覆性技术、前沿性技术是新质生产力的基础科学系统与技术工艺系统。新能源、新材料、生产要素创新性配置、生产力三因素及其优化组合是新质生产力的生产要素系统，由战略性新兴产业与未来产业主导的现代化产业体系是新质生产力的产业组织系统。新质生产力系统是基础科学系统、技术工艺系统、生产要素系统、产业组织系统的有机统一和高度融合。[①] 朱宝清、高岭认为，新质生产力作为一种以科技创新为核心的生产力形态，本质上仍属于生产力范畴，其理论建构仍要回到历史中找寻理论资源。马克思生产力理论的最显著特征和优势是引入了历史和空间维度，深入理解新质生产力同样需要回到马克思的历史唯物主义。新质生产力的话语诠释必须从马克思的生产力理论出发，培育和发展新质生产力的实践活动必须以马克思主义政治经济学为理论指南。当前的新质生产力研究需要特别注意马克思生产力理论蕴含的空间维度，这是传统生产力理论的重要延伸，即在空间中合理配置生产力，这个过程伴随着生产关系意义上的动态调整。[②]

新质生产力参与价值创造的内在机理，现有文献尚无明确的论述。蔡继明、高宏将马克思劳动生产力与价值量正相关原理加以扩展，构建了包含新质生产力与传统生产力两部门的一般均衡框架，分析了新质生产力参与价值创造和促进经济增长的机理，并且论证了技术创新是新质生产力价值创造的根本动因。在实践层面，蔡继明、高宏通过建立模型证实，新质生产力具有外溢效应，能够带动传统产业发展；同时，他们

---

① 石先梅：《生产力系统与新质生产力阐释》，《内蒙古社会科学》2024 年第 3 期。
② 朱宝清、高岭：《新质生产力的思想史探源》，《当代经济研究》2024 年第 7 期。

指出，要正确认识新质生产力与传统生产力部门间的收入差距：如果各行业间的收入差距与其比较生产力差别一致，就是合理的，应该肯定和保护，不一致的部分要逐步缩小并努力消除。[①]

赵春玲指出，马克思恩格斯关于生产力的一系列重要论述，是马克思主义基本原理的重要组成部分，为新时代我国大力发展生产力，以中国式现代化全面推进强国建设、民族复兴伟业提供了理论基础。新质生产力是马克思主义政治经济学中国化、时代化的创新范畴，赋予了马克思生产力理论以新的时代内涵和实践要求。主要体现在：对新阶段中国社会生产力发展的新趋势、新特征、新规律做出了全新总结和阐释；对新阶段科技创新推动生产力发展的核心地位、重要作用及其规律做出新阐释；对新时代生产力要素质变及其组合的跃迁做出与时俱进的新概括；对生产力发展路径和方式转换的新趋势做出了新概括；对全面深化改革加快形成与新质生产力相适应的新型生产关系的独有内涵做出了新阐释。为推进马克思生产力理论的中国化、时代化发展做出了创新性贡献。在以中国式现代化全面推进强国建设、民族复兴伟业的关键时期，我们要坚持以新质生产力理论为指导，深入推进改革创新，为中国式现代化持续注入强劲动力。[②] 陈文旭、聂嘉琪认为，新质生产力从实践形态和理论形态层面拓展了马克思主义生产力演进理论，从主体生产力和客体生产力层面重塑了马克思主义生产力结构理论，以科技创新和形成新型生产关系赋能马克思主义生产力动力理论，从发展效能提升、发展理念更新、发展思路创新、发展模式转型四个维度丰富了马克思主义生产力实践路径，对马克思主义生产力理论做出了原创性贡献。新质生产力理论是当代中国马克思主义生产力理论、21世纪的马克思主义生产力理论，为新时代中国实现高质量发展提供了根本遵循。[③]

---

① 蔡继明、高宏：《新质生产力参与价值创造的理论探讨和实践应用》，《经济研究》2024年第6期。
② 赵春玲：《新质生产力理论对马克思生产力理论的创新性发展》，《政治经济学评论》2024年第6期。
③ 陈文旭、聂嘉琪：《论新质生产力对马克思主义生产力理论的原创性贡献》，《人文杂志》2024年第12期。

高质量发展需要新的生产力理论来指导，新质生产力相关论述是习近平总书记对马克思主义生产力理论的原创性贡献。对此，丁任重、李溪铭认为，新质生产力及其相关论述丰富了生产力的概念内涵，回答了新时代新阶段我国生产力发展的目的；在生产要素构成及要素组合方式方面，为马克思关于生产要素的相关论述注入了现代经济特征；在科技对生产力发展作用方面，突出体现了"直接化"、"内在化"与"一体化"特点；在生产力与自然环境的辩证关系方面，指明了生态文明建设要求下的生产力发展路径；在生产关系变革层面，形成了与新质生产力相适应的社会主义市场经济体制、新型举国体制、收入分配体制等体制机制，并对科技革命冲击下的所有制结构提出了理论创新的要求。这一重大理论创新不仅丰富了马克思主义生产力理论，也为我国经济高质量发展提供了前瞻性指导。①

方敏、杨虎涛指出，新质生产力是马克思主义政治经济学的范畴创新和术语革命。生产力是生产要素在一定生产关系下实现的物质生产力量，不能将其混同于劳动生产力或要素能力。政治经济学的生产力范畴不仅反映了生产的物质技术属性，而且还具有社会历史属性。生产力的发展包括质变和量变两个方面。生产力质变的本质在于通过要素及其组合的变化引起生产方式（劳动方式）发生根本改变，并推动和加快新的生产关系和生活方式的形成。技术史研究表明，新的通用技术和主导部门的形成是生产力质变的重要表征。新质生产力的顺利发展有赖于"创造性破坏"通过"创造性转型"实现"有序的撤退"。②

（二）机器生产理论

作为生成式人工智能技术的代表，GPT-4引发全球的广泛关注。张旭、张彦泽基于马克思机器大生产理论对GPT系列生成式人工智能技术进行了政治经济学分析。他们指出，在数字经济时代，生成式人工智能正在悄然引起一场深刻变革，重塑甚至颠覆数字内容的生产方式和消费

① 丁任重、李溪铭：《习近平关于新质生产力论述的创新性贡献——基于马克思主义生产力理论的视角》，《马克思主义与现实》2024年第6期。
② 方敏、杨虎涛：《政治经济学视域下的新质生产力及其形成发展》，《经济研究》2024年第3期。

模式，其具有的推动社会生产力发展的"文明效应"表现为"一般智力"的数字化与精神生产力的快速发展。但是，新技术的资本主义应用会导致"数字异化"与"解放矛盾"的"野蛮效应"。从唯物史观的视角看待 GPT 系列生成式人工智能技术，应该摒弃该技术的资本主义应用造成的消极后果，积极构建"新劳动力"与生成式人工智能技术协同发展的社会主义应用模式。他们认为，通过加强核心技术攻关与避免数字财富的两极分化、加速工程实践与积极履行企业社会责任、坚持以人民为中心的价值理念引导智能数字技术安全可信性发展、推动数字劳动者未来教育与权益保护机制建设，构建生成式人工智能技术的社会主义治理框架具备可行性，在现代化发展的道路上助推数字中国建设。①

陈忠分析了马克思的"机器体系"思想及其方法论意蕴。陈忠指出，在马克思那里，"机器体系"主要存在于四个层面：工艺学与器物，社会景观与世界图景，主客关系、器物与人的关系，要素构成与发展趋势。马克思的机器体系思想具有以下方法论特点：立足客观历史进程、现实生活关系、社会发展趋势，具体揭示机器体系的生成机理、关键特征、文明效应。人工智能在本质上是一种自动化、智能化的机器体系；其核心仍是马克思所说的工具机，一种更为高级的工具机。机器体系的深层本质是文明的体系化，人类日益成为相互作用的命运共同体；机器体系、文明体系的重要趋势是人日益成为整个体系的自觉核心。②

在马克思看来，新机器的发明和应用既具有推动社会生产力发展的积极面，也会引发一些消极后果。杨礼银、李海艺基于马克思机器论视角，考察了人工智能对人的主体性的冲击及化解路径。两人认为，人工智能作为数字时代的典型产品，其本质是一种合目的的手段，是人的本质的对象化，它的出现使人制造和使用某种工具的能力在层次上有了一个巨大的飞跃。但是，作为一项新技术，人工智能同样不可避免地面临"科林格里奇困境"，并凭借其大数据的精确计算实质性地加剧现代社会

---

① 张旭、张彦泽：《GPT 系列生成式人工智能技术的政治经济学分析——基于马克思机器大生产理论》，《马克思主义与现实》2024 年第 4 期。

② 陈忠：《马克思的"机器体系"思想及其方法论意蕴》，《马克思主义研究》2024 年第 1 期。

中人的异化状态，对人的主体性造成冲击。具体表现为，侵犯人的人格尊严，削弱人的自主性和独立性，挤压人在社会中的主体地位以及导致人的交往异化问题。化解人工智能对人的主体性造成的冲击：首先，要坚持人是实践主体原则，为人的主体性复归提供理论遵循；其次，要坚持技术理性和价值理性的统一，使人摆脱人工智能的牵引和钳制；最后，严格遵循科技伦理，明确作为主体的人与作为工具的人工智能之间的边界。①

刘荣军指出，马克思工业化理论从一开始就揭示了"工业以至于整个财富领域对政治领域的关系"这个现代化发展的历史主题。正是从法哲学和政治转向经济学和工业的进程中，马克思建构了一个通过"改造工业和社会结构的必要性和条件"而通达共产主义的历史唯物主义通道。中国式现代化叙事是一个从国家叙事升华为文明叙事的实践进程。中国式现代化的国家叙事既有各国现代化的共同特征，即通过建构现代国家来推动现代化国家建设，也有中国自身的独特之处，即建设一个现代化国家与人民共和国高度统一和深度融合的社会主义现代化国家。中国式现代化的文明叙事包括两个重要维度：在国家文明叙事上，它是中国共产党领导中国人民解决"工业以至于整个财富领域对政治领域的关系"，从富强走向文明，实现人民富裕、人民民主和人的发展相统一的社会主义现代化的伟大实践；在人类文明叙事上，它是中国共产党领导中国人民改造"工业和社会结构的必要性和条件"，把工业从其与资本主义结合、为资本主义服务中剥离和解放出来，改造为工业与社会主义结合、为社会主义服务的伟大实践过程。②

黄泰岩、王言文分析了马克思市场规模引致技术创新理论。他们强调，马克思市场规模引致技术创新理论包括：市场需求是引致技术创新的根本原因，追求超额利润是市场需求引致技术创新的内在动力，分工

---

① 杨礼银、李海艺：《论人工智能对人的主体性的冲击及化解路径——基于马克思机器论视角的考察》，《云南大学学报》（社会科学版）2024 年第 4 期。

② 刘荣军：《马克思工业化理论视阈中的中国式现代化及其叙事》，《马克思主义研究》2024 年第 4 期。

深化是市场需求引致技术创新的内在机制，市场需求与技术创新存在相互促进的良性循环机制等。马克思市场规模引致技术创新理论为我国发挥超大规模市场优势实现科技自立自强提供了坚实的理论基础。我党提出的发挥超大规模市场优势促进技术创新，就是依据中国特色社会主义进入新时代的新形势、新特征、新要求，对马克思市场规模引致技术创新理论的创新和发展，即把马克思的市场规模扩展为超大市场规模优势，把技术创新内涵深化为建设世界科技强国、关键核心技术自主可控和完善的基础设施等，把马克思市场规模引致技术创新的机制深化为规模经济效应、结构优化效应、分工效应和数字经济发展效应，从而形成了发挥超大规模市场优势促进技术创新的新理论。①

二 劳动理论、劳动价值论与剩余价值论

在人工智能时代，马克思的劳动价值论再一次成为学界研究的热点。在人工智能时代，马克思的劳动价值论是否"过时"？如何继续创新和发展马克思的劳动价值论？剩余价值来源是什么？这些问题迫切需要学界进行回应。2024年，学者们也着重对马克思劳动价值论、剩余价值论、劳动理论进行了探讨。还有学者也分析了马克思异化劳动和拜物教理论。

（一）劳动理论

直播是一种典型的平台经济新业态，具有新的生产力和生产关系特征。直播生态中的劳动力组织形态呈现由个人化向组织化过渡的特征。王璐、王学成、王晓广基于马克思劳动过程理论，按照马克思从一般上升到具体的研究方法，解析直播劳动的一般要素和具体表现。他们分析发现，技术控制、垄断控制和组织控制是平台控制劳动过程的一般方式。平台引入直播公会，以构建"平台为中心、直播公会为核心支撑"的双

---

① 黄泰岩、王言文：《马克思市场规模引致技术创新理论及其创新发展》，《马克思主义与现实》2024年第4期。

主体控制结构：平台利用技术与意识形态强化主播的实际从属性，公会则在形式上让主播劳动从属于平台。同时，平台通过公会提高效率、隔离风险、弱化劳资矛盾。探寻直播行业的劳动力组织形态和劳动过程控制，对平台型新业态发展健康劳动关系具有重要意义。①

劳动变换规律是马克思劳动发展理论的"硬核"，在工业机器人广泛应用的当下，劳动变换规律的现实意义值得关注。鉴于此，李秋静、刘斌基于马克思主义政治经济学理论和蒂蒙斯创业理论搭建了逻辑框架，使用微观数据检验了工业机器人对创业的影响。他们研究发现，首先，工业机器人能促进创业，该结论在使用工具变量、进行敏感性检验后仍然成立。其次，机制分析表明，工业机器人可以通过"抛出工人—增加创业者、提高生产力—增加创业资源、产生新劳动—增加创业机会"的机制促进创业。最后，拓展分析显示，区分行业来看，工业机器人对服务业创业的促进作用更大；区分城市来看，在社会保障水平、公共教育支出较高的城市，工业机器人对创业的促进作用更大；区分创业类型来看，工业机器人对生存型创业的促进作用更大。他们指出，在推进工业智能化的同时，应做大创业这一就业"蓄水池"，帮助劳动者适应劳动变换规律。②

李淑梅指出，享乐的哲学可以追溯到古希腊，18 世纪法国唯物主义将趋乐避苦作为人的自然本性。傅立叶等空想社会主义者批判了资本主义社会令人痛苦的劳动，提出了劳动将成为享乐活动的社会理想。施蒂纳和"真正的社会主义者"的享乐观带有抽象的道德色彩。亚当·斯密将不劳动、安逸理解为自由、享受。马克思反思批判了以往享乐的哲学以及劳动和享乐关系的观点，提出了劳动和享受由对立到同一历史变化的观点。他从劳动等级和非劳动等级的对立、劳动异化、劳动分工以及运用劳动二重性理论分析资本主义生产过程等维度，考察了资本主义社

---

① 王璐、王学成、王晓广：《直播经济的劳动组织与过程控制研究：基于马克思劳动过程理论》，《经济学家》2024 年第 12 期。
② 李秋静、刘斌：《工业机器人与创业——基于马克思劳动变换规律的检验》，《经济学家》2024 年第 2 期。

会劳动和享受的分离和对立，阐明了扬弃资本主义私有制、实现劳动和享受同一的历史必然趋势和价值指向。在未来理想社会，将在公有制基础上实现个人的劳动自主和享有劳动产品。马克思劳动和享受关系思想强调了劳动享受的主体能动创造性；批判了脱离生产劳动从分配或消费上理解享受的错误观点；坚持了事实与价值的统一，指明了扬弃劳动和享受对立、实现美好生活的根本途径。①

在当今数字化时代，智能化工具与技术正在重塑劳动的形态、方式以及价值创造过程，并催生出一种全新的劳动形式——数智劳动。它深刻影响社会各领域，推动科技革命与产业革命，成为马克思主义理论新的研究对象。钟平玉、齐磊磊基于马克思劳动对象化理论对数智劳动的能力、本质与影响进行了分析。他们从马克思劳动对象化理论出发，分三个方面对数智劳动能力进行分析：数智劳动是人类认知能力、人类创造能力和人类协作能力的对象化。他们通过分析数智劳动的本质发现，数智劳动是马克思劳动对象化在数智时代的体现，依然彰显着劳动对象化的过程。同时数智劳动全面拓展了劳动的对象、创新变革了劳动的工具并极大地丰富了劳动的成果。在此基础之上，他们指出，探讨数智劳动对社会的影响与启示，有助于消除人们对数智劳动在社会分工方面的忧虑，坚定进一步推进以人为本发展数智劳动的信心。②

人工智能大模型的神奇功能正在给社会带来全面而深刻的变化，它对人类文明的巨大影响堪与工业革命相媲美，由此成为当代学术研究关注的焦点，无疑也是马克思主义理论必须深入探察的新领域。肖峰认为，从马克思的对象化劳动理论出发，可以揭示人工智能大模型具有劳动产品和劳动工具的双重属性，并认识到它蕴含社会一般智能及体现人的本质力量的显著特征。人工智能大模型也使马克思对象化劳动理论获得了新的诠释和丰富，使对象化劳动的聚焦点从产品转向服务、从物化扩展为数字化，还

---

① 李淑梅：《马克思劳动和享受关系思想及其重要价值》，《北京大学学报》（哲学社会科学版）2024 年第 3 期。

② 钟平玉、齐磊磊：《数智劳动的能力、本质与影响——基于马克思劳动对象化理论的分析》，《经济学家》2024 年第 12 期。

使通常表现为静止存在的对象化劳动呈现自我学习和进化的活力，从而使对象化劳动与活劳动的边界具有可移动的模糊性。在使用大模型的人机交互中，劳动方式发生颠覆性变化，人类走向新的自由和解放。①

马克思认为，雇佣劳动绝非仅仅是形式上的货币与活劳动的交换活动，其本质上是设定资本即生产资本的劳动，是资本主义生产关系下的生产劳动，是劳动者与生产资料分离又结合的过程。"非雇佣数字劳动"概念的兴起反映了数字经济时代劳动的新形态和新变化，也引起学者们对"非雇佣数字劳动中是否存在剥削和是否产生剩余价值"的争辩和讨论。曹晓勇认为，借鉴马克思的雇佣劳动理论，可以帮助我们重新认识"非雇佣数字劳动"的生产性和雇佣性，系统全面把握"非雇佣数字劳动"过程，也可以帮助我们深入探究"非雇佣数字劳动"的新特征以发展和创新马克思雇佣劳动理论。曹晓勇指出，首先，"非雇佣数字劳动"是娱乐形式掩盖下的无酬免费劳动；其次，"非雇佣数字劳动"是依附于"生产物质生活本身"活动的总体吸纳劳动。②

（二）异化劳动和拜物教理论

李彬彬指出，《1844 年经济学哲学手稿》（《巴黎手稿》）的"异化劳动理论"是针对国民经济学的收入形式理论提出的，具有批判国民经济学和资产阶级社会的重要功能。这一理论揭露国民经济学收入形式理论的自相矛盾，指出国民经济学虽然追求富国裕民，却带来工人的普遍贫困，其劳动价格理论把工人降低到动物的水平。异化劳动揭开收入形式所试图掩盖的阶级对抗关系，指出资本主义社会的阶级关系不是收入形式理论所设想的和谐共生关系，而是充满竞争和对抗。异化劳动理论还说明了私有财产的本质，指出人的异化就包含在国民经济学和私有财产的本质中，是对国民经济学的一种前提批判。③寇瑶则强调，在《1844 年经

---

① 肖峰：《基于马克思对象化劳动理论的人工智能大模型探究》，《马克思主义研究》2024 年第 4 期。
② 曹晓勇：《"非雇佣数字劳动"的雇佣本性——基于马克思雇佣劳动理论的考察》，《经济学家》2024 年第 8 期。
③ 李彬彬：《〈巴黎手稿〉对国民经济学收入形式理论的批判》，《北京理工大学学报》（社会科学版）2024 年第 6 期。

济学哲学手稿》中，马克思从私有财产说明异化劳动理论，并将共产主义看成对自我异化的积极扬弃。在《德意志意识形态》《资本论》及其手稿等著作中，马克思转向从分工和劳动过程中劳动客观条件与主观条件分配方式之历史演变出发，以劳动与其所有权的历史性关系为抓手，进一步深化和发展了早期异化理论。从所有制深入所有权，最终把异化劳动揭示为资本主义雇佣劳动制下劳动和所有权彻底分离的产物，指明了以社会的个人所有制为基础重建劳动与所有权的统一是未来社会发展中消除异化劳动的路径。[①]

邰丽华研究了马克思拜物教思想演化的内生驱动。她指出，在批判与继承前人相关研究成果的基础上，马克思拜物教思想的创新具有内生性的特点，包含了抽象分析与具体研究紧密结合、形式探讨与本源揭示彼此呼应、提出和分析问题直至达成解决方案的有机统一。马克思突破了法学、历史、哲学和宗教等研究范式的束缚，运用政治经济学的立场、观点和方法，对拜物教的思考由不成熟渐渐走向成熟，由表象层面逐步深入问题的本质与核心，由零散化碎片式研讨直至形成系统性理论构建的全过程，彰显了马克思主义理论勇于创新不断超越自我的独特品质。马克思拜物教思想发展和演化的内生驱动，根源于他的政治经济学研究转向，反映了马克思主义理论的科学性与实践性的辩证统一，体现了未来社会主义模式的动态性、多样式与差异化，对深入推进中国特色社会主义改革与建设事业具有十分重要的启示与借鉴。[②]

（三）劳动价值论

近年来，人工智能背景下的劳动价值论研究成为当前社会关注的焦点。学界围绕"人工智能背景下的价值创造问题""人工智能时代劳动价值论的适用性""人工智能与人类劳动的发展趋势"掀起了新一轮的讨论热潮，其核心议题是"经典劳动价值论在人工智能时代是否已经过时"，且在一些重大理论问题上未达成共识。张旭、于蒙蒙追溯了人工

① 寇瑶：《马克思异化劳动理论与所有权关系探赜》，《上海大学学报》（社会科学版）2024年第6期。

② 邰丽华：《马克思拜物教思想演化的内生驱动研究》，《政治经济学评论》2024年第4期。

智能背景下的劳动价值论研究历史。他们研究发现自 20 世纪 80 年代以来，经济学界对新科技革命背景下的"机器创造价值""经典劳动价值论失效"等论断予以科学回应，并适时提出新解释、新观点。[①]

王艺明指出，从马克思的劳动二重性理论出发，在一个存在社会分工和专业化生产的经济中，资本家选择专业化生产的结果会使不同商品的交换价值之比恰好等于它们的价值之比。资本家根据社会需要来决定自己的生产目标，和追求商品交换价值的最大化是一致的，交换价值成为资本在行业之间流动的推动力。只有社会分工结构中各行业的劳动者数量保持一定比例才能实现供求平衡，此时商品的两种社会必要劳动时间是一致的，它们共同决定商品的价值。资本家选择专业化生产的过程，就是价值规律协调社会生产分工、调节生产和流通，从而调节劳动力和生产资料等在经济部门之间分配的过程。王艺明从社会分工和专业化生产的微观视角论证了劳动价值论的成立，并阐明了价值规律发挥作用的机制。[②]

人工智能时代，智能机器日益嵌入物质生产和非物质生产领域，由此产生了"劳动者主体地位有所动摇""活劳动不再是价值创造的唯一源泉"等观点，这使马克思劳动价值论面临挑战。刘儒、韩丹丹指出，面对人工智能时代围绕劳动主体和价值源泉产生的争论，我们必须确证，人工智能不具备认识主体的属人性，人仍然是物质生产活动和非物质生产活动的唯一主体；人工智能不创造价值，人类劳动仍是价值和剩余价值的唯一源泉；人工智能不会使劳动阶级成为无用阶级，在彻底消弭了异化劳动的共产主义条件下，人工智能将成为实现人类自由全面发展的有力手段。历史和实践证明，马克思劳动价值论并没有过时，仍然是理解与阐释人工智能时代社会财富生产和价值创造的科学理论，并随着实践和时代的发展不断创新。[③]

---

① 张旭、于蒙蒙:《人工智能背景下的劳动价值论研究：核心议题、历史追溯与经典回顾》,《政治经济学评论》2024 年第 4 期。
② 王艺明:《社会分工、专业化生产与价值规律——马克思主义劳动价值论的微观基础》,《政治经济学评论》2024 年第 1 期。
③ 刘儒、韩丹丹:《人工智能时代马克思劳动价值论再审思》,《马克思主义与现实》2024 年第 6 期。

随着人工智能技术在生产生活中的广泛应用，劳动和商品的内容、形式等均发生了重大变化，人工智能代替人类劳动，导致出现"活劳动减少而价值量增加"的现象，进而出现"劳动增加、价值增加，劳动减少、价值减少"的错误认识。对此，邹升平、黄冀指出，要辩证地看待人类劳动，不同类型的劳动会创造不同的价值量，"劳动增加、价值增加，劳动减少、价值减少"是对马克思劳动价值论的曲解。而且在劳动生产率不断提高但又发展不平衡的情况下，会出现活劳动减少与价值量增加的反向变化，而这种现象只是生产力与科技发展进程中的一种暂时现象和个别现象。从历史发展视野看待劳动与价值的关系，在未来共产主义社会生产力极大提高的情况下，商品交换的范围逐步缩小，商品经济逐步走向消亡，用来交换的劳动逐步减少而价值量也逐步减少直至消亡，这是人类物质生产发展过程的必然趋势。①

骆桢、张衔指出，劳动价值论是马克思主义政治经济学的理论基础。但是，一旦考虑价值转型为生产价格，其在实证研究中就难以充分发挥作用，也难以将价值转型前后的理论融合在一起进行分析。谢克证明，不论采用何种转型模型，相对价值和相对生产价格都是高度近似的。通过对价值转形问题的分歧的理论比较，他们认为，谢克所证明的价值-价格近似关系是马克思进行理论抽象的客观基础，从价值到生产价格转形这一理论抽象程度上的变化并不会带来数量关系的显著改变。这不仅符合马克思从抽象到具体的叙事逻辑，能够将转型前后的理论融为一体，还为将劳动价值论用于实证研究提供了理论基础和方法上的极大便利。②

杨宇辰探讨了马克思主义劳动价值论视阈下"玩工"劳动关系。他认为，福克斯构建的数字劳动剥削分析框架曲解了马克思的本意，遗漏了对平台活劳动的考察和员工所处的复杂劳动关系的分析。并非所有的玩劳动都被平台吸纳，产销合一的"玩工"是"为了玩而从事玩劳动"

---

① 邹升平、黄冀：《人工智能时代"活劳动"减少与价值量增加矛盾吗？》，《经济纵横》2024年第11期。

② 骆桢、张衔：《劳动价值论走向实证研究的路径比较与理论融合》，《政治经济学评论》2024年第4期。

的人，"玩劳动"在产消者之间形成共享劳动的关系，在产消者与平台之间以向广告商转让注意力价值的方式形成交换劳动关系。雇佣制"玩工"则是"为了工作而从事玩劳动"的人，存在着对平台资本的人格从属性与经济从属性，"玩劳动"的娱乐价值与其生产者发生了分离，"玩劳动"作为商品出售给客户，并被平台占有了剩余价值。产消者的劳动可能促进商品的流通，但资本增殖的根源仍然是雇佣劳动提供的剩余价值，这证明了马克思主义政治经济学对于互联网社会仍然有效。两种"玩工"从事的劳动内容相似，但处于不同的劳动关系中，具有不同的劳动性质，实践中应加以审慎分辨和区别对待。①

周思斌、段文斌基于马克思劳动价值论，对国际不平等交换的理论内核及形成机理展开分析，揭示出其实质是资本所有权的垄断。首先，由于生产率的国别差异产生国际价值与国别价值的偏离，高生产率国家获得超额利润，这是第一层次不平等。其次，根据所有权垄断性质和力量的不同对行业进行了二分类，工业及生产性服务业商品的国际生产价格对国际价值的偏离是第二层次不平等的形式Ⅰ；自然力行业商品的市场价格对国际价值偏离是第二层次不平等的形式Ⅱ，两种形式组成矛盾统一的第二层次不平等。最后，他们运用世界投入产出数据库（WIOD）2000~2014 年的数据进行实证研究，验证了理论并揭示了时代特点。②

哈特和奈格里认为，整个西方社会正在步入以网络化、信息化和服务化等为特征的后工业时代。这种转变的标识是非物质劳动逐渐取代工业劳动成为占支配地位的劳动方式，在社会生产过程中发挥着引领作用。非物质劳动具有广泛而深刻的生命政治意蕴，创造了无法被资本完全占有的共同性，而这种共同性使诸众获得了对抗资本帝国的力量，蕴含着生命政治解放的潜能。哈特和奈格里从活劳动和主体政治的视角深入阐释了非物质劳动的内涵及其引发的社会历史效应，并将这一观点视作对

① 杨宇辰：《马克思主义劳动价值论视阈下"玩工"劳动关系的再探讨》，《马克思主义研究》2024 年第 8 期。
② 周思斌、段文斌：《国际不平等交换的两个层次——基于马克思劳动价值论的研究》，《经济学家》2024 年第 5 期。

马克思劳动理论的继承与创新。对此，陈飞指出，哈特和奈格里对非物质劳动的生命政治解读违背了马克思的劳动价值论和解放学说，存在着对阶级关系和现实历史过程的简单化理解。用马克思的立场反思他们的非物质劳动观点，对于在后工业时代推进马克思哲学的当代化具有重要启示。①

卢鑫、刘新刚指出，从《资本论》创作史角度考察"国际价值"范畴形成过程可发现，"国际价值"范畴是劳动价值论在国际领域的具体展现：第一，在"生产"层面，剩余价值的生产由于世界市场扩大得以提升，并由于不同国家生产效率、劳动强度等差异会使得国际领域需要经历"平均化"形成国际领域生产价格；第二，在"转形"层面，劳动生产率的差异使得国际领域的剩余价值向发达国家流转并拉大了发达国家与发展中国家的差距；第三，资本主义国家倾向采用"关税制度"等非经济手段攫取剩余价值，进而造成全球范围内的经济危机。因此，建立《资本论》"国际价值"范畴需要严格遵循"劳动价值论—国际价值"从抽象到具体的进路，从"生产"、"转形"和"非经济因素"三个层面丰富"国际价值"范畴内涵，以此推动马克思主义国际经济领域的理论和实践创新。②

（四）剩余价值理论

在人工智能引领的新一轮科技革命和产业革命中，资本主义生产方式正在经历一场深刻变革。人工智能在许多场景中已超越了传统机器的角色，展现与工人竞争的"新劳动者"特质。由此引发了学术界关于人工智能条件下剩余价值来源问题的激烈争论。王文泽指出，在资本主义制度下，人工智能成为资本控制与支配劳动的新手段。人工智能的当代应用不会消除人类劳动，而是拓展了劳动形态。剩余价值仍然只能由剩余劳动创造。在资本主义逻辑的支配下，雇佣劳动、零工劳动、产销劳动共同完成剩余价值的生产过程。人工智能的广泛应用实际上在资本主义社会内部酝酿了一场持久而巨大的新危机。准确把握资本主义剩余价

---

① 转引自陈飞《非物质劳动的生命政治解读——基于马克思立场对哈特和奈格里观点的批判性反思》，《西南大学学报》（社会科学版）2024 年第 5 期。

② 卢鑫、刘新刚：《〈资本论〉"国际价值"范畴及其当代启示》，《当代经济研究》2024 年第 6 期。

值受人工智能影响后的生产机制，将为未来相关研究和政策制定提供重要理论参考。①

户晓坤指出，在《1861—1863年经济学手稿》中的历史文献批判部分，马克思以考察剩余价值范畴的发现过程与认识程度为枢轴，从古典经济学发展为庸俗经济学的内在矛盾以及劳动价值理论同资本主义经济现实的表面对立中，科学地抽象出剩余价值的纯粹形式，通过对剩余价值起源、本质与转化形式的具体分析，揭示出资本主义经济规律的实现方式及其历史限度，阐明阶级对抗性矛盾是资本主义生产方式所固有的。为了充分说明以"历史的形式"叙述经济学说史与《资本论》结构体系的内在关联，正确理解在理论上阐明资本主义经济规律并历史地说明其观念形态作为有机整体的必要性，我们需要深刻地把握历史文献研究作为转折点在马克思思想进程中的理论性质。②

超额剩余价值理论是马克思剩余价值学说的重要组成部分，然而对超额剩余价值的已有定义尚不够明确，学界对其来源也一直未能达成共识。陈伟凯、高宁在梳理和澄清马克思核心观点的基础上，说明了超额剩余价值的产生并不依赖于劳动复杂程度的变化，论证了个别价值与社会价值的差额和价值转移无关，并基于上述观点重构了马克思的超额剩余价值理论。他们认为，超额剩余价值是个别企业通过变革生产方式节约个别劳动时间所获得的超过一般水平的剩余价值，其比较的基准为在社会正常剩余价值率下先进企业可以获得的剩余价值。一般地，超额剩余价值在量上等于出售价格与个别价值的差额，可以分解为出售价格与社会价值的差额和社会价值与个别价值的差额两部分，前者来自其他部门的价值转移，而后者则源于本企业劳动者的价值创造。如果个别企业的技术变革并未改变商品的社会价值，那么超额剩余价值等于社会价值与个别价值的差额，全部属于价值创造。如果个别企业在商品的社会价值已经下降的情况下凭借对新技术的垄断妨碍价格调整，那么由出售价

①　王文泽：《人工智能条件下的剩余价值来源是什么？》，《政治经济学评论》2024年第1期。
②　户晓坤：《再思马克思剩余价值范畴的形成过程——以政治经济学说史批判为视角》，《复旦学报》（社会科学版）2024年第4期。

格与社会价值的差额所构成的超额剩余价值来自价值转移。[①]

三 生产、消费、分配、交换（流通）理论

"摆在面前的对象，首先是物质生产。"[②] 生产、分配、交换、消费，"它们构成一个总体的各个环节，一个统一体内部的差别。""一定的生产决定一定的消费、分配、交换和这些不同要素相互间的一定关系。当然，生产就其单方面形式来说也决定于其他要素。"[③] 2024 年，学界对马克思的生产、消费、分配、交换理论进行了深入探讨。学者们对马克思的生产、再生产理论进行了翔实的研究，对分配和共同富裕等问题也颇多关注，对消费和交换理论则较少分析。

（一）生产理论

随着近代以来计算机技术的不断发展，数字劳动逐渐成为一种重要的劳动新形式，它推动西方资本主义国家进入数字资本主义时代。姜伟通过考察马克思的经典文本《雇佣劳动与资本》，指出数字劳动的生产性规定不仅具有物质性规定，更具有社会性规定。是否具有雇佣劳动关系是使数字劳动具有生产性规定的前提，是否能够促进资本增殖是使数字劳动具有生产性规定的关键。剖析数字劳动的生产性规定对于解释以数字劳动为基础的平台经济如何实现资本增殖具有重大意义。同时，还可以深刻揭示新的劳动形式下，资本主义生产关系的剥削实质，以及其背后的对抗性劳资关系。[④]

姜耀东认为，数智时代认识新质生产力，应立足马克思物质生产理论，并从三个向度进行把握：从劳动向度认识数智赋能新质生产力基本要素中劳动者特征、劳动资料样态、劳动对象范围的新质跃升；从生产

① 陈伟凯、高宁：《马克思超额剩余价值理论的梳理与重构》，《政治经济学评论》2024 年第 6 期。
② 《马克思恩格斯文集》第八卷，人民出版社，2009，第 5 页。
③ 《马克思恩格斯文集》第八卷，人民出版社，2009，第 23 页。
④ 姜伟：《数字劳动的生产性规定及其背后的对抗性劳资关系——基于马克思〈雇佣劳动与资本〉的文本考察》，《东南大学学报》（哲学社会科学版）2024 年第 S2 期。

向度认识数实融合实现产业数字化向数字产业化的集聚升级，数字技术加持提升数字化环境，挖掘数据资源发挥"人工智能+"的经济拉动效应，开拓新质生产力的创新空间；从价值向度认识数智时代发展新质生产力彰显社会主义制度优越性，引领构建中国自主知识体系，创新马克思物质生产理论。①

　　曹洪军、周胜艳认为，精神生产理论是马克思社会大生产理论的重要组成部分，包含马克思对精神生产的总体性认识论断，对资本主义精神产品之"生产－分配－交换－消费"四个环节的深刻批判，以及对共产主义社会精神生产图景的勾勒描绘。基于马克思的精神生产理论，社会主义精神生活共同富裕的主体是全体人民，其实践样态应体现为：共创精良优质的精神产品，精神生活的主体性充分张扬；共沐公正合理的精神产品，精神生活的共享性充分提升；共鉴多元多样的精神产品，精神生活的丰富性充分延展；共享健康向上的精神产品，精神生活的价值性充分彰显。为此，推动精神生活共同富裕需健全全体人民参与精神产品生产的激励机制，完善全体人民享有精神产品分配的均衡机制，拓宽全体人民共通共鉴精神产品交换的促进机制，优化全体人民享受精神产品消费的引领机制。② 梅岚则指出，马克思主义视域下的精神生产，不只是人头脑之中的抽象活动以及思想、意识、观念的生产，而是处于具体的社会历史形态中的人的活动。社会历史形态中的物质生产是探究精神生产的方法论前提，为准确把握精神生产的基本特征提供可靠路径。从主体上看，现实的人是精神生产活动的社会历史主体；从客体上看，意识形态是精神生产活动的社会历史产物；从价值层面来说，自由创造是精神生产活动的社会历史旨趣。从社会历史向度探究马克思主义精神生产理论，既可以彰显其独特的理论意蕴，也可以为新时代中国特色社会

①　姜耀东：《数智时代认识新质生产力的三维向度——基于马克思物质生产理论》，《河北大学学报》（哲学社会科学版）2024年第4期。

②　曹洪军、周胜艳：《精神生活共同富裕的实践样态及现实进路——基于马克思精神生产理论的分析》，《科学社会主义》2024年第2期。

主义精神文明建设提供可靠的原理依据。①

科学建构中国生产劳动范畴，有利于激发各类劳动者创造财富的积极性，为中国式现代化增进思想共识、凝聚实践合力。对此，郝启晨、张福军基于对马克思生产劳动理论的文本发掘和系统研究，凝练了生产劳动范畴内在的物质规定性、形式规定性、价值规定性，论证了三重规定性的辩证统一、物质规定性的本源意义，探索并解析了社会发展中的时间结构转换规律。郝启晨、张福军遵循马克思生产劳动概念的生成逻辑，建构了内含三重规定性的中国生产劳动范畴，即创造满足人民美好生活需要的物质生产领域的劳动，其新创造的价值不少于劳动者的生活消费品的价值。中国生产劳动范畴体现了社会主义本质要求，契合中国式现代化的特征。对此，二人提出，要正确认识各类劳动的属性和功能，促进各类劳动的合理有效配置，加强实体经济领域的劳动就业，引导非生产劳动资源更多投向科学、教育、医疗、文化、艺术等促进人的现代化的领域。② 郝启晨、张福军还指出，通过对马克思生产劳动理论的再探析，可知资本主义生产劳动内含的三重规定性，得到数字劳动生产性问题的基本判据，揭示劳动时间转换的内在规律及其在不同社会制度下的现实表现。由此，二人建议加强我国生产性数字劳动的基础地位，引导劳动时间转换的正确方向，动态优化劳动时间的合理配置。③

元晋秋认为，马克思的生产劳动观主要通过对斯密生产劳动理论的批判得到彰显。在这种批判中，马克思并未拒绝生产劳动即"增加财富的劳动"这一简单规定的使用，而是在此基础上深入阐明斯密生产劳动理论所依据的财富观（即资本财富观）及其所反映的财富生产的社会形式与鲜明特征。基于对资本主义财富生产过程的批判性研究，马克思进一步指出了这种财富观及其所反映的财富生产活动的自我扬弃形式，为我们探索财富生产的更高级社会形式，建构一种新的财富观念即人民财

① 梅岚：《马克思主义视域下精神生产的社会历史向度探析》，《马克思主义与现实》2024 年第 6 期。
② 郝启晨、张福军：《马克思生产劳动范畴的理论意蕴及当代启示》，《北京社会科学》2024 年第 9 期。
③ 郝启晨、张福军：《马克思生产劳动理论及其当代启示》，《理论视野》2024 年第 8 期。

富观提供了根本遵循。社会主义中国的生产劳动界定，须以人民财富观及实际的财富生产活动为依据，如此，才能真正贯彻马克思生产劳动观的精神实质，才能真正彰显生产劳动的政治经济学意义。①

李茗茗认为，马克思生产性劳动范畴是马克思劳动价值论的重要组成部分，是理解资本主义生产过程的基础。当前，西方资本主义国家发展进入数字资本主义的新阶段，数字劳动的生产性问题成为理论界研究的重要议题。在数字资本主义生产方式向数字平台模式转换带来的生产效率和资本积累效率巨大变革的历史时期，研究数字劳动生产性问题，要以马克思生产性劳动范畴为根本依据，从理论探源、解释路径层面回顾和重温马克思对生产性劳动范畴的界定，注重考察数字劳动在数字资本增殖中的价值作用，将数字劳动细化为数字平台中的用户消费活动、生产资料的数字化劳动、劳动产品的数字化劳动和非经济领域的数字劳动，进而分层次辨析数字劳动的生产性问题。②

朱春艳、韩佳宁认为，基于马克思从生产、分配、交换和消费四个环节理解的"大生产"概念考察数字资本主义，会发现数字资本家利用智能算法占有数据资源，形成了平台、政治、传播和生活的四重控制，不仅生产出资本主义的数字经济模式，还生产出矛盾更为激烈的数字劳资关系，以及资产阶级的新型意识形态话语霸权。数字资本主义通过数据垄断与政治操控加深对平台、传播和生活的全方位控制，监视并把控人类隐私，宣扬新自由主义与新消费主义的资产阶级文化价值观，形成单向度的数字社会景观。超越数字资本主义的四重控制，需要以社会主义的劳动关系和价值观对数字资本主义进行改造，数字中国建设的理论与实践为人类的数字文明提供了中国方案与智慧。③

---

① 元晋秋：《论马克思对斯密生产劳动理论的批判与超越》，《广西大学学报》（哲学社会科学版）2024 年第 3 期。

② 李茗茗：《马克思生产性劳动范畴的理论探析——兼论数字劳动的"生产性"属性》，《山东社会科学》2024 年第 11 期。

③ 朱春艳、韩佳宁：《马克思生产理论视域下数字资本主义的四重控制及其批判》，《学术探索》2024 年第 2 期。

张光指出，马克思是在《资本论》和《剩余价值理论》等经济学著作中阐述其艺术生产理论的，这意味着他更多的是从经济学而非哲学层面立论，其核心问题是艺术家能否成为为资本生产剩余价值的劳动力商品。资本主义生产本质上是剩余价值的生产，以资本购买并运用劳动力商品和生产资料的方式进行。马克思对视觉艺术（包括文学）和表演艺术做了细致的区分：前者如作家、画家的创作，至多为形式上从属于向资本过渡的状态；后者则可能以剧院老板雇用演员演出为其创造剩余价值的方式出现，处于形式上从属于资本的状态。艺术生产之所以无法在实际上从属于资本，是因为它无法采用机器大生产和规模经济的方式进行。这一点表明，在某种意义上，马克思是鲍莫尔成本病理论的先驱。[1]

（二）再生产与经济循环理论

唐永、李想基于马克思社会再生产模型的中国经验，对人工智能发展对制造业就业的影响进行了分析。二人指出，新一代人工智能技术与制造业融合发展，有助于实现制造业转型升级，但也会对制造业就业带来影响。在马克思扩大再生产模型的基础上，构建了包含机器人生产分部类的扩展的两大部类模型，分析人工智能对制造业就业的作用机理，研究发现：人工智能对制造业就业数量的影响具有不确定性，这取决于就业创造效应和就业破坏效应的相对大小，但是人工智能对制造业就业结构的影响却是确定的，即会导致制造业就业结构呈现"T"形分化的高级化趋势，来自中国的经验证据进一步验证了理论模型的正确性。因此，面对数字中国和社会主义现代化强国建设的迫切要求，应牢牢把握人工智能发展带来的机遇，合理规划人工智能的发展方向与速度，确保制造业就业在免受过大冲击的前提下，朝着"人机共舞"的方向实现人工智能技术与制造业深度融合，加快推进由"制造大国"向"制造强国"的转变。[2]

焦成焕、杨治清指出，马克思在两大部类社会再生产理论模型中，

---

[1]　张光：《马克思艺术生产经济理论》，《山东大学学报》（哲学社会科学版）2024 年第 6 期。

[2]　唐永、李想：《人工智能发展对制造业就业的影响——基于马克思社会再生产模型的中国经验分析》，《当代经济研究》2024 年第 6 期。

以产业资本为例揭示了社会总资本循环所需的均衡条件和最佳比例，但并没有将资本循环中沉淀下来的闲置资本和借贷资本纳入两大部类社会再生产理论模型中，而这两类资本已成为现今重要的资本形态。焦成焕、杨治清试图拓展马克思两大部类社会再生产理论，建立借贷资本再生产理论模型，并探讨资本主义债务危机产生的原因。首先，假设扩大再生产投资不完全有效，从而在社会资本扩大再生产模型中引入闲置资本，并揭示闲置资本的不断积累将导致生产过剩；其次，在闲置资本基础上引入借贷资本，构建借贷资本扩大再生产模型，并考察闲置资本和借贷资本在扩大再生产中的动态过程。引入借贷资本后，再生产模型可以应用于对债务的分析。结果发现，资本主义生产必然导致债务不断累积，引发债务危机，进而导致经济危机的爆发，经济增长率、利率、上一年杠杆率是影响经济危机爆发及其规模的主要因素。[①]

经济波动与增长是经济主体创造价值、发展生产力的重要体现。李帮喜、李宁主要针对经济波动与增长问题，在理论层面通过马克思的再生产理论视角建立国民经济再生产的两部类模型，结合谢克的最大扩大再生产原则构建马克思-谢克视角下的实际产出水平的量化指标体系，发现当两部类的投入与产出的分配比例相协调时，部类利润率相近，部门利润转化为社会平均利润，实际产出达到峰值；在经验层面通过投入产出表等数据测算了中国和美国、英国、日本、法国的实际产出水平，发现中国部门生产投入较为充足，长期拥有较为稳定的资本投入，当前正处于创新发展驱动实际产出水平提升的新阶段。通过对美、英、日、法四国经济增长与波动的国际比较，李帮喜、李宁发现在投资与积累适度、实体经济稳定的基础上，我国必须经历由多层次生产并存向淘汰落后产能、着力发展高水平经济的过渡时期，引导生产要素向高质量产业转移。[②]

---

① 焦成焕、杨治清：《马克思主义借贷资本再生产理论模型构建——兼论当代资本主义债务危机爆发的原因》，《经济纵横》2024 年第 5 期。

② 李帮喜、李宁：《经济波动、增长与实际产出水平——马克思-谢克的视角》，《政治经济学评论》2024 年第 6 期。

　　众所周知，社会资本再生产理论是马克思主义政治经济学的基础理论，也是历史唯物主义的重要支撑。马克思社会资本再生产理论是一个建立在物质商品生产领域的两部类模型，随着服务业在国民经济中比重的持续提高，拓展社会资本两部类再生产模型已是一个无法回避的理论问题。朱鹏华在马克思两种基本类型社会资本两部类再生模型的基础上，将服务商品纳入社会资本再生产体系，构建了包括三种基本类型社会资本四部类再生产模型。朱鹏华以 MEGA2 等资料为基础，梳理了马克思创作社会资本再生产理论的历程，还原了马克思社会资本再生产理论的原貌；系统梳理了马克思社会资本再生产理论学术史，充分掌握了国内外对社会资本再生产理论的研究动态；科学拓展了商品概念、生产劳动范围、社会生产部类，构建了社会资本四部类简单再生产模型、扩大再生产模型和缩减再生产模型；针对资本家和普通劳动者的消费差别、公共品的生产、市场经济的开放性等，分别构建了社会资本四部类再生产拓展模型。总体来看，这些拓展研究在理论上是自洽的，既是对马克思社会资本两部类模型的拓展创新，同时也展现了马克思主义政治经济学的研究风格和理论特质，深化了在新的历史条件下对马克思社会资本再生产理论的认识。特别地，朱鹏华提出扩大再生产并非都会导致经济危机，缩减再生产也并非都是经济危机，社会资本扩大和缩减再生产只有在社会主义市场经济中才能发挥其积极的作用，这些观点为经济高质量发展、供给侧结构性改革、构建新发展格局等马克思主义政治经济学最新成果提供了理论支撑。[①]

　　加快构建新发展格局是把握未来发展主动权的战略部署。对此，韩喜平、马丽娟指出，马克思基于生产力和生产关系的分析框架，整体考察经济循环的基本内容和特征，深刻揭示现代经济社会运行的一般本质和普遍规律。中国共产党人结合不同历史时期的经济社会发展要求，将对马克思经济循环理论的科学认识，践行于探索构建及多次调整经济发展格局的创造性实践之中。进入新时代，习近平总书记立足我国经济社

[①]　朱鹏华：《马克思社会资本再生产理论拓展研究》，经济科学出版社，2023。

会发展全局，围绕加快构建新发展格局做出一系列具有前瞻性、战略性、全局性的重要论述。我们既要创造性运用马克思经济循环理论的方法论，也要深入把握经济发展格局历史展演的脉络逻辑；既要坚持以习近平总书记关于加快构建新发展格局的重要论述为根本遵循，也要以辩证思维看待经济社会发展的新机遇新挑战，系统性探究新征程上构建新发展格局的理论创新和实现机制。[①]

实现供需高水平动态平衡，是畅通国民经济循环、推动高质量发展的关键。结构性供需失衡，在微观层面表现为产能过剩，在宏观层面表现为"低端供给过剩"和"高端供给不足"并存。顾珊、李帮喜、王生升基于马克思产业资本循环理论分析了中国经济供需动态关系。他们通过构建测度供需结构特征的量化模型，并结合中国投入产出数据进行测算后发现：微观层面，生产能力过剩问题集中于第一产业和第二产业部分部门，且2015年以来产能利用率整体提升，重工业部门治理成效明显；宏观层面，供需结构错配表现在五大方面，即建筑行业供给严重过剩、传统加工制造业供给普遍过剩、科研技术与信息软件服务供给相对不足、文体娱乐及公共产品供给较为滞后、原材料开采和供应严重不足。由此，他们指出，应从完善市场机制、优化供给结构以及增强创新能力入手，推动供需实现高水平动态平衡。[②]

（三）分配理论

郑智超指出，马克思和恩格斯的慈善理论是第三次分配的定向之源。由于马克思和恩格斯对慈善的批判性论述加之尖锐的文风，误读与教条化都将使第三次分配面临源头失语的危险境地。事实上，马克思恩格斯围绕生产根源、行为主体和效用目的深刻揭露了资本主义慈善的虚伪与反动，又不失对真正慈善的褒扬，进而肯定了慈善分配事业在未来社会中的发展。以此为科学依据，构建中国特色社会主义第三次分配制度就

[①] 韩喜平、马丽娟：《马克思经济循环理论与构建新发展格局》，《马克思主义与现实》2024年第5期。

[②] 顾珊、李帮喜、王生升：《产业资本循环视域下供需关系动态平衡研究》，《当代经济研究》2024年第11期。

要以社会主义公有制破除伪善根源、以人民群众为主体力量、以物质富裕与精神富裕的统一为目标要求、以人的自由全面发展为根本指向。①

"共同富裕的马克思主义阐释何以可能"是当前我国马克思主义理论研究中亟待回应的一个重大理论命题。包炜杰通过整体性视域下的逻辑演绎与历史考察，进一步明晰了共同富裕的马克思主义意蕴：在历史唯物主义维度上，共同富裕的唯物主义特质与生产逻辑内在契合，特别与生产逻辑的历时性、主体性、实践性具有一致性，由此进一步确认共同富裕是在历史中展开、在人民中蕴含、在实践中生成的；在政治经济学维度上，资本批判系统论证了共同富裕与资本主义的不兼容性，资本主义生产关系通过资本的生产、分配和积累等过程内在规定了两极分化，由此有力证明了资本主义条件下共同富裕的不可能性；在科学社会主义维度上，共同富裕的马克思主义意蕴主要表现在两方面：一是共同富裕的制度要求与共产主义在原则上高度一致；二是共同富裕的制度实践形态创新在中国式现代化中得以推进和拓展，从而实现了方向性与现实性相结合。②

包炜杰指出，共同富裕是一个重大的现实理论问题，并在经济思想史上通过"马克思-皮凯蒂之问"表现出对财富分配失衡原因及其解决方案的追问。皮凯蒂的解决方案表明资本主义制度不可能真正触及共同富裕，也反映了西方世界对于财富分配议题的主流倾向，即"就分配而言分配"。马克思共同富裕思想的阐释路径表现在"破"与"立"两个方面：一方面深刻批判了资本主义财富积累与贫困积累的悖论根源，论证了资本主义条件下实现共同富裕的不可能性；另一方面从"生产一般""生产关系""生产目的"等方面进一步阐发了社会主义共同富裕的基本观点并呈现"就生产而言分配"的根本出路。新时代中国共产党共同富裕实践，既与马克思共同富裕思想一脉相承，又在中国式现代化进

---

① 郑智超：《从慈善到第三次分配：理论批判与制度重构》，《东南大学学报》（哲学社会科学版）2024 年第 S2 期。

② 包炜杰：《马克思主义整体性视域下共同富裕的三重阐释路径》，《马克思主义与现实》2024 年第 1 期。

程中坚持高质量发展，通过驾驭资本等具体方式回答了"马克思-皮凯蒂之问"。①

宫敬才指出，产品、商品、货币和资本是财富的社会表现形式，内在地包括生产与消费之间的关系，生产与消费有机统一是财富生产的客观要求。资本是财富社会表现形式历史性演进的结果，其中，生产与消费之间的关系最为复杂，商品要成为消费品，需要经历生产准备、实际生产和售卖三个过程。每个过程都是资本要经历的坎，每道坎都有可能使资本运动半途而废。一方面是资本获利冲动和工业革命后机器体系生产的"巨大效率"相互结合，另一方面是不合理的分配制度，在这两方面的共同作用下，生产与消费脱节，进而导致周期性生产过剩，这是"资本主义生产的规律"。如何走出生产过剩的困境？马克思在《1857—1858年经济学手稿》中给出的答案是"所有的人富裕"。"所有的人富裕"是共同富裕的另一种表述，在某种意义上可以将其理解为，在社会主义经济条件下，消费能力必须与生产能力保持一致，生产与消费有机统一是刚性要求。马克思的这一思想启示我们，从经济规律层面研究共同富裕具有重要的理论意义。②

李彬彬指出，《1844年经济学哲学手稿》（《巴黎手稿》）的反贫困思想是马克思主义反贫困理论形成的重要环节。《1844年经济学哲学手稿》批判了亚当·斯密把贫困归结为个体性和偶然性原因的见解，从私有财产运动造成的资产阶级和无产阶级的社会结构中理解贫困的根源，并明确提出了在扬弃私有财产的共产主义运动中消灭贫困的思想。发掘《1844年经济学哲学手稿》的反贫困思想，有助于深化理解中国特色反贫困理论和实践的思想渊源。③

---

① 包炜杰：《"马克思-皮凯蒂之问"：社会主义共同富裕的路径澄明及当代回应》，《哲学研究》2024年第2期。
② 宫敬才：《"所有的人富裕"：生产与消费有机统一的客观要求——以〈1857—1858年经济学手稿〉为基点》，《马克思主义与现实》2024年第3期。
③ 李彬彬：《〈巴黎手稿〉对亚当·斯密反贫困方案的批判和超越》，《科学社会主义》2024年第4期。

作为中国共产党人的百年夙愿，消灭社会贫困与实现共同富裕贯穿于中国式现代化的伟大进程中。对此，鲁鹏认为，梳理马克思关于二者关系的讨论，对于中国相对贫困治理与共同富裕事业具有重要现实意义。鲁鹏指出，马克思从批判资本主义制度的原则高度澄清了资本主义私有制与雇佣劳动是现代贫困的真正根源，指明资本主义社会存在绝对贫困和相对贫困两大悖论性贫困，因此消灭两大贫困必须超越资本及其逻辑。马克思的反贫困哲学同时内蕴着共同富裕的实现路径，即以坚持社会主义为基本前提，以构建公平正义为重要保障。中国化反贫困与共同富裕协同发展的有机组合，将马克思思想推进到新的理论高度。[①]

李桂花、李旭东指出，马克思按劳分配思想是内含对生产、分配、交换和消费环节规定的系统性思想，按劳分配是推动实现共同富裕的分配方式，但这一系统思想在现实中表现为生产端、分配端、交换端和消费端的"系统悖论"。按劳分配与共同富裕的理论兼容性与实践契合性应从描述性、规范性和系统性三重视野观照：现行两套分配体系边界的逐渐消融要求重新审视通往共富之路；按劳分配内蕴的革命性精神是当下推动共同富裕的根本精神；新质生产力发展下生产物化趋势与消费人化本性间的张力造成的"劳动"分配标准的弱化，呼唤"新质"的分配标准。新质生产力的"颠覆性"影响要求对未来社会分配方式进行初步构建：在新质生产力的解放初期实行按"劳"分配+按"要素"分配；新质生产力深入发展阶段实行按"所有权"分配；在新质生产力的高度发达阶段实行按"需"分配。[②]

（四）消费与交换理论

徐家林、王悦指出，马克思主义消费理论主要基于马克思和恩格斯关于消费问题的论述，可从生成逻辑、基本内涵和当代意义三个维度加以考察。马克思主义消费理论始于对资本主义社会消费问题和既有消费理论的批判。以消费与社会生产、社会发展和人的发展的关系为线索，

① 鲁鹏：《马克思反贫困视域下的共同富裕及其当代启示》，《河北经贸大学学报》2024年第5期。
② 李桂花、李旭东：《新质生产力的分配向度：按劳分配与共同富裕之契合性论析》，《经济问题》2024年第6期。

将马克思主义政治经济学和历史唯物主义相贯通，构成马克思主义消费理论的基本框架。马克思主义消费理论不仅为化解当前我国经济建设中的消费问题提供科学理论指导，对促进高质量发展、构建高水平社会主义市场经济、实现人民对美好生活的向往同样具有重要的理论指导意义。①

张兴祥、朱婷宜、史九领指出，马克思流通理论的中国化是一段不断探索、不断创新的历史进程。新中国成立以来，在不同的发展阶段，面对不同的经济建设任务和挑战，中国共产党人和中国经济学人始终坚持将马克思流通理论与中国的实际情况相结合，探索适合中国国情的流通模式，创立并丰富了中国特色社会主义流通理论。进入新发展阶段，习近平总书记提出"双循环"新发展格局，这是马克思流通理论中国化的重要成果，也是中国特色社会主义流通理论的最新发展。随着中国特色社会主义事业的不断推进，马克思流通理论中国化将持续深入，为中国经济高质量发展提供不竭动力。②

四　货币与资本理论

党的二十届三中全会提出："深化金融体制改革。加快完善中央银行制度，畅通货币政策传导机制。"2024年，学者们围绕马克思货币理论对我国货币政策进行了深入探讨。党的二十届三中全会还提出："构建产业资本和金融资本'防火墙'，……发展耐心资本。"2024年，学者们也基于对马克思的资本理论的研究，对数字资本、平台资本、耐心资本等资本的具体形式展开探讨。

（一）货币理论

袁辉指出，商品价值从而劳动时间在货币上的独立表现，给社会生

①　徐家林、王悦：《马克思主义消费理论的生成逻辑、基本内涵及当代意义》，《世界社会科学》2024年第2期。

②　张兴祥、朱婷宜、史九领：《马克思流通理论的中国化进程——从破除"无流通论"到"双循环"新发展格局》，《政治经济学评论》2024年第5期。

产施加了货币约束，它的边界随着货币形式与货币数量的内生发展持续变化，表现为货币金字塔为了适应商品流通和资本积累动态进行的扩张与收缩。国家承担着维护货币品质和货币流通、规训货币金融体系、促进经济发展的重要职能。马克思主义认为，对货币政策机制及其效果的考察需要区分作为货币的货币与作为资本的货币、货币与信用、正常时期和危机阶段、货币危机不同类型等结构性因素，数量型和价格型货币政策的原理与有效性也不尽相同。然而，社会生产的货币约束和货币关系的固有矛盾绝不会因为货币形式、数量的发展和国家货币政策的干预而消除，它们为货币改革设定了天然界限。①

对货币政策有效性的深入研究有助于宏观经济政策精准发力。谢超峰、范从来基于马克思货币理论的视角，从质和量的角度讨论了货币政策有效性的理论内涵。谢超峰、范从来强调，马克思深刻指出货币的本质是社会生产关系，是商品内在矛盾的外在表现，相对价格体系是货币抽象本质的具体表现。因此，货币政策有效性的内涵是货币冲击可引起生产关系的变动，从量的角度则表现为货币冲击引起相对价格体系的变动。分配结构、产业结构及一般利润率是影响交换价值量的重要因素。货币政策冲击不仅会引起货币价值量的变动，即价格总水平的变动，同时也会引起相对价格体系构成因素的变动，所以货币政策的结构效应是货币政策有效的应有之义。二人指出，若要发挥货币政策的有效性，就需要注重生产关系的调整，关注相对价格体系变动，而非单一盯住价格总水平变化。②

毛菲、孙熙国指出，学界对《穆勒评注》的研究多聚焦于交往异化问题，然则还可从下述维度解读：《穆勒评注》是马克思考察私有财产货币形式的历史生成过程、对货币本质之谜进行科学探索的重要文本。在《穆勒评注》中，马克思基于《1844 年经济学哲学手稿》对私有财产主体本质的揭示，批判了英国国民经济学家的错误货币观，运用辩证

---

① 袁辉：《马克思主义的货币理论与货币政策研究》，《政治经济学评论》2024 年第 1 期。

② 谢超峰、范从来：《货币政策有效性的再审视——基于马克思货币理论的视角》，《南开经济研究》2024 年第 3 期。

法揭示了货币范畴的历史性，将其本质聚焦到对价值范畴的理解上，表明货币是价值生产的产物。《穆勒评注》暗含了对货币本质的科学思考，借助这一重要思想基础，马克思在《资本论》中进一步澄清了"价值"是资本主义生产方式下"具有社会性的私人劳动"的表现形式，是"需要被迂回表现的劳动时间"，即劳动和产品互相交换的普遍中介。"价值"通过形式运动，从简单价值形式直至发展为货币形式，即固定充当一般等价物的商品，继而成为社会财富的一般代表，体现了商品生产者之间的社会生产关系，由此解开了货币本质之谜。[1]

（二）资本理论

简新华强调，资本增殖与价值增值存在本质区别，资本通过占有剩余劳动创造的价值而得到价值的增加就是增殖；资本、剩余劳动创造价值、价值增殖过程不是资本主义社会特有的经济现象，不同社会存在的不同所有制的资本可以反映不同的经济关系，并不是只反映资本家剥削雇佣工人的生产关系，社会主义市场经济中的公有制资本反映的是劳动者共同占有资本及其增殖收益的互助合作关系；"资本一般"不只是指特定社会形态中各类资本的共性，而是不同社会形态存在各类不同的所有资本的共性；不能认为中国的各类资本都"属于我国全体劳动人民"，也不能认为马克思《资本论》第一卷第六章否定了"资本能增殖"的观念，实际上《资本论》从始到终都认为资本"增殖也就是自行增殖"，而且资本增殖的价值是劳动者的剩余劳动创造的剩余价值。[2]

段学慧指出，资本表面上看是一种生产要素，实质上是一种生产关系。资本的生产关系属性决定了资本的所有权这一根本权力必然滋生出包括经济权力、政治权力、文化权力等在内的支配资产阶级社会的一切权力。因此，权力是资本的基本属性。资本社会权力产生的社会根源是资本赖以产生的生产关系。从历史逻辑来看，资本社会权力是由商品的社会权力演化而来的，但最终必然被联合起来的劳动者的社会公共权力

① 毛菲、孙熙国：《马克思对货币本质之谜的科学解答——以〈穆勒评注〉和〈资本论〉为例》，《政治经济学评论》2024年第2期。

② 简新华：《也谈资本增殖与价值增值和"资本一般"》，《当代经济研究》2024年第5期。

所取代。社会主义初级阶段依然面临着防止资本无序扩张的历史任务，要充分发挥社会主义制度优势驾驭资本，把握不同资本的行为特征，促进各类资本健康发展。[1]

王璐源指出，在蒲鲁东看来，资本是表征着平等关系的价值和产品，只是由于取息的贷放才使其具有了剥削性，只要取消贷放、消灭借贷资本就能恢复资本的平等本性并消灭剥削。一方面，马克思认为，剥削劳动即通过无偿占有工人的剩余价值来实现价值增殖，乃是一切资本的普遍本性。为此，资本家必须与工人发生雇佣关系，后者作为一种单向度、不平等的权力-支配关系构成资本主义生产关系的实际内容。另一方面，马克思把资本看作是一种"形式规定"，它由"物质规定"和"本质规定"耦合而成，前者指价值和产品等物质载体，后者则指雇佣关系这种独特的生产关系。把资本等同于价值和产品，表明蒲鲁东并不理解资本的本质规定和物质规定的区别；认为交换价值永远不会发展为资本，则表明他也不理解二者的联系。马克思对蒲鲁东资本观的批判性超越，为我们正确认识和把握资本的特性和行为规律，以中国式现代化全面推进中华民族伟大复兴提供了理论基础和方法论指引。[2]

王峰明认为，在马克思看来，价值增殖即无偿占有剩余价值从而实现对工人的剥削，是资本主义生产的唯一目的，为此，资本必须与工人发生雇佣关系，这种单向度、不平等的权力-支配关系构成资本主义生产关系的本质内容。决不能把价值增殖和雇佣劳动与资本剥削割裂开来。只追求价值增殖或只雇用劳动而不剥削的所谓"公有资本"概念并不成立。资本主义建立在商品生产基础上，它迫使一切生产都采用商品生产形式，同时，由于吸收和借鉴资本的文明成果，是社会主义建设的重要前提，这些都使得社会主义公有制经济不仅与市场经济联系在一起，而且与资本联系在一起。市场经济和资本之于公有制经济，都是一种利用与被利用的关系，它们之间的联系因而是"外在的"，而非"内在的"

---

① 段学慧：《马克思资本社会权力理论及其当代价值》，《当代经济研究》2024年第12期。
② 王璐源：《马克思对蒲鲁东资本观的批判性超越及其当代价值》，《当代经济研究》2024年第3期。

和"有机的"。作为社会主义公有制经济的两种具体实现形式，国有经济和集体经济采取股份公司形式，这些都是公有制经济利用市场经济和资本的具体表现形式，决不能由此把公有制经济变性为资本经济。所谓"国有资本"和"集体资本"概念同样难以成立。①

荣兆梓则讨论了公有资本概念的学理依据问题。他指出，马克思的政治经济学研究建立在资本主义私有制的实践基础上，其资本概念具有价值增殖性与阶级剥削性不可分割的特征。社会主义市场经济中的价值增殖包含了私有制经济的价值增殖和公有制经济的价值增殖两部分。公有制经济的价值增殖与阶级剥削相分离，这是公有资本概念的事实依据。社会主义市场经济与公有资本都是马克思所未曾预见的，是中国共产党在实践中的创造。公有资本概念的引入要求政治经济学的"术语革命"，一个包含了公有资本与私有资本在内的资本一般概念必须重新定义。公有资本形态在改革实践中发挥重要作用，是社会主义市场经济下探索公有制有效实现形式的理论依据之一。改革中的国有企业不仅在商品市场出售全部产品，而且要通过市场获取所有的生产要素；国有企业改革经历了在"国家辛迪加"的行政指挥链上下移权力，到通过产权改革建立国有股份公司的不同阶段。这些都与马克思主义资本理论的创新，以及公有资本概念的导入和深化直接相关。②

胡伟、慕延滨指出，共同体论题是马克思用以撬动资本范畴的重要逻辑支点。在《1857—1858 年经济学手稿》中，马克思经由共同体界划出资本之所以成为资本的第二循环，揭露了被物的关系所遮蔽的资本主义社会人与人的关系。这意味着在共同体视域下，马克思主义初步实现了三大统一，即政治经济学研究不同阶段理论的统一、批判资产阶级政治经济学不同理论的统一以及资本范畴历史性与阶级性的统一，这是马克思持续推进政治经济学研究、完善马克思主义政治经济学体系迈出的

① 王峰明：《如何在社会主义实践中坚持和发展马克思的资本观——与荣兆梓先生商榷》，《当代经济研究》2024 年第 2 期。

② 荣兆梓：《如何在社会主义实践中坚持和发展马克思主义资本理论——王峰明同志同我们的分歧》，《人文杂志》2025 年第 2 期。

决定性的一步，也为我们理解当代资本主义发展，特别是资本全球化生成的社会问题提供了科学的路径与指导。①

马克思在《资本论》第一卷写有一条注释，引证邓宁《工联和罢工》中有关资本和利润关系的论述。对此，徐洋指出，由于引号使用和翻译表述的问题，一直以来有人对这条注释有所误解。实际上，这条注释所涉杂志不是《评论家季刊》，而是《评论季刊》；注释引号里的所有话语，也并不都是《评论季刊》匿名评论家说的，而主要是邓宁自己所说。徐洋通过进一步考证发现，马克思的这条注释在马克思恩格斯亲自编定的《资本论》第一卷六个版本中的写法不尽相同；此后其他人编译的各种版本，这条注释的写法也各有差异。即便引号中一直以来被认为是邓宁引自《评论季刊》的头一句话，事实上也只有前半句是引自该刊，后半句则是邓宁引申的。邓宁虽然是为了驳斥资产阶级对工联和罢工的污蔑而撰写《工联和罢工》，但由于没有科学理论指引，他的理论出发点和最后结论某种程度上与资产阶级理论家并无二致。②

如何正确认识资本的特性和行为规律，是学界关注的重大理论问题。针对有人提出不同社会形态下资本具有"不同的特殊性"的命题，赵晓磊、赵磊通过研究发现：社会主义市场经济资本的特性，是由资本固有的经济关系以及由此生成的生产目的和分配原则所决定的；古代资本是"封建所有制的破坏者"，它与前资本主义生产关系是不相容的；资本在历史演化中改变的并不是自身的性质，而是其功能和作用。针对有人提出马克思"完全忽略资本家介入生产活动中所发挥的任何作用"的命题，二人研究发现：马克思既不否认资本家的管理劳动具有积极作用，也不否认资本家的管理劳动参与了价值创造；马克思科学地证明，在资本主义劳动过程和价值增殖过程中，"雇佣劳动创造剩余价值"是最为本质的特征，而"资本家的积极作用"则是应当抽象掉的非本质特征；马克思之所以将资本家的管理劳动抽象掉，是为了更深刻地说明资本家

① 胡伟、慕延滨：《〈1857—1858 年经济学手稿〉中的共同体论题：马克思资本范畴诠释的逻辑支点》，《河南师范大学学报》（哲学社会科学版）2024 年第 1 期。
② 徐洋：《再论马克思对"资本来到世间"的注释问题》，《马克思主义与现实》2024 年第 3 期。

的管理劳动既具有历史必然性，又具有历史局限性和历史暂时性。[①]

　　作为数字时代的新型商业资本，平台资本通过数字技术和网络技术极大促进了商品、服务、货币的交易流转，提高了经济效率，但同时产生了垄断等消极影响。对平台资本的二重表现，学术界大多只关注其中一个方面，即认为平台资本只具有生产力或生产关系一重属性。为避免这种"理论割裂"，张开从马克思资本二重性理论出发，基于社会总资本大生产力理论，厘清了商业资本二重性，进而论证了平台资本二重性，即平台资本以数字生产力进步为手段，以获取利润为目的。这种二重性是规范引导平台资本健康发展的理论前提。[②]

　　数字资本是继产业资本和金融资本之后产生的一种更具综合性和渗透性的资本形态。对此，聂阳、周坤指出，数字资本以日常生活的普遍数字化为生成前提，这种数字化以技术进步的名义将日常生活改造和重组为资本运行的有机环节，资本增殖的本质要求和人们丰富生活世界的主体需求被深度绑定。数字资本运行的动力机制是数字商品化，即通过"产业数字化"和"数字产业化"的相互作用来将用户数据转化为数字商品，以此来实现数字资本隐蔽而快速的动态扩张。数字资本在内在的价值属性之外还显现出鲜明的权力属性，这种权力属性以弥散化的方式发挥作用，强化了数字资本对整个市场体系的微观控制。[③]

　　马克思主义政治经济学认为，资本是以增殖为逻辑、以商品为物质载体、以生产实践为中介的运动着的价值，在客观上发挥着调节社会生产要素在各部门分配和流通的职能，具有"资本的义明面"和资本文明悖论的双重作用。在新时代，以习近平同志为核心的党中央创造性地坚持和发展马克思主义政治经济学，提出"为资本设置'红绿灯'""既不让'资本大鳄'恣意妄为，又要发挥资本作为生产要素的功能""发

①　赵晓磊、赵磊：《论社会主义市场经济资本的特性——兼论资本家的管理劳动》，《当代经济研究》2024 年第 7 期。
②　张开：《平台资本二重性：基于马克思资本二重性理论的探讨》，《中国社会科学院大学学报》2024 年第 7 期。
③　聂阳、周坤：《数字资本运行逻辑的马克思主义政治经济学解析》，《经济学家》2024 年第 2 期。

展耐心资本"。陈绍辉、孙熙国指出，耐心资本作为一种新兴的、更为理性的资本形态，以长期视角、价值共创和稳健持守为核心内涵，强调长期投入、风险管控以及预期稳定的资本回报。在强国建设、民族复兴的新征程上，实现高质量发展、发展新质生产力，必须坚持"两个毫不动摇"，发挥"有效市场+有为政府"的系统合力，发挥资本作为生产要素的积极作用，壮大耐心资本，依法规范和引导资本健康发展。①

（三）资本积累和原始积累

金融化反映了信用货币体系下金融资本积累与现实资本积累相背离的趋势，在我国主要表现为信贷扩张与实体经济增长背离和实体利润越来越多地分配至金融机构。对此，郝芮琳、黄宝竹基于马克思主义信用、就业理论的分析表明，在就业总量上，金融化会抑制现实资本积累，导致可变资本规模收缩并且单位可变资本对劳动力的需求下降，就业整体下滑。在就业结构上，金融化带来的金融资本积累使金融业就业经历了从扩张到饱和与高技能化的过程，实体行业则由于现实资本积累的停滞而劳动力需求大幅缩减，同时，其行业工资由于劳动者的激烈竞争而下降，大量高技能人才流向金融业；在实体行业中，新兴行业在金融资本的估值逻辑下受影响较小，传统行业就业则下滑较为严重；金融化对私营企业就业的抑制作用强于国有企业。郝芮琳、黄宝竹基于2008~2021年省级细分行业面板数据的经验研究验证了上述分析，同时指出，当前的稳就业政策应充分发挥社会主义制度的优越性，引导金融资本与现实资本共同积累，着力稳定传统行业和私营企业就业以弱化前期的负向影响，防范高技能劳动力"脱实向虚"。②

张一指出，马克思对原始积累的认识经历了从模糊认识到清晰概括再到深入剖析三个阶段。从《哲学的贫困》以商业活动为蓝本初探"工场手工业"的形成条件，到《政治经济学批判（1857—1858年手稿）》和《政治经济学批判（1861—1863年手稿）》通过溯源资本揭开"资

① 陈绍辉、孙熙国：《马克思主义政治经济学视阈中资本的辩证作用与耐心资本的发展理路》，《学术界》2024年第9期。
② 郝芮琳、黄宝竹：《金融化、资本积累与就业》，《政治经济学评论》2024年第1期。

本的原始积累"的神秘面纱，再到《资本论》以英国为例揭露"资本来到世间"的真实写照，马克思明确了有关原始积累的历史细节，还原了这个被遮蔽的历史真相。马克思始终将原始积累置于社会历史的大背景下考察，将其视为一个暂时的、非一般性的历史过程。以历史辩证法阐明马克思原始积累理论的具体化发展与演进历程，是深化理解马克思对资本主义批判的重要途径。①

五　政治经济学整体研究与方法论研究

2024 年，学者们从整体视角，探索如马克思政治经济学的历史转向、马克思恩格斯对《资本论》误读的批判等问题。学者们也对马克思的政治经济学研究对象和研究方法进行了更为深入的研究，取得了丰硕的成果。

（一）政治经济学整体研究

借助历史之遗存去追溯和贴近历史的本来面目是马克思主义研究的重要使命。随着 MEGA2 等史料的不断挖掘，马克思政治经济学的历史转向问题正越来越受到关注。对此，冯莉、谢晓川指出，现有资料表明，马克思政治经济学的历史转向不是偶然的，而是深深植根于当时欧洲具体的经济和社会现实。马克思政治经济学历史转向的思想来源是古典政治经济学和空想社会主义的发展，现实来源则是对物质利益的追问和对西欧资本主义的反思。此后，马克思的政治经济学研究不再以"财富形成的秘密"而是以"财富带来的困境"为导向，自觉地把自己的政治经济学归入社会主义和共产主义理论光谱内，从而在价值取向、方法论体系以及未来指向上都发生了根本变革。这一历史转向为社会主义建设实践下的政治经济学探索、当代西方垄断资本主义发展的政治经济学批判、当代中国特色社会主义政治经济学建构都产生了深远影响。②

---

① 张一：《从"工场手工业的形成"到"资本来到世间"——马克思原始积累理论的历史演进》，《当代经济研究》2024 年第 11 期。

② 冯莉、谢晓川：《马克思政治经济学的历史转向及深远影响》，《马克思主义与现实》2024 年第 2 期。

国民经济学是马克思主义理论的重要组成部分之一，是马克思和恩格斯建构历史唯物主义的必要条件之一。姜海波指出，以往的研究对于恩格斯率先研究国民经济学的契机及其意义阐释得尚不够充分。由此，姜海波在回顾以往理论成果的基础上，以恩格斯的《国民经济学批判大纲》为中心，通过对恩格斯青年时期求学、经商和政论活动的文本进行分析，阐明恩格斯在李嘉图社会主义者的著作中获得了汇通德国哲学、法国社会主义思潮和国民经济学的灵感。只有经历了解决英国社会问题的契机，恩格斯才不得不暂时放弃了德国人特有的思维方式，转而去研究国民经济学，并意识到哲学方法论和研究范式转换的重要性，进而发现了推动历史进程的根本力量。①

在写作《英国工人阶级状况》过程中，恩格斯深入考察了 19 世纪英国的整体状况，从历时性的角度揭露了资本主义大工业生产中的种种矛盾。对此，刘娜娜认为，恩格斯将对资本逻辑的批判与对城市空间的分析有机结合，进而从工业化和城市化的双重维度揭示了英国现代化进程中产生的三组悖论。刘娜娜运用技术方法对恩格斯当时所观察的曼彻斯特城市形态变迁进行可视化分析，通过地理编码将曼彻斯特城市发展轨迹与现代地理数据进行匹配，探索社会发展与空间变化的互动、经典理论与现实场景的呼应，揭示恩格斯关于资本主义国家现代化研究的理论价值和现实启示。②

《资本论》既是马克思在政治经济学领域的光辉成就，也是马克思和恩格斯革命友谊的历史见证。从《资本论》发表到恩格斯逝世的 29 年间，资产阶级学者和"马克思主义者"在应用方法、引文规范、理论原创、逻辑体系、理论通俗化五个方面对《资本论》进行误读、歪曲甚至诋毁。对此，史玲对马克思恩格斯批判对《资本论》的五重误读进行了研究。史玲指出，为了捍卫《资本论》的革命性、科学性、创新性、

---

① 姜海波：《青年恩格斯研究国民经济学的契机及其启示》，《中南大学学报》（社会科学版）2024 年第 5 期。

② 刘娜娜：《〈英国工人阶级状况〉关于英国现代化进程研究的可视化分析》，《马克思主义研究》2024 年第 3 期。

完备性和人民性，马克思和恩格斯相继花费大量时间和精力对各种误读和歪曲展开批判。马克思恩格斯对《资本论》五重误读的批判，为当前科学把握《资本论》提供了有益参考。①

马克思主义创始人曾对洛贝尔图斯展开过三次集中评说，依次见于1861~1863年马克思对洛贝尔图斯"新的地租理论"的批判、1884年恩格斯为《哲学的贫困》德文版写的序言"马克思和洛贝尔图斯"、1885年出版的《资本论》第二卷的序言。对此，元晋秋指出，对洛贝尔图斯所谓"新的地租理论"的批判详细地展示马克思政治经济学批判的方法及具体环节；对洛贝尔图斯与马克思根本分歧的揭示凸显了政治经济学批判的特征及其对马克思政治经济学理论的意义；对洛贝尔图斯污蔑马克思所谓剽窃的驳斥为我们把握马克思的政治经济学及其革命性意义提供了根本遵循。重读这三次评说，对我们在今天坚持和发展马克思主义政治经济学具有重要启示。②

物质生产与经济基础是马克思主义解释文学乃至一切精神产品的出发点，然而令人奇怪的是，改革开放之后，随着比较文学跨学科研究在中国的兴起，在文学与哲学、文学与心理学等成为热点研究领域之后，很少有人研究文学与经济学的关系。对此，高旭东从跨学科研究的角度出发，全面系统地分析了马克思恩格斯对于文学与经济学关系的审视，并揭示了马克思主义的文学所受经济制约这一普遍真理。高旭东认为，马克思与中国古人都发现了"诗必穷而后工"的文学与经济发展的不平衡规律。马克思还深入分析了在生产力低下的古希腊艺术繁荣昌盛而科技发达之后神话反而消失的文化现象，这显然深受维柯、赫尔德等有关人类童年是天生的诗人论述的影响，但马克思却将其改造成以物质与经济动因分析神话艺术的理论。③

---

① 史玲：《马克思恩格斯批判对〈资本论〉的五重误读》，《当代经济研究》2024年第4期。
② 元晋秋：《从古典经济学家到马克思：生产劳动界定标准的嬗变经纬》，《学术论坛》2023年第3期。
③ 高旭东：《马克思恩格斯对于文学与经济学关系的审视》，《中南民族大学学报》（人文社会科学版）2024年第10期。

　　奈格里和哈特以后工业时代劳动范式从物质劳动向"非物质劳动"或"生命政治生产"的转换为由，对马克思基于物质生产的剥削理论提出质疑和批评。他们认为，一方面，资本剥削的对象不再是剩余价值，而是所谓的"共同性"；另一方面，受资本剥削的主体不再是工人阶级，而是所谓的"诸众"。周晓、王峰明指出，就前一方面而言，奈格里和哈特虽然论述了在新兴的数字技术条件下资本剥削的新变化、新特点，但不仅混淆了原始积累中（对自然资源和公共财产）的"剥夺"和资本家对雇佣工人的"剥削"，而且混淆了本质层面商品（如城市建筑物）价值的一元决定和现象层面价格的多元决定。就后一方面而言，由于剥削关系在本质上是一种经济关系和生产关系，所以奈格里和哈特所论述的资本剥削在时间和空间上的新变化、新特点，并未形成对马克思剥削理论的否定和解构；奈格里和哈特所罗列的所谓诸众的具体形象，都不过是对工人阶级的生产和生活状况的描述，因而并未形成对马克思工人阶级范畴的否定和解构。无论是"诸众"还是"共同性"，由于在内涵上模糊不清、在外延上过于宽泛，所以它们与其说是揭示本质和规律的科学概念，毋宁说是流于现象性描述的日常用语。①

　　长波理论是一种从资本主义发展的长周期来认识资本主义生产方式新变化和经济发展新走向的分析工具。对此，周钊宇指出，以技术创新长波理论为代表的主流经济学有技术决定论之嫌，其把资本主义的长期波动视为一种以固定不变的内在机制为基础的长周期。马克思主义长波理论则认为长波事实上构成了资本主义发展的历史阶段。但曼德尔的长波理论是"抽象层次+具体层次"的双层结构，缺乏中间层次理论的中介。积累的社会结构理论是"中间层次+具体层次"的双层结构，割裂了抽象层次理论对中间层次理论的制约。由此，周钊宇构建了一个包含"抽象层次+中间层次+具体层次"的三层结构马克思主义长波理论，试图将资本主义必然灭亡的历史命运、资本主义生产方式的阶段性特征与

① 周晓、王峰明：《马克思的剥削理论过时了吗？——评奈格里和哈特基于"共同性"的剥削理论》，《教学与研究》2024 年第 9 期。

资本主义经济的长期波动现象统一起来，并对资本主义经济发展史做出逻辑一致的解释。①

（二）研究对象和研究方法

黄泰岩运用马克思生产力决定生产关系矛盾运动规律的世界观和方法论，通过阐释马克思政治经济学对广义政治经济学和狭义政治经济学的划分和科学内涵，证明了马克思政治经济学的研究对象不同于《资本论》的研究对象，并通过马克思对资产阶级古典政治经济学和庸俗政治经济学的科学划分，阐明了政治经济学研究对象是否科学的唯一判断标准就是符合不符合生产力决定生产关系的矛盾运动规律。依据马克思政治经济学研究对象的科学理论，黄泰岩从中国经历的站起来、富起来和强起来三个不同发展阶段社会主要矛盾的转化出发，分别阐释了中国经济学在三个不同发展阶段的研究对象及其变化，说明了中国经济学的研究对象必须遵循生产力决定生产关系矛盾运动规律在不同发展阶段的性质和特征加以确定，并解构了中国经济学在强起来发展阶段研究对象的丰富内涵，以及对马克思政治经济学研究对象的创新和发展。②

刘道一指出，"逻辑与历史"关系问题是马克思与黑格尔共同的理论关切，也是马克思的辩证法全面超越黑格尔思辨逻辑的重要体现。马克思将对资本主义经济制度矛盾的论证过程，与对古典政治经济学的批判、对资本主义历史发展规律的探讨辩证统一，建立了科学的思想体系。刘道一在系统分析黑格尔"历史统一于逻辑"原则基础上，对马克思"逻辑与历史相统一"原则进行深入探究，阐述了马克思在经济思想史批判与资本主义生产方式批判这两方面的革命性理论突破，指出了遵循《资本论》所开辟的思想方向，进一步揭示了资本逻辑的本质、论证社会结构变革的理论与现实意义。③

---

① 周钊宇：《基于三层次结构的马克思主义长波理论研究》，《经济纵横》2024年第5期。
② 黄泰岩：《马克思政治经济学的研究对象及其中国化时代化》，《政治经济学评论》2024年第4期。
③ 刘道一：《"〈资本论〉的逻辑"对黑格尔思辨逻辑的批判与超越——基于"逻辑与历史"关系的方法论探究》，《马克思主义研究》2024年第3期。

在柄谷行人的《资本论》解读中，认为马克思通过一种康德式的"跨越性批判"才得以发现古典政治经济学所忽视的价值形态。值得关注的是，他将价值形态凸显为理解《资本论》的根本立脚点，甚至断言《资本论》"所有的秘密都在于价值形态"。进而，柄谷行人借助弗洛伊德的无意识理论和索绪尔、维特根斯坦的语言学思想，试图以价值形态的"非对称性"为中心，"直接"论证剩余价值来源的秘密以及一种"跨越性的抵抗运动"得以可能的契机。对此，谢家新指出，这种"直接"的论证方法，导致柄谷行人重蹈马克思所批判的古典政治经济学形而上学方法论的覆辙。与这种"直接"的形而上学方法截然不同，马克思强调一种"迂回"的价值形态辩证法，即价值形态必然经由一系列中介运动才能揭示诸具体环节秘密的辩证方法论。①

新辩证法学派从 20 世纪 80 年代兴起，逐渐成为研究马克思主义极具影响力的西方流派。新辩证法学派在批判分析的马克思主义、解构主义的马克思主义、新实证主义的马克思主义等流派的同时，通过对黑格尔逻辑学和马克思《资本论》的文本互释的方式，对马克思《资本论》逻辑展开体系性的解读，建构起解释和批判资本主义社会形式的科学工具——体系辩证法，从而对发展和捍卫马克思主义做出了一定的积极贡献。对此，王世军指出，新辩证法学派对马克思《资本论》逻辑的解读，存在严重缺陷，主要体现在对恩格斯关于《资本论》方法的误读上。对恩格斯关于《资本论》方法阐释的误读呈现系统性、复杂性与传播广泛性的新特点，新辩证法学派把恩格斯关于《资本论》的辩证法思想误读为旧辩证法；把恩格斯关于《资本论》方法的阐释误读为线性逻辑方法；新辩证法学派反对恩格斯把《资本论》辩证方法延伸到自然领域。批驳新辩证法学派对恩格斯关于《资本论》方法的误读，实质上是捍卫恩格斯对《资本论》研究的历史贡献，对正确理解和把握恩格斯在共产主义运动中的权威和地位具有重

---

① 谢家新：《〈资本论〉所有的秘密都在于价值形态吗——对柄谷行人形而上学方法论的批判》，《当代经济研究》2024 年第 5 期。

要的现实意义。①

　　王璐、陈鹏飞指出，西方学者对马克思方法论研究的错误倾向是对马克思经济学产生误解的根源。马克思的方法论首先是哲学方法论与经济学方法论的统一，这种统一表现为马克思在学术生涯中对哲学和经济学所进行的承前启后的批判性研究。马克思经济学的总体方法论包含着对象方法、范畴方法和体系结构方法的统一，这是马克思经济学形成严密逻辑体系的根本保证。该体系不仅超越了古典经济学，而且也对后来的西方主流经济学形成了强有力的批判。相对于马克思经济学总体方法论的科学性，西方主流经济学方法论的内在缺陷是其理论体系存在逻辑矛盾的根源和被现实一再推翻的重要原因。坚持以马克思主义为指导，从根本上讲就是坚持马克思经济学的科学方法，这也是总体方法论赋予当代政治经济学研究的重要意义所在。②

　　李天慧、张润枝认为，"从具体上升到抽象"和"从抽象上升到具体"是政治经济学的两种不同研究方法。前者是资产阶级研究政治经济学的方法，后者是马克思开展政治经济学批判研究的方法。资产阶级政治经济学质疑马克思的方法是形而上学的方法。马克思通过论证"从抽象上升到具体"是具有批判性和革命性的唯物辩证法，表明其是科学的政治经济学研究方法，而非形而上学的方法。"从抽象上升到具体"的方法具有高度的历史唯物主义哲学自觉，通过揭示资本的本质及其演绎规律，论证资本主义必将终结。"从抽象上升到具体"的方法表明《资本论》是哲学-经济学一体性研究范式的典范之作，研究《资本论》及其手稿需要从跨学科的研究空间对其进行哲学-经济学一体性研究。③

　　陈广思指出，马克思在《1844 年经济学哲学手稿》的"异化劳动和

---

①　王世军：《恩格斯关于〈资本论〉方法的再思考——新辩证法学派对恩格斯的误读剖析》，《社会科学家》2024 年第 5 期。

②　王璐、陈鹏飞：《马克思经济学的总体方法论辨析——兼论西方主流经济学方法论的内在缺陷》，《政治经济学评论》2024 年第 4 期。

③　李天慧、张润枝：《马克思政治经济学批判的研究方法再研究——马克思对"从抽象上升到具体"是形而上学方法质疑的回应》，《北京社会科学》2024 年第 2 期。

私有财产"部分运用了分析—综合法，形成事实—概念的文本逻辑，表明异化劳动的概念并不先验地、分析性地包含私有财产的概念。异化劳动与私有财产之间具有"（认识）理由—结果"的因果关系，这种关系的形成包含"异化劳动事实→异化劳动概念+'资本家'→私有财产概念"的分析—综合过程。通过马克思的这种方法论，我们可以明确马克思在此文本中为自己制定的理论任务及性质，证明马克思关于异化劳动和私有财产关系的推论不是循环论证，并从多个方面澄清学界认为此推论是循环论证的质疑。以此为视角来探讨这个问题，有助于我们深入了解青年马克思的思维方式、思想层次，以及马克思分析—综合法的科学性和深刻性。[①]

贾后明、吴宇杰、王鸽指出，马克思在《资本论》中运用唯物辩证法批判了古典政治经济学，不仅在思想观点和研究方法上，而且在叙述方式上形成了与资产阶级经济学的根本区别，建立起马克思主义政治经济学的理论特质和话语形态。《资本论》的经济学研究不仅使唯物史观具象化，而且通过对经济结构的矛盾分析和对经济活动的历史辩证分析，揭示了社会生产方式的演变规律，奠定了马克思主义政治经济学的科学方法论基础。《资本论》是中国特色社会主义政治经济学理论体系和话语体系构建的典范，要以唯物辩证法作为经济学研究的方法论基础，把对中国特色社会主义经济建设的历史过程、主要矛盾演变和制度结构性因素作为研究的主要内容，灵活运用唯物辩证法，促进中国经济学自主知识体系的形成。[②]

六　国家理论与世界市场理论

马克思曾提出构建政治经济学理论体系的六册计划，他指出："我

[①]　陈广思：《马克思的分析—综合法与循环论证问题——〈1844 年经济学哲学手稿〉"异化劳动和私有财产"文本再探》，《武汉大学学报》（哲学社会科学版）2024 年第 4 期。

[②]　贾后明、吴宇杰、王鸽：《中国经济学自主知识体系对〈资本论〉辩证法的传承与运用》，《经济纵横》2024 年第 10 期。

考察资产阶级经济制度是按照以下的顺序：资本、土地所有制、雇佣劳动；国家、对外贸易、世界市场。"① 马克思计划在后三册的研究中，以"国家"册为中介，由对一国资本主义经济关系的研究过渡到对世界范围内资本主义经济关系的研究，探索各个国家作为行为主体在对外贸易和世界市场上开展的经济活动和相互结成的经济关系。按照马克思的设想，全球化的历史发展趋势是资本主义全球化转变为共产主义全球化。② 2024年，学者们围绕马克思国家理论、世界市场理论继续展开研究，也有部分学者基于马克思的共同体思想探索人类命运共同体的构建问题。

（一）国家理论

随着人民美好生活需要的日益增长，如何提供更多更优质的公共物品、优化国家在公共事务中的经济职能，是实现全体人民共同富裕的重要议题。对此，陈晓仪指出，早在19世纪，马克思恩格斯已认识到资本主义国家经济职能的广泛性，并结合东方社会分析了国家出资"补助"私人资本和"国家承包商"垄断经营的公共经济干预模式。此后，西方学者持续展开对公共物品供给的理论探索和"回归国家"的福利制度实践，但难以逾越积累和合法化的危机。在走向共同富裕的道路上，以政企合作方式推动公共物品的普惠性供给，可被视为国家基于马克思主义国家理论和社会主义初级阶段经济关系而做的实践选择，反映出现代化经济治理中国家在规划与发展上协同化、在监督与调整上规范化等趋向。③

李洋指出，面对欧洲国家现代化进程中呈现的国家治理问题，马克思在其早期著作中围绕相关议题进行了逐渐深入的批判。《莱茵报》时期主要批判普鲁士官僚制度的治理缺陷，开始了对理性国家观的怀疑。

---

① 《马克思恩格斯文集》第二卷，人民出版社，2009，第588页。
② 参见《马克思恩格斯文集》第一卷，人民出版社，2009，第542页。"各个人的全面的依存关系、他们的这种自然形成的世界历史性的共同活动的最初形式，由于这种共产主义革命而转化为对下述力量的控制和自觉的驾驭，这些力量本来是由人们的相互作用产生的，但是迄今为止对他们来说都作为完全异己的力量威慑和驾驭着他们。"
③ 陈晓仪：《共同富裕视域下公共物品供给问题分析——基于马克思恩格斯国家经济职能理论的思考》，《经济学家》2024年第3期。

经过克罗茨纳赫时期研究视野的时空拓展，以及在批判黑格尔法哲学中确立的立场和方法，到《德法年鉴》时期，马克思的批判由政治国家深入市民社会领域，指出了私有制是资本主义国家治理的根本症结。马克思在不断深化的国家治理批判中，实现了向历史唯物主义思想方法的转换，理解这一过程对于剖析当下推进国家治理的理论与实践创新有重要启发意义。①

许耀桐指出，马克思和恩格斯所阐发的关于国家治理的一系列隽永原理，构成了国家治理理论体系的核心要义和基本元素。这些原理涉含了马克思和恩格斯对国家治理本质的揭示——有什么样的国家，就有什么样的治理，国家治理乃是执政者掌握运用的一种工具；对国家治理原则的确认——必须坚持站在人民的立场上、靠人民赋予的权力来治理国家；对国家治理领域和范围的界划——国家治理涵盖了经济、政治、社会、文化等诸多方面，同时，包含纵向与横向分权、中央和地方两方面的治理；对国家治理能力与效率以及发展趋势的评析——资产阶级暴露了他们无能力治理社会化大生产的国家，无产阶级已充分具备了国家治理的能力，能够卓有成效地、高效率地治理国家，人类的未来将进入共产主义社会治理。马克思和恩格斯阐发的国家治理基本原理，植根于建构国家治理理论体系的四大理论，二者有着密切的内在关系，呈现"理论与原理"相互依存、彼此呼应的结构样态。②

（二）世界市场理论

刘顺认为，马克思对资本主义"自由贸易"的批判，是其深入剖析资本主义经济运行的关键"病理"入口。这一批判具有鲜明靶向，使他深刻认识到资本主义自由贸易的二重性，即把资本矛盾传导至全球和在驱动生产力发展基础上加速社会革命。批判的价值和意义，始于经济问题但不止于经济领域、始于批判但绝非停留在批判，而是站在人类解放

---

① 李洋：《青年马克思的国家治理批判与思想方法转换》，《西北师大学报》（社会科学版）2024年第5期。

② 许耀桐：《国家治理：马克思和恩格斯阐发的隽永原理》，《河南师范大学学报》（哲学社会科学版）2024年第4期。

和制度进阶视野上，"由此出发"揭示了资本主义的内源矛盾及演进趋势。当今世界变乱交织，受资本逻辑操弄的虚假自由贸易大行其道。这不仅侵蚀全球产供链的稳定韧性，而且隐遁资本主义经济危机新样态、折射资本主义制度新困境、透射资本主义演进新趋势。①

　　自由贸易不仅是调节生产要素配置、改善供求关系的市场行为，而且在世界历史视野下也是关涉资源竞合的治理行为，蕴含着系统性的全球治理效应。对此，刘顺强调，马克思恩格斯把自由贸易与国家崛起、大国竞争、世界历史联动起来考量：通过对欧洲国家的分析，洞悉自由贸易话语权与国家兴衰之间的共振关系；通过对英美两国关系的省察，揭示了自由贸易博弈与大国竞争之间的深层联系；通过对自由贸易历史作用的二重性阐释，分析了自由贸易与世界历史之间的辩证共生关系。作为践行 21 世纪马克思主义的主要场域，中国坚持在时代前进的逻辑中前进，推动贸易和投资自由化便利化，在践行真正的多边主义中提升经济全球化的包容性及普惠性，致力于构建人类命运共同体。②

　　何爱平、李清华指出，数字资本在其价值运动过程中具有向全球范围扩张的鲜明趋势，马克思的世界市场理论描述了资本由一国发展到全球范围的空间扩张过程，为我们分析数字资本全球化扩张逻辑提供了理论基础。资本生产中的价值创造是世界市场形成的内在动因；资本流通中的价值实现推动世界市场的不断拓展；资本生产总过程中的价值分配引发并加剧世界市场危机。数字经济时代，在数字资本的国际生产、全球流通以及世界生产总过程中，数字经济价值创造、价值实现和价值分配的全球化促进了全球价值链分工的分散网络化；加深了"中心-外围"的层级性世界交往；重塑了剥夺性积累下的国际数字资源利益格局。由此引起数字资本扩张逻辑下关于数字权力技术根植与数字生命管控、跨国平台垄断资本的加速主义与数字经济危机倾向、逆全球化与财富集中

---

①　刘顺：《马克思对资本主义自由贸易批判的当代价值——兼论资本主义演进新动向》，《当代经济研究》2024 年第 3 期。
②　刘顺：《自由贸易的全球治理效应：国家兴衰、大国竞争与世界历史——从马克思恩格斯的洞见到中国智慧》2024 年第 4 期。

化趋势下的数字帝国主义霸权的空间批判性审思。[①]

（三）共同体思想

王丽丽指出，马克思在《1857—1858年经济学手稿》中通过考察特定历史条件下共同体样态，在共同体重建问题上深化了认识。在重建缘由上，洞察到货币与资本主导下的共同体在关联纽带、个体发展与价值取向上的多重矛盾表征是重建共同体的具体缘由。在重建进路上，强调确立起个体对劳动客观条件的肯定性关系，破除货币价值体系和资本生产关系的限制，以及塑形"结合劳动"与"共同劳动"形式，是重建共同体的主要进路。在重建进程上，明晰了超越资本主义共同体与高级复归前资本主义共同体这一复杂的历史进程。揭示出马克思对共同体重建问题的透视思维与理性认识，有助于厘清诸多与共同体重建问题相关的理论争论，推动构建新时代满足人类文明进步与发展需求的共同体新样态。[②]

马克思恩格斯共同体思想建立在对现实的个人及其社会关系的考察的基础上，是唯物史观的重要内容之一。对此，毛华兵指出，《德意志意识形态》作为唯物史观的奠基之作，是马克思恩格斯阐释共同体思想的典型文本，他们在该文本中对共同体思想做出了逻辑完整的论述，即通过批判"虚假的共同体"，揭示出共同体的演化规律，并提出建立"真正的共同体"的价值目标。基于对《德意志意识形态》的文本分析可知，构建人类命运共同体继承了马克思恩格斯共同体思想的价值旨归，发展了马克思恩格斯共同体思想的实践逻辑，诠释了马克思恩格斯共同体思想的时代要求。因此，构建人类命运共同体是以马克思恩格斯共同体思想为理论基础，同时又是对马克思恩格斯共同体思想的丰富和发展。[③]

---

① 何爱平、李清华：《数字资本价值运动 全球化扩张逻辑的空间批判——基于马克思世界市场理论的分析》，《经济学家》2024年第7期。

② 王丽丽：《马克思视域中现实共同体的历史性重建——基于〈1857—1858年经济学手稿〉的分析》，《当代经济研究》2024年第5期。

③ 毛华兵：《马克思恩格斯共同体思想及其当代阐释——以〈德意志意识形态〉为依据》，《甘肃社会科学》2024年第1期。

七 分工和所有制理论

在原始社会晚期，第一次社会大分工，即畜牧业和农业的分工，极大地提高了劳动生产率。与之相伴的，是私有制的产生。"至于畜群怎样并且在什么时候从部落或氏族的共同占有变为各个家庭家长的财产，我们至今还不得而知。不过，基本上，这一过渡一定是在这个阶段上发生的。"① 社会分工和生产资料私有制的产生，是商品经济产生的前提。"当畜群开始变为特殊财产的时候，个人交换便越来越占优势，终于成为交换的唯一形式。"② 社会主义制度下的分工和所有制结构对社会主义经济发展具有直接影响。2024 年，学者们也基于对马克思的分工和所有制理论的研究，分析社会主义市场经济体制下的分工和所有制问题。

（一）分工理论

郑礼肖认为，马克思分工理论蕴含分工演进的依据、分工的基本形式、劳动分工与生产力的发展和布局、国际分工的实质等内容，为推动共同富裕提供了新视角。劳动分工引致的劳动者群体收入分化、资本主导分工力量的日益强大、不合理的国内分工格局，以及我国在国际分工体系中处于产业链和价值链中低端的地位，阻碍了我国居民收入的普遍提高与共同富裕进程。我国社会主义市场经济条件下分工存在的不充分不平衡的状况导致上述问题，由此，共同富裕的实现路径要在社会主义市场经济体系下劳动分工的演进中寻找，核心是实现劳动分工的充分平衡发展。具体而言，要在实现劳动更广泛地分工和结合的基础上，规范和引导资本发展以确保劳动者更多享有分工产生的经济效益，深化改革以消除国内分工不平衡的问题，加快技术创新以提升国际分工地位。③

---

① 《马克思恩格斯文集》第四卷，人民出版社，2009，第 180~181 页。
② 《马克思恩格斯文集》第四卷，人民出版社，2009，第 179 页。
③ 郑礼肖：《马克思分工理论视域下共同富裕的现实挑战与对策建议》，《当代经济研究》2024 年第 1 期。

生态视角下的资本主义现代性危机具体表现为当下仍然存在的生态圈异化危机。面对这一危机，需要我们重新审视人与自然的关系的本质，以及这一关系在现实中的具体表现。对此，韩鹏、韩珺峰指出，理论上，以唯物史观为指导的马克思分工思想为我们解构生态圈的异化提供了批判路向指引，具体体现在对资本主义分工主体"工人"不自由处境和资本主义分工整体"机构"非理性生产两方面的批判中。进而，我们能够在本体论层面重识马克思分工理论中的生态圈的科学内涵。认识论方面，在"物质变换"与"生态圈"的关系中，马克思分工理论深刻阐释了"现实的个人"与人与自然关系本体论的统一；实践论方面，在"物质变换的裂缝"与"生态圈的异化"的关系中，马克思社会分工理论能够为人与自然关系本体论提供切实的回应。①

（二）所有制理论

包炜杰、陈晓青强调，"数据所有权"作为马克思主义所有制理论在数字时代的新议题亟待深入研究和阐释。就其出场逻辑而言，既有生产资料的数字化与数字的生产资料化这一客观经济事实，又有劳动过程方面数据要素参与价值和剩余价值创造，与此同时，数据所有权鲜明指向近年来数据要素收益价值分配失衡的现实问题。而探究数据收益分配失衡的发生机制时将会发现，从"数字圈地""数据垄断"到"数据资本"，数据在现实经济关系中被平台资本所实际占有，并导致平台资本成为价值分配的最大受益者。因此，"数据所有权"及其核心议题"数据确权"的关键在于，有效平衡数据主体、数据处理者和社会整体利益，通过数据分级分类、"三权分置"等方式确认授权，从而有效增强马克思主义所有制理论在数字时代的解释力，推动数字经济时代马克思主义所有制理论的守正创新。②

何欣鸿认为，社会所有制是马克思基于唯物史观对未来社会的所

---

① 韩鹏、韩珺峰：《马克思分工理论视域下生态圈的异化与重识》，《内蒙古社会科学》2024 年第 6 期。

② 包炜杰、陈晓青：《数据所有权：数字经济时代马克思主义所有制理论的新议题》，《上海经济研究》2024 年第 9 期。

有制形式做出的科学预测，是科学社会主义最核心的理论表达。它既是马克思着眼于社会历史发展的一般规律，历史性超越资本主义私有制，批判吸收资本主义文明成果的人类社会发展的最终目的；又是马克思立足于具体历史阶段的特殊性，对过渡时期以公有制为主体的多种所有制超越式发展的结果，是以马克思视域下共产主义第一阶段为历史起点的所有制形式。何欣鸿指出，根植文本，从占有主体、核心要义和崇高旨归三个向度看，马克思的社会所有制就是指劳动者联合体直接占有生产资料，以期实现人的自由解放和全面发展的所有制形式，是历史观和价值观的统一，科学性和人民性的结合。科学理解马克思社会所有制的历史定位和科学内涵，对于充分认识公有制的必然性、坚持公有制主体地位不动摇，正确研判社会主义初级阶段的历史方位、肃清围绕现实社会主义理论和实践错位的历史迷雾以及坚持人民主体地位、扎实推进全体人民共同富裕均具有十分重要的理论和现实意义。①

在阿姆斯特丹国际社会史研究所官网中，有一本 MEGA^2（《马克思恩格斯全集》历史考证版）尚未发表的马克思晚年关于法国土地所有制的笔记。该笔记由德语和法语组成，封面目录由恩格斯亲笔撰写，正文部分由马克思亲笔摘录。笔记的主要内容为土地所有制相关的详细数据。李岱、吴重庆对这一笔记进行了研究。二人指出，结合马克思晚年的研究方向，摘录笔记是马克思对国家革命问题与"六册计划"进行的更进一步的探索。在笔记中，马克思将多本文献资料中的数据汇总成一个社会经济结构框架。该工作一方面体现了他对社会底层群体的关切，另一方面显示了他对土地所有制问题的重视。马克思试图通过对土地所有制问题的研究，进一步揭示资本主义经济形态的内在规律与其潜在的历史发展趋势。②

---

① 何欣鸿：《历史定位、理论定性和价值定向：马克思社会所有制范畴的三重阐释》，《当代经济研究》2024 年第 10 期。

② 李岱、吴重庆：《MEGA^2 尚未发表的马克思晚年关于法国土地所有制的笔记》，《华南师范大学学报》（社会科学版）2024 年第 3 期。

八 马克思恩格斯其他经典理论

2024 年，学者们还对马克思恩格斯的经典理论，如"跨越卡夫丁峡谷"理论、农业与城乡思想、生态思想进行了深入研究，取得了诸多理论成果。

（一）"跨越卡夫丁峡谷"理论

俄国公社和俄国社会存在一条跨越资本主义的"卡夫丁峡谷"建设社会主义的发展道路，是马克思以《共产党宣言》《资本论》等代表性著作对于起主导作用的资本主义生产方式发展规律的分析为既定理论前提，根据俄国农村公社所处的世界历史环境，具体剖析俄国公社的特殊性质和作用于它的各种力量而得出的综合结论。因此，丁堡骏、唐缘指出，我们既不能以"跨越卡夫丁峡谷"理论来否定《共产党宣言》和《资本论》所揭示的人类社会发展规律的普适性，也不能以《共产党宣言》和《资本论》中关于资本主义发生、发展和必然灭亡的一般规律来否定东方落后国家存在跨越资本主义"卡夫丁峡谷"的可能性。马克思为东方落后国家指明的跨越资本主义制度的"卡夫丁峡谷"建设社会主义的发展道路，不是以社会主义和其他任何非资本主义之名发展资本主义，而是继承西欧资本主义时代成就、批判性地超越资本主义生产方式走科学社会主义道路。廓清马克思"跨越卡夫丁峡谷"理论的分析条件和理论地位，为我们排除流行于国内外的重塑、重构、重建唯物史观等错误思潮的影响，为我们深化对唯物史观的认识、以科学的唯物史观为指导坚定地走中国特色社会主义道路建设科学社会主义提供了理论支撑。[1]

孟宪平、唐旭晨指出，"跨越卡夫丁峡谷"是马克思晚年基于俄国农村公社所处的特殊历史环境而提出的如何不通过资本主义制度直接过渡至社会主义社会的理论设想，具有严格的限定条件和适用范围，具体

---

[1] 丁堡骏、唐缘：《论马克思跨越卡夫丁峡谷命题的分析条件和理论地位——兼与张一兵和孙来斌教授商榷》，《政治经济学评论》2024 年第 5 期。

包括：在历史域区上，该理论设想所指的主体对象为俄国农村公社而非俄国社会；在时间域区上，该理论设想是马克思在特定历史条件下所提出的具体策略构想而非任何历史条件下均能适用的普遍规律；在空间域区上，该理论设想探索的是"跨越"资本主义制度的"卡夫丁峡谷"而非"跨越"资本主义阶段的"卡夫丁峡谷"；在思维域区上，该理论设想旨在阐明社会发展道路在选择性与多样性上辩证统一的客观规律而非单线论与一元论交织结合的逻辑必然。厘清和辨析"跨越卡夫丁峡谷"适用域区，有助于廓清思想迷雾，以求实态度理解马克思主义基本原理，以求是精神弘扬理论联系实际的马克思主义学风。[①]

《给维·伊·查苏利奇的复信》是马克思晚年展望东方共产主义前景的重要文献。对此，温权指出，通过发掘俄国农村公社公有制传统"为何遭到破坏"以及"怎样能够挽救"的事实依据，马克思把因循"内外相济"的双向行动策略与同时完成"反封建主义-反资本主义"双重斗争任务的无产阶级革命，视为俄国跨越资本主义"卡夫丁峡谷"，实现向共产主义飞跃的可行性方案，从而揭示了俄国革命的农村公社之路。这既是东方落后国家摆脱集权专制包袱并规避资本剥削的恶果，率先进入共产主义社会的"先声"，又是策应西方无产阶级革命运动，加速实现共产主义世界理想的"信号"。马克思据此把"扬弃资本主义现代私有制"的共产主义进一步理解为"复活原始公有制的更高级社会形式"。以此为切入点，马克思无疑捕捉到了共产主义何以可能的"东方线索"，即如果残存公有制遗迹的农村公社为俄国另辟直达共产主义的蹊径，那么以俄国为典型代表的东方无产阶级革命，或可开辟出共产主义取得全面胜利的崭新地平线。这就意味着基于农村公社的俄国革命不只是东方无产阶级革命的特殊"剪影"，更描绘了世界共产主义运动的普遍"蓝图"。[②]

---

① 孟宪平、唐旭晨：《马克思"跨越卡夫丁峡谷"设想的适用域区考辨》，《湖南社会科学》2024年第5期。

② 温权：《俄国农村公社与东方无产阶级革命的二重性探赜——再论马克思〈给维·伊·查苏利奇的复信〉》，《山东社会科学》2024年第7期。

（二）农业、城乡与区域经济思想

纪志耿、唐华琼认为，马克思"合理农业"思想是其地租理论的重要组成部分。马克思坚持科学的辩证法，一方面，承认资本主义大农业的历史进步性，使农业社会中单凭经验沿袭下来的经营方法转化为农艺学的自觉的科学应用；另一方面，深刻剖析了资本主义大农业在对土地所有权的分离和垄断、对土地的粗放利用和土地肥力的破坏、对小块土地所有制的剥夺和排斥、对价格体系和价值体系的扭曲等方面的影响与限制。在社会主义市场经济条件下，我国发展现代化大农业，应吸收马克思"合理农业"中关于废除土地所有权的垄断、进行集约化耕作、不断提高土地肥力、发挥"小农的手"的重要作用、依靠有计划的联合体进行调节等重要思想，深入推进农地"三权分置"改革，从粗放经营走向集约经营，守住耕地红线，提高耕地质量，实现与小农户有机衔接，维护农产品产业链供应链安全稳定。①

严小龙认为，马克思恩格斯城乡关系思想是一个科学体系。这一体系的逻辑结构至少含有三个相互关联的逻辑层次：一是哲学基础即辩证唯物史观；二是基本原理即城乡关系互动关联论、城乡关系发展趋势论、城乡关系演进动力论、城乡关系融合实现论；三是重要范畴即基于分工的城乡浑然一体与城乡分离的关系、基于所有制的城乡对立与城乡融合的关系、基于时代特征的城市乡村化与乡村城市化的关系。其结构特征至少有三个，即人民主体性、历史洞识性、社会整体性。这一思想体系的方法论启示主要有：重塑城乡关系，走城乡融合发展之路；坚持"人民中心"，走城乡共同富裕之路；发挥制度优势，走城乡权利平等之路；深化改革举措，走城乡土地同权之路。②

姜伟贤认为，马克思恩格斯站在实现人的自由全面发展的高度，形成了生产力平衡布局、区域分工协作等思想，共同构成了马克思恩格斯

---

① 纪志耿、唐华琼：《马克思"合理农业"思想及其对发展现代化大农业的启示》，《经济纵横》2024 年第 7 期。
② 严小龙：《马克思恩格斯城乡关系思想科学体系及其逻辑结构和方法论启示》，《湖南社会科学》2024 年第 2 期。

区域经济发展的基本理论。这些理论对于社会主义区域经济发展产生重大影响，并在中国化过程中经历了区域均衡发展阶段、区域非均衡发展阶段、区域统筹发展阶段、区域协调发展阶段的演进。进入新时代，推进马克思主义区域经济发展基本理论的中国化，要求我们必须全面深化改革，解决区域间发展不平衡问题，因地制宜发展新质生产力，以创新驱动区域经济高质量协调发展，统筹发达地区与欠发达地区同步发展，促进新型城镇化与乡村振兴两大战略并举。①

（三）生态思想

赵麤、刘衍峰强调，《资本论》是马克思的经济学巨著，但它以"深刻而隐秘"的方式论述了生态问题。《资本论》生态思想具有内在而深刻的理论、实践和时代出场逻辑：马克思对费尔巴哈旧唯物主义自然观的扬弃，为《资本论》生态思想奠定了唯物主义的基础；资本逻辑主导下改造自然的实践引致破坏环境；工业革命对人与自然具有双重影响，在推动社会发展的同时也使资本主义国家背负沉重的生态代价。《资本论》生态思想内涵丰富，以人与自然的物质变换作为理论起点，在批判资本主义制度中反思建构物质变换断裂理论，为未来社会解决生态危机描绘蓝图。《资本论》生态思想为中国生态文明建设、实现人与自然和谐共生的现代化提供了理论指导和有益启示：要合理利用并驾驭资本，优化经济发展的生产方式，发挥社会主义的制度优势。②

学界一直存在关于《资本论》中是否有生态批判的争论。李傲挺认为，马克思的生态批判思想贯穿于《资本论》的文本内容，寓于马克思对资本主义生产过程、流通过程与具体资本形式的批判之中，并呈现整体性特征。《资本论》中马克思生态批判的整体性根植于《资本论》的整体性，表现在三个方面：第一，其生成过程表现为随着马克思批判视域的转换而呈现向现实社会生活逐层深入的整体性趋势；第二，其内容

---

①　姜伟贤：《马克思恩格斯区域经济发展理论及其中国化发展》，《经济纵横》2024 年第 8 期。

②　赵麤、刘衍峰：《〈资本论〉生态思想的出场逻辑、内涵要义与当代启示》，《当代经济研究》2024 年第 1 期。

体系表现为纵向覆盖资本主义产生、演化、增殖直至灭亡的全周期，横向涉及资本主义生产、分配、交换、消费的全方位的生态批判内容体系；第三，其逻辑结构表现为"生态自反性的抽象的一般可能——资本主义生产与流通过程中生态自反性的现实化过程——资本主义具体的经济形式中的反生态行为"的由抽象到具体的逻辑整体性，由此成为一个结构完整的理论整体。①

马克思物质变换理论为探究生态危机的发生病因和根治方案提供了审度视角。对此，沈广明指出，导致生态危机的原因主要有资本主义奉行的利己主义、科学技术的资本主义应用、人口的城市化集聚及以资本增殖为目的的市场经济四个方面，生态危机的根治方案主要有以社会正义为保障控制人与自然之间的交往秩序、以自然规律为遵循控制技术性活动、以城乡融合为路径控制人口生产与环境资源之间的冲突及以财产公有为基础控制社会生产过程。与西方一些维护资本主义的主流生态思潮根本不同，马克思物质变换理论把变革资本主义制度作为根治生态危机的内在要求，是指导人类成功摆脱生态危机泥潭的一种生态文明思想。② 毕秋认为，物质变换理论是《资本论》生态思想的核心内容，具有深刻的生态意涵。物质变换是人与自然交互作用的生态活动，它不仅具有贯穿于人类历史的普遍规定性，而且具有受社会关系制约的历史规定性，后者彰显了马克思物质变换理论的生态批判性和价值指向性。马克思基于资本逻辑对人与自然双重掠夺的客观事实，揭露了资本主义生产方式的反生态性，剖析了物质变换裂缝的四重致因，即资本主义生产方式、征服论自然观、科技异化和消费异化，并开创性探索了弥合物质变换裂缝的实践路径，提出了发展循环经济的理论观点。《资本论》没有过时，其中的物质变换理论依然具有时代解释力，对于推进人与自然

---

① 李傲挺：《〈资本论〉中马克思生态批判思想的整体性透视》，《中国地质大学学报》（社会科学版）2024 年第 4 期。

② 沈广明：《生态危机的病因与根治：马克思物质变换理论视角的审度》，《中国地质大学学报》（社会科学版）2024 年第 5 期。

和谐共生的中国式现代化具有重要的思想和实践启迪。① 王莹莹、张学立则从概念溯源及马克思人与自然物质变换思想的公共性、技术性、价值性和超越性等多重理性向度，对马克思人与自然物质变换思想进行梳理把握。王莹莹、张学立进而指出，习近平总书记提出的"人与自然和谐共生""绿水青山就是金山银山""'以人民为中心'的发展思想，持续提升人民群众福祉""构建地球生命共同体"等重要论断，蕴含着对人和自然关系、经济发展与环境保护关系的深刻反思，形成了马克思人与自然物质变换思想新时代的创新发展和中国化表达，充分彰显了马克思自然观持久的生命力和当代中国马克思主义者强大的理论创造力，开辟了 21 世纪生态发展和人类文明进步的新方向、新境界。②

刘郦指出，恩格斯在《英国工人阶级状况》里揭露了资产者对无产者的环境剥削与压迫，开创性地以阶级分析的环境视野，不仅从宏观层面上揭示了资本主义社会资本权力重塑自然环境，并借由对自然的污染和生态压制改变和异化了人类社会及工人阶级个体的生存环境状况，而且在微观层面上赋予以环境分层与区分、环境封闭与隔离、环境身份识别和职业环境疾病分类等为特征的阶级区分与对立一种新的环境表达；并揭露资产者通过环境规训和环境控制等手段进一步加强对无产者的阶级统治，从而使工人阶级处于悲惨境地。③

自资本主义社会大力发展农业生产力伊始，随着农业科学摆脱宗教神学的束缚，李比希开创性地提出人工施入矿物化肥的肥力补偿对策，进而使生态农业被纳入政治经济学的讨论域。王常冉、韩璞庚指出，马克思吸收了李比希探讨人与土地和谐共生的自然科学知识，并借助对"李比希对策"的扬弃，完成了政治经济学史上的一次重要转向。马克

---

① 毕秋：《〈资本论〉物质变换理论的生态阐释及其时代价值》，《山东社会科学》2024 年第 2 期。
② 王莹莹、张学立：《马克思人与自然物质变换思想及新时代中国化表达》，《贵州社会科学》2024 年第 7 期。
③ 刘郦：《基于阶级的环境分析——〈英国工人阶级状况〉的一种新解读》，《马克思主义研究》2024 年第 1 期。

思不但首次将生态农业的转型历史置于资本主义生产方式之中，揭示资本逻辑主导下农业由低水平生态向高水平反生态再有序发展到高水平生态的基本演变过程；从唯物史观的角度，提出了契合社会主义生产方式内在要求的人与自然和谐共生的现实路径。①

---

① 王常冉、韩璞庚：《马克思对"李比希对策"的扬弃与生态农业的政治经济学重构》，《南京社会科学》2024 年 12 期。

专题四
当代资本主义经济研究进展

当今世界正经历百年未有之大变局，全球经济复苏乏力，科技硬脱钩愈演愈烈，能源成本与通货膨胀高企，生态可持续发展进程受阻，西方发达国家主导的世界体系弊端丛生，当代资本主义陷入系统性危机。世界如何走出困境？人类社会发展的未来方向是什么？回答这些时代之问需要充分了解当代资本主义的发展。习近平总书记强调："世界格局正处在加快演变的历史进程之中，产生了大量深刻复杂的现实问题，提出了大量亟待回答的理论课题。这就需要我们加强对当代资本主义的研究，分析把握其出现的各种变化及其本质，深化对资本主义和国际政治经济关系深刻复杂变化的规律性认识。"[①] 2024 年，当代资本主义经济相关讨论从对新自由主义的批判反思，逐渐发展到对资本主义的整体性分析与批判，更多地集中于探讨替代资本主义的可能性与现实性。从议题上看，讨论既涉及对当代资本主义发展的阶段性特征与内生危机演变进行探索与反思，对数字资本主义演进和生产过程进行争鸣，也关注帝国主义研究的回潮等问题。这些研究都有利于我们分析把握当前出现的各种变化及其本质，深化了对资本主义生产方式的发展演变和前景趋势的认识。

一　当代资本主义发展的阶段性特征

自 2008 年国际金融危机爆发以来，当代资本主义的基本经济特征有

[①]　《习近平谈治国理政》第二卷，外文出版社，2017，第 66~67 页。

了一些新的发展与变化。我们需要对当代资本主义发展方向进行科学、准确、清晰的审视：一是要对当前资本主义发展阶段做出准确判断，在此基础上分析当代资本主义出现了哪些新变化、新特征；二是对目前当代资本主义阶级矛盾与不平等问题及原因进行反思。

（一）当代资本主义金融化特征的再思考

金融化是 20 世纪 70 年代末以来资本主义经济体系发生的最为深刻的变化之一，具体表现为资本积累重心转移、金融市场地位提升、金融部门膨胀等一系列现象。2008 年国际金融危机并没有中断这一进程，学界继续对当代资本主义经济金融化的运行逻辑、资本主义金融化的新特征展开研究。

第一，当代资本主义经济金融化的运行逻辑研究。朱安东、杨帅泓认为金融资本的全球统治仍然是当代资本主义的本质特征。金融资本的全球统治建立在两个基础上：私人金融资本主导美国经济、美国垄断世界货币的发行权与金融规则的制定权。在以美国为中心的金融化的全球积累体制中，金融资本嵌入全球资本循环的价格决定、价值分配、价值实现等环节，从中施加控制与榨取价值，并迫使各个国家接受对其有利的金融规则。金融资本的统治限制了全球经济增长的潜力，并造成全球债务膨胀以及积累模式的不可持续。[1]

第二，资本主义金融化的新特征研究。金融资本与数字资本的结合是当代资本主义经济的重要特征。毛小骅认为金融资本与数字资本之间不是相互割裂的关系，而是相互渗透、有机结合、相互促进，这构成了当代资本主义经济深刻变化的一个重要方面。金融资本与数字资本结合的一般逻辑可以分为三个方面：金融资本内含的二重性决定其与新兴产业资本的结合；在生产视域下，数据生产资料及要素成为金融资本的重要运营条件；在流通视域下，两者协同收取流通租金并转化为虚拟资本。[2] 文化

---

[1]　朱安东、杨帅泓：《金融资本的全球统治：基于全球资本循环的视角》，《世界社会主义研究》2024 年第 5 期。

[2]　毛小骅：《论金融资本与数字资本的结合——当代资本主义经济的重要特征》，《马克思主义与现实》2024 年第 5 期。

与金融的融合是资本主义金融化的又一新特征。马克斯·海文、张浩论述了研究文化与金融化之间的关系。第一种是金融文化，研究金融机构的制度规范、价值体系、情感模式等。第二种是金融化的文化，讨论金融文化对非金融领域的影响。第三种是文化生产的金融化，考察文化生产与金融化之间的相互影响。第四种是金融化的文化生产，分析文化产品如何表征金融化。在上述每一种关系中，金融化都被视为文化生产的深刻塑造者。无论由此产生的文化文本的内容是否明确或有意提及金融化，从金融化的角度解读文化产品已成为一种公认的、富有成效的方法论。①

　　第三，日常生活金融化研究。金融化的影响并不局限于经济层面，而是日益将社会生活的方方面面都卷入金融资本的运行逻辑之中。康翟认为垄断资本的过剩积累难题、新自由主义的放松管制以及信息技术革命共同推动了资本主义经济的金融化转型及作为其后果的日常生活金融化。尽管金融化进程为过剩资本提供了攫取剩余价值的渠道，一定程度上缓解了垄断资本的过度积累困境，却以实体经济的停滞及频繁发生金融危机为代价。从马克思的资本逻辑批判及意识形态批判出发，资本主义日常生活金融化的实质在于被隐性操控的微观金融主体的生成及剥削的极端化。总的来说，日常生活的金融化并未克服资本主义的内在矛盾，反而进一步深化并加剧了既有矛盾。② 王松、谢富胜研究了美国住房金融化问题，认为资本积累过程更倾向于投机性、流动性，使住房成为金融部门核心资产，推动房价暴涨和资产证券化规模扩张，形成地租提取和金融资本主导的金融化积累体制。"住房-金融循环"带来财富和债务膨胀，也导致不平等问题加剧、偿债能力受限，最终引发金融危机。房价泡沫破灭，金融化指标趋缓，不平等情况看似改观，但住房资本主义体制并未就此终结。美国为应对危机而采取的超常规宏观政策、信贷监管规则调整，实际上强化了这一体制。这导致近年来美国房价和未偿债

① 马克斯·海文、张浩：《文化与金融化互动的四种路径》，《国外理论动态》2024年第4期。
② 康翟：《总体性视域中的当代资本主义日常生活金融化批判》，《马克思主义理论学科研究》2024年第11期。

务连创新高，而低收入群体住房严重不足。住房不平等问题再现，引发住房市场结构集中化、住房空间生产高级化、无家可归者激增等新住房问题。① 姜宇辉提出金融化资本主义与之前的工业资本主义不同，以"无尽债务"的形式加剧了资本主义社会的内在困境，特别是引发了"债务人的诞生"这个严重危机。②

（二）资本主义经济体系的基本特征

垄断仍然是当代资本主义的关键特征。李妍研究了西方国家全球科技垄断权力的形成背景、构建方式及其困境。全球经济体系中的科技垄断是生产力向全球范围发展与国际垄断资本寻求超额利润之间矛盾运动的结果。在科技垄断的权力构建过程中，西方发达国家的跨国企业凭借垄断以科技为核心的知识资源，控制着生产和流通的关键节点，并通过强化从属企业和国家对其的依赖关系来维护不平等的权力结构。近年来，一部分发展中国家在寻求改变其从属地位的过程中，对原有的权力结构造成了冲击。西方国家为维护其科技垄断地位，打压发展中国家的科技发展，破坏全球产业链分工协作关系，阻碍科技合作交往，加剧了全球社会的矛盾和冲突。③ 宋宪萍认为西方发达国家贸易自由与贸易保护的共同指向是贸易垄断，美国的贸易垄断通过三种机制发生作用，分别为全球价值链分工机制、货币金融机制和收入分配机制。④ 余超研究了国际垄断资本通过生产部门的不平等交换获取级差租金和垄断租金性质的价值转移，通过非生产部门的掠夺性积累获取制度-垄断租金性质的价值转移。通过实证研究发现，中国和印度等发展中国家持续输出租金，美国、德国等发达资本主义国家持续输入租金，中国是世界上最大的租金输出国和发达资本主义国家获取租金转移的主要来源国，全球租金转

① 王松、谢富胜：《住房资本主义体制终结了吗——城市地租、住房金融化与美国住房问题》，《马克思主义与现实》2024 年第 5 期。
② 姜宇辉：《无尽债务——希望与谎言之间的金融化资本主义》，《当代世界与社会主义》2024 年第 6 期。
③ 李妍：《西方国家全球科技垄断权力的形成背景、构建方式及其困境》，《世界社会主义研究》2024 年第 10 期。
④ 宋宪萍：《西方发达国家贸易垄断的政治经济学分析》，《当代经济研究》2024 年第 6 期。

移总量有 1/4 左右来自中国的租金输出；随着劳动生产率提高和人民币升值，中国的租金输出量从 2006 年开始不断减少；中国在全球价值链中的地位有所提高，但是高端制造业的技术实力和市场占有率仍然明显落后于发达资本主义国家。①

资本主义阶级矛盾与不平等问题仍然是当代资本主义的重要特征。当代资本主义正面临着多重困境，涉及失业与贫困、生活水平下降、经济增长缓慢、社会流动性趋缓等，其中最严重的当属贫富差距持续拉大等不平等现象。不平等现象的加剧及其背后不可调和的阶级矛盾，充分折射出资本主义制度的发展困境。吴鑫分析了 21 世纪资本主义"超级剥削"的新变化及其影响。在逆全球化背景下，发达国家在对外贸易、技术封锁与移民管控等方面不断收紧政策，但由于劳动力套利系统与全球价值链的强化，超级剥削仍迅速从南方向北方蔓延，并从劳动密集型产业逐渐扩散至包括高新技术在内的所有经济部门。超级剥削带来的影响是双重的，其在缓解资本主义利润率下降趋势的同时也在产生着新的危机，而对于无产阶级来说，剥削程度的内部差异妨碍了共同阶级意识与国际性团结的形成，为此，全球左翼必须寻求新的斗争策略。② 弗雷德·马格多夫、约翰·贝拉米·福斯特、李帅等从垄断资本的视角分析当代资本主义存在的结构性危机，并以此为线索叙述了新自由主义的转向，以及新自由主义对工会的攻击和对工人阶级的全面掠夺。③

还有学者对当代资本主义进行多维度批判。齐泽克运用现代精神分析理论与马克思的辩证分析方法，条分缕析地勾勒出了当代金融资本主义"悖论"性的新特征，并从经济领域资本的多维度统治及其深度异化、政治民主的形式及其悖论，以及生态危机的必然性与担忧生态学的

---

① 余超：《国际贸易中的租金转移：理论逻辑与经验证据》，《政治经济学评论》2024 年第 2 期。
② 吴鑫：《21 世纪资本主义"超级剥削"的新变化及其影响》，《科学社会主义》2024 年第 3 期。
③ 弗雷德·马格多夫、约翰·贝拉米·福斯特、李帅等：《资本大劫掠：美国工人阶级面临日益严重的剥削和洗劫》，《国外理论动态》2024 年第 3 期。

冲突，进行了全面的批判分析。具体而言，在经济领域，资本的多维度统治体现为金融资本主义、数字资本主义和福利资本主义的矛盾或悖论；金融资本、数字资本和福利资本一方面表现出异化的日益严重趋势和危机的不断加深，另一方面显现出"垂而不死，腐而不朽"的特征。在政治民主领域，资本主义表现为民主的形式自由与政治民主实质上的被迫选择之间的矛盾；在生态领域，表现为生态危机的必然性与"担忧生态学"之间的冲突。① 崔丽华从经济、政治、文化视角对当代资本主义进行了空间批判。在经济领域，从"为了空间而空间"到"空间消灭时间"，资本主义出现了新的空间变化；在政治领域，从殖民、空间争端等到城市化过程中的非正义问题再到贫民窟的扩大、种族冲突、女权主义、非殖民化等，空间批判从宏观视角到中观视角再到微观视角；在文化领域，围绕全球化背景下对文化同质化的质疑，探讨未来社会中文化多元性与包容性可能开拓的新空间。空间批判从经济、政治、文化三个维度展开，呈现了当代资本主义世界秩序的新变迁。②

（三）当代资本主义发展特征的新概括

当代资本主义在全球化、技术进步和社会变迁的推动下，展现出多种新的发展形态与特征。许多学者从进步新自由主义、赛博资本主义、生命认知资本主义、利益相关者资本主义、战争资本主义、慈善资本主义、情感资本主义等角度概括了当代资本主义的新特征。

在新自由主义横行的几十年间，对资本掠夺的自由放任扩大了阶级的分化，激化了资本主义的社会矛盾，但以反阶级压迫为核心的传统社会运动不但没有高涨，反而长期低迷。美国左翼学者南希·弗雷泽对此提出了"进步新自由主义"的概念，试图揭示新自由主义是如何一边扩大阶级差距一边削弱阶级反抗的。王元认为，在新自由主义全球化浪潮中，以美国民主党为代表的资产阶级政治势力逐渐将新社会运动吸纳进了资本主义体系，用身份政治来弱化阶级政治，用文化诉求来替代经济

---

① 转引自孔明安《当代资本主义的三重批判及其新阐释》，《甘肃社会科学》2024年第3期。

② 崔丽华：《西方当代资本主义空间批判——基于经济、政治、文化视角》，《理论视野》2024年第11期。

再分配诉求，用表演式政治来架空真正的"平等"与"解放"，形成了"进步新自由主义"模式。这种模式虽然削弱了阶级政治，但也加剧了美国的极化政治和社会撕裂，使得美国资本主义出现了传统阶级矛盾和内部极化政治矛盾并存的双重困境，越来越缺乏自我改良的空间。[①]

技术与资本的合谋正在将当代资本主义体系的演化引向更具隐蔽性和欺骗性的赛博资本主义。吴静认为，资本通过对数字技术体系的占有和规则制定，建立起垄断一切信息和知识来源的"能指的霸权"（Hegemony of the Signifier），扭曲了现实世界的多样性和特殊性，旨在推动资本主义意识形态以技术无意识化的方式在全球拓展。在这一条件下，资本通过对平台零工劳动、数字游民等新型工作形式中借由数字技术所实现的自由时间、高收入等愿景的鼓吹谱写了"新劳动神话"；通过"元宇宙"商业蓝图和以大模型为基础的生成式人工智能，编制了"技术进步等于社会进步"的解放谎言。[②]

有学者认为当代资本主义经历了由福特主义到后福特主义再到生命认知资本主义的转变。安德里亚·富玛加利等认为"生命认知资本主义"具有三个核心特征：第一，固定资本的非物质化倾向使得生命兼具固定资本和可变资本的功能；第二，抽象劳动和具体劳动之间的界限日益模糊，生命本身被纳入增殖化逻辑，劳动价值论成为生命价值论；第三，形式从属和实际从属相互融合、相互促进，并共同创造了一种新的从属形式——生命从属。生命从属是征用和剥削的结合，主要包括四种形式：剥夺、榨取、金融从属和印随。[③]

脱胎于二战后利益相关者理念在北欧、西欧的地方实践，辅以股东资本主义由兴盛到遭受质疑，利益相关者资本主义在2008年国际金融危机之后渐成回潮态势。利益相关者资本主义强调地方行动与全球合作相互配合、关键利益相关者相互协作和制衡，以促进人类与地球的福祉，

① 王元：《"进步新自由主义"与美国资本主义的统治技巧》，《科学社会主义》2024年第5期。
② 吴静：《赛博资本主义的谎言和技术无意识化的真相》，《当代世界与社会主义》2024年第6期。
③ 安德里亚·富玛加利、王建辉、闫荣等：《生命认知资本主义》，《当代世界与社会主义》2024年第5期。

是对奉行自由放任原则、损害公众利益的股东资本主义的一种修正和重塑。门小军、傅媛媛认为，这种思潮并非某种全新的资本主义形式，而是"可持续资本主义""自觉资本主义""全球资本主义""莱茵兰资本主义"的混合体。利益相关者资本主义具有鲜明的去意识形态特征，其核心思想甚至未能超越皮凯蒂和德里克的观点，与马克思主义视野中的社会主义更是距离遥远。[①]

美国频繁发动战争的内在机理，可以用战争资本主义加以解释。杨柠聪认为美国战争资本主义是利用战争支出缓解周期性经济危机，并试图以此维持全球霸权资本主义。它源于第二次世界大战时期的"军事凯恩斯主义"和"永久战争经济"理论，表现为"五角大楼资本主义"和国家异化为"战争公司"。美国战争资本主义不仅加剧了美国经济社会矛盾，长期威胁世界繁荣与稳定，而且对中华民族伟大复兴所需要的和平国际环境构成挑战。[②]

20 世纪 80 年代以来，伴随着信息技术的高度发展以及新自由主义价值理念蔓延，福利国家制度下传统慈善的弊端引发广泛质疑，催生将富人视为超级代理、主张运用商业投资思维开展私人慈善的慈善资本主义思潮。陶卓睿总结了西方左翼学者对慈善资本主义进行的批判。2008年国际金融危机后，西方左翼学者不仅抨击以市场为导向的慈善商业化运作，更进一步批判以慈善为伪装的资本统治加剧不平等，从经济、政治、文化等维度较为全面地揭露了慈善资本主义的反动本质。[③]

二　帝国主义研究的回潮

20 世纪初，资本主义由自由竞争发展到垄断资本主义即帝国主义时代。毫无疑问，当代资本主义仍然是垄断资本主义，仍然处于帝国主义

---

① 门小军、傅媛媛：《重塑与局限：对利益相关者资本主义回潮的审视》，《马克思主义与现实》2024 年第 5 期。
② 杨柠聪：《美国战争资本主义批判》，《世界社会主义研究》2024 年第 7 期。
③ 陶卓睿：《西方慈善资本主义批判的新取向及理论评析》，《世界社会主义研究》2024 年第 9 期。

时代。但是，当代帝国主义赖以生存的社会经济基础与对外扩张掠夺所面临的国际环境，与列宁时代的帝国主义有较大差别，表现出许多新的历史特征，对数字帝国主义以及霸权国家的研究成为热点，帝国主义研究渐呈回潮态势。

（一）帝国主义概念的辨析

帝国主义是一种社会事实，是资本主义社会矛盾的特殊表现，它的存在、变化与消亡有着特定条件。在资本主义依附关系与中心-边缘格局已然形成但又面临重大冲击和深刻挑战的背景下，议题政治越来越成为当今帝国主义研究关注的焦点，由此衍生出不同的"帝国主义"概念，如金融帝国主义、生态帝国主义、科技帝国主义、文化帝国主义、数字帝国主义、媒介帝国主义等。王存刚、梁岱桐认为既有的各种"帝国主义"概念在时间、层次与道德评价三个维度上存在差异，根源在于帝国主义现象的变化和研究者认识维度的不同。为有效弥合帝国主义研究中存在的分歧，需要在元理论层面对"帝国主义"概念加以重塑。通过将帝国主义放入资本主义社会矛盾变化过程中加以考察，可以发现，帝国主义是资产阶级为了维护本阶级利益、解决资本主义社会矛盾而通过不同载体对外转移矛盾的现象。帝国主义贯穿整个资本主义发展过程，资产阶级主导着帝国主义的演化进程。①

（二）数字帝国主义研究

伴随着经济与社会的加速转型，资本主义由传统模式进入数字资本主义发展的新阶段，并催生了一种全新形态的帝国主义即数字帝国主义。数字帝国主义以数字技术霸权为依托，以数字劳动剥削、数据资源掠夺、数字平台垄断、数字监控与意识形态输出为主要手段，维护并加剧世界不平等格局。随着数字帝国主义的形成，数字资本具有了强大的全球扩张功能，数字殖民体系取代了旧殖民体系。温旭认为列宁帝国主义论为数字帝国主义批判提供了科学逻辑，是剖析其内在特征、演进过程、危机形态的理论工具，同时为构建数字社会主义提供理论指导。数字资本

---

① 王存刚、梁岱桐：《"帝国主义"概念的差异逻辑与重塑》，《教学与研究》2024 年第 12 期。

是从金融资本、商业资本和产业资本等职能资本的垄断融合中生成，并反向对职能资本产生操控作用的一种总体性资本形式。数字资本的无限增殖本性不仅使数字帝国主义国家内部发生严重的两极分化，而且造成巨大的全球数字鸿沟。因此，数字帝国主义具有数字资本和数字地缘政治的双重逻辑。数字资本在数字劳动社会化的基础上构建了一整套数字寄生性积累体系，实现最大化地榨取全球数字劳动者，从而导致数字资本积累和数字贫困积累的根本对立。① 朱晓庆、蔡丽华提出数字时代帝国主义形态出现新变化：数字技术成为霸权新利器、数字平台成为垄断新载体、数据殖民成为殖民新形式、数字空间成为帝国新领地。数字帝国主义以资本逻辑、领土逻辑与意识形态逻辑为权力逻辑，其中，数字资本崛起并上升为主导权力，资本主义国家权力在维护经济、政治与文化霸权等方面发挥关键作用。②

关于数字帝国主义的界定，方敏、赵华熹认为数字帝国主义是帝国主义演进的新特点，而不是新阶段。在数字帝国主义理论看来，2010 年以来数字平台的发展、跨国数字资本对数字技术和数据资源的垄断占有、资本积累空间从实体空间转向虚拟空间等变化，代表着当代帝国主义已经进入了一个新阶段。但是，这些新特点不能涵盖当代帝国主义的整体结构，与 20 世纪 80 年代以来在信息技术革命和新自由主义全球化过程中呈现的特征也没有本质区别，由此断定帝国主义进入了新阶段还为时尚早。③

（三）帝国主义与霸权国家

美国霸权是美国基于自身意识形态优越感和实力优势，根据自身利益和偏好，运用多种工具（包括极端手段）塑造、改造、支配国际体系，以及其他行为主体的外部政策行为甚至国内发展道路的战略选择与

---

① 温旭：《从资本积累到贫困积累：数字帝国主义的生成逻辑与本质透视——以列宁帝国主义论为视角》，《科学社会主义》2024 年第 6 期。

② 朱晓庆、蔡丽华：《数字帝国主义的型态、机制与应对》，《科学社会主义》2024 年第 5 期。

③ 方敏、赵华熹：《数字帝国主义：新特点还是新阶段》，《马克思主义与现实》2024 年第 2 期。

结果。① 美国霸权具体包括数字霸权、美元霸权、知识霸权等多种形式。

数字疆域是人类拓展的新空间，本应助推全人类的共同发展，但当百年变局与数字时代同步来临时，数字鸿沟和数字剥削问题却日益凸显，数字霸权成为美国霸权的最新组成部分。蔡翠红、于大皓认为，当前世界数字体系结构体现为以美国数字霸权为核心的中心-边缘依附结构，该体系中的中心国家对边缘国家实施数字殖民和剥削。美国凭借软件、硬件和网络三维数字霸权牢牢掌控着世界数字体系，并通过设置技术藩篱、征服全球市场、掌控数字产业、主导规则制定和输出文化力量等方式对边缘国家进行殖民和剥削，既损害了自身实力，又威胁了他国主权，还加剧了全球矛盾，阻碍着人类的共同发展。这一依附性体系在方便美国进行数字殖民剥削的同时，还巩固了美国的三维数字霸权，从而形成了恶性循环。② 段光鹏认为数字帝国主义凭借数字技术优势和资本主义制度的支持，将现实领域的霸权延伸到数字空间，使得处于统治地位的权力运行模式转变为数字形态。数字帝国主义时代的科技霸权扩张源于对霸权护持传统的历史叙事、对科技发展现状的深度不安和对国家兴衰变迁的战略审视，系历史、现实、发展三重因素共同驱使的结果。资本主义强国对科技霸权的追求已渗透到各领域的战略和政策的各环节，在指向层面表现为科技政治化、科技安全化、科技壁垒化，在权力层面表现为创新垄断权、标准设置权、空间主导权，在领域层面表现为主导生产端、操纵流通端、刺激消费端。③

美元被赋予过度特权，成为美国政府胁迫他国、控制世界政治经济、维护霸权的一种武器。舒展、郑丛璟认为以一国货币作为世界主要储备货币和国际结算货币，执行世界货币的职能，本身就潜藏了全球金融危机隐患和掠夺世界财富的剥削机制。以主动作为的高通货膨胀和高负债为特征的货币体系，使货币帝国长期呈现消费主义、外贸逆差和大量吸

① 李晨：《美国霸权：历史演变、行为模式与战略影响》，《当代世界与社会主义》2024 年第 3 期。
② 蔡翠红、于大皓：《"帝国的新衣"：世界数字体系下的美国数字霸权》，《当代世界与社会主义》2024 年第 3 期。
③ 段光鹏：《数字帝国主义时代的科技霸权扩张及其应对》，《科学社会主义》2024 年第 2 期。

收外资并存的局面，该国亦得以在这种特殊的货币环流格局中成为食利国。① 李宝伟等认为债务-美元体系是美国金融资本在全球攫取高收益的制度基础。美国实体经济弱化、美元和美国国债国际使用度下降等关键因素的变化使得债务-美元体系的国际货币霸权地位发生动摇。② 张彦、刘亚欣认为美国通过美元制裁、汇率操控、货币政策等手段进行武器化威慑，通过介入影响石油定价、高端制造业产业链、美元流通机制，维护"石油-工业-科技-市场"与美元相挂钩的货币依赖体系，利用体系、规范、同盟等为美元武器化提供制度保障。然而，美元武器化既不能扭转美国霸权衰落趋势，也无助于解决其国内经济顽疾，反而加速了"去美元化"进程，既加剧了地缘政治冲突，又增加了科技霸凌风险。③ 刘皓琰认为美国凭借自身在国际金融体系中的货币、资本、国际制度和舆论优势，通过金融战手段谋求政治经济利益的案例不胜枚举。美国发动金融战最常用的有四种手段：做空他国资本市场、汇率攻击、债务绑架以及将金融系统武器化。美国的金融战手段极易引发他国实体经济衰退和系统性金融风险，严重时还会导致他国丧失金融和经济主权。④

　　知识与文化霸权也是西方国家霸权性质的重要体现。李启咏提出制造、控制和传播学术是西方统治精英占领知识分子和民众大脑、实施对外思想文化征服的重要武器。西方学术殖民通过理论操纵、教育操纵、舆论操纵、语言操纵、组织操纵等方式，将其学术话语和战略意图传播到全球，形成以"西方中心主义"为核心的系统性知识霸权，不仅深度控制全球学术系统，还对政府行为和公众认知产生重要影响。⑤ 肖华锋研究了美国的文化霸权现象，提出实施对外文化战略是20世纪美国推行

① 舒展、郑丛璟：《货币帝国掠夺机制的危害与应对》，《当代经济研究》2024年第11期。
② 李宝伟、孙尧、张云等：《债务-美元国际货币霸权体系的支柱及优势——基于存量-流量一致模型分析》，《政治经济学评论》2024年第2期。
③ 张彦、刘亚欣：《美元武器化与霸权维护：机理、策略与影响》，《当代世界与社会主义》2024年第3期。
④ 刘皓琰：《解构美国金融战》，《当代世界与社会主义》2024年第6期。
⑤ 李启咏：《学术殖民、知识霸权与中国自主知识体系构建》，《世界社会主义研究》2024年第4期。

和维系世界霸权的重要手段，文化国际主义和文化帝国主义贯穿始终。二战后随着冷战的发生，出于建构美国国家文化形象、"争夺人心"和对抗苏联意识形态宣传三大目的，美国政府采取"干预主义"，制定法律，成立机构，增加预算，积极实施对外文化战略，官私合作成为主要运作模式，私人基金会与美国政府实现了密切合作，成为美国对外文化战略的延伸机构。文化项目和信息项目并行不悖，但宣传成为主基调，美国流行文化随着其文化产品流向世界各地，凸显了其文化帝国主义的动机。总之，虽有文化国际主义和文化帝国主义之分，但两者殊途同归，都是在为美国对外文化扩张和渗透服务。①

美国还将粮食霸权视为自身实力的根基，与世界其他粮食大国展开激烈竞争。徐佳利等认为，美国高度重视粮食安全议题，对内推行粮食新政，持续提升国家粮食安全水平；对外实施全方位全球粮食安全战略，不断强化对世界粮食体系的领导力和控制力。这加剧了全球粮食安全治理领导权之争，冲击了发展中国家粮食体系，削弱了全球粮食供应链韧性。②

有学者认为美国世界霸权开始瓦解。资本主义追求利润率与维护社会合法性之间存在着根本矛盾，表现为利润率危机与合法性危机的交替出现，需要采取不同类型的再分配方案予以解决。萨汉·萨瓦斯·卡拉塔斯利、王文彬认为，由于资本主义制度下的再分配并不是为了实现分配正义理想，所以无论何种方案都无法永久地解决危机问题，而每一次再分配都会催生新形式的危机。对荷兰、英国和美国称霸世界期间的再分配策略的比较分析表明，为了应对不断加剧的合法性危机，再分配计划的规模和范围随着时间的推移而不断扩大。尽管如此，资本主义世界经济中不平等现象仍在不断增加，上述国家的世界霸权地位亦接连遭到削弱。③

---

① 肖华锋：《20世纪美国对外文化战略：从文化国际主义到文化帝国主义》，《当代世界与社会主义》2024年第3期。

② 徐佳利、余博闻、牟思雨：《美国的全球粮食安全战略：动因、措施与影响》，《国外理论动态》2024年第6期。

③ 萨汉·萨瓦斯·卡拉塔斯利、王文彬：《世界霸权秩序、分配（非）正义与全球社会变革》，《马克思主义与现实》2024年第3期。

三 当代资本主义的内生危机演变

危机是资本主义的固有特征，但是这能够证明资本主义终将走向难以扭转的终极危机吗？当前，国际学界围绕危机和价值理论展开了一系列讨论。罗伯特·库尔茨等价值批判学者认为，资本的周期性危机必将演变成终极危机，且终极危机的开端已经浮现。而迈克尔·海因里希则认为，资本依然在持续创造新的剥削和价值积累形式，还没有显露出消亡的迹象。① 许多马克思主义学者对当前资本主义基本矛盾引发的一系列危机进行了广泛的批判分析。

（一）资本主义经济危机的演变与根源

作为一种经济制度的资本主义致力于资本的无限积累，资本积累的中断会引发周期性经济危机。自国家福利减弱和冷战结束以来，资本主义体系的不稳定性日益加剧。金融资本主义迅猛发展、垄断性竞争再次兴起、经济控制更加集中、资本投资的管控致使失业工人剧增等现象，一方面促使银行、私募基金和其他形式的资金大量累积，另一方面导致资本主义陷入危机状态。资本主义政府采取的紧缩政策不仅未能解决上述问题，反而加剧了"极右翼"的盛行。经济停滞、大规模失业和生产率下降等危机表现成为资本主义无法解决的难题，资本主义政府的暴力镇压和缓慢发展的工人运动更进一步加剧了社会撕裂。②

第一，资本主义经济危机的整体性演变。金融危机依然是资本主义经济危机的主要表现形式。崔慧敏、何寅认为，金融资本凭借其绝对的垄断地位，通过股票及证券市场投机、信贷体系、危机操纵等方式对普通民众、中小企业和落后国家等进行剥夺性积累。金融资本的剥夺性积累限制了生产性积累的发展，推动了财富的巨大集中，使普通民众愈加

---

① 转引自大卫·詹森、徐天意《资本主义的消亡：终极危机与价值实质》，《国外理论动态》2024 年第 4 期。

② 希勒尔·蒂克庭、陈文旭：《资本主义的永久性危机、衰退与转型》，《国外理论动态》2024 年第 6 期。

贫困化，导致了资本主义经济停滞与失衡、政治合法性危机和社会对立加剧等危机。金融资本在解决危机的过程中进一步加大了剥夺性积累，使资本主义陷入更深层次危机。金融资本的剥夺性积累已经成为当代资本主义进一步发展的桎梏。[①]

西方新自由资本主义转向新法西斯主义是当代资本主义危机演变的新形式。以"自由竞争"和全面私有化为意识形态标识的新自由资本主义携国家权力以令全球，形成全球金融垄断下的非生产套利和剥夺性积累，持续生产大量的"贱民"和"失败者"，造成了日益严重的两极分化和全球不平衡发展。与此同时，社会精神也从"倦怠"或"消极"向"仇恨"和"不满"转变，从而导致寻找"局外人"作为"替罪羊"的移民仇恨、族群仇恨等新法西斯主义在全球蔓延开来。艾莉森·J.艾尔斯、杨雷认为，自2008~2009年大衰退以来的时代见证了全球范围内众多具有右翼威权主义色彩的政治运动、政权和领导人的崛起和影响力的增强，人们将这种政治态势概括为"民粹主义"。这种概括往往忽略了对新法西斯主义力量、战略和过程的分析。尽管对政治态势的考察涉及某些"经济"因素，但在很大程度上回避了新自由主义资本积累潜在的系统性危机。[②]

人工智能对资本主义生产方式产生深刻影响，可能成为资本主义经济系统性危机的新形式。朱东波、杨继国认为人工智能及其在社会生产中广泛应用造成社会生产系统与价值交换系统二者之间的割裂。一方面，资本家在社会生产中引入人工智能，采取智能生产方式进行生产的根本目的在于实现价值增值，在于攫取剩余价值，因而必须将商品让渡给以产业工人为主体的消费者；另一方面，资本主义智能生产方式又将导致大量产业工人失业、收入赤贫化而无力进行支付、购买与消费等，这将

①　崔慧敏、何寅：《金融资本的剥夺性积累与当代资本主义危机——基于大卫·哈维的剥夺性积累理论》，《河北经贸大学学报》2024年第1期。

②　艾莉森·J.艾尔斯、杨雷：《新自由主义的资本主义积累的长期危机与新法西斯主义的幽灵》，《国外理论动态》2024年第6期。

导致资本主义经济系统性危机。^① 高奇琦分析了在"聊天-生成式预训练转换器"技术出现后，这种新型生产力结构条件下资本主义新危机发生的可能性。奇点生产力是建立在人工智能技术广泛运用基础之上的新型生产力。按照美国精英的构想，其应当被设定为一种锁闭行为。这一行为终结了其传统的耗散结构，使得资本主义的总危机可能率先在西方发达国家爆发。^②

第二，资本主义经济危机的根源分析。对资本主义金融危机的解释依然是当代资本主义研究的重要话题。李黎力、任维伟比较分析了明斯基与主流经济学对金融危机的解释。主流的金融中介观和"金融加速器"理论引入信息不对称，以被动且外生的方式解释银行和金融危机。该分析范式得到了 2022 年诺贝尔经济学奖的认可。然而，2008 年国际金融危机之后，主流经济学却一反常态地采用非正统的明斯基范式来修缮其叙事框架。明斯基以根本的不确定性为基点，从银行信贷创造观出发，提出内生经济周期的"金融不稳定性假说"。比较研究表明，尽管两大传统在银行行为理论、金融危机和经济周期理论，以及更深层次的货币本质观上存在实质性分歧，但以信息不对称为情境预设的主流范式与以根本的不确定性为情境预设的明斯基范式并不构成不可调和的矛盾冲突。一方面，主流的信息进路为有关银行和金融危机的研究做出了深刻贡献；另一方面，应适当借鉴明斯基的洞见，以补充和改进主流的研究进路，甚至对二者进行必要的综合。^③ 孙寿涛、鞠新瑞总结了伊斯梅尔·侯赛因-扎德解释当代金融危机的新框架，即"金融部门独立化—金融资本的动态积累（金融资本过度积累）—金融危机—长期性经济衰退"。这一解释框架将以生产资本积累内在矛盾为核心的经济危机理论拓展到以金融资本积累动力学为核心的金融危机理论，实现对马克思经

---

① 朱东波、杨继国：《人工智能、价值创造与资本主义危机》，《当代经济研究》2024 年第 2 期。

② 高奇琦：《从独占幻想到全球共享：奇点生产力加速的资本主义总危机与中国希望》，《马克思主义研究》2024 年第 4 期。

③ 李黎力、任维伟：《银行和金融危机：明斯基与主流经济学的比较》，《政治经济学评论》2024 年第 4 期。

济危机理论的时代发展。^①崔慧敏认为西方资本主义在从一般资本统治向金融资本统治的转变过程中，资本积累重心也由生产性积累转向非生产性积累。剥夺性积累作为当代西方金融资本主义非生产性积累的现实表征，以公共资产的私有化为基础，以信用体系为工具，以投机和寄生为主要特征，对社会各阶层进行财富掠夺。金融资本的剥夺性积累内在地蕴含着反生产性积累的力量，持续扩张的虚拟资本投资会削弱实体经济的规模，导致产业萎缩，而信用体系的过度滥用则会引发债务危机。西方经济可能在产业萎缩和债务危机的交互作用下陷入停滞，甚至面临更深层次的金融危机。^②

美国债务攀升可能造成的债务危机给世界经济的未来发展带来了挑战。美国债务攀升已经成为阻碍世界经济复苏和可持续发展的主要不确定因素，也是国际金融市场乃至世界经济系统性与非系统性风险的主要诱因。美国债务攀升呈现债务规模大、负担沉重，债务增长速度快，债务刚性显著，债务支出具有不可逆性以及债务风险与危机持续增加等特征。^③焦成焕、杨治清通过构建马克思主义借贷资本再生产理论模型来探讨资本主义债务危机产生的原因。首先，假设扩大再生产投资不完全有效，从而在社会资本扩大再生产模型中引入闲置资本，并揭示闲置资本的不断积累将导致生产过剩。其次，在闲置资本基础上引入借贷资本，构建借贷资本扩大再生产模型，并考察闲置资本和借贷资本在扩大再生产中的动态过程。引入借贷资本后，再生产模型可以应用于对债务的分析。结果发现，资本主义生产必然导致债务不断累积，引发债务危机，进而导致经济危机的爆发，经济增长率、利率、上一年杠杆率是影响经济危机爆发及其规模的主要因素。^④

---

① 孙寿涛、鞠新瑞：《金融资本积累动力学——伊斯梅尔·侯赛因-扎德对马克思经济危机理论的发展》，《当代经济研究》2024年第6期。

② 崔慧敏：《金融资本的剥夺性积累逻辑及其危机机制》，《世界社会主义研究》2024年第7期。

③ 保建云：《美国债务攀升和世界经济风险的应对战略》，《当代世界与社会主义》2024年第5期。

④ 焦成焕、杨治清：《马克思主义借贷资本再生产理论模型构建——兼论当代资本主义债务危机爆发的原因》，《经济纵横》2024年第5期。

资本主义经济危机的实质是生产相对过剩危机，因此对它的考察不能离开产能过剩分析维度。徐春华研究了资本主义产能过剩及经济危机的内生机理。研究发现，发展中国家的产能利用率整体上低于发达国家，中国的产能利用率呈现相对平稳的变动趋势。中国相对较高的劳动收入份额有效防范了 2008 年国际金融危机的严重冲击。资本有机构成提高在短期内会降低产能利用率，在长期中则有助于提升产能利用率。劳动收入份额提高对发达国家产能利用率有显著负向影响，而对发展中国家产能利用率则有显著正向影响。产能利用率提升会显著提升资本有机构成，在短期内不利于发达国家的劳动收入份额提升。发达国家更易陷入资本主义经济危机内生恶性循环中。① 吕守军、王牧之基于阿姆斯特丹学派理论的分析，提出新自由主义嬗变及其系统性危机积累的主要原因，是对资本逐利性本能的过度放纵，导致了资本在无序扩张的过程中，更加垄断地集聚于跨国金融资本及其盟友囊中。②

第三，当代资本主义其他形式的危机。一方面，资本主义国家的民主政体出现了新形式的危机，即民主倒退。李月军、唐宇认为与先前因战争、军事政变等引发的民主危机或崩溃不同，民主倒退危机表现出渐进性、内生性等特征。西方学界就何谓民主倒退、民主倒退因何出现、民主倒退有何后果、如何在倒退中拯救民主等问题进行了大量的争论。从本质上讲，民主倒退体现出来的危机为资本主义国家及其民主理论和制度所固有，西方学者仅仅从资本主义国家民主政体内部寻求策略性调适与改革，其作用非常有限。③ 另一方面，粮食作为人类社会最基本的生活和生产资料，在国际政治经济秩序中起了至关重要的作用。许准梳理了世界近现代的粮食问题，利用多个角度的历史数据分析了 19 世纪末以来几次主要世界粮食市场危机的成因和影响，

---

① 徐春华：《资本有机构成、劳动收入份额与产能利用率——一个审视资本主义内生经济危机的视角》，《政治经济学评论》2024 年第 5 期。

② 吕守军、王牧之：《阿姆斯特丹学派理论和其当代价值研究——兼论自由主义演化过程和新自由主义危机》，《政治经济学评论》2024 年第 2 期。

③ 李月军、唐宇：《资本主义国家政体的新危机：民主倒退》，《国外理论动态》2024 年第 6 期。

并着重突出了国际粮食体系的概念。粮食体系包括粮食的生产、分配与交换关系，从属于总体资本主义生产关系。现代社会的发展伴随着国际粮食体系的危机与重建，这个过程过去没有，以后也难以真正解决全球的粮食问题。[①]

（二）资本主义生态危机的再考察

自工业革命以来，人为因素影响下的地表和大气成分的变化速度远远超过自然的演化进程，诱发的全球变暖、海水污染、资源枯竭等环境问题也变得愈加严峻。2024 年对当代资本主义生态问题的研究主要集中在对资本主义生态治理逻辑批判与人类世资本主义研究方面。

第一，对资本主义生态治理逻辑批判。斯蒂芬·M. 加德纳等批判了气候变化政策的成本论。气候变化政策的反对者常常诉诸成本论来加以反驳，而这种反驳是站不住脚的。相对于成本因素，"不伤害""基本人权""伦理责任"等伦理因素具有优先性。严格意义上的"成本收益分析"是指标准市场成本收益分析，它最具争议，也最有可能与核心的伦理概念发生冲突。这种分析方法既仅仅关注偏好满足本身，也误解了伦理判断的本质。实际上，伦理因素在任何成本分析中都具有根本性作用。气候协议规定，发达国家负有支持发展中国家的责任，出于法律、伦理和实际考虑等理由，发达国家应当履行这些责任。这些都超越了简单的成本收益分析。[②] 贾点点批判了西方气候变化模型及方法。他认为西方气候变化经济学运用外部性内部化方法，将气候变化影响纳入长期经济增长动态模型，由此得到"最优"的经济增长与气候变化路径。这一模型结果的生成并非基于数学模型的"科学性"，而是基于模型与参数的设定偏好，这些设定与偏好反映出气候变化经济学的新古典缺陷，即成本-效益分析下的机械论思维和外部性内部化方法的局限。解决气候变化问题，应从人与自然的物质变换关系出发，设置全面的气候变化控制目标和实施方案，建设人类命运共同体，形成全球气候治理最广泛的共

---

① 许准：《国际粮食体系的危机与重建》，《政治经济学评论》2024 年第 1 期。

② 斯蒂芬·M. 加德纳、唐纳德·A. 布朗、毛兴贵等：《气候变化政策的成本论反驳及其伦理问题》，《国外理论动态》2024 年第 5 期。

同力量。①

第二，人类世资本主义研究。当代著名生态马克思主义学者约翰·贝拉米·福斯特于 2010 年首次提出"人类世资本主义"理论，意指人类未来受到资本主义制度及其背后隐匿的巨大资本积累引擎的威胁，这种威胁在当下表现为资本主义生产方式与地球生态系统之间存在冲突。自此，"人类世资本主义"受到生态马克思主义学界的广泛关注。周岳总结人类世资本主义主要表现为"化石资本主义""生态帝国主义""灾难资本主义"三种形态，三者相互交织，成为当代资本主义体系中生态崩溃的根源。要阻止"人类世资本主义"继续侵蚀人类自由发展的基础，必须依靠"环境无产阶级"领导生态革命，实现人类与自然共同发展的"人类世"生态社会主义战略愿景。②

化石资本主义是资本主义的一种形态，它建立在化石燃料消费不断增长的基础上，从而产生了持续增长的二氧化碳排放量。尼古拉斯·格雷厄姆等提出，化石资本主义依靠化石燃料的不断消耗实现资本积累，但也导致了气候危机。为了应对气候危机，化石资本主义向气候资本主义转型。后者虽然是一种将投资从化石燃料转向"脱碳"和可再生能源的新兴积累战略，但在市场主导的能源转型中，利润和投资回报却是资本集团考虑的首要因素。这就带来两个方面的问题：一是从长期来看，资本主义增长的必要性与排放脱钩的可能性仍然存疑；二是从短期来看，转型也不一定成功。而能源民主主义作为一系列以行业为重点的激进改革，是解决气候危机的一种可能性尝试。③

生态帝国主义是资本主义阶段性发展的产物，是资本主义生产方式下资本扩张的必然结果，主要表现为资本主义"中心"国家对"外围"国家进行资源掠夺和污染转移，并借由生态环境问题推行帝国主义强权

---

① 贾点点：《气候变化经济学能解决气候变化问题吗——对西方气候变化模型及方法的批判性反思》，《当代经济研究》2024 年第 6 期。
② 周岳：《"人类世资本主义"生态批判理论探析》，《当代世界社会主义问题》2024 年第 1 期。
③ 尼古拉斯·格雷厄姆、威廉·卡罗尔、周岳等：《气候崩溃：从化石资本主义到气候资本主义》，《当代世界与社会主义》2024 年第 1 期。

政治，限制和打压"外围"国家的发展进程。马里科·弗雷姆等总结生态帝国主义表现为，在等级制的资本主义世界体系中，新自由主义全球化使全球资本似乎可以不受约束地在全球范围内剥削自然。对于身处贫困和边缘化状态的全球南方来说，全球化不过是当代生态帝国主义的一种存在形态，全球南方的资源以消费品和生态不平等交换的形式流入全球北方，而利润则被跨国公司蚕食；并进一步提出在关于 21 世纪环境保护主义的讨论中，生态帝国主义在很大程度上被忽视了。① 邱卫东认为生态帝国主义的本质是主要资本主义国家的资本霸权在全球生态领域的典型反映。这种在现实进程中主要借助产业、金融、技术、政治军事垄断掠夺全球资源和财富，进而在不平衡发展中造成边缘国家乃至全球生态环境恶化的生态帝国主义，不仅造成了对自然和社会的双重危害，而且较之传统的帝国主义样态更具隐蔽性、渗透性和强制性。② 崔文奎、胡启明系统梳理美国近 20 年来的气候政策，清晰地展现出一种生态帝国主义的逻辑与本质，美国借此维护自身在自然资源获取、环境空间使用、全球贸易和国际劳动分工等方面的整体性优势地位，进而实现对"外围"世界的新一轮牵制、剥削与掠夺。③

灾难资本主义是当代资本积累的新变化。随着新自由主义全球化、金融化过程中各种深层次矛盾的激化、右翼民粹主义政权的危害以及跨国农业综合企业进行全球土地套利所引发的生态和流行病综合灾难，资本主义制度的系统性失败和急剧衰败，已经演变为一种灾难资本主义。

尽管当代资本主义危机丛生，但为什么垂而不死？相对于 19 世纪和 20 世纪初期危机重重的竞争的资本主义，马克思和列宁关于资本主义走向消亡和垂死性的政治断言无疑都是正确的。然而，马克思和列宁都没有预料到的实际情况是：资产阶级为了资本主义制度的生存，不得不改

---

① 马里科·弗雷姆、田方晨、刘明明：《基于世界体系理论视角的生态帝国主义研究》，《国外理论动态》2024 年第 2 期。

② 邱卫东：《生态帝国主义的生成逻辑、本质透视及应对策略》，《理论视野》2024 年第 4 期。

③ 崔文奎、胡启明：《美国气候政策的生态帝国主义逻辑与本质》，《世界社会主义研究》2024 年第 9 期。

变自己，并且已经真的改变了自己，资本主义靠着"社会关系的再生产"，获得了自己的新的发展空间——空间的生产，由此获得了有限的幸存。①

四 数字资本主义演进的新形态及其内在矛盾

数字资本主义是当代马克思主义理论研究的前沿议题，而考察资本主义数字化变革的历史渊源、演进逻辑及其内在矛盾是深入剖析数字资本主义的前提。

（一）数字资本主义的演进趋势

平台革命、（大）数据革命和人工智能革命催生了数字资本主义。在数字资本主义条件下，以平台为基础、由数据驱动、由人工智能赋能的商业模式获取了日益增长的利润份额，直接或间接控制了越来越多的经济生活领域，并日益成为创业公司和老牌企业的行为榜样。② 陈文旭认为，资本主义数字化变革肇始至今，催生了新形式的数字劳动，塑造了新形态的数字资本，扩展了资本剥削与积累的新模式，它汇聚成了一股浪潮，急速席卷当代资本主义世界的各个领域，进而变革经济结构、改造货币体系、深化网络霸权秩序、制造赛博无产阶级。数字技术在资本主义的社会关系中沦为意识形态工具。③

数字垄断资本是数字资本主义的重要特征。杨天宇提出，从垄断利润的来源来看，数字垄断资本可以定义为垄断数据相关商品的生产和销售，主要通过垄断定价和数据竞价来获得高额垄断利润的资本形式。从经济表现来看，数字垄断资本在市场结构、市场行为和市场绩效环节的垄断势力，全方位地加强了垄断资本对数字经济领域的控制力。从经济

---

① 张一兵：《当代资本主义为什么垂而不死？——列斐伏尔〈资本主义的幸存〉研究》，《求是学刊》2024 年第 1 期。
② 蒂姆·塞德尔、马英杰、刘歆：《商品化与根本性变革：从理论上阐明数字资本主义》，《马克思主义与现实》2024 年第 4 期。
③ 陈文旭：《资本主义数字化的阶段特征与趋向研判》，《国外理论动态》2024 年第 1 期。

影响来看，数字垄断资本对微观经济和宏观经济的影响具有二重性，它在某些方面具有提高生产率和促进经济增长的作用，但在其他方面又具有相反的负面作用。① 叶龙祥、钟锦宸认为，数字资本逻辑作为资本逻辑的延伸，其所引发的数字"失控"现象，实质上是资本逻辑的反映与扩展，进而导致了数字化背景下的资本统治、劳动剥削与技术操纵。当代数字资本主义的发展带来了生产方式和劳动形态的新变革，数字资本逻辑并没有被根除，并且愈来愈呈现出数字资本增殖逻辑下的"竞争-垄断"宰制、数字资本扩张逻辑下的"中心-边缘"控制、数字资本物化逻辑下的"多维-单向"压制的嬗变趋向。②

　　"技术封建主义"是西方学者诊断数字资本主义经济模式和政治结构的新术语，其产生源于"技术"和"资本"等同地支撑资本主义生产方式变革的技术逻辑。李弦认为，技术封建主义仿佛是对传统封建社会的某种回返，同时，技术封建主义作为资本主义的一种新形态又会反噬资本主义自身，进而延续了"资本主义必然灭亡"和"资本主义终结论"的主题。技术封建主义思潮的理论图景可以概括为三大逻辑，即市场让位于云封地、利润让位于数字地租的经济逻辑，技术型权力兴起和社会等级制度彰显的政治逻辑，参与式民主文化让位于"大他者"的文化逻辑。技术封建主义本质上是一种垄断性、寄生性、非生产性的云资本，最终会侵蚀掉资本主义赖以生存的自我增殖能力。③ 靳欢欢认为，"技术封建主义"的数字资本主义结构形成了以数据剥夺和知识垄断为核心的剥夺式积累模式，建构了一种与封建关系类似的新型社会控制模式和征用逻辑，强化了市场调节的私有化和平台国家化的治理模式，从而在一定程度上阻碍了数字经济的发展。技术封建主义的塑形并没有改变数字经济和数字资本主义所处的历史时期，当代资本主义的知识掠夺和数字租金仍然具有生产力特征，西方资本主义国家推行的技术封锁手

---

① 杨天宇：《数字垄断资本的政治经济学分析》，《当代经济研究》2024 年第 1 期。

② 叶龙祥、钟锦宸：《当代数字资本逻辑的批判起点、嬗变趋向与实践超越》，《当代经济研究》2024 年第 1 期。

③ 李弦：《技术封建主义思潮的理论图景及其评介》，《科学社会主义》2024 年第 5 期。

段是帝国主义的霸权主义行径，数字资本主义仍属于马克思所批判的那个以私有制和剥削劳动力为基础的社会制度。[①]

资本主义生产方式与人工智能技术、智能化劳动资料、智能化生产过程的融合互动，形塑了人工智能资本主义。韩文龙、李艳春认为，数据生产资料所有制、智能劳动结构、收入分配是支撑人工智能资本主义经济运行的三重关键结构。在数据生产资料的"圈地运动"之后，数据为资本所主导，体现为数据生产资料的支配使用关系、数据产品的占有和分配关系、数据生产资料和产品的处置关系等三维产权关系。人工智能重组了资本主义劳动过程、再造了资本主义劳动结构、重塑了资本主义劳动关系，促使新的劳动体系逐渐形成。人工智能资本主义在分配领域表现出智能机器占有者与劳动者之间收入的极化、高技能劳动者与普通劳工之间收入差距的扩大化、大型智能企业与一般企业之间利润收入的极化、中心国家与外围国家之间智能鸿沟的深化四个方面的新变化。[②]周绍东、邹赛认为数字资本主义将朝着智能资本主义的方向转变。数字资本主义是20世纪70年代以来资本主义第五次经济长波的表现形式。在第五次经济长波的扩张段，数字资本主义通过技术替代实现深度扩张，通过空间蔓延实现广度扩张，通过时间延伸实现长度扩张。在衰退段，数字资本主义以空间衰退为开端，随即引发金融动荡，造成巨大的数字鸿沟和全面的"数字化衰退"。本轮数字资本主义长波正处在衰退期的最后阶段，新的生产力系统正在酝酿着下一轮长波的复苏和繁荣。资本主义第六次经济长波的核心主题是"新一代移动互联网技术整合的智能化生产模式"，正朝着智能资本主义的方向转变。[③]

在资本与数字监控技术的共谋中，"监控资本主义"这一资本主义

① 靳欢欢：《技术封建主义使资本主义更糟糕——基于当代资本主义的技术逻辑及其生产力考察》，《国外理论动态》2024年第5期。
② 韩文龙、李艳春：《人工智能资本主义的三重结构与演化趋势》，《当代世界与社会主义》2024年第3期。
③ 周绍东、邹赛：《数字资本主义长波：扩张、衰退与趋势》，《世界社会主义研究》2024年第12期。

新变种产生，并引发了数据剥夺、信任危机、监控霸权等一系列问题。田方晨、刘明明认为，监控资本主义主要包括四点。第一，在运行基础层面，监控资本主义以免费数字劳工为剥削对象，以行为剩余为剥削内容，通过算法式生产不断推动监控数据商品化，以此实现资本增殖。第二，在基本特征层面，监控资本主义呈现循环商品化、高度寄生性和全景监控式特征。第三，在灾难后果层面，监控资本主义使个体沦为资本增殖原料并借机瓦解人的主体性，其反民主特性对人类社会构成严重威胁。第四，在替代方案层面，监控资本主义理论主张以"新工人阶级"作为政治主体，通过重塑互联网时代的生产关系与确立社会主义导向的隐私理念，推动实现共产主义的社会愿景。总体而言，监控资本主义理论一定程度上强化了马克思主义在数字时代的生命力，有助于识别数字时代资本主义的最新变化。[①]

（二）数字资本主义的内在矛盾

新一轮科技革命和产业革命的兴起与蓬勃发展，加速了劳动力、资本、数据等要素的流动和共享，推动了生产力变革，引发了资本主义生产关系的新一轮调整。解析资本主义的矛盾弊端，科学挖掘数字技术的发展潜能，创新人类社会的数字化实践，是反思资本主义数字化进程的应有之义。

第一，关于数字经济对生产方式的影响。生成式人工智能的技术加速与资本宰制，使数字资本主义生产秩序面临新的变数。整体上看，生成式人工智能将加剧数字资本主义生产关系的不平等，使资本主义价值运动的内在张力愈发难以调和。王水兴、刘勇认为，人工智能必然引起资本主义生产关系出现新变化，生产效率跃升是新变化的基础，劳动新形态的出现是新变化的必然结果，人的解放悖论与劳动新异化是新变化的核心，社会机体自我调节是新变化的突出表现。[②] 黄再胜认为，以ChatGPT为代表的生成式人工智能的横空出世和加速迭代，正在推动智

[①] 田方晨、刘明明：《"监控资本主义"理论评析》，《社会主义研究》2024年第6期。

[②] 王水兴、刘勇：《智能生产力与当代资本主义生产关系新变化》，《世界社会主义研究》2024年第1期。

能机器的全面升级和泛在应用，数字资本主义价值运动也随之发生新的变化。这些变化集中体现在三个方面：人工智能内容生成技术打造知识创造新引擎，使数字商品产消迈向超个性化定制新阶段；认知劳动过程中的人机协作使数字劳动价值创造呈现"智能增强"的新特征；数字科技巨头主导的大模型竞争使数字资本积累呈现"智算垄断"的新趋势。①

　　第二，数字资本主义加剧了当代资本主义社会的内在矛盾。苏立君认为人工智能应用将基于知识型劳动力稀缺性形成的垄断权力从传统产业资本转移给人工智能行业的资本；将隶属于产业资本的雇佣劳动转变为隶属于数字资本的不稳定劳工；将按照资本增殖需要控制和扭曲社会总劳动时间的分配从而进一步强化数字资本对社会生产过程的统治力。因此，作为依附于传统产业资本的技术，在以利润动机为资本积累和经济增长驱动力的资本主义生产方式中，人工智能并不会改变资本主义已经深度不平衡的经济结构，反而会激化资本主义的内在矛盾。② 王琳、伊思静认为由算法技术革命和算法制度革命构成的"算法革命"，对数字资本主义具有阶段性强化作用，但这是以掩盖资本主义基本矛盾并将其向全球范围内转移为代价和条件的。长期来看，"算法革命"并不能解决资本主义条件下生产力与生产关系之间不可调和的基本矛盾，反而会使这一基本矛盾进一步深化和激化，最终不断靠近资本主义生产关系所能容纳的数字生产力边界。③ 吕晓凤认为，跨域性数字和跨国性资本相互"联姻"，搭建起撬动世界政治经济格局的巨大杠杆。资本主义在控制数字技术的过程中，进一步激化了其自身的内在矛盾，孕育了否定自身的客观条件和主体力量。要解决数字时代资本主义生产方式的内在矛盾，就必须彻底改变生产资料所有制及其衍生关系，实现数字技术的社会主义应用，真正回归数字技术的工具本质，促进人的自由

---

① 黄再胜：《生成式人工智能和数字资本主义价值运动新论域》，《国外理论动态》2024年第1期。

② 苏立君：《知识型劳动力、人工智能应用与资本主义"去工业化"过程研究》，《经济学家》2024年第8期。

③ 王琳、伊思静：《"算法革命"视角下的数字资本主义及其基本矛盾研究》，《社会主义研究》2024年第2期。

全面发展。①

第三，数字资本主义加剧了当代资本主义社会的阶级矛盾。数字资本主义时代的一个重要议题是被"数字锁链"束缚的"新无产阶级"问题。高海波认为，新无产阶级本质上是被剥夺了包括数据在内的一切生产资料而不得不将劳动力作为商品出卖的阶级，也是深受数字资本掠夺、剥削与压迫的阶级。数字资本主义依托数字技术，通过采用瓦解新无产阶级的革命意识、改换新无产阶级的革命对象和消解新无产阶级的革命方式等策略，阻碍着新无产阶级革命运动的发展。② 赵子晨、刘海军通过马克思的"典型分析法"对数字资本主义背景下的无产阶级进行考察，提出数字无产阶级这一新的概念用来描述数字资本主义中的无产阶级部分。通过对过往讨论中所使用的无产阶级概念的辨析以及数字劳动物质性的讨论，明确了数字资本主义中无产阶级的共同特征，即以间接数据生产为主要劳动形态。③

人的数字异化是异化现象在数智时代的具体表现。罗理章、李鸿旭认为，人的数字异化不仅表现在人的数字劳动异化上，还体现在作为数字生存者的人在生存生活状态方面的异化，具体呈现数字劳动商品化、人对数字劳动过程的依附、人的主体性虚化和人的现实性消解四重样态。人的数字异化是资本逻辑宰制下算法演绎、资本主义意识形态制造认同的必然结果，也是人迫于压力而自我量化的现实选择。④ 谭顺、张新光认为，以信息技术、人工智能技术、数字技术为核心的第三次技术革命以来，智能资源在社会生产中的作用迅速抬升，资本主义社会的无产阶级出现分化发展，其主体部分迅速崛起为以智能劳

---

① 吕晓凤：《数字时代资本主义生产方式的新变化及其内在矛盾》，《世界社会主义研究》2024 年第 12 期。

② 高海波：《数字资本主义时代的"新无产阶级"议题：新变化、新挑战与新展望》，《科学社会主义》2024 年第 5 期。

③ 赵子晨、刘海军：《数字无产阶级：一个数字资本主义背景下无产阶级的描述性概念——基于马克思"典型分析法"的审视》，《社会主义研究》2024 年第 5 期。

④ 罗理章、李鸿旭：《数智时代人的数字异化：表征、原因及其克服路径》，《当代世界与社会主义》2024 年第 2 期。

动为主的新兴阶级——智能阶级，掌握最为先进的智能资源，孕育未来社会生产关系——个人所有制，从而担负起资本主义社会变革的历史使命。[①]

（三）数字资本主义中的数字权力

在数字资本主义阶段，由于资本对数字经济发展过程的深度参与，数字技术被资本所俘获，成为其追求利润的工具，因而也具有了生产关系的属性，形成了数字权力。

数字权力表现为数字资本利用消费者的个性化数据控制消费者，利用非稳定就业、算法等控制劳动者，利用大数据对社会生产与流通进行支配等。蔡万焕认为，数字权力是资本权力在数字时代的呈现，具体而言，大数据的产生过程贯穿着资本的行为逻辑；在数字经济中，生产关系中的等级制仍然存在甚至得到强化；数字技术为资本加深对劳动者的剥削程度提供了技术条件；不同类型、不同规模的资本之间也存在资本权力的不对等。以社会生产关系中的等级制为表现形式的资本权力，其根源在于生产资料的资本主义私人占有，而数字权力是资本权力在数字经济条件下的新表现，数字资本对劳动和利润分配的支配权同样根源于资本或生产资料私有制及其导致的阶级关系。[②] 盖凯程、李孟杰认为数字资本作为一种权力，在经济领域体现为支配、操控劳动者和消费者的经济权力，在非经济领域则衍生出政治权力与社会权力，由此构成数字资本的权力光谱。[③] 马辰龙提出，数字资本权力通过时间规训使人内化时间规则并形成最有利于价值增殖的"时间习惯"，形塑出"主动"延长数字劳动时间、增加劳动强度的驯顺主体以最大化攫取剩余价值。由于沦为驯顺主体深度受缚于数字异化劳动，人在"过度劳动"与"过度享乐"的迷失中深陷"时间困境"，既无益于高质量身心恢复，也无益

---

①　谭顺、张新光：《智能资源、智能阶级与未来社会》，《社会主义研究》2024年第2期。

②　蔡万焕：《数字技术与资本的结合：数字权力的产生基础》，《马克思主义与现实》2024年第6期。

③　盖凯程、李孟杰：《数字资本特性与行为规律的三重逻辑：主导·扩张·权力》，《政治经济学评论》2024年第3期。

于能力提升与精神跃升。①

　　监控资本主义进一步延续了资本的权力属性。田方晨、刘明明认为，监控数据的资本化夯实了监控资本权力的剥削基础，全景监控的覆盖加快了监控资本权力的透明化布展，意识形态的迷雾强化了监控资本权力的隐匿化渗透。凭借对数据资本和监控技术的垄断，监控资本权力要求个体生命、社会秩序等按照资本意志进行单向度地改写，妄图使自身凌驾于整个社会之上。如此一来，劳动者被围困在监控资本权力的牢笼之中，社会公共领域的信任危机不断涌现，监控帝国主义形态逐渐浮出水面。②

　　数字精神权力是新自由主义精神政治的权力统治新范式，它主要以数字技术为底层技术支撑，反映了权力与人的欲望、意识、情感和心理等的深层次关系，是精神权力与数字技术合谋在精神生活领域建构的权力运作新范式。刘映芳认为，数字精神权力布展具有特定的机理，它主要以资本逻辑为根本遵循、以精神规训为核心手段、以数控监狱为技术工具、以感性渗透为主要途径。与传统的权力统治范式相比，数字精神权力具有强大的渗透性、突出的隐形性和无限的扩张性，因而成为数字资本主义时代主要的精神权力范式。③

　　数据殖民主义是资本主义在数字化时代试图系统组织并重构人类社会生活秩序，进而获取更多剩余价值的殖民主义新发展模式。肖峰、杜巧玲认为，资本权力对数字技术及平台的操纵，使人类主体"自我"及其社会生活过程被无规制量化和商品化转化，这导致资本剥削对象从"劳动主体"拓展至"大众生命政治"，剥削范围从"生产劳动"过程延伸至"社会生活"过程。未来，数据殖民主义的持续扩张，会导致数字

①　马辰龙：《"社会工厂"境遇中数字资本权力的时间规训：困境及其克服》，《社会主义研究》2024年第2期。

②　田方晨、刘明明：《数字时代监控资本主义重塑"资本权力"的政治叙事——基于马克思资本权力批判思想》，《当代经济研究》2024年第12期。

③　刘映芳：《数字精神权力的主要内涵、布展机理与鲜明特点》，《世界社会主义研究》2024年第2期。

资本主义迈向更高阶的数字帝国主义阶段。[1]

五　数字资本主义的生产过程

数字技术渗透到资本主义生产、分配、交换和消费的各个过程，传统的劳动方式和劳动形态正在发生剧烈变革，许多学者运用马克思主义理论方法对数字资本主义生产过程的不同方面做出诠释。

（一）数字劳动及其价值

数智时代是当前世界历史的时代方位，数字劳动是当前人类劳动的存在形态。随着物联网、大数据、云计算，特别是人工智能技术的飞速发展与广泛应用，数字、数据、代码和流量等成为劳动资料。数字劳动资料的赋能使劳动呈现劳动工具去物化、劳动过程去人化以及劳动产品去实化的存在特质。数智化工具是科技进步、资本逐利、劳动发展以及劳动解放要求的结果。而抛开资本制度层面，科学技术的发展、数智化工具的实现使得劳动解放成为可能。[2] 当代资本主义社会虽然经历了从机器劳动到数字劳动的转型，但它依然处于马克思劳动价值理论的问题域之中。

第一，数字劳动的基本内涵。程恩富、高斯扬认为在资本主义智能经济时代，劳动的价值创造、价值实现和价值分配具有新特征，明确了数字劳动具有坚实的物质基础，资本主义智能经济仍遵循劳动价值论和剩余价值论，阶级分析法仍发挥关键作用。[3] 刘鹏飞总结了克里斯蒂安·福克斯的数字劳动理论，尝试在政治经济学批判视域中阐明以下观点：数字劳动作为历史性范畴并没有虚拟化生产或无量化、非物质化，而是仍以物质生产为前提和基础；劳动价值理论对理解数字劳动至关重要，它揭示了数字资本主义运行的底层逻辑，通过阐释价值概念和价值

---

① 肖峰、杜巧玲：《数据殖民主义的学理探察和现实观照》，《科学社会主义》2024年第2期。
② 陈兴山：《数智时代劳动的存在特征、发生原因与发展导向——基于马克思主义政治经济学的分析》，《经济学家》2024年第7期。
③ 程恩富、高斯扬：《智能经济及其相关论争的辨析》，《当代经济研究》2024年第8期。

法则表达了数字劳动中人类活动"质"与"量"的分裂；数字劳动中隐匿着新型的剥削、资本的驱动和技术的迷思，这使主体丧失了对非异化环境的想象，也丧失了反抗精神和对社会不满的情感体验，甘愿臣服于资本控制的冷漠世界，成为被异化的对象。①

第二，数据的商品化是数字资本主义的重要特征。作为一种特殊的商品，数据既符合一般商品的基本定义，也显露出集生产、消费、流通于一身的特殊商品的特征。数据的商品化实际上表达的是数字技术背景下的数据化逻辑与商品化逻辑的内在耦合。聂阳、周坤认为，数字资本运行的动力机制是数字商品化，即通过"产业数字化"和"数字产业化"的相互作用来将用户数据转化为数字商品，以此来实现数字资本隐蔽而快速的动态扩张。数字资本在内在的价值属性之外还显现出鲜明的权力属性，这种权力属性通过去中心化的方式发挥作用，强化了数字资本对整个市场体系的微观控制。② 陈朦、蓝江基于历史唯物主义的数字资本主义研究发现，在数字化崇拜的迷思背后，资本主义结构依旧发挥着主要的驱动作用，而这种驱动作用的发挥仍旧要以商品、劳动和价值作为基础。③

第三，关于数字平台价值来源的问题。在人工智能引领的新一轮科技革命和产业革命中，资本主义生产方式正在经历一场深刻变革。人工智能在许多场景中已超越了传统机器的角色，展现出与工人竞争的"新劳动者"特质，由此引发了学术界关于人工智能条件下剩余价值来源问题的激烈争论。王文泽认为，人工智能的当代应用不会消除人类劳动，而是拓展了劳动形态。剩余价值仍然只能由剩余劳动创造。在资本主义逻辑的支配下，雇佣劳动、零工劳动、产消劳动共同完成剩余价值的生产过程。人工智能的广泛应用实际上在资本主义社会内

① 刘鹏飞：《信息化时代劳动转型的政治经济学批判——兼评克里斯蒂安·福克斯的数字劳动理论》，《国外理论动态》2024年第1期。
② 聂阳、周坤：《数字资本运行逻辑的马克思主义政治经济学解析》，《经济学家》2024年第2期。
③ 陈朦、蓝江：《数据、劳动与平台资本——历史唯物主义视阈下的数字资本主义研究》，《国外理论动态》2024年第1期。

部酝酿了一场持久而巨大的新危机。① 杨天宇基于两种范式比较的视角分析了数字平台垄断利润的形成机制。比较发现，新古典范式产业组织理论的诸多缺陷，正是马克思主义范式的优势所在。基于劳动价值论的马克思主义垄断资本理论，可以更加细致地分析数字平台垄断利润的形成过程，对许多问题的解释力不亚于甚至超过了新古典产业组织理论。②

（二）数字经济对劳资关系的影响

随着数字经济时代的到来，资本主义劳工状况发生了巨变。在数字资本主义生产方式下，数字资本延续了资本的权力属性，数字资本家将数据生产要素变为私人所有，通过垄断性扩张、平台控制、数字全景监视、意识形态控制等一系列手段不断剥削数字劳动者。

第一，数字经济加深了资本对劳动的控制。洛伦佐·西尼等认为，在平台经济中资本对劳动通过算法进行远程但无处不在的控制。③ 黄再胜认为大模型生产重塑数字劳动的劳动过程、劳动内容和劳动方式，推动数字资本积累日趋呈现掠夺性，从而使资本的生产界限愈发显现。④

随着资本控制劳动的形式变化，劳动者的反抗路径也发生深刻改变。王利云、王宝珠认为，资本的算法控制成为数字资本主义劳动控制新形式并超越传统劳动时空控制。从时间维度来看，资本通过算法隐蔽地将劳动控制延伸至闲暇时间、生理恢复时间和非劳动时间，突破传统劳动时间"量"的掠夺，同时通过算法手段精准地提高对劳动时间"质"的控制。从空间维度来看，资本通过算法打破监督者与劳动者必须聚集在同一物理空间的限制，雇主不必到工作现场就可以实现对数字劳动者物理空间行为和虚拟空间行为的双重空间控制。面对算法对

① 王文泽：《人工智能条件下的剩余价值来源是什么?》，《政治经济学评论》2024年第1期。
② 杨天宇：《数字平台垄断利润形成机制：基于两种范式比较的视角》，《教学与研究》2024年第1期。
③ 洛伦佐·西尼、刘歆、刘明明等：《算法如何重塑劳动力剥削：对平台经济中劳动不可见化过程的审视》，《求是学刊》2024年第2期。
④ 黄再胜：《"数字繁荣"、数字劳动2.0与资本积累掠夺化——数字资本主义大模型生产初探》，《教学与研究》2024年第12期。

劳动过程的超时空控制，数字劳动者通过逆算法实践进行抵抗，反抗主体呈跨空间联结，反抗手段呈技术化中介，反抗领域向数据生产资料延伸。[①] 李钢认为，资本对劳动的控制发生了从实体控制到虚体控制、从外在控制到内在自我控制、从生产控制到生活控制的巨大转变。为应对数字劳动控制的新变化，数字劳动者从宏观的法律层面、中观的平台层面和微观的个体层面展开了反抗，争取摆脱控制，实现自我解放。[②]

第二，数字经济下资本对劳动的雇佣形式的变化。何自力、彭李政认为，资本凭借数字技术带来的生产力的提高，以直接和间接方式通过任务企业和众包平台，对劳动者在时间层面的劳动时间和闲暇时间，以及在物理空间的本区域和跨区域等两维度进行双重剥削。数字资本主义劳动过程中的劳动主体被碎片化、劳动内容被标准化，劳动过程同时受到传统监督和算法控制，加深了劳动对资本的实际从属。[③]"非雇佣数字劳动"概念的兴起反映了数字经济时代劳动的新形态和新变化，也引起学者们对"非雇佣数字劳动中是否存在剥削和是否产生剩余价值"的争辩和讨论。曹晓勇借鉴马克思的雇佣劳动理论，认为"非雇佣数字劳动"具有生产性和雇佣性。[④]

第三，数字经济塑造了资本对劳动的新型剥削关系。李巧巧认为数字技术构成数字时代资本剥削的核心手段，形成多种新型剥削关系。数字技术的资本主义应用不仅将人的劳动活动、劳动产品，甚至情感活动都异化为资本控制和价值剥削的手段，还通过数字垄断格局的塑造进一步加强了对劳动者的剩余价值压榨。[⑤]

资本主义进阶为数字资本主义，从"工厂"向"数字"的形态变构使其时间剥削呈现新态势。邓观鹏、顾友仁认为时间资本化是资本主义

① 王利云、王宝珠：《数字资本主义中的数字劳动控制与反抗：资本的算法逻辑与劳动者的逆算法实践》，《社会主义研究》2024 年第 2 期。
② 李钢：《数字资本主义的劳动控制及其解放路径蠡探》，《马克思主义研究》2024 年第 9 期。
③ 何自力、彭李政：《试析数字资本主义劳资关系的新变化》，《当代经济研究》2024 年第 3 期。
④ 曹晓勇：《"非雇佣数字劳动"的雇佣本性——基于马克思雇佣劳动理论的考察》，《经济学家》2024 年第 8 期。
⑤ 李巧巧：《数字资本主义中的技术批判与数字社会主义构建》，《科学社会主义》2024 年第 2 期。

时间剥削的核心，并以劳动力商品化和劳动时间最大化为基点。时间剥削表现为剥削对象从"工厂劳众"转向"普罗数众"，数字劳动塑造出数字产消者，全面溶解并吸纳数字产消时间；剥削机制从"工时戒律"转向"数字雇佣"，数字技术展现对数字劳动时间强大的规训权力，必要劳动时间与剩余劳动时间界限日趋消解；剥削内容从"机器枷锁"转向"数字豢养"，数字资本制作数字景观遮蔽了数众对自由时间的认知；剥削走向从"剥削"进化为"剥夺"，数字资本主义让"无产阶级"降格为"无用阶级"，加剧"智能机器"对无产阶级生命时间的汲取。[①]

注意力经济是资本主义围绕注意力这一特殊劳动范式而展开的一套全新剥削机制。吴大娟认为，注意力经济以资本联袂数字技术撩拨和刺激个体注意力为起点，将个体的"观看"行为转化为创造剩余价值的生产性劳动，并通过对注意力的数字化管控加固注意力经济运行的权力基础，确保了注意力经济由外环到内里加速循环运转。从本质上说，注意力经济是资本主义在数字时代翻新积累方式、谋求价值增殖最大化的产物，其安身立命的生命基因密码依然是资本对感性"活劳动"（注意力劳动）的绝对支配和无偿占有。注意力经济没有从根本上改变资本逻辑扩张和剥夺的权力本性，它对个体日常生活的渗透和覆盖，给个体带来了形式化存在的痛楚，使个体生命时间断裂，精神世界出现"焦土化"问题。[②]

第四，数字经济对就业的影响研究。技术进步对就业的影响是第一次工业革命以来各个时代都要面对的问题。技术进步对劳动力的替代具有排挤效应，同时技术进步催生的新产业也会产生补偿效应。排挤效应和补偿效应的大小最终决定技术进步影响就业的程度。乔榛、刘妍提出，人工智能是技术进步最新的标志性成果，势必对就业形成新的排挤和补偿效应：一方面，人工智能不只延伸和升级人的体力，而且要替代人的

---

① 邓观鹏、顾友仁：《数字资本主义时间剥削的本质意涵与批判超越》，《经济学家》2024年第11期。

② 吴大娟：《数字时代注意力经济的运演逻辑与人的形式化存在之痛》，《经济学家》2024年第6期。

智力，使人工智能对就业的影响不再建立在人与劳动资料的替代关系之上，而是要直接扮演人的角色，对人的就业进行直接的替代；另一方面，人工智能发展和普及将催生人类活动的新形式，会打破就业围绕生产和服务的形成机制，创造出人类新的活动方式，也即人类新的就业方式，实现对就业完全不同的新补偿。[①] 张旭、于蒙蒙、郭义盟认为，人工智能发展引起劳动方式的演变，对就业规模产生替代效应、吸纳效应与跨期时间效应三重影响，造成就业结构的极化现象，并赋予就业方式以智能化、多元化与弹性化特征。随着人工智能与实体经济的深度融合，"人机协同"将成为人类未来劳动力就业的新常态。[②]

（三）数字经济对社会再生产过程的影响

数字平台资本作为数字经济中的新型资本形式，其发展速度迅猛、影响面广，从其产生之初的流通领域不断向非物质生产领域、物流与交通运输领域和在线劳动领域延伸拓展，逐渐进入生产领域，对整个社会再生产过程展现出强大的示范效应和广泛影响。

第一，数字经济深深嵌入经济活动的生产、交换、分配和消费四个环节。邱卫东、陈晓颜提出，资本主义全球分工结构在数字经济时代实现了从"中心－外围"到"中心－散点"的演进。"中心－散点"结构重构了资本获取剩余价值的形式，增强了资本主义国家在全球剩余劳动积累体系中的支配和垄断地位。通过对数字资本主义的生产和分配样态的分析，能进一步澄清"中心－散点"结构服务中心国家资本增殖的本质。[③]

第二，数字经济对组织形式的影响研究。数字泰勒主义是当代数字资本主义生产组织形式的理论方法体系，它以数据的剥夺性积累为计量研究提供新的基础，用"数字化流水线"的劳动分工新模式强化对工人阶级的

① 乔榛、刘妍：《人工智能发展的就业效应：排挤还是补偿》，《当代经济研究》2024 年第 11 期。
② 张旭、于蒙蒙、郭义盟：《人工智能发展如何影响劳动力就业？》，《烟台大学学报》（哲学社会科学版）2024 年第 6 期。
③ 邱卫东、陈晓颜：《数字资本主义"中心－散点"结构：形态演进、本质透视及现实启示》，《经济学家》2024 年第 1 期。

支配，用算法纪律的监督控制方法塑造了工人"自我规训"的新形态，推动数字技术成为新的"异己"力量。王晨、贾淑品认为，数字泰勒主义的弊病在于它是服务于资本主义生产方式的。实现"数字泰勒主义"向"数字科学管理"的改造，关键在于实现由"效率至上"向"人民至上"的价值转向，在方法选择上要兼顾"效率提升"与"劳动者权益保障"，但更为根本的是要引领"数字资本主义"迈向"数字社会主义"。①

第三，平台经济在世界范围内蓬勃发展，正在重塑世界市场。数字资本在其价值运动过程中具有向全球范围扩张的鲜明趋势。何爱平、李清华认为，资本生产中的价值创造是世界市场形成的内在动因；资本流通中的价值实现推动世界市场的不断拓展；资本生产总过程中的价值分配引发并加剧世界市场危机。数字经济时代，在数字资本的国际生产、全球流通以及世界生产总过程中，数字经济价值创造、价值实现和价值分配的全球化促进了全球价值链分工的分散网络化；加深了"中心－外围"的层级性世界交往；重塑了剥夺性积累下的国际数字资源利益格局。由此引起数字资本扩张逻辑下关于数字权力技术根植与数字生命管控、跨国平台垄断资本的加速主义与数字经济危机倾向、逆全球化与财富集中化趋势下的数字帝国主义霸权的空间批判性审思。②

算力是数智时代的新型生产力。以美国为代表的发达资本主义国家通过控制全球算力产业关键链条，主导着算力经济的全球化进程。徐宏潇认为，在资本逻辑的驱动下，算力经济全球化成为数字资本主义全球扩张的"急先锋"：一方面，推动了全球算力的普及与进步，促进了世界数字文明的交流与互促；另一方面，加剧了垄断资本的跨国积累，不可避免地形成了全球范围内的算力鸿沟，并呈现"算力财富"积累与"算力贫困"积累的极化效应。③

---

① 王晨、贾淑品：《数字泰勒主义的生成逻辑、问题表征与改造方案》，《当代世界社会主义问题》2024 年第 3 期。

② 何爱平、李清华：《数字资本价值运动 全球化扩张逻辑的空间批判——基于马克思世界市场理论的分析》，《经济学家》2024 年第 7 期。

③ 徐宏潇：《数智时代算力经济全球化的资本逻辑及其极化效应》，《经济学家》2024 年第 10 期。

专题五
国外政治经济学研究进展（一）

　　2024 年国外马克思主义政治经济学研究主要集中在以下八个方面：在政治经济学研究方法方面，对逻辑与历史的关系、生产力与生产关系的辩证关系以及马克思早期与后期著作之间的联系进行了探讨；在价值理论研究方面，围绕劳动强度、价值规律、价值形式、非生产性劳动等问题展开了研究；在剥削理论研究方面，对超级剥削、债务剥削、工作时间等问题，以及具体行业的剥削现象进行了分析；在资本积累理论研究方面，对让渡利润、利润率测算、原始积累过程、资本积累的一般规律和数字技术对资本积累的影响等问题进行了考察；在社会再生产理论研究方面，对马克思主义女性主义理论进行了梳理与扩展，揭示了数字平台对社会再生产的影响；对马克思主义货币、生息资本和金融资本理论以及金融化现象进行了分析；对当代资本主义生态危机的根源、表现和应对方案进行了探讨；在帝国主义理论研究方面，对西方左翼学者否定帝国主义理论的做法进行了批判，围绕帝国主义的概念与理论展开了讨论。2024 年国外政治经济学研究依然围绕资本积累与劳动剥削这两条主线，更加侧重基础理论研究，并从多角度、跨学科的视角出发，对相关现实问题进行了全面、深入的剖析。

　　本专题从八个方面系统梳理了 2024 年国外政治经济学研究进展，并对 2024 年国外政治经济学研究的整体特点进行了简要总结。文献来源与前几年保持了一致。本年度在文献选取标准方面更加聚焦政治经济学，基于此，部分涉及马克思主义哲学与科学社会主义理论的文献未被纳入。

一　马克思主义政治经济学的研究方法

　　扬尼斯·尼诺斯（Giannis Ninos）围绕《资本论》第二卷关于资本循环的分析，探讨了马克思主义理论中长期存在的逻辑与历史的关系问题。[①] 尼诺斯批评了传统马克思主义研究中将逻辑与历史对立或简单等同的两种倾向，认为马克思的分析方法是辩证的，既展现了资本主义生产方式的结构性特征，又隐含了其历史发展过程。尼诺斯通过对资本循环的三个公式的详细分析，揭示了资本循环的逻辑结构与历史发展之间的辩证关系，认为资本循环的逻辑序列既反映出资本主义的共时结构，又隐含着从原始积累到成熟资本主义的历史过程。尼诺斯指出，货币资本循环的第一阶段包括购买生产资料和劳动力两个阶段，购买生产资料的行为先于购买劳动力，这是资本关系在历史上产生的必要条件；在生产资本循环中，流通不再是资本产生的条件，生产资本循环体现了资本的积累机制，隐含着资本主义生产方式的历史发展；商品资本循环揭示了资本循环的总体性和不同资本之间的相互依赖性，既考察了资本主义的流通过程，又隐含着资本主义的历史发展。尼诺斯认为，马克思对资本循环的辩证分析描绘了资本的自我运动，在逻辑方法占主导地位的框架内以扬弃的形式再现了其更广泛的历史发展过程。

　　马克思认为生产关系在促进生产力发展的同时也可能束缚生产力的发展。拉朱·达斯（Raju J. Das）认为，当前关于生产关系束缚生产力发展的机制缺乏研究，达斯试图重新界定"束缚"的含义并拓展其应用范围。[②] 达斯对现有的解释进行了批判性分析，指出这些解释倾向于将资本主义产生的一切弊病都列入其中，未能充分揭示束缚的机制。柯亨（Cohen）等学者将束缚分为"发展束缚"（生产力的发展超出生产关系

① Giannis Ninos. A Methodological Interpretation of the Circuits of Capital. *Capital & Class*, 2024, 48 (1).

② Raju J. Das. On Marx's Theory of Fettering of Productive Forces by Social Relations of Production. *Critique*, 2024, 52 (4).

可以容纳的限度）和"使用束缚"（生产关系阻碍对现有生产资源的合理使用）等不同形式，达斯认为这种划分割裂了生产力发展与使用的内在联系，而且没有给予最重要的生产力——直接生产者——应有的重视。达斯提出了一种综合性的分析视角，强调应将生产力的概念扩展至将自然和直接生产者的生产能力包含在内。达斯认为，自然是一个重要的生产力要素，需要不断改善，但资本主义关系导致了环境的破坏和资源的浪费；同时，直接生产者的基本需求必须得到满足，才能拥有并发挥生产能力，但资本主义关系导致工人阶级的生活和工作条件恶化，进而限制了其生产能力的发展。达斯还探讨了帝国主义背景下生产关系对生产力的束缚，强调帝国主义剥削通过资源转移和经济政策影响南方国家的生产力发展。达斯指出，当前资本主义生产关系束缚生产力的一面已经压到了推动生产力发展的一面，必须通过有组织的阶级斗争来取代资本主义关系，建立社会主义关系，以实现生产力的和谐可持续发展。

马克·考林（Mark Cowling）围绕马克思早期著作与后期著作之间是否具有"连续性"的争论，聚焦"异化"概念的理论地位，系统梳理了论战双方的主要观点并论证了"非连续性"观点的合理性。[①] 考林指出，支持"连续性"的学者将异化视为连接青年马克思与成熟马克思的核心线索，认为其以"商品拜物教""死劳动支配活劳动"等形式隐含于《资本论》等后期著作；而支持"非连续性"的学者则强调马克思在1845年后发生了"认识论断裂"，从费尔巴哈的人本主义转向了历史唯物主义。考林从多个方面对"连续性"观点进行了批评，指出通过列举马克思后期著作中异化出现的段落的做法往往脱离了语境，马克思后期著作中出现的异化与早期著作存在差异；"概念等同论"（认为异化与剥削等概念等同）与实际不符，现实中存在高剥削、低异化的情况；认为马克思终生是黑格尔主义者的观点忽视了马克思从唯心史观向唯物史观的转变；马克思后期著作中许多涉及异化的段落实际上与早期的异化理

---

① Mark Cowling. Strategies of Continuity and Discontinuity in the Interpretation of Marx's Work: The Case for Discontinuity. *Capital & Class*, 2024, 48 (1).

论存在差异；等等。考林强调，尽管马克思后期著作中偶尔也会出现异化一词，但其理论框架已经从人本主义异化批判转向对资本主义结构的科学分析，异化概念被剩余价值、商品拜物教等范畴取代，"连续性"论者忽视了马克思的历史唯物主义对哲学人本主义的超越。

二　价值理论研究

迪潘卡尔·巴苏、卡梅伦·哈斯和塔诺斯·莫赖蒂斯（Deepankar Basu, Cameron Haas & Thanos Moraitis）研究了劳动强度提高对剥削率及剩余价值形式的影响，并通过将劳动强度参数纳入单部门与两部门线性生产模型，系统分析了其理论机制。[①] 他们首先定义了劳动强度提高所产生的双重效应：提高劳动在单位时间内将投入转化为产出的能力（CPIO），倾向于生产相对剩余，与劳动生产率提高的效果类似；提高劳动在单位时间内创造价值的能力（CCV），倾向于生产绝对剩余价值，与工作日延长的效果类似。模型分析表明，劳动强度提高必然导致剥削率上升，因而始终有利于资本家阶级；剩余价值的形式取决于CPIO与CCV的相对大小，如果CPIO＝CCV或CPIO＜CCV，那么劳动强度的提高只产生了绝对剩余价值；如果CPIO＞CCV，那么劳动强度的提高同时产生了绝对剩余价值与相对剩余价值，但现实中几乎不可能出现这种情况；在两部门模型中，部门Ⅰ劳动强度提高时，部门Ⅰ的剥削率必然上升，部门Ⅱ的剥削率变化取决于CPIO和CCV的相对大小，长期中阶级斗争和劳动力流动可能会使各部门的劳动强度趋于一致。他们指出，绝对剩余价值生产在当代资本主义中并未消失，而是以劳动强度提高的形式持续存在，资本在法定工作日的限制下采取了"隐形剥削"的形式。

英格丽德·哈农（Ingrid Hanon）对自主论（autonomist）马克思主

---

① Deepankar Basu, Cameron Haas, Thanos Moraitis. Intensification of Labor and the Rate and Form of Exploitation. *Review of Radical Political Economics*, 2024, 56（1）.

义者的"价值规律危机论"进行了分析与批判。[①] 哈农指出，自主论者的观点源于对马克思"机器论片段"的解读，他们认为随着"一般智力"的发展，传统以劳动时间来衡量价值的机制会失效，导致价值规律陷入危机。自主论者强调非物质劳动的崛起，认为知识、创意和情感劳动等非物质活动成为价值创造的主要来源，这些劳动的不可测量性使得资本难以按照传统方式衡量价值。哈农指出，自主论者混淆了价值与财富的区别，他们将"一般智力"等同于价值创造主体，错误地将科学技术的物质财富生产能力等同于价值创造能力。哈农批判了自主论者对马克思生产劳动概念的误读，指出马克思的生产劳动概念与劳动的具体内容或商品的物质性无关，而是基于劳动的社会形式。哈农指出，自主论者错误地将福特主义劳动过程的转型视为价值规律危机的证据，而这只不过是资本通过技术重组强化劳动剥削的新策略；自主论者的理论弱化了价值理论对当代劳动转型的解释力，马克思的价值理论则通过揭示抽象劳动的社会形式与剥削的隐蔽机制，仍为分析当代资本主义的矛盾提供了不可替代的批判框架。

长谷清（Kiyoshi Nagatani）基于宇野弘藏（Uno Kozo）的理论，对马克思《资本论》中的价值形式和商品拜物教理论进行了重新审视与批判性分析。[②] 长谷清认为，马克思在《资本论》中将商品价值定义为抽象劳动的对象化存在逻辑问题，商品的价值最初是在商品世界而非生产过程中确定的。长谷清分析了商品交换的特殊性，指出直接的商品交换在现实中是不可能的，因为商品所有者的需求各不相同；商品交换分为主观交换和客观交换这两个阶段。长谷清认为，在简单价值形式中，马克思未能充分解释商品所有者如何通过交换关系赋予商品价值，商品的价值来源于商品所有者的交换意图，而不是抽象劳动；在扩大的价值形式中，商品所有者会根据市场需求调整交换比例，因此商品在不同交换

①　Ingrid Hanon. The Autonomist Thesis of the Crisis of Value: Critiques and Perspectives. *International Critical Thought*，2024，14（4）.

②　Kiyoshi Nagatani. The Value Form and the Fetishism of the Commodity. *Review of Radical Political Economics*，2024，56（1）.

等式中的数量会有所不同；马克思通过将扩大的价值形式倒过来得到一般价值形式，但价值形式的两极具有不可逆性；货币形式的出现并不是商品交换的自然产物，而是商品所有者之间的交换关系发展的必然结果，货币的价值来源于其作为交换媒介的功能。长谷清认为，商品拜物教并非源于抽象劳动，而是源于商品所有者之间的特定交换关系，价值形式理论和商品拜物教理论应当被整合为一个辩证的整体，这样不仅能揭示商品拜物教的本质，还能为理解资本主义经济的本质提供新的视角。

克莱尔·昆汀（Clair Quentin）基于马克思主义价值理论，重新审视了生产性劳动与非生产性劳动之间的区分，并分析了"微笑曲线"对于全球价值链分析的意义。[①] 昆汀指出，传统的全球价值链分析往往将增加值视为衡量各环节对最终产品市场价值贡献的指标。然而，这种视角可能忽略了价值捕获与价值创造之间的区别。昆汀重新定义了生产性劳动与非生产性劳动，认为只有直接参与物质生产的劳动才是生产性的，诸如设计、营销和品牌管理等其他形式的劳动，虽然对利润的创造有贡献，但并不创造价值，而是通过无形资产捕获价值。昆汀提出了一个区分生产性劳动和非生产性劳动的四步方法：劳动作为投入品是否得到了报酬；在交易进行时劳动是否提供了产出，可以是物质商品，也可以是消费与生产同步进行的服务；这种劳动重组产生的物质是否超过了它消耗的物质。昆汀认为，价值创造仅发生于"微笑曲线"底部的物质生产活动，而两侧的研发、设计与营销、销售等并不创造价值。在全球价值链中，南方国家承担了低附加值的物质生产，北方国家则通过控制研发与品牌等环节获取超额利润，从而使全球财富分配不均日益加剧。

路易斯·阿尔博莱达斯-莱里达（Luis Arboledas-Lérida）从马克思主义政治经济学的角度，探讨了研究影响力指标（如引用量、期刊影响因子）的社会构造及其在学术研究商品化过程中发挥的作用。[②] 阿尔博莱

① Clair Quentin. Unproductive Labor and the Smile Curve. *Review of Radical Political Economics*，2024，56（2）.

② Luis Arboledas-Lérida. A Marxist Analysis of the Metrification of Academic Labor：Research Impact Metrics and Socially Necessary Labor Time. *Science & Society*，2024，88（4）.

达斯-莱里达指出，现有文献虽然关注学术研究中的指标化现象，但未能深入解释其与资本主义生产关系的内在联系。阿尔博莱达斯-莱里达指出，研究影响力指标实质上是学术劳动的社会必要劳动时间的指数，其通过连接学术研究的社会生产（论文产量）与社会消费（引用量），验证既定学术劳动是否产生了使用价值并且是否在社会正常生产条件与劳动强度下进行。阿尔博莱达斯-莱里达认为，指标化的兴起源于资本主义生产关系向学术研究领域的扩张；学术劳动以私人化和独立化的形式展开，导致生产与消费脱节，社会生产与社会消费之间的协调只能通过研究影响力指标这种间接手段来实现。然而，学术界仍保留了部分直接生产关系（direct relations of production），如同行评议，这表明资本尚未完全统治学术领域。因此，指标化既是资本主义支配学术劳动的工具，也反映了学术界在资本渗透下的矛盾状态——既依赖指标实现间接协调，又有传统的直接生产关系的残留。

克莱门·克内兹（Klemen Knez）从马克思主义政治经济学的视角对持续存在的不平衡发展问题进行了分析。① 克内兹指出，马克思的价值规律理论无法直接应用于全球范围，尤其是在国际分工不均衡且采取专业化形式的情况下。为解决这一问题，克内兹提出"广义全球价值规律"概念，并引入"国家抽象劳动时间"这一新的抽象层次，强调劳动首先在国家市场中转化为国家抽象劳动，然后再进入全球市场。克内兹进一步探讨了国际价值增殖中的分配问题，特别是剩余价值率的跨国差异。实证研究结果表明，剩余价值率与实际生产力的差异之间仅存在非常微弱的关系，剩余价值率在长期内保持稳定，与发展水平和部门差异基本无关，且接近数值1，这个结果与传统的基于剥削率差异解释不平衡发展的观点相矛盾。克内兹指出，专业化动态产生了发达国家和发展中国家之间的劳动分工，这种分工模式不仅加剧了不平衡发展，还阻碍了发展中国家的技术进步，因为发达国家能够进一步释放劳动力用于更

① Klemen Knez. Uneven Development, Choice of Technique, and Generalized Worldwide Law of Value. *Review of Radical Political Economics*, 2024, 56 (3).

先进的生产活动，发展中国家则被锁定在劳动密集型生产中。克内兹认为，这种模式是资本主义发展内部机制的结果，而非简单的价值转移或不平等交换的产物。

三　剥削理论研究

托尼·伯恩斯（Tony Burns）重新梳理了马克思《资本论》中的剥削理论，并分析了当前流行的"超级剥削"概念的理论缺陷。[①] 伯恩斯指出，马克思在《资本论》中阐述了剩余价值的五种榨取方式：延长工作日、提高生产率、生产过程的高效组织、增加劳动强度以及压低劳动者的消费。伯恩斯逐一分析了这五种方式在不同情形下对剥削的影响，例如，在工作日延长的情况下，分析了剩余价值率保持不变和发生变化的两种情形；在生产力提高的情况下，讨论了新技术引入对工人生活水平的可能影响；伯恩斯还分析了高效的生产组织、劳动强度的提高以及压低劳动者消费这三种方式在不同情形下对剥削的影响。伯恩斯指出，当代资本主义通过综合使用多种剥削方式来维持利润，而非依赖单一手段，如技术进步可能伴随劳动者消费水平的相对下降，而组织优化（如数字监控）则成为新型管控工具。伯恩斯认为鲁伊·莫罗·马里尼（Ruy Mauro Marini）等学者提出的"超级剥削"概念在理论层面仅关注压低劳动者消费这一个方面，忽略了马克思剥削理论中其他重要的剩余价值榨取方式；"超级剥削"概念也忽视了北方国家同样存在的劳动者消费被压低的现象（如不稳定无产者），并低估了管理创新在南方和北方国家剥削中的普遍性。

贡萨洛·杜兰和迈克尔·斯坦顿（Gonzalo Durán & Michael Stanton）从马克思主义视角分析了智利缩短工作周对经济、劳动关系及工人阶级组织力量的影响。[②] 杜兰和斯坦顿指出，尽管缩短工作周可能直接减少

---

① Tony Burns. Marx's Capital and the Concept of Super-Exploitation. *Capital & Class*，2024，48（3）.

② Gonzalo Durán，Michael Stanton. Reductions in the Working Week：Labour Intensity and Productivity in Chile from a Marxist Perspective. *International Critical Thought*，2024，14（2）.

剩余劳动时间，但资本通过提高劳动强度、增强劳动灵活性以及提高固定资本使用效率等手段，试图压缩单位时间内的劳动量，以维持甚至提高剩余价值率。杜兰和斯坦顿基于马克思的劳动价值理论构建了几何模型，用图形方式展现不变资本、可变资本与剩余价值等变量的关系，并用智利2014~2018年的数据进行了分析。研究发现，2014~2018年，智利的工作周从45小时缩短至40小时，其生产率提高了近50%，实际工资增长了近1/3，但剩余价值率从93%飙升至140%，资本攫取了62%的新增价值；劳动强度提高所产生的收益并未在资本和劳动之间实现平均分配，尽管工人的工资上涨了，贫困水平也出现了下降，但资本获取了大部分好处。杜兰和斯坦顿进一步分析了智利2023年颁布的法律的具体条款，如灵活调节工作周（每月的平均工作周为40小时即可），可与工会协商将工作周延长至52小时，加班时间可用于兑换带薪假，等等。杜兰和斯坦顿指出，这些措施赋予资本更大的灵活性来消除"无效时间"并加快生产节奏，从而在缩短工作周的表象下实现劳动强度的实质性提升。

尼克·伯恩斯（Nick Burns）研究了美国社会中的学生债务问题，探讨了其现状、历史发展、社会影响及引发的争议。[①] 美国学生债务的规模极其庞大，总额达1.7万亿美元，高于汽车贷款和信用卡债务，2/3的美国本科生需要借钱来支付学费，其中低收入群体的债务负担最重。伯恩斯认为，学生债务问题不仅是个人的经济负担，更是影响社会结构和政治格局的重要因素，其存在和演变加剧了社会不平等与分裂，对美国社会的稳定和发展带来了深远影响。伯恩斯回顾了美国学生金融体系的历史起源与发展脉络，阐述了学贷美（Sallie Mae）等金融机构在这一过程中的角色和影响。伯恩斯深入分析了美国学生债务问题对社会阶层、教育机会、经济稳定以及政治格局等多个方面的影响。伯恩斯指出，美国低收入家庭的学生进入四年制大学的比例远低于高收入家庭，这表明教育机会的不平等依然存在，学生债务在一定程度上加剧了这种不平等；

① Nick Burns. Student Debt in American Society. *New Left Review*, 2024, 145.

学生债务还对个人的经济稳定产生了负面影响，如推迟结婚、购房等，限制了个人的消费能力和生活质量；学生债务问题也成为美国政治中的一个重要议题，不同政治派别对学生债务减免等问题持有不同立场，反映了美国社会在教育公平、经济政策等方面存在的深刻矛盾和争议。

大卫·斯宾塞（David A. Spencer）比较了马克思和凯恩斯对未来工作时间的展望及其当代相关性。[①] 马克思从资本主义剥削的本质出发，指出阶级斗争是缩短工作时间的关键；凯恩斯则基于宏观经济调控，预言技术进步可以在资本主义框架内逐步减少工作时间，最终达到每周15小时工作制。斯宾塞认为，尽管马克思和凯恩斯在分析方法和政治立场上有显著差异，但他们在减少工作时间方面有以下共同之处：他们都认为应该减少工作时间，延长闲暇时间；他们支持减少工作时间的原因在于对（资本主义下的）工作持负面态度；两人都强调了将时间花在工作之外所带来的收益，鼓励人们参与各种创造性活动；他们都强调了技术在减轻工作负担方面的作用；两人都关注阻碍工人缩短工作时间的权力来源；他们都提供了不同于主流经济学的经济思想。斯宾塞指出，自20世纪70年代以来，欧美国家的工作时间基本停滞，甚至因女性劳动力参与和消费主义的兴起而出现增长，主要原因包括工人谈判能力被削弱、政策放弃充分就业目标及技术未服务于工作时间缩减。斯宾塞强调，当前需要通过系统性的改革缩短工作时间，通过平衡技术进步与权力分配实现更人性化的工作与生活模式，而非单纯追求效率或增长。

自19世纪末、20世纪初以来，奢侈品牌通过推出低价产品向中低阶层渗透，形成了所谓的"奢侈品民主化"。马尔科·拉赫和安德烈·苏什扬（Marko Lah & Andrej Sušjan）从制度经济学、马克思主义和后凯恩斯主义理论的角度对大众奢侈品现象进行了分析。[②] 拉赫和苏什扬认为，现代大众奢侈品的核心矛盾在于既需要大规模生产以实现利润，又

① David A. Spencer. Marx, Keynes and the Future of Working Time. *Cambridge Journal of Economics*, 2024, 48 (1).

② Marko Lah, Andrej Sušjan. A Heterodox Approach to Masstige: Brand Fetishism, Corporate Pricing, and Rules of Consumer Choice. *Review of Radical Political Economics*, 2024, 56 (2).

需要维持"稀缺性"幻觉以巩固品牌权力。从马克思主义的视角看，"品牌拜物教"掩盖了资本主义的阶级关系——大众奢侈品通过创造新的需求发挥了延缓利润率下降并通过"阶级相似性幻觉"稳定阶级生产关系、缓解社会矛盾的作用。制度经济学强调凡勃伦的"炫耀性消费"与加尔布雷斯的"企业操控需求"理论，揭示了品牌如何成为社会地位的象征，以及企业怎样通过广告、明星代言和限量营销塑造消费者欲望。后凯恩斯主义则从企业定价与消费者行为的角度，指出寡头企业采用成本加成定价将高固定成本转化为品牌溢价，并通过跨市场补贴和销毁滞销商品维持稀缺性。拉赫和苏什扬指出，"奢侈品民主化"的实质是资本主义企业通过品牌叙事操控需求、获取高额利润并维持社会稳定的策略，消费者行为受文化资本与经济资本双重驱动，进一步暴露了现代资本主义经济中生产与消费的异化本质。

西格德·诺德利·奥佩加德（Sigurd M. Nordli Oppegaard）基于马克思的劳动"形式从属"与"实际从属"理论，分析了挪威奥斯陆出租车行业的平台化现象及其对司机工作条件的影响。[①] 奥佩加德认为，出租车平台在劳动形式从属于资本的行业中引入了新的市场细分和数字技术控制，但目前尚未实现马克思所说的实际从属，即彻底改变劳动过程。研究发现，出租车平台通过算法分配订单、动态定价和评分系统间接控制司机收入，但司机的劳动过程与传统模式并无差异——司机仍需长时间工作，依赖计件工资，而且司机的工作具有较高自主性；平台的奖励机制能够激励司机增加工作时间，但并未直接干预司机的驾驶行为，评分系统的存在并未对司机的行为造成明显约束。奥佩加德指出，平台的"算法管理"的核心功能是管理市场关系，而非控制劳动过程。奥佩加德批评现有研究往往高估了平台技术的变革性，强调需要结合具体情境分析其影响，避免技术决定论。奥佩加德指出，挪威的案例表明，平台化更多体现的是资本通过数字工具加强对劳动的控制，而非彻底重组劳

① Sigurd M. Nordli Oppegaard. Platformization as Subsumption? A Case Study of Taxi Platforms in Oslo, Norway. *Capital & Class*, 2024, 48 (3).

动过程，这一结论为全球平台劳动研究提供了批判性视角；平台化未来可能导致劳动条件向实际从属转变，但目前仍需对平台控制的后果进行细致和批判性的评估。

近年来，一些学者对学术出版业进行了政治经济学分析。路易斯·阿尔博莱达斯－莱里达（Luis Arboledas-Lérida）对所谓的"同行评审无偿劳动论"进行了批评。[①] 该观点认为，学术出版商通过剥削学者同行评审形式的无偿劳动获取高额利润。阿尔博莱达斯－莱里达认为该观点的两大核心论点——同行评审完全无偿与同行评审是主要利润来源——均存在根本性的理论错误。首先，根据马克思的剩余价值理论，同行评审这种劳动是有报酬的，当然不属于无偿劳动，即使剩余价值率非常高。其次，根据马克思的剩余价值分配理论，学术出版商作为社会总资本的一部分，其利润主要来自全社会剩余价值的再分配，同行评审的贡献微乎其微。为深入揭示同行评审的实质，阿尔博莱达斯－莱里达引入了《资本论》第二卷对劳动时间和生产时间的区分，认为同行评审作为稿件生产的必要环节，类似于葡萄酒发酵中的自然力作用时间，属于生产时间中的劳动中断期；资本在此期间停止增殖，出版商仍需投入基础设施，因而产生了额外成本；由于同行评审具有自愿性和不可控性，出版商资本面临资本周转与增殖停滞的风险。阿尔博莱达斯－莱里达呼吁回归马克思的剩余价值理论，认清学术出版商的利润来自资本的剩余价值分配过程，并基于此制定有效的政治行动策略，以对抗当前的学术出版体系。

四　资本积累理论研究

传统的马克思主义经济理论主要聚焦剩余价值，忽视了利润的另外一个来源——让渡利润（profit on alienation）。阿尔珀·杜曼和艾哈迈德·托纳克（Alper Duman & Ahmet Tonak）探讨了资本主义经济中让渡

---

① Luis Arboledas-Lérida. The 'Unpaid' Labour of Peer Reviewers and the Accumulation of Capital in the Industry of Academic Publishing. *Critique*, 2024, 52（2-3）.

利润的概念及其作用，并对土耳其房地产和金融部门的让渡利润进行了
测算。[①] 杜曼和托纳克区分了"生产性利润"（剩余价值）与"非生产
性利润"（让渡利润），认为剩余价值源于生产过程中对劳动力的剥削，
让渡利润则通过非生产性交易（如土地私有化、金融信贷）实现价值转
移，其本质是通过权力不对等交易（如垄断地租、债务契约）实现的财
富再分配。实证研究结果表明，2010～2021 年，土耳其房地产部门的让
渡利润总额为 93.1 亿美元，金融部门的让渡利润总额达到了惊人的
572.3 亿美元，这两个部门的让渡利润平均占企业利润总额的 9.23%，
这几个数字都引人瞩目。杜曼和托纳克指出，虽然新兴经济体和欠发达
国家更容易产生高额的让渡利润，但发达资本主义国家同样存在公共土
地私有化和债务驱动的消费主义，因而让渡利润具有普遍的解释力，应
当将让渡利润作为独立的分析范畴，以补充马克思主义政治经济学对资
本积累逻辑的解释。

　　卡洛斯·加西亚（Carlos A. D. Garcia）通过分析哥伦比亚最大的
4963 家公司的财务数据，从马克思主义政治经济学的角度考察了利润率
在公司和行业间的分布特征。[②] 加西亚采用了非参数估计方法中的核密
度估计方法，将利润率定义为税后利润与总资产的比率。此外，加西亚
还计算了简单算术平均利润率和加权平均利润率，以分析行业内部的异
质性和资本集中情况。实证结果表明，这些公司的利润率分布呈现显著
的差异，呈非正态单峰帐篷形分布，简单算术平均利润率高于中位数利
润率，说明大多数公司的利润率低于平均水平，只有少数公司的利润率
较高；有相当比例的公司出现亏损，这与马克思主义理论关于资本积
累与增殖动态的分析一致；行业层面的平均利润率也存在较大差异，
从-2.3%到 9.5%不等，而且没有出现严格的短期利润率平均化现象，
这表明不同行业的利润率受多种因素影响；从行业内部的公司利润率分

---

①　Alper Duman, E. Ahmet Tonak. Clarification and Application of the Category Profit on Alienation. *Review of Radical Political Economics*, 2024, 56 (2).

②　Carlos Alberto Duque Garcia. Competition and Distribution of Profit Rates in Colombia: A Marxist Political Economy Analysis. *International Critical Thought*, 2024, 14 (4).

布来看，大多数行业呈现类似的单峰帐篷形分布，但矿业、金融和媒体行业的分布形态有显著差异，其原因在于部分公司通过采用新技术和更有效的劳动组织实现了较低的单位成本和较高的利润率。加西亚指出，虽然这些发现与新古典主义与后凯恩斯主义的解释不符，但进一步确证了马克思主义政治经济学理论。

卡洛斯·伊瓦拉（Carlos A. Ibarra）分析了墨西哥经济中利润份额上升与资本积累率长期停滞之间的结构性矛盾。[①] 从20世纪90年代初至21世纪10年代末，墨西哥私营企业部门的利润份额从57%上升到67%，但资本积累率却呈现U形，始终维持在3.5%左右的低位。通过剑桥积累方程和韦斯科普夫利润率分解框架，伊瓦拉指出这种脱节有两方面原因：一是产出-资本比率下降导致利润份额的上升未能与利润率的提高相对应（直接效应弱化）；二是利润中的投资份额未随利润增长而提高（间接效应缺失）。在制造业领域，这种脱节尤为显著。计量经济分析表明，墨西哥的资本积累率不仅受国内产出-资本比率下降拖累，还因墨西哥与美国制造业相对利润率的持续下滑（从20世纪90年代初的2.84降至21世纪10年代末的2.29）而受抑制，因为在产业高度一体化和资本流动性较强的情况下，墨西哥企业的投资决策并不仅仅取决于国内利润率，而是取决于国内利润率与国外利润率的相对变化情况。此外，金融化指标显示，净利息支付占利润的比例从5.5%提高到7.2%，其通过挤压投资份额（估计导致投资份额下降约3.6个百分点）进一步削弱了资本积累。

奇汉·西内姆雷（Cihan Cinemre）分析了土耳其通过财政政策实施的原始积累过程及其对社会各阶级的影响。[②] 西内姆雷指出，马克思所阐述的原始积累过程在当代土耳其未受到任何限制，"财政剥夺"（fiscal expropriation）构成了土耳其政治体制的一个重要方面，其导致了普通民

---

① Carlos A. Ibarra. Profits and Capital Accumulation in the Mexican Economy. *Cambridge Journal of Economics*，2024，48（3）.

② Cihan Cinemre. Fiscal Expropriation in Turkey under the Rule of Erdoğan. *Capital & Class*，2024，48（3）.

众的贫困和社会财富向大资本的集中。西内姆雷认为，土耳其的财政剥夺是国家强制力与资本积累相结合的产物，形式包括过度征税、国债增长、公共采购制度以及政府和社会资本合作（PPP）项目等。土耳其的资本主义经济存在结构性问题，如对进口的依赖和经常账户赤字，这使得原始积累成为资产阶级的必然选择。2008年国际金融危机后，埃尔多安政府利用危机进一步推动了私有化、税收改革和公共采购制度改革。西内姆雷指出，土耳其的净债务与国内生产总值的比例从2017年的7.5%上升到2022年的22.2%，公共利息支付也迅速增加，为了应对债务危机，政府采取了过度征税的政策，主要针对中小资产阶级和工薪劳动者；土耳其的公共采购法律经历了多次修订，公共采购缺乏竞争和透明度，例外条款的存在与协商程序的滥用为权力寻租提供了条件；土耳其的政府和社会资本合作项目存在高成本和低效率的问题，对国家预算造成了沉重负担，资产阶级则获得了稳定的利润。

诺贝尔经济学奖得主达龙·阿西莫格鲁认为，马克思及其追随者托马斯·皮凯蒂试图揭示"资本主义的一般规律"的努力注定会失败，因为他们忽视了制度的异质性及其动态变化。埃米利亚诺·布兰卡乔和法比安娜·德·克里斯托法罗（Emiliano Brancaccio & Fabiana De Cristofaro）批评了阿西莫格鲁的观点，认为制度动态能够强化"一般规律"，而不是推翻它。[1] 皮凯蒂通过长时段经验研究发现了资本收益率高于经济增长率导致社会不平等加剧的"规律"。阿西莫格鲁和罗宾逊在2015年发表的一篇论文中宣称推翻了皮凯蒂的"规律"，并据此认为所有试图得出"资本主义一般规律"的尝试都注定会失败。布兰卡乔和克里斯托法罗对他们的研究方法进行了批评与修正，修正后的实证检验结果得出了与其相反的结论，为皮凯蒂的"规律"提供了经验证据。布兰卡乔和克里斯托法罗认为，皮凯蒂的"规律"和马克思的资本集中规律之间存在密切联系，资本集中比收入不平等更重要，因为其涉及资本控制权

① Emiliano Brancaccio, Fabiana De Cristofaro. In Praise of 'General Laws' of Capitalism: Notes from a Debate with Daron Acemoglu, *Review of Political Economy*, 2024, 36 (1).

的集中。布兰卡乔和克里斯托法罗通过对资本集中度的实证分析，发现资本集中度和资本回报率与 GDP 增长率之间存在显著的负相关，这支持了马克思的资本集中规律。阿西莫格鲁认为，制度的异质性和动态变化使得存在多种可能的制度和政策变化，这些变化可以作为"反事实"（counterfactual）来否定"一般规律"。布兰卡乔和克里斯托法罗对阿西莫格鲁的"反事实"认识论进行了批评，认为"反事实"的存在并不必然否定"一般规律"，因为制度动态变化也可能加强这些规律。

迈克尔·高尔（Michael Gaul）通过工资曲线（wage curves）这一工具，从概念、理论和实证三个层面回应了对马克思技术进步理论的批评。[①] 高尔指出，马克思将技术进步定义为总劳动生产率的提高，即单位净产出所需的劳动总量减少，这种技术进步的"弱定义"允许存在劳动节约型、资本使用型和混合型技术进步，但马克思特别强调资本主义的技术进步通常表现为资本偏向型（即马克思偏向型技术进步）。高尔选取了奥地利、德国、美国等 13 个国家 2000～2013 年的数据，基于 OECD 的投入产出表数据和 STAN 数据库，构建了多部门投入产出模型，分析了工资曲线的历史变化。研究发现，各国总劳动生产率均保持上升，从而验证了马克思关于"资本主义内生驱动技术进步"的核心命题；资本生产率的演变呈现国别差异，这一结果表明马克思偏向型技术进步并非唯一路径；大多数国家的工资曲线都接近线性，而且代表新技术与旧技术的工资曲线的交点位于实际利润率右侧，表明资本家更倾向于选择提高劳动生产率的技术。高尔指出，马克思的"弱定义"能够解释资本主义技术变革的核心机制，为我们分析资本主义动态提供了有力工具，但仍然需要纳入更广泛的社会与生态维度以进一步拓展其解释边界。

胡里奥·华托（Julio Huato）探讨了数字技术革命对资本主义生产、资本积累和社会结构的影响，以及社会主义者如何应对这一挑战。[②] 华托认为，数字技术革命不仅改变了生产的技术条件，还加剧了阶级斗争，

---

① Michael Gaul. A Discussion of Marx's Account of Technical Progress by Means of Wage Curves and Their Historical Evolution. *Review of Radical Political Economics*，2024，56（2）.

② Julio Huato. The Political Economy of Digital Technology. *Science & Society*，2024，88（2）.

成为资本积累、帝国主义和军国主义的工具；数字技术本质上是劳动合作的高级形式，但这种合作的成果被资本剥夺，成为剥削工人的手段；数字技术实现了生产过程的自动化和智能化，但这种"劳动时间经济"的增长是有极限的，受到资本积累和社会需求的限制。华托指出，在阶级社会中，任何强大的新技术的主要用途都是阶级斗争，数字技术也不例外；本可节约劳动时间并促进人类解放的数字技术，在资本主义下却成为阶级统治和帝国主义扩张的载体。华托批评了伴随数字技术革命产生的三种意识形态——去实体化技术（disembodied technology）、技术决定论（technological determinism）和机器反叛（rebellious machines）恐惧，指出这些意识形态遮蔽了技术的物质基础与阶级矛盾，将社会问题归咎于技术本身而非生产关系。华托最后呼吁，社会主义者应当打破技术异化，通过民主化控制将技术重新定向为解放工具，而只有通过阶级斗争才能终结资本对技术的支配，数字技术的未来取决于工人能否联合起来推翻资本主义生产关系，构建以民主计划为基础的技术治理体系。

　　保罗·伯克特（Paul Burkett）探讨了音乐在人类发展和资本主义文化中的作用。[①]伯克特认为，音乐作为人类情感表达的重要方式，对于个人和集体的发展具有重要意义，但资本主义文化通过将音乐商品化限制和扭曲了人类的创造力与发展，音乐家在创作过程中也不得不迎合市场的需要；资本主义音乐产业为人们的工作、交通、购物、娱乐等场所提供了背景音乐，这些音乐的选择是出于资本的需要，而不是人类发展的需求；我们需要通过全面的斗争来争取用音乐自主表达个人情感和政治情感的自由——在资本主义音乐的主导趋势中努力开辟新的表达形式，反抗资本将个人和集体自由表达自身的音乐作品商业化和异化的倾向，以创造性和反资本主义的方式改造现有的音乐形式。伯克特指出，"自由形式"的音乐表达方式（如自由爵士）具有帮助基层民众摆脱企业资本主义音乐和文化的潜力，音乐技术的变化也为反抗资本主义音乐产业中的异化提供了基础，计算机、数字化乐器和互联网使年轻音乐家能够

①　Paul Burkett. Eleven Theses on Music. *Monthly Review*，2024，75（10）.

以新的、创造性的方式表达和沟通情感。伯克特呼吁社会重新审视音乐的价值，将文化视为一种公共品，为音乐家和其他文化生产者提供收入保障与国家补贴。

五 社会再生产理论研究

马尼·霍尔博罗（Marnie Holborow）重新评估了恩格斯在马克思主义性别理论中的地位，回应了学界对恩格斯的批评，并揭示了恩格斯的理论对分析当代性别压迫与家庭危机的现实意义。[①] 霍尔博罗指出，恩格斯受摩尔根《古代社会》启发，结合马克思的人类学笔记，提出了家庭形式和女性地位随生产方式演变的历史唯物主义分析框架。恩格斯认为对女性的压迫是相对较新的现象，原始社会并不存在对女性的压迫，资本主义通过将家务劳动制度化为一种私人服务，进一步加剧了对女性的压迫，但女性参与社会化生产打破了传统性别分工以及公共与私人领域之间的界限，从而为女性的集体抗争创造了条件。霍尔博罗回应了女性主义者对恩格斯的批评，如过度依赖摩尔根的研究成果、在构建理论时过于侧重经济因素、存在性别偏见，等等。霍尔博罗指出，恩格斯虽然借用了摩尔根的许多术语，但其核心在于揭示家庭形式演变的物质基础；不可否认，恩格斯的语言受到当时关于性别角色的成见影响，但恩格斯显然认识到了性别角色是由社会构建的。霍尔博罗强调，恩格斯的分析为我们认识当代性别压迫问题提供了宝贵的工具，不仅有助于我们理解女性在当代社会中的地位，还为我们解决性别压迫问题提供了革命性的政治视角。

亚历山德拉·皮莱蒂奇（Aleksandra Piletić）以阿姆斯特丹和柏林的食品配送、清洁和护理平台为例，研究了新自由主义下平台经济的发展对工资关系和社会再生产的影响。[②] 皮莱蒂奇认为，平台并没有完全颠

---

① Marnie Holborow. Engels for Our Times: Gender, Social Reproduction, and Revolution. *Monthly Review*, 2024, 75 (10).

② Aleksandra Piletić. Continuity or Change? Platforms and the Hybridization of Neoliberal Institutional Contexts. *Review of International Political Economy*, 2024, 31 (2).

覆现有制度，而是从内部改造了新自由主义，使其产生了"混合化"（hybridization）过程。根据法国调节学派的理论，"混合化"描述了由外部引入的制度通过与内部制度形式的相互作用而发生转变的过程。皮莱蒂奇认为平台就引发了类似的"混合化"过程，它没有造成现有的社会妥协破裂，而是适应了现有的制度环境，从整体上维护了新自由主义积累模式。皮莱蒂奇聚焦"工资－劳动关系"这一制度形式，并对调节学派的分析框架进行了扩展，将社会再生产维度也纳入进来。皮莱蒂奇认为，平台通过融入新自由主义的两种动态来保持运作：一是嵌入灵活且不稳定的新自由主义劳动力市场，吸纳迫切需要工作的失业或就业不足的工人；二是回应新自由主义的社会再生产危机，通过提供低成本的劳动力和服务来满足因紧缩政策而陷入困境的个人和家庭的生育需求。皮莱蒂奇指出，平台经济是新自由主义的延续与局部重构，"平台资本主义"的提法过分夸大了平台的颠覆性作用，"混合化"概念则准确描述了二者的动态关系。

　　盖尔盖伊·塞尼（Gergely Csányi）重新审视了社会再生产理论中的家务劳动辩论，指出其围绕"价值"与"身体和亲密关系"两大主题展开，但后者被长期忽视。[①] 塞尼认为，家庭是商品链的起点，家庭所创造的价值被"全球社会工厂"的诸多节点所榨取；资本主义自诞生以来就依赖廉价劳动力，家庭主妇是资本主义历史上的一种处于从属地位的特殊廉价劳动力形式。女性身体在亲密关系、生育、抚养子女以及性方面的能力被赋予了资本主义功能，亲密关系成了生产的一种表现形式。因此，这种对女性的压迫是资本主义的根本性特征，无法被任何其他结构性因素所替代。塞尼批判了传统马克思主义分析将价值生产局限于工资劳动的做法，强调反资本主义运动须打破生产性与非生产性的等级划分，承认家庭、非正式经济及边缘群体在价值创造中的核心地位，并揭示资本如何通过身体压迫将亲密关系转化为积累策略。塞尼呼吁将社会

---

① Gergely Csányi. Rethinking Social Reproduction Analysis and Indirectly Productive Labour Focusing on Value, the Body and Intimacy. *Capital & Class*, 2024, 48（3）.

再生产分析从狭隘的经济范畴扩展到身体政治与全球不平等，认为反资本主义斗争必须同时挑战资本主义的价值榨取机制及其对人类关系的异化，尤其需要关注女性在资本主义中的结构性角色，以实现对资本逻辑的全面颠覆。

贾斯敏·乔利-舒尔茨（Jasmine Chorley-Schulz）分析了工人阶级士兵在资本主义社会再生产中的角色与地位。[①] 乔利-舒尔茨认为，士兵虽不直接生产剩余价值，但因其依赖工资维生且士兵的劳动与工人一样处于被剥夺的地位，因而应将其纳入工人阶级范畴，但军事劳动的特殊性（暴力实施）使其在阶级关系中处于矛盾位置。士兵通过再生产资本主义社会关系，在资本主义社会中扮演着重要角色。乔利-舒尔茨认为，士兵在资本主义社会发挥了三种再生产职能。第一，士兵通过提供建设、工程、医疗、战斗和杀戮等各种具体活动，服务于国家的政治功能，通过镇压性力量维护资本主义统治，并在全球范围内维持资本主义关系的再生产。第二，作为工人阶级的一部分，士兵通过为家庭赚取工资维持士兵家庭的再生产。第三，士兵通过军营和家庭中的无偿劳动维持工人阶级自身的日常再生产。乔利-舒尔茨指出，历史上士兵既可能成为革命主体，也可能沦为反动工具，其政治化取决于意识形态斗争与具体历史条件；士兵的角色是资本主义社会矛盾的体现，他们的存在凸显了资本主义社会中无法调和的矛盾。

六　货币金融理论与金融化研究

布鲁诺·赫菲格、莱昂纳多·帕斯·穆勒和伊德利·科隆比尼（Bruno Höfig, Leonardo Paes Müller & Iderley Colombini）从货币在资本主义经济中发挥的二重功能——作为货币的货币与作为资本的货币——出发，通过区分"作为货币的货币经营资本"（MMDC）与"作为资本的

---

① Jasmine Chorley-Schulz. Working-Class Soldiers, Social Reproduction, and the State. *Science & Society*, 2024, 88（2）.

货币经营资本"（MCDC），进一步发展了马克思的货币经营资本和生息资本概念，为银行与非银行金融机构在金融体系中的不同角色及其演变提供了解释。[①] 赫菲格、穆勒和科隆比尼认为，生息资本并非指特定的资本形式，而是资本主义信用体系下所有资本的表现形式；银行与非银行机构的净收入采取了利润而非利息的形式，因而不能将这两种机构视为生息资本的形式，实际上它们分别属于 MMDC 和 MCDC 的形式。作为 MMDC 的银行通过管理货币的支付流通来降低社会流通成本，以提高平均利润率；作为 MCDC 的非银行金融机构则通过配置储蓄资金参与资本增殖，推动资本市场的扩张。二者的分化源于资本主义降低流通成本、提高利润率的内在趋势。赫菲格、穆勒和科隆比尼指出，随着资本主义的发展，非银行金融机构在管理金融财富方面的重要性逐渐超过了银行，影子银行、资产证券化等金融化现象迅猛发展，这一趋势源于资本主义追求利润最大化的内在冲动。

比尔·邓恩（Bill Dunn）以马克思的劳动价值论为基础，深入探讨了货币在资本主义体系中的作用及其与价值、国家之间的复杂关系。[②] 邓恩提出了四个论点。第一，货币早于资本主义数千年就已存在，因此资本主义存在一个货币成为价值衡量尺度的过程，这意味着资本主义的货币化是一个尚未完成的进程。第二，即便从严格的资本主义商品经济来看，货币也不能完美地衡量作为社会必要劳动时间的价值。货币自身的价值受生产率变化影响，而且货币的不同职能之间存在冲突，货币的非消耗性也使其无法反映当前的社会必要劳动时间。第三，作为世界货币的商品货币，只有通过国内和国际协调才能发挥作用，货币的国际职能始终依赖国家权力，而非市场自发秩序。第四，布雷顿森林体系的终结消除了所有客观的衡量标准，这使得如果不深入理解国家的作用及其

①　Bruno Höfig, Leonardo Paes Müller, Iderley Colombini. The Tendency of the Non-Bank Financial Sector to Rise: A Materialist Account of the Growth of Market-Based Finance. *Review of Radical Political Economics*, 2024, 56 (3).

②　Bill Dunn. Problems of the Labour Theory of Value, Money, and the State Form. *International Critical Thought*, 2024, 14 (4).

货币政策，就无法理解价格与价格失调现象。美元取代黄金成为世界货币后，价值与价格的直接对应彻底消失，国家只能通过货币政策主动塑造货币价值。邓恩强调，当代的金融化发展并非国家失控的结果，而是国家与资本共谋的产物，国家通过救助银行、采取宽松的货币政策延缓危机，但也为新一轮的金融不稳定与危机埋下了隐患。

米格尔·里韦拉（Miguel Rivera）等分析了当代资本主义中金融资本权力集团的形成及其经济与社会影响。[①] 里韦拉等指出，20 世纪 80 年代以来，新自由主义作为支持资本积累扩张的社会制度框架的核心，与数字技术的传播和应用相互作用，共同塑造了金融资本的形态；金融资本是摆脱了特定职能限制的大资本，能够在工业、金融和商业领域同时运作，其形成受到技术革命、信用过度膨胀以及资本再生产地理空间扩张等因素的推动；美国金融资本在全球经济中占据了主导地位，其通过高风险操作和市场垄断加剧了危机的频率和严重性。里韦拉等认为，作为最后贷款人的美联储已经从经济稳定的守护者转变为金融资本权力集团的合作伙伴；2008 年金融危机后，美联储通过问题资产救助计划（TARP）与量化宽松政策购买有毒资产，将危机成本转嫁给社会，成为权力集团的"最后投资者"。里韦拉等强调，当前金融资本权力集团通过数字平台和全球银行体系强化剥削与控制，这一权力集团的持续扩张可能将资本主义推向系统性崩溃，而中央银行的救市工具的作用已经发挥到了极限，无法再掩盖资本过度积累、利润率下降和阶级对立的深层结构性困境。

佩德罗·罗梅罗·马克斯和费尔南多·鲁吉茨基（Pedro Romero Marques & Fernando Rugitsky）研究了 2000~2019 年巴西经济中食利者收入的决定因素及其对收入分配的影响。[②] 马克斯和鲁吉茨基提出了扩展的

---

① Miguel Rivera, Benjamín Lujano, Josué García, Oscar Araujo. The Power Bloc of Finance Capital and the Debacle of the Central Bank: Toward the Final Crisis. *International Critical Thought*, 2024, 14 (4).

② Pedro Romero Marques, Fernando Rugitsky. Rentiers and Distributive Conflict in Brazil (2000-2019). *Cambridge Journal of Economics*, 2024, 48 (2).

功能性收入分配框架，将国民总收入划分为食利者收入、工资、企业利润和政府收入四部分，重点关注金融掠夺（工人家庭的债务利息支付）所发挥的作用。研究发现，尽管食利者收入的份额总体保持稳定，但其内部构成发生了显著变化，金融掠夺成为食利者收入增长的重要驱动因素。马克斯和鲁吉茨基将食利者收入分解为金融公司收入和家庭利息收入，研究发现，金融公司收入份额在2007~2012年降低了一半，家庭利息收入份额则并未下降，反而在2007~2011年保持了增长；2012年后的政策干预（如压低利差）短暂压缩了食利者收入，但2015年危机中实施的货币紧缩政策使食利者收入再次反弹。马克斯和鲁吉茨基指出，虽然工人阶级在劳动市场上获得的收入份额增加了，但他们通过利息支付将更多的收入转移给了食利者，导致修正后的工资份额在2004~2011年几乎持续下降，企业利润份额也在此期间下降，政府收入份额则因政府债务利息支付减少而有所增加。马克斯和鲁吉茨基的研究强调了金融化对不同收入群体之间关系的深远影响，为理解巴西经济中的分配冲突提供了新的视角。

贾拉尔·卡纳斯和马尔科姆·索耶（Jalal Qanas & Malcolm Sawyer）考察了海湾合作委员会（GCC）六个成员国近三十年来的金融化发展历程。[①] 卡纳斯和索耶指出，GCC国家的金融化具有一定的独特性，GCC国家凭借石油财富建立了庞大的主权财富基金，其金融化过程也与伊斯兰金融的发展紧密相连。卡纳斯和索耶分析了主权财富基金在GCC国家金融国际化中的关键作用。这些基金已经成为国际金融市场的重要参与者，其通过全球范围内的投资，不仅促进了GCC国家的经济转型，还增强了其在全球金融体系中的影响力。卡纳斯和索耶详细分析了伊斯兰金融在GCC国家的兴起及其对金融化的影响，伊斯兰金融禁止利息支付和纯货币投机，注重风险共担和实物资产投资，这使其与传统金融有本质区别。整体来看，GCC国家的金融化并未简单复制西方经验，而是通过

---

① Jalal Qanas, Malcolm Sawyer. Financialisation in the Gulf States. *Review of Political Economy*, 2024, 36 (3).

主权财富基金的全球化资产配置，以及伊斯兰金融的本土创新，形成了一种混合型金融体系。卡纳斯和索耶指出，尽管 GCC 国家的金融体系在深度和复杂性上仍落后于其他发达国家，但其通过主权财富基金投资于高风险资产和伊斯兰金融的国际化扩张，深刻影响了全球资本流动；GCC 国家的金融化虽有独特优势，但也面临诸多挑战，如金融创新与稳定性之间的平衡、伊斯兰金融与国际金融标准的融合等。

安德鲁·霍尔丹、亚历山德罗·米利亚瓦卡和维拉·帕莱亚（Andrew G. Haldane，Alessandro Migliavacca & Vera Palea）分析了欧盟采用国际财务报告准则（IFRS）对经济金融化和企业行为的影响。[①] 他们构建了一个基于标准投资模型的扩展模型，纳入影响企业投资的多种因素，包括企业投资机会、盈利能力、其他企业特征（如债务杠杆、财务支付、生命周期阶段、所有权结构）以及外部因素（如技术发展、行业法规、货币政策等）。霍尔丹、米利亚瓦卡和帕莱亚选取了欧盟 1990~2019 年 5301 家非金融企业的数据，这些企业在 1990~2004 年采用了国内一般公认会计原则（DGAAP），2005 年起被强制采用 IFRS。他们采用了多种投资衡量指标，包括资本支出（CAPEX）、资本支出加兼并收购（CAPEX + M&A）等，以全面反映企业的投资行为。描述性统计与计量分析表明，IFRS 企业的投资水平普遍低于 DGAAP 企业；无论是从资本支出还是更广泛的投资指标来看，IFRS 企业的投资敏感度都显著低于 DGAAP 企业；IFRS 实施后，企业的投资行为发生了显著变化，投资水平下降，财务支付增加，尤其是股东分红与资本支出的比例显著上升，表明企业更倾向于将资源分配给股东，而非用于长期投资。霍尔丹、米利亚瓦卡和帕莱亚指出，IFRS 的实施确实促进了欧盟企业管理中的短期主义，降低了企业对实体经济的再投资；会计准则不仅是技术性规定，更是塑造经济和社会的有力工具，其制定应考虑公共政策目标。

佩林·阿克恰冈-纳林和阿德姆·亚武兹·埃尔韦伦（Pelin Akçagün-

① Andrew G. Haldane, Alessandro Migliavacca, Vera Palea. Is Accounting a Matter for Bookkeepers Only? The Effects of IFRS Adoption on the Financialisation of Economy. *Cambridge Journal of Economics*, 2024, 48 (3).

Narin & Adem Yavuz Elveren）对二战后美国经济金融化与军事化之间相互强化的关系进行了理论与实证分析。① 阿克恰冈-纳林和埃尔韦伦指出，美元霸权确保了美国作为全球金融化中心的霸权地位，这种经济权力使美国能够维持庞大的军事预算和遍布世界各地的数百个军事基地，这反过来又维护了美国的政治权力，从而确保了美元的霸权地位。在实证分析方面，阿克恰冈-纳林和埃尔韦伦用军事支出占 GDP 的比例来衡量军事化程度，并采用了一系列金融化衡量指标。研究发现，不同的金融化衡量指标与军事化之间存在显著和复杂的关系，比如军事支出占 GDP 的比例与净利息（或净股息）占 GDP 的比例之间不存在因果关系，但其与金融利润与非金融利润之比之间存在二元因果（bivariate causality）关系；利润率的定义以及这些定义是否反映金融因素对于分析结果至关重要；军事支出与一般利润率（即未修正的利润率）和金融利润率均呈正相关，而且军事支出与金融利润之间的相关性，比其与一般利润率之间的相关性更为显著。阿克恰冈-纳林和埃尔韦伦指出，金融化与军事化的复杂互动是当代资本主义的结构性特征，金融化为美国军事支出提供了资金支持，军事力量则保障了美元霸权与金融资本扩张。

七　生态学马克思主义研究

约翰·贝拉米·福斯特（John Bellamy Foster）于 2024 年出版了著作《生态辩证法：社会与自然》。在该书的引言中，福斯特分析了生态辩证法与历史唯物主义之间的关系，探讨了资本主义生态危机的根源与解决路径。② 福斯特认为，马克思的"物质变换"概念揭示了人类劳动作为一种自然力与地球物质循环之间的辩证关系，而资本主义通过异化劳动和对自然的掠夺产生了"物质变换裂缝"，表现为土壤肥力衰竭、森林退化等局部生态危机，并在人类世升级为地球系统层面的危机。福斯特

---

① Pelin Akçagün-Narin, Adem Yavuz Elveren. Financialization and Militarization: An Empirical Investigation. *Review of Radical Political Economics*, 2024, 56 (1).

② John Bellamy Foster. The Dialectics of Ecology: An Introduction. *Monthly Review*, 2024, 75 (8).

批评了苏联和西方马克思主义对自然辩证法的忽视，认为这种忽视导致了对生态危机的忽视。福斯特呼吁恢复和发展生态辩证法，他强调，生态辩证法不仅是一种理论工具，也是一种实践指南。福斯特分析了生态危机的全球性特征，指出当前的生态危机不仅是局部问题，而是全球性问题，生态危机的解决需要全球合作，通过社会革命实现生态可持续性。面对当前资本通过"自然金融化"（如碳交易）加速掠夺地球的趋势，福斯特提出了生态社会主义的革命路径：以马克思的物质变换裂缝理论为工具，联合全球工人阶级与环境社群，推动"有计划的去增长"战略，打破资本无限积累逻辑，实现可持续的生态文明。

阿尔曼·斯佩斯（Arman Spéth）围绕"生态社会主义与去增长"主题对约翰·贝拉米·福斯特进行了访谈，福斯特在访谈中详细阐述了他对去增长和生态社会主义的理解，以及这些概念与历史唯物主义之间的关系。[①] 福斯特解释了"去增长"和"去积累"之间的联系，认为去增长是一个模糊的术语，真正关键的是零净资本形成，即去积累，因为资本主义的本质是资本积累。福斯特详细阐述了"计划性去增长"的概念，认为去增长和可持续的人类发展都离不开规划，民主规划在社会各个层面的实施是实现实质性平等、生态可持续性和人类生存的唯一途径。福斯特回应了一些学者对去增长理论的批评，认为这些批评是基于对资本主义生产力的狭隘理解，生产力的提高应当是为了满足社会需求，即使在零净资本形成的背景下，也可以通过减少单位产出的劳动时间来提高效率，从而实现生产力的提高。福斯特强调，当今科学表明，若不改变社会经济系统、应用技术和人类与地球系统的关系，人类将面临灭顶之灾；气候变化、化学污染、塑料泛滥、水资源短缺、物种灭绝等问题的根源在于资本积累体系，要解决这些问题，必须彻底摒弃资本积累逻辑，当前人类面临"毁灭或革命"的抉择。

约翰·贝拉米·福斯特分析了榨取主义（extractivism）在人类世的

---

① John Bellamy Foster, Arman Spéth. Ecosocialism and Degrowth. *Monthly Review*，2024, 76（2）.

发展及其对全球生态危机的影响。① 福斯特指出，榨取主义在全球范围内的扩张与资本主义生产方式密切相关，特别是在工业革命和"大加速"时期；榨取主义不仅是对资源的过度开发，更是晚期资本主义或帝国主义对地球系统的破坏性影响的体现。福斯特深入探讨了榨取主义的理论基础，特别是马克思对于资本主义掠夺自然的分析。马克思将资本主义生产方式视为对自然的掠夺，这种掠夺不仅包括对土地和身体的掠夺，还包括对地球本身的掠夺。福斯特介绍了乌拉圭生态批评家爱德华多·古德纳斯（Eduardo Gudynas）的榨取主义理论，认为其为理解榨取主义所产生的经济和生态损失提供了新的视角。福斯特最后探讨了榨取主义与人类世危机之间的关系，认为当前的人类世危机与资本积累体系密切相关，当前社会斗争的首要任务是对抗资本主义对自然的掠夺，尤其是反对榨取主义，而只有建立更高级的社会形态，让生产者合理调节人与自然之间的物质变换，才能真正解决当前的全球危机。

本杰明·塞尔温和查里斯·戴维斯（Benjamin Selwyn & Charis Davis）探讨了企业素食主义（corporate veganism）的兴起及其对环境和社会产生的影响，并提出了社会主义素食主义概念。② 塞尔温和戴维斯指出，许多转向植物基食品市场的公司实际上对环境造成了巨大破坏。这些公司通过收购植物基食品品牌来提升其环保形象和扩大市场份额，同时继续从事大规模肉类生产等对环境有害的活动。塞尔温和戴维斯认为，这种企业素食主义策略加剧了动物苦难、人类剥削和环境破坏，无法真正解决环境和社会问题。塞尔温和戴维斯提出了社会主义素食主义的概念，主张通过控制"生产的起点"（决定生产什么和如何生产）和产品的分配方式来实现食品生产的转型。社会主义素食主义的核心在于通过工人、社区和消费者的民主控制来实现食品生产的民主化，减少资本对劳动的控制。塞尔温和戴维斯进一步讨论了社会主义素食主义的具体实

①　John Bellamy Foster. Extractivism in the Anthropocene. *Monthly Review*，2024，75（11）.

②　Benjamin Selwyn，Charis Davis. The Case for Socialist Veganism：A Political-Economic Approach. *Monthly Review*，2024，75（9）.

践方法，包括通过新技术提高生产效率，减少对环境的影响，为工人提供更好的生活条件，等等。塞尔温和戴维斯指出，社会主义素食主义不仅是饮食的变革，更是对资本主义生产关系的彻底挑战，为全球气候危机与粮食短缺提供了系统性解决方案。

约翰·巴克达尔和保罗·哈里斯（John Barkdull & Paul G. Harris）认为，资本主义对增长和利润的追求与生态可持续性存在根本矛盾，而基于资本主义的减缓政策与适应政策难以奏效，只有以民主生态社会主义取代资本主义、推动社会经济彻底转型，才能应对气候危机。[①] 巴克达尔和哈里斯指出，尽管国际社会长期致力于减缓气候变化，但温室气体排放持续攀升，极端气候事件频发，应对气候危机失败的原因在于资本主义对化石燃料的依赖及其增长至上逻辑；资本主义通过"剥夺性积累"和生态不平等交换攫取利润，其对自然资源的掠夺已接近极限，气候危机将会加剧阶级矛盾，可能引发社会崩溃。巴克达尔和哈里斯指出，主流政策框架仅强调技术调整和能源转型，却回避对资本主义经济秩序的挑战，导致减缓与适应政策双双失效；现有的减缓目标因技术依赖及企业利益阻挠等原因而难以实现，适应政策同样受限于资本主义的短视性，一些措施可能会进一步加剧能源消耗，贫穷国家因资金匮乏而无法实施有效的适应政策。巴克达尔和哈里斯认为，真正的转型需要以民主生态社会主义为核心，通过长期规划和资源公平分配避免资本主义的短视与剥削，其特点包括对环境可持续性的承诺、满足基本社会需求的经济导向、高度的社会平等以及代表性和参与式民主。

卡洛斯·马丁内斯（Carlos Martinez）考察了中国在实现经济增长与环境保护平衡方面做出的努力，特别是中国的生态文明理念及其全球影响。[②] 马丁内斯认为，中国虽然在推动工业化和扶贫过程中取得了显著成就，但也产生了严重的环境问题；近年来，中国通过减少煤炭使用、

① John Barkdull, Paul G. Harris. Adapting to Climate Change: From Capitalism to Democratic Eco-Socialism. *Capitalism Nature Socialism*, 2024, 35（3）.

② Carlos Martinez. China's Transition to an Ecological Civilization: Strategies and Global Implications. *International Critical Thought*, 2024, 14（2）.

发展可再生能源、提高能源效率、发展绿色交通和推进城市森林建设等
措施，积极应对环境挑战，中国的这些努力不仅改善了国内环境状况，
也为全球可持续发展提供了宝贵经验。马丁内斯批判了西方国家在气候
变化问题上对中国责任的夸大和指责。马丁内斯指出，尽管中国是目前
全球最大的温室气体排放国，但中国的人均排放量仅为美国的一半左右。
此外，中国排放量增长的主要原因在于为发达国家生产商品和服务，而
发达国家通过将高污染产业转移到发展中国家逃避自己的环境责任。马
丁内斯认为，西方国家在气候变化问题上对中国责任的夸大和指责是出
于政治目的，旨在转移公众对其自身环境政策失败的注意力；中国则通
过"一带一路"倡议与其他国家分享绿色技术和经验，推动全球可持续
发展，中国的这些努力不仅有助于改善全球环境状况，也为其他国家提
供了实现可持续发展的新路径。

八　帝国主义理论研究

大卫·坎普曼（David Kampmann）探讨了西方马克思主义在帝国主
义和社会主义问题上的理论演变及其对全球政治经济产生的影响。[1] 坎
普曼认为，西方马克思主义自 20 世纪 80 年代以来用全球资本主义取代
了帝国主义概念，这种转变导致他们对全球南方现有的社会主义项目持
否定态度；帝国主义通过新自由主义政策和全球资本主义体系维持对全
球南方的经济剥削和政治控制，西方马克思主义者在这一过程中扮演了
支持者的角色。西方马克思主义的这种立场实际上支持了帝国主义的统
治，削弱了全球南方的社会主义力量，加剧了全球经济的不平等。坎普
曼呼吁重新审视帝国主义的概念，支持全球南方的社会主义项目，以实
现真正的国际工人阶级团结和全球公平正义。

一些受欧洲中心论影响的西方左翼学者始终对马克思主义帝国主义

---

[1]　David Kampmann. Venture Capital, the Fetish of Artificial Intelligence, and the Contradictions of Making Intangible Assets. *Economy and Society*, 2024, 53（1）.

理论持否定态度，约翰·贝拉米·福斯特从历史和理论的角度分析了这种现象的根源和影响。[①] 福斯特指出，对帝国主义理论的否定源于美国霸权的衰落和以美国、欧洲、日本为中心的帝国主义世界秩序的相对削弱，以及全球南方前殖民地和半殖民地国家经济的崛起。福斯特指出，列宁不仅关注帝国主义国家之间的横向冲突，还关注帝国主义国家对殖民地和半殖民地的剥削，依附理论、不平等交换理论、世界体系理论和全球价值链分析等后续理论发展进一步深化了对帝国主义的理解，为帝国主义国家对全球南方国家的剥削及这些国家内部的社会矛盾和阶级斗争提供了解释。福斯特强调，正确认识帝国主义理论对于理解当代世界的政治经济格局至关重要，左翼应站在反帝国主义的立场上，支持全球南方的革命运动，反对资本的剥削和压迫，共同推动人类社会向社会主义方向发展。

德博拉·马查多·努内斯（Débora Machado Nunes）探讨了马克思主义依附理论在分析金融化资本主义动态、全球化工人阶级的崛起以及指导外围国家的变革性实践方面的理论贡献。[②] 努内斯首先对依附理论中的韦伯主义–马克思主义传统和马克思主义传统做了区分。韦伯主义–马克思主义传统认为依附是外围国家发展的条件之一，主张通过吸引外国投资和跨国公司实现工业化和经济增长。马克思主义传统则认为依附是外围国家发展的一个结构性障碍，外围国家在资本主义体系中处于从属地位，其经济发展受到核心国家的控制和剥削，同时外围国家存在独特的超级剥削现象。努内斯认为，尽管当代资本主义的帝国主义形式发生了变化，但其核心特征仍然与经典帝国主义理论中的描述一致，如垄断、金融资本的主导地位、国际资本流动和世界领土划分等。努内斯主张将依附理论与帝国主义理论相结合，认为依附理论可以为理解当代帝国主义提供重要的理论框架；将二者结合起来可以更加深入地分析当代资本主义的动态，特别是金融化资本主义如何影响外围国家的经济发展和社

① John Bellamy Foster. The New Denial of Imperialism on the Left. *Monthly Review*，2024，76（6）.

② Débora Machado Nunes. Imperialism in the Financial Capital Era：Forgotten Contributions from Marxist Dependency Theory. *Review of Radical Political Economics*，2024，56（1）.

会结构。这种综合分析不仅有助于理论发展，还可以为外围国家的变革实践提供指导，帮助它们更好地应对资本主义体系的挑战。

威廉·罗宾逊（William I. Robinson）批判了当前左翼对帝国主义的简单化理解，认为需要重新思考帝国主义和反帝国主义的概念。[①] 罗宾逊指出，帝国主义不应仅仅被视为西方国家对其他国家的压迫，而应被视为跨国资本在全球范围内的剥削和积累过程。罗宾逊分析了全球资本主义的演变，特别是跨国资本的崛起及其对全球劳动的剥削，强调了国家在这一过程中的作用。罗宾逊认为，许多第三世界国家的资本家也参与了全球剥削，因此帝国主义并非仅是西方的现象。罗宾逊批判传统左翼陷入了"反美即反帝"的二元逻辑，认为其忽视了非西方国家的资本所具有的剥削性。罗宾逊主张一种跨国的阶级视角，反对将帝国主义简化为国家间的冲突，而是关注资本与劳动之间的全球阶级关系。罗宾逊强调，社会主义者必须反对所有形式的资本主义剥削和压迫，无论其发生在何处，支持全球范围内的工人阶级斗争，以实现真正的国际主义。

罗宾逊的观点引发了许多争议。比如，大卫·莱伯曼（David Laibman）指出，罗宾逊的理论低估了民族国家在资本主义阶段性演变中的持续作用，即民族国家是推动帝国主义阶段资本积累的核心工具，而当前跨国资本主义的扩张仍依赖既有国家体系的政治、军事和金融资源，未能真正脱离帝国主义逻辑。[②] 此外，莱伯曼批评罗宾逊一方面过度强调跨国资本的全球同质性，另一方面完全否定全球北方对全球南方的支配关系。许准认为，罗宾逊未能正确把握当代全球资本主义体系的结构特征，低估了美国霸权在维护全球资本主义体系中的核心作用。[③] 许准指出，帝国主义作为全球等级体系的核心特征并未消失，美国及其盟友

① William I. Robinson. Imperialism, Anti-Imperialism, and Transnational Class Exploitation. *Science & Society*, 2024, 88 (3).

② David Laibman. Transnational Capitalist Class Theory: An Assessment. *Science & Society*, 2024, 88 (3).

③ Zhun Xu. Imperialism and Anti-Imperialism in the 21st Century. *Science & Society*, 2024, 88 (3).

仍通过军事、经济与意识形态霸权主导世界秩序，跨国资本的扩张并未脱离传统帝国主义国家机器的支撑。许准（Zhun Xu）指出，当前的社会主义斗争迫切需要凝聚共识，将反对帝国主义（尤其是反美国霸权）作为一切斗争的核心。

在另一篇论文中，罗宾逊回应了不同学者对其帝国主义理论的批评。① 批评者们主要从两个方面对罗宾逊的观点提出质疑：一是理论层面，即经济与政治的关系，特别是美国干预主义与跨国资本积累之间的联系；二是政治层面，即在美国霸权衰落、其他国家崛起以及地缘政治对抗不断升级的背景下，面对世界各地工人阶级和民众反抗跨国资本主义剥削的阶级斗争，社会主义者应采取何种立场。在理论方面，罗宾逊认为一些批评者陷入了将经济与政治割裂或混淆的陷阱，也未能把握美国干预主义与跨国资本积累之间的复杂关系。在政治方面，批评者们对于社会主义者在全球阶级斗争中应采取的立场存在分歧，罗宾逊批评了那些将反帝国主义简化为支持某个国家对抗美国的行为，强调真正的反帝国主义应关注全球范围内的阶级斗争和工人阶级的团结。罗宾逊在回应中重申了其跨国阶级分析视角，批评了将帝国主义简单化为国家间冲突的观点，主张在全球化的背景下重新理解帝国主义和反帝国主义的内涵。他呼吁社会主义者超越狭隘的民族主义立场，支持全球范围内的工人阶级斗争，以实现真正的社会变革。

九　结语

2024 年国外政治经济学研究在理论研究和现实问题研究方面都取得了许多新的进展。在理论研究方面，国外学者不仅对经典理论进行了深入的探讨和分析，还积极拓展新的研究领域和视角，为马克思主义政治经济学注入了新的活力。在现实问题研究方面，他们紧密关注当代资本主义的新变化，对金融化、生态危机、长期停滞、国际冲突等问题进行

---

① William I. Robinson. On Imperialism：Reply to the S&S Symposium. *Science & Society*，2024，88（3）.

了深入的研究和探讨，提出了一系列具有启发性和指导性的观点和建议。总体而言，这些研究在很大程度上都坚持了马克思主义的立场、观点与方法。然而，对于个别学者的观点，我们既要看到其合理之处，也要警惕其中可能存在的偏差或局限。比如，长谷清认为商品的价值不是在生产中创造的，而是在交换中形成的，货币的价值是由其自身的职能赋予的，这种观点显然背离了马克思的劳动价值论和货币理论。又如，威廉·罗宾逊对帝国主义的概念进行了扩展，不再从民族国家的角度，而是从跨国资本的角度界定帝国主义，一些第三世界国家甚至也被其归为帝国主义，这种解读显然偏离了列宁对于帝国主义的经典定义，必然会使帝国主义概念彻底失去解释力。

与前几年相比，2024年国外政治经济学研究仍然保持了理论研究与现实问题研究相结合的特点，但在研究主题方面与往年有所变化。在2023年的研究报告中，我们总结了近年来国外政治经济学研究持续关注的两个主题——金融化和数字经济或数字资本主义。从研究主题来看，金融化仍然是国外学者2024年重点关注的问题，但数字经济或数字资本主义的研究热度明显下降。同时，国外学者围绕价值理论、剥削理论、货币理论等基础理论的研究明显增多。这表明国外学者面对当代资本主义错综复杂、盘根错节的现实问题，更加重视回归马克思主义政治经济学经典理论，从中汲取理论养分，用以构建更为完备和精准的分析框架。对于数字经济，国外学者逐渐认识到不应过分夸大其所具有的变革性和解放潜能，因为在资本主导的社会中，数字技术必然成为资本进一步控制与压榨劳动者的工具。鉴于此，国外学者直接以数字经济为主题的研究有所减少，转而采取了跨学科的研究视角，更多地聚焦于数字技术、平台经济等创新在劳动剥削、资本积累和社会再生产等方面产生的具体影响。在2023年的研究报告中，我们总结了近年来国外政治经济学研究的两条主线：资本积累与劳动剥削。这两条主线不仅贯穿于往年的研究脉络，同样也是2024年国外政治经济学研究的主线。基于对当前研究趋势的观察与分析，我们有理由相信，资本积累与劳动剥削作为政治经济学的关键议题，在未来仍将是研究的主线。

专题六
国外政治经济学研究进展（二）

当前全球经济的复苏依然疲软，部分发达国家甚至出现了经济萎缩或停滞的状况。2021~2023 年，受疫情影响，出现了世界性的通胀飙升，主要国家央行先后采用加息手段抑制通胀。经济停滞和通货膨胀的并存容易让人联想到 20 世纪 70 年代的滞胀危机，但实际上两个时期的积累体制、分配关系和金融结构都存在阶段性差异。面对现实迫切需要关注和回应的经济问题，数理政治经济学和后凯恩斯主义经济学基于各自的理论范式对以下问题进行了研究。第一，世界经济长期停滞问题再次回到理论研究的视野。垄断资本学派的观点是对这一问题的一个具有代表性的解释，该学派强调资本主义在进入垄断资本主义时代后，因剩余价值吸收的困难而持续存在经济停滞的趋势。最新研究同样表明发达国家的剩余价值仅有一小部分用于私人资本投资，资本家消费、政府部门赤字（包括军事支出）成为吸收剩余的主要方式，在发展中国家也出现了投资率背离利润率的情况。第二，后凯恩斯主义学者基于分配冲突理论、马克思主义学者基于古典通胀理论对通货膨胀问题提出了不同的理论解释。后凯恩斯主义学者研究指出，新冠疫情后的通货膨胀主要源于供给侧而非需求侧，尤其是国际寡头企业通过提高加价率增加了利润转移。这一解释在非主流经济学中达成了一定共识。后凯恩斯主义学者强调的分配冲突因素与失业率和产能利用率密切相关，以谢克为代表的马克思主义学者所发展的古典通胀理论则提出增长利用率的概念，以代替失业率和产能利用率，构建利润率和通货膨胀之间的联系。第三，以生成式人工智能等为代表的新技术的涌现再次引发了学者关于技术进步影响劳动生产率和工作日的研究。最新研究表明，自 20 世纪 80 年代以来，资本主义经济中的技术进步无助于缩短工作日并促进人的全面发展，而是进一步加剧了次级劳动力市场的工作日碎片化程度。以德国为代表的发达国家受益于国际价值链的拓展和离岸外包，借助国外供应商的生产率改善和较低的劳动力成本提升了国内产品的价格竞争力。第四，全球价值链的扩张加剧了国际不平等交换，这不仅体现在全球南方国家贡献了所有技能水平的大部分劳动力，但获得的收入不足全球收入的一半，而且表现为南方国家对国际金融体系的依赖性。第五，借助对凡勃伦-康芒斯奖获得者查尔斯·威伦理论贡献的介绍，总结了后凯恩斯主义制度主义的最新理论进展。

一　世界经济长期停滞与经济剩余的吸收

每当发生严重的经济衰退时，人们往往会关注关于经济长期停滞的争论。阿尔文·汉森（Alvin Hansen）用长期停滞来描述 1929~1933 年大萧条后的美国经济，将高失业率作为主要问题。[①] 劳伦斯·萨默斯（Lawrence Summers）再次使用长期停滞这一术语来阐述 2007 年大衰退的影响，指出经济基本面的变化导致储蓄和投资之间的自然平衡发生重大转变，从而降低了与充分就业相关的均衡自然利率，使其趋于负值。结果是，实现充分增长、高产能利用率和金融稳定似乎变得越来越困难。[②] 安德烈业·博萨托（Andrea Borsato）认为高失业率和疲软的人均GDP 增长率不能作为长期停滞的证据，当前的失业率仅为大萧条时期的一半左右，人均 GDP 的增长疲软只是回归了"黄金时代"（1950~1972年）之前的平均增长率。他主张应该从生产率角度来讨论长期停滞。从生产率的数据来看，根据博萨托的计算，自 20 世纪 70 年代以来，生产

---

①　Alvin H. Hansen. Economic Progress and Declining Population Growth. *The American Economic Review*, 1939, 29（1）.

②　Lawrence H. Summers. U. S. Economic Prospects: Secular Stagnation, Hysteresis, and the Zero Lower Bound. *Business Economics*, 2014, 49（2）.

率的增长一直在放缓，2008 年金融危机后这种减弱趋势变得更加明显。具体而言，劳动生产率在 20 世纪 50 年代达到顶峰，平均增长率接近 3%。然而，自 20 世纪 70 年代初开始，劳动生产率的增长率显著下降，1972～1979 年降至 1.7%，1979～1988 年为 1.4%，1988～1996 年为 1.7%，1996～2007 年为 2.2%，并在随后的几年中出现进一步的下滑，2007～2022 年年均为 1.3%。全要素生产率（TFP）的增长模式也呈现类似趋势。1928～1950 年，TFP 增长显著，增长率高达 2% 以上。然而，自 20 世纪 70 年代以来，TFP 增长率逐渐放缓，1972～1979 年为 0.8%，1980～1988 年为 0.7%，1989～1996 年为 1.3%，1997～2007 年为 1.8%，并在 2007 年后进入低谷，2008～2019 年为 1%，2020～2022 年为 0.5%。至于生产率增长放缓的原因，博萨托既提到了需求侧的需求停滞政策（政策目标从黄金年代实现充分就业变为新自由主义时代维护价格稳定）和收入不平等的普遍加剧对投资和生产率的不利影响，又考虑到了供给侧创新的衰退、人口增长的总体下降。[1]

作为垄断资本学派的代表，保罗·斯威齐（Paul Sweezy）提出资本主义进入垄断资本主义时代后，经济盈余有上升的趋势，这导致资本主义不断寻求新的方法，包括消费、投资和各种浪费活动来吸收越来越多的经济剩余。在二战后的 20 世纪五六十年代，划时代的创新、新的基础设施开发、人口快速增长、巨额军费开支和美国霸权等因素结合，为剩余的吸收创造了有利条件，为美国和全球资本主义黄金年代的经济繁荣奠定了基础。进入 20 世纪七八十年代，随着有利于剩余吸收的各种条件消失，垄断资本学派认为全球资本主义进入了长期停滞的新时代。[2] 李民骐等指出自 20 世纪 60 年代以来，发达资本主义经济体的增长率大幅放缓。就美国经济而言，实际 GDP 的年均增长率从 20 世纪 60 年代的 4.1% 下降到 70 年代和 80 年代的 3.2%～3.3%。在 20

---

① Andrea Borsato. Does the Secular Stagnation Hypothesis Match the Data? Evidence from the USA. *Journal of Post Keynesian Economics*，2024，47（2）.

② Paul M. Sweezy and Harry Magdoff. *Stagnation and the Financial Explosion*. New York：Monthly Review Press，1987.

世纪 90 年代升至 3.4% 后，美国经济增长率进一步下降，在 21 世纪头十年降至 1.8%，然后在 2011~2022 年回升至 2.1%。这一经济增长放缓的趋势与经济剩余吸收的结构密切相关。给定国民收入核算恒等式，表示为：

$$W + \Pi + T_{indirect} + D = C + I + G_c + NX$$

其中，等式左边为国民总收入，W、Π、$T_{indirect}$ 和 D 分别表示总劳动收入、总资本家利润、生产和进口的净税收以及折旧，等式右边为国民总支出，C、I、G_c 和 NX 分别表示消费、投资、政府消费和净出口。消费可以分为工人家庭消费 C_W 和资本家消费 C_Π，即 $C = C_W + C_\Pi$，净投资 $I-D$ 可以分为私人资本家净投资 NI_Π、国有企业净投资 NI_{SOE}、工人家庭净投资（购买新住房被视为家庭投资）NI_W 和政府净投资 NI_{GOV}，即 $I-D = NI_\Pi + NI_{SOE} + NI_W + NI_{GOV}$，上式可以变形为：

$$\Pi_{disposable} = C_\Pi + NI_\Pi + NI_{SOE} + (C_W + NI_W - W_{disposable}) + (G_C + NI_{GOV} - T_{disposable}) + NX$$

其中，$(C_W + NI_W - W_{disposable})$ 表示劳动者部门赤字，$(G_C + NI_{GOV} - T_{disposable})$ 表示政府部门赤字。上式说明资本家可支配剩余等于资本家消费、私人资本家净投资、国有企业净投资、劳动者部门赤字、政府部门赤字和贸易盈余之和。

基于美国 2000~2022 年数据可知，资本家可支配剩余在 21 世纪初占 GDP 的比例为 18% 左右，之后到 2010 年上升至 20% 左右，自那时起便稳定在 GDP 的 19% 左右。从剩余吸收的结构来看，美国国有企业的净投资可以忽略不计，只有一小部分资本家可支配剩余（3.6%~6%）用于净投资（包括私人资本家投资和家庭住房净投资），资本家消费约占剩余吸收的一半。自 2008~2009 年以来，政府赤字一直是剩余吸收的第二大主要贡献者，约占剩余吸收的 2/5。实际上，今天美国经济中的全部资本家可支配剩余都依赖于私人资本家消费和浪费活动（如军事开支），这些活动由政府赤字支出提供资金，以便价值"实现"。持续高企的政府赤字导致政府债务激增，巨额政府赤字和缓慢的经济增长相结合，导致长期政府债务与 GDP 的比率上升，预计未来将上升到不可持续的水平。①

　　垄断资本主义经济的资本集中限制了生产、投资和工人购买力，因为长期缺乏总需求导致了停滞的长期趋势。为了应对实体经济利润率的下降，资本主义生产需要增加非生产性支出，如军事支出和转向金融部门的非生产性投资。面对垄断资本主义长期停滞的趋势，佩林·阿克恰贡-纳林（Pelin Akçagün-Narin）等基于美国1949～2019年的数据，对金融化和军事化之间是否存在相互促进的关系开展了实证研究。20世纪五六十年代，美国的军费开支加上销售努力的增加和金融扩张等外部刺激，抵消了垄断资本主义阶段的停滞。然而，长期的有效需求不足问题需要进一步采取措施。20世纪70年代末，随着金融资本规模和金融化强度的增加，垄断资本转变为金融垄断资本，军费开支作为外部刺激的作用继续存在。金融化和军事化作为吸收剩余的两种方式并非相互独立，而是相辅相成、相互促进，维持了以美国为中心的金融资本主义。美元的主导地位巩固了美国的全球经济霸权，使其能够拥有过高的军事预算和遍布全球的数百个军事基地，这反过来维持了美国的政治权力，从而巩固了美元霸权。纳林等的研究发现：第一，金融化程度的上升与军费支出占GDP比重的相对下降交织在一起，形成了一种辩证关系。尽管存在局部差异，但金融利润与非金融利润之比总体上是上升的，军费开支占GDP的比重在1980年之前略有下降，但此后保持相对稳定；第二，利润率的不同定义即是否反映金融成分至关重要，一般而言，利润率与军费支出占GDP的比重呈正相关，如果利润率定义中包含了金融收益，那么当金融利润率处于很高的水平时，它与军事支出占GDP的比重存在负相关关系，这对应于金融化的更高阶段，其中向非生产性金融资本的逃逸与军事支出占GDP的比重下降相伴而生。②

　　新自由主义时期经济长期停滞的趋势，同样体现在周期性复苏和扩

① Minqi Li and Lingyi Wei. Surplus Absorption, Secular Stagnation, and the Transition to Socialism: Contradictions of the U. S. and the Chinese Economies since 2000. *Monthly Review*, 2024, 76 (5).

② Pelin Akçagün-Narin and Adem Yavuz Elveren. Financialization and Militarization: An Empirical Investigation. Review of *Radical Political Economics*, 2024, 56 (1).

张的脆弱性上。埃尔多安·巴基尔（Erdogan Bakir）等比较了二战后美国经济周期性扩张的动态。从 1949 年第四季度开始，到 2020 年第二季度结束，美国经济经历了 11 个完整的经济周期。前四个周期（从 1949 年第四季度到 1970 年第四季度）被称为黄金时代周期，后五个周期（从 1980 年第三季度到 2020 年第二季度）被称为新自由主义周期，其余两个周期通常被称为过渡周期。研究发现，经济周期性的复苏通常在扩张初期非常强劲。除了利润率上升外，净实际增加值、实际生产率、劳动时间和就业率在这一阶段也迅速增长。它们在黄金时代周期中的增长速度比在新自由主义周期中更快；在利润率开始下降的扩张后期，净实际增加值、实际生产率、劳动时间和就业的增长率较扩张初期明显放缓。尽管如此，它们在黄金时代周期中的增长率仍然比新自由主义周期中的增长率高出约两倍；黄金时代周期性扩张初期的税前利润增长率是新自由主义周期的三倍。利润份额和产能利用率是这两个时期税前利润率增长率的两个主要贡献因素。然而，它们的相对贡献在黄金时代周期和新自由主义周期中有所不同。虽然产能利用率是黄金时代周期扩张初期税前利润率增长率的主要贡献因素（56%），但在新自由主义周期中，它起着次要的作用（29%），利润份额对利润率增长率的贡献率从黄金时代扩张初期的 44% 上升到新自由主义周期的 71%。然而，黄金时代周期扩张初期的利润份额和产能利用率的增长率仍然高于新自由主义周期；给定

工资份额，表示为 $\frac{W}{Y}=\frac{w}{y/L}\cdot\frac{p_W}{p_Y}$，其中 w、y/L 和 $\frac{p_W}{p_Y}$ 分别表示每小时实际工资、实际生产率和工资商品和净增加值的价格比率，在黄金时代周期中，实际小时工资增长强劲，但实际生产率增长速度几乎是实际工资的两倍，因此实际小时工资/实际生产率差距（"工资增长落后于生产率增长"）是当时工资份额下降的主要因素。相反，在新自由主义周期中，实际生产率增长率大幅下降，但实际工资下降幅度更大，由此维持了二者之间的差距。随着价格比率上升，这种实际小时工资/实际生产率差距成为新自由主义周期扩张初期工资份额下降的唯一原因；黄金时代周期和新自由主义周期扩张后期，税前利润率分别以年均 7.28% 和 5.89% 的速度下降。

利润份额和产能利用率在黄金时代周期和新自由主义周期扩张后期分别贡献了税前利润率增长率下降的70%和30%。因此，工资份额的上升成为黄金时代周期和新自由主义周期扩张后期税前利润率下降的主要因素。但工资份额上升的原因在这两个时期并不相同。实际小时工资/实际生产率差距是黄金时代周期的主要因素，而价格比率则是新自由主义周期的主要因素。[①] 这些结论表明新自由主义周期代表了一种与黄金年代周期不同的资本积累和资本-劳动关系模式，这种积累模式决定了其复苏阶段的动力疲软，增强了之后衰退期经济体系面对实体和金融领域任何不利变化的脆弱性。

新自由主义周期资本积累的一个重要特征是，利润率和积累率的关系发生了不同于以往的变化。伴随着利润率在20世纪80年代的回升，积累率并没有出现相应增长，反而出现了长期停滞的局面。尼古拉斯·埃尔南·泽奥拉（Nicolas Hernán Zeolla）等基于1995~2015年阿根廷、巴西、哥伦比亚、墨西哥、秘鲁和委内瑞拉非金融企业的数据研究表明，尽管21世纪初这些企业的营业利润实现了非凡增长，但拉美和加勒比地区的生产性投资并没有相应增长。泽奥拉等研究了过去20年金融化对拉丁美洲生产性投资的影响。首先，股息与股本之比从1995年平均的5%增长到2012年的11%，并在2015年稳定在8%左右，这一数值明显高于20世纪90年代初的水平。其次，金融资产与生产资本的比率从21世纪初的30%上升至2015年的100%，这一过程由非金融企业中最大的公司主导，并且随着非流动性金融资产（政府证券和投资基金）的积累和该地区套利交易的繁荣，其活力在2009年之后更加明显。最后，基于计量经济学模型，泽奥拉等发现股息支付、金融收入和非流动性金融资产的持有对生产性投资有负向影响，但这仅限于大型和超大型企业。[②] 卡洛

[①] Erdogan Bakir and Al Campbell. Business Cycle Expansions in the Post-World War II United States Economy. *Review of Radical Political Economics*，2024，56（4）.

[②] Nicolas Hernán Zeolla and Juan E. Santarcángelo. Financialization，Financial Assets and Productive Investment in Latin America: Evidence from Large Public Listed Companies 1995-2015. Journal of Post Keynesian Economics，2024，47（2）.

斯·伊瓦拉（Carlos Ibarra）的研究发现，作为发展中国家的墨西哥也出现了类似的问题。给定剑桥方程式 $g=sr-d$，其中 g、s、r 和 d 分别表示资本积累率、投资份额、利润率和折旧率。对利润率进行分解，上式可以改写为 $g=shv-d=shuv^*-d$，其中 h、v、u 和 v^* 分别表示利润份额、产出资本比、产能利用率、潜在产出资本比（即产能资本比）。上式表明，利润份额对资本积累率具有双重影响。首先，更高的利润份额意味着更高的利润率，这直接意味着更高的积累率。其次，更高的利润份额可能提高投资份额。墨西哥经济的主要典型事实表明，自 20 世纪 90 年代初至 21 世纪 10 年代末，一方面利润份额呈上升趋势，从 57% 增加至 67%，另一方面积累率从长期来看呈 U 形，初始值和最终值相似，约为每年 3.5%。如果对经济部门进行分解，可知资本积累率在非贸易品部门小幅增长、在贸易品部门出现下降，即利润份额-资本积累率问题在贸易品部门更为显著。这一脱节问题反映了以下两个因素的影响：投资份额呈现平缓的轨迹；产出资本比的下降抵消了利润份额的上升，使利润率保持不变甚至下降。进一步而言，发达国家资本积累的低迷通常反映了金融化的影响，即尽管利润份额更高，但投资用于购买金融资产、分配股息或支付利息，相比较而言，对于墨西哥来说，金融化的实证证据相对较弱，在金融化指标中利息支付占利润比重的上升可能对积累率有负向影响。此外，更为重要的是，自 20 世纪 90 年代以来，墨西哥的经济战略转向私有化、贸易自由化和基于制造业出口的外向型增长模式，融入了美国主导的全球价值链，这原本有利于贸易品部门的资本积累。伊瓦拉认为墨西哥-美国相对利润率的下降（主要是美国利润率上升引起的，从 20 世纪 90 年代初的 2.84 下降至 21 世纪 10 年代的 2.29），降低了贸易品部门的投资份额，从而拉低了该部门的资本积累率。墨西哥的这一发展经验表明，与全球价值链的融合和成为制造业出口国的成功并不能自动确保资本积累的动态过程。①

---

① Carlos A. Ibarra. Profits and Capital Accumulation in the Mexican Economy. *Cambridge Journal of Economics*，2024，48（3）.

二　通货膨胀的理论解释及经验验证

新冠疫情对健康、企业和政策的影响改变了宏观经济状况，产生了许多经济学家和政策制定者未曾预料到的通胀刺激因素。通胀的全球性意味着通胀问题并不局限于某个国家，超过一半的发达经济体却经历了通胀率飙升。这一问题的普遍性激发了后凯恩斯主义学者和马克思主义学者关于通货膨胀的更多研究。后凯恩斯主义学者基于分配冲突来解释通货膨胀。具体而言，在不完全竞争的背景下，各利益相关方争夺国民收入分配而产生相互冲突的主张，其中一方是工会代表工人提高工资，另一方是企业试图提高价格，以便将工资上涨转嫁给消费者（也是工人）。工资份额的最终变化取决于每个群体的谈判能力。基于这一理论范式，诸多研究表明疫情后的通胀主要原因是企业单位利润的上升和价格加成率的提高，而非工人谈判能力提高所导致的工资-价格螺旋。

威廉·范·利尔（William Van Lear）评估了 2021~2022 年的通货膨胀。他指出通胀压力于 2021 年初开始显现。以美国为例，美国消费者价格指数（CPI）增长率在疫情暴发前一直徘徊在 2%~2.5%，在 2020 年春季降至 0%，随后在 2020 年下半年上升，并在 2021 年加速。供应链生产商支付的价格，即核心生产者价格指数（PPI），从 2019 年 3% 的增长率下降到 2020 年初的 0%。核心 PPI 在 2020 年小幅上涨，然后在 2022 年初加速升至近 10%。到 2022 年中，该指数的增长率下滑至约 7%。2022 年上半年，总体 PPI 上涨了 10% 左右，能源指数上涨了 30%~50%。为了解释影响通胀的因素，利尔设定了两个价格方程，一是 $p=(1+m)\times AC$，其中 p、m 和 AC 分别为价格、加成率和平均成本，二是 $p=u\pi+ulc+usc$，其中 $u\pi$、ulc 和 usc 分别为单位利润、单位劳动力成本和单位供应链成本，将这两个方程结合起来可以得到 $m=u\pi/AC$。对价格水平的分解表明，价格水平在 2018~2022 年的变化为 5.78%，其中单位利润的变化占价格变化的 62%，劳动力成本变化占价格变化的 35%，供应链成本的变化仅占价格上涨的 3%。这表明全球寡头公司有能力提高加价率，在增加自身利润的同时导致价格上涨。进一步地，国内需求对美国通胀影响不大，因为大多数行业在疫情之前和之后都存在大量过剩产能以满足需求。此外，美国国内通胀也有一部分来自输入性通胀。由于大型企业与国际生产和贸易网络的联系，以及由国际市场定价的基本商品价格大幅上涨，全球供应链产生的通货膨胀传导至美国。① 进一步地，托马斯·弗格森（Thomas Ferguson）等指出，之后美国通胀率从 2022 年初的 10% 左右降低到 2024 年第二季度的 3%，表面来看，这主要是因为美联储的货币紧缩政策——政策利率从 2022 年第一季度的 0.1% 上升至 2024 年第二季度的 5.33%，但弗格森等的研究表明美联储在锚定通胀预期中所发挥的作用仅能解释通货膨胀下降的 20%~40%，剩余 60%~80% 的下降应该归因于非美联储政策的其他因素。弗格森等认为其中一个重要因素是随着美国工会密度从 1970 年的 30% 下降至 2023 年的 11.2%，大多数工人无法通过讨价还价来争取更高的工资，2021 年第一季度至 2024 年第二季度平均实际时薪的累计损失为 4.3%。并且弗格森等回答了美国经济为什么能够实现软着陆的问题。鉴于个人消费支出是美国 2022~2024 年经济复苏的主要驱动力（个人消费增长占实际 GDP 增长的 60%~70%），美联储的量化宽松政策通过财富效应维护了富人的消费（2019 年第四季度至 2023 年第四季度，资产价格通胀使美国家庭总财富增长 37 万亿美元，最富有的 1% 的家庭获得了增长的 30%，最富有的 10% 的人攫取了其中的 59%，总计 21.7 万亿美元），这是美国宏观经济持续发展的最重要原因。②

马库斯·纳伯内格（Markus Nabernegg）等对德国 2021~2023 年通胀水平的研究揭示了与利尔的研究相类似的结论。2021~2022 年，欧元区经历了大幅的价格飙升，其中德国的通胀率从 2000~2021 年的 1.5% 上升至 2022 年的 8.7%，超过了意大利、西班牙等南欧国家。很多学术讨论将 2022 年和 2023 年能源价格的上涨确定为主要的通胀触发因素，但德国

---

① William Van Lear. An Assessment of Pandemic Era Inflation，2021-2022. *International Journal of Political Economy*，2024，53（2）.

② Thomas Ferguson & Servaas Storm. Good Policy or Good Luck? Why Inflation Fell Without a Recession. *International Journal of Political Economy*，2024，53（4）.

2021~2023 年的高通胀水平不能仅用能源价格的大幅上涨来解释。对总增加值平减指数的分析表明，各经济部门的价格上涨是异质的，其中农业、建筑、能源供应以及贸易、运输和酒店业等服务业的涨幅尤其高。在通货膨胀率最高的部门，利润占名义总增加值的 57.6%，这比其他行业的平均水平高出 32%。与 2016~2020 年相比，高通胀部门的资本利润份额增加了 18%，而其他部门则下降了 5%。这表明大部分通货膨胀与高通胀行业的公司利润有关，由公司提高加价率的定价政策所驱动。由于没有证据表明出现了工资-价格螺旋，因此，通货膨胀使资本所有者受益，而工人则因没有通过提高工资获得足够的补偿而受到价格上涨的不利影响。[①]

塞巴斯蒂安·查尔斯（Sébastien Charles）等明确提出运用后凯恩斯主义的分配冲突理论来解释法国的通货膨胀。给定价格方程表示为 $p = (1+z)\,wl$，其中 p、z、w 和 l 分别为价格、加成率、货币工资和单位产出投入的劳动量。已知工资份额为 $\omega = \dfrac{wl}{p}$，可推导出 $\omega = \dfrac{1}{1+z}$，相应地，实际工资为 $\dfrac{w}{p} = \dfrac{1}{1+z} l = \dfrac{\omega}{l}$。冲突-通货膨胀模型基于以下两个方程，一是 $\dot{w} = \Omega\,(\omega^{w} - \omega)$，其中 ω^{w} 是工人在工会帮助下获得的意愿工资份额，Ω 为货币工资的调整速度，代表工人的谈判能力，受就业率影响；二是 $\dot{p} = \Psi\,(\omega - \omega^{f})$，其中 ω^{f} 为企业意愿的工资份额，Ψ 为价格调整速度，代表企业的谈判能力，受垄断程度和产能利用率的影响。查尔斯等基于统计数据和理论间接为上述两个方程中的变量包括工人和企业的谈判能力以及工人和企业的意愿工资份额构建指标，将 1960~2018 年划分为四个不同的时期。第一是福特主义时期（1961~1973 年），通胀温和，快速的生产率增长部分地抵消了高工资通胀；第二是石油冲击时期（1974~1981 年），这一时期通货膨胀的上升首先是石油危机的反复爆发所导致的成本推动型通胀，其次另一个重要原因在于名义工资持续上涨，由于生产率增长放缓，经济具有利润挤压的趋势；第三是稳定时期（1982~

---

① Markus Nabernegg, Steffen Lange & Thomas Kopp. Inflation inGermany：Energy Prices，Profit Shares，and Market Power in Different Sectors. *International Journal of Political Economy*，2024，53（4）.

1986 年），政府推行反通货膨胀的保守政策，一方面保守的政策和工会影响力的下降限制了工人的收入要求，另一方面更激烈的国际竞争阻止了企业提高加价的能力；第四是新自由主义时期（1987 年以后），稳定时期的一系列政策变化被长期制度化，导致物价和工资的增长都大幅下降，明显的工资放缓导致了宏观经济的工资挤压趋势。在上述分析的基础上，查尔斯等指出，新冠疫情危机后，各国包括法国通胀率飙升，原因在于能源价格冲击、俄乌冲突、全球供应链扰乱、垄断企业的高加价能力、疫情导致的部分行业劳动力短缺等。这一时期的通胀与 20 世纪滞胀并不相同，前者处于工资挤压状态且没有引发价格-工资螺旋，后者处于利润挤压状态且引发了价格-工资螺旋。各国央行将价格压力视为货币现象而非分配冲突的结果，从而通过提高利率来做出反应，对此查尔斯等认为这会对增长和就业造成不必要的损害。[1]

凯恩斯在《就业、利息与货币通论》中指出，更多资金进入经济体对产出水平产生的积极影响受到可能的充分就业情况的限制。近几十年来，以菲利普斯为代表的学者追随凯恩斯的脚步来解释通货膨胀，将就业水平作为通货膨胀的决定性变量。安瓦尔·谢克（Anwar Shaikh）等早在 1999 年就提出了古典通货膨胀理论，这一理论在利润率和通货膨胀之间建立了联系。在资本主义经济中，利润率即为该体系最大可持续增长率，或者产出界限。一项旨在降低失业率的需求政策可以加速实际增长率，但增长率水平将受限于产出界限。换言之，如果实际增长率和产出界限之间的差距缩小，那么产出增长率可能会下降，这会对价格形成压力，经济变得具有通胀倾向。这提供了对通货膨胀的供给侧解释。[2] 随后，在其 2016 年的著作《资本主义：竞争、冲

[1] Sébastien Charles, Thomas Dallery, and Jonathan Marie. Inflation in France Since the 1960s: A Post-Keynesian Interpretation Using the Conflict-Inflation Model. *International Journal of Political Economy*, 2024, 53 (2).

[2] Anwar Shaikh, Thanassis Maniatis, and Nikos Petralias. Explaining Inflation and Unemployment: An Alternative to Neoliberal Economic Theory. In Andriana Vlachou, ed., *Contemporary Economic Theory*. London: Palgrave Macmillan, 1999.

突与危机》中，谢克对这一古典通货膨胀理论进行了发展完善。他将产出界限称为增长利用率，表示为 $r'=I/P$，其中 I、P 分别为投资和利润。给定名义产出增长率，表示为 $g_Y=f(pp)$，其中 pp 为购买力，且 $\Delta pp = \Delta Credit_D + \Delta Credit_F + CA$，表示新增购买力取决于源于国内的信用变化 $\Delta Credit_D$、源于国外的信用变化 $\Delta Credit_F$ 以及对外部门的经常账户赤字 CA。实际产出增长率表示为 $g_{YR}=F(pp, rr_1', r')$，其中 rr_1' 表示净新增投资利润率。由此通货膨胀率可表示为 $\pi=g_Y-g_{RY}=f(pp, rr_1', r')$，其中净新增投资利润率 rr_1' 对通货膨胀具有负向影响，增长利用率 r' 对通货膨胀具有正向影响，如果新增购买力不能被现行产出完全吸收，则购买力 pp 对通货膨胀具有正向影响。[1]

最新的一些研究基于谢克的古典通货膨胀理论对不同国家的通货膨胀进行了经验研究。胡安·巴雷多-祖里亚兰（Juan Barredo-Zuriarrain）指出，在经历了数十年 10%～100% 的高通胀水平之后，自 2017 年以来，委内瑞拉经历了剧烈、长期的恶性通货膨胀，至 2018 年底，同比峰值超过了 20000%。一方面，近年来的恶性通胀与历史上的高通胀在供给方面具有共同特征。委内瑞拉的经济远未达到充分产能利用水平，也远未达到充分就业水平，2013～2018 年 GDP 下降了 53%。资本积累的障碍包括：美国推行的禁运和制裁影响了委内瑞拉以低利率获得国际流动性的机会，由增长率下降导致的新增利润量的崩溃。另一方面，恶性通胀还存在一个非常明确的原因，委内瑞拉央行通过货币化贷款为委内瑞拉国家石油公司的赤字提供融资，信贷过度增加导致购买力倍增。委内瑞拉严重依赖石油生产，该部门约占全国 GDP 的 20%，占出口的 80% 以上，委内瑞拉国家石油公司垄断了石油的生产和分销，但其财务状况随着其对外支付承诺的增加而恶化。2009 年委内瑞拉为货币化贷款这一实践进行了法律改革，2010 年开始实施货币化，2011～2012 年这种做法变得常态化。2016～2017 年，货币化贷款与国民经济规模变得不成比例，导

---

[1] Anwar Shaikh. *Capitalism*: *Competition*, *Conflict*, Crises. New York: Oxford University Press, 2016.

致了恶性通胀的形成。①

奥克泰·奥兹登（Oktay Ozden）等基于谢克的古典通货膨胀理论分析了 2001~2020 年 23 个欧洲国家的通胀水平。首先，增长利用率水平在 2008 年金融危机后发生了结构性变化，所有欧洲经济体的增长利用率均下降，这意味着资本家在后危机时期从利润中减少了投资的比重。其次，增长利用率水平较低意味着经济具有增长潜力，在这一时期实施刺激政策具有成功的可能性。问题在于欧洲当局在后危机时期并不倾向于实施扩张性政策，反而采取了信贷紧缩政策，没有通过创造新的购买力来刺激经济发展。最后，根据奥兹登等的实证研究结果，谢克古典通货膨胀理论在解释欧洲通货膨胀的供给动态方面产生了实证成功的结果，即增长利用率对欧洲通胀水平具有统计上显著的负向影响，而由于欧洲通货膨胀水平较低，通货膨胀的需求动态没有产生统计上显著的影响，即新增购买力对通胀水平的正向影响在统计上不显著。②

三　技术进步、生产率和工作日

《剑桥经济学》2024 年第 1 期是讨论工作和工作时间在未来演变趋势的特刊。当前，关于工作和工作时间的讨论主要集中于两个问题。第一是工作时间的去标准化，平台工作的普及和"永远在线"的文化加速了这一进程。在一些服务业尤其是与私人消费、休闲活动和外包业务相关的服务业，工作时间转向了更短、更多样化的轮班模式，尤其是在劳动力市场监管薄弱的国家。工作时间变化的关键驱动因素包括全球性的即时供应链，尤其是离岸外包延长了国内营业时间，为"永远在线"文化提供了部分推动力。同时生产方式的最新发展，包括平台的使用和在工作中应用算法管理不仅导致有偿工作时间的工作强度增加，而且增加

① Juan Barredo-Zuriarrain. Credit-Fueled Demand and Shrinking Aggregate Supply: A Study on the Hyper-inflation in Venezuela. *Review of Political Economy*, 2024, 36 (1).

② Oktay Ozden and Hakki Kutay Bolkol. Shaikh's Theory of Inflation: Empirical Evidence from European Countries (2001-20). *Review of Political Economy*, 2024, 36 (4).

了无偿工作时间，延长了工作日。这些变化都对福特主义工作时间规范提出了挑战。第二是自 20 世纪 80 年代以来，为什么技术进步和生产率的增长没有进一步减少标准工作时间，从而为休闲和家庭生活提供更多的机会。历史表明，随着资本主义的发展，工作时间出现了先增加后减少的过程。凯恩斯在 1930 年预测，随着技术进步和生产率的提高，资本主义经济体平均每周工作时间会降至仅 15 小时。然而这一预测似乎不太可能成真，如果目前的趋势持续到 2030 年，那么所有资本主义经济体的每周工作时间都将保持在 5 天左右。即使未来四天工作制变得更加普遍，也距离凯恩斯所预测的 15 小时工作时间相去甚远。这一趋势表明技术进步和随之而来的生产率进步不能自动保证全职工作时间的减少，重要的是如何分配技术进步和生产率增长的成果。只有当工人能通过工会或者国家支持确保他们获得更短的全职工作时间时，他们才有可能获得这些时间。[1]在特刊的一篇文章中，弗朗索瓦-泽维尔·德维特（François-Xavier Devetter）等学者提出了每日工作时间密度指标，以测量工作日的碎片化问题。在盎格鲁-撒克逊国家，工作时间的分配不再集中在一个标准时长上，这促使人们重新思考衡量工作时间的概念和指标。德维特等将工作日密度定义为工作时间与工作日长度的比例，前者指支付报酬的小时数，后者指从一天中工作的第一个小时到最后一个小时的时间段。例如，如果某位员工在白天分两个时段工作，即 6：00 至 9：30，16：00 至 19：30，每天工作 7 小时，那么他的工作日密度率为 7/13.5，即 52%。该指标越高，工作日密度越大，员工一天的工作碎片化程度就越低。通过比较法国 1991 年和 2019 年的工作条件调查，德维特等发现自 20 世纪 90 年代以来，总体而言，雇员的工作日密度相对稳定（从 85% 到 83%）。然而，这掩盖了社会职业类别趋势的异质性：管理人员和专业人员的工作日密度略有增加，而低技能白领工人的工作日密度则大幅下降。从影响工作日密度的因素来看，在其他所有条件相同的情况下，

---

[1]　Brendan Burchell, et al. The Future of Work and Working Time：Introduction to Special Issue. *Cambridge Journal of Economics*，2024，48（1）.

男性的工作日高度碎片化的可能性显著降低。同样，低技能工人（尤其是低技能白领工人）的工作日高度碎片化的风险更高。年龄变量显示，密度最低的是年龄最小的员工（30 岁以下）和年龄最大的员工（50 岁以上）。这些类别在劳动力市场上更容易受到影响，而且在失业率较高时尤其容易受到影响。同样，受教育程度较低的员工更有可能从事工作日高度分散的工作。公司规模也起着一定作用：在小公司工作的员工受到的影响要大得多。工作时间密度低不仅不是一种积极的兼职选择和更好的工作与生活的平衡，反而与工作时间的不可预测性和不受欢迎的时间安排密切相关。从公共政策角度而言，工作日分散化所导致的社会问题（低月薪、工作强度加大和不平等加剧）要求制定新的法规，这不仅意味着需要重新定义工作时间，而且需要改变工作的组织形式（外包等）。[①]

　　近几十年来，生产过程的碎片化不断加剧。国际生产的碎片化意味着地区间整合程度的提高和生产能力流动性及专业化程度的提高，这提高了最终产品的价格竞争力。曼努埃尔·格拉西亚·桑托斯（Manuel Gracia Santos）等基于列昂惕夫模型计算了 1995~2007 年德国汽车行业的垂直整合劳动力成本，区分了其国内组成部分（直接劳动和间接劳动）以及进口组成部分（直接劳动和间接劳动）在总体演变过程中的贡献。之所以选择这个时间段，是因为这一时期是国际生产碎片化程度增长最快的时期。为了量化汽车行业部门和经济其他部门之间的关系，将汽车部门定义为部门 1，其他为汽车部门提供中间产品的部门为部门 2，给定 l_i 表示单位产出所需要的直接劳动量（代表生产率），A 为技术系数矩阵，每单位产出的垂直整合劳动量为 $v = l\ (I-A)^{-1}$，其中 $v = (v_1, v_2)$，$l = (l_1, l_2)$。汽车行业的垂直整合劳动量表示为直接劳动和间接劳动的加总，即 $v_1 = l_1 + v_1^-$，其中 v_1^- 表示间接劳动量。这样给定部门 i 的工资为 w_i，垂直整合的劳动力成本表示为 $VIULC = w_1 l_1 + w_2 v_1^- = ULC + w_2 v_1^-$。

---

① François-Xavier Devetter and Julie Valentin. Long Day for Few Hours：Impact of Working Time Fragmentation on Low Wages in France. *Cambridge Journal of Economics*，2024，48（1）.

进一步区分国内部门和其他国家的供应部门，垂直整合的劳动力成本表示为 $VIULC = w_1 l_1 + w_2 v_1^- + w_1^* l_1^* + w_2^* v_1^{-*}$，其中带星标的变量对应于其他国家供应部门的相应变量。传统研究认为德国汽车行业生产能力的维持和出口业绩的提高，主要是因为德国工资停滞和生产率提高支持下的价格竞争力。桑托斯等的研究发现，在国际生产碎片化生产程度提高的同时，总劳动成本下降，这既受到国内劳动成本下降的推动，也受到国外主要供应商中间产品的劳动成本下降的推动，且后者的降幅更大；在影响劳动力成本的因素中，供应商国家汽车行业生产率的改善程度高于德国汽车行业，德国汽车行业的工资有所上涨，但供应商的工资几乎保持不变，尽管生产率有所提高；就实际贡献而言，德国汽车行业国内间接劳动成本的降低幅度大于直接劳动成本，这意味着外包主要通过降低国内间接劳动成本的方式产生影响，对国内直接劳动成本的减少并不明显。[①] 上述结论与传统研究出现了不一致，揭示了采取离岸和外包战略对德国汽车行业劳动力成本下降的重要影响。

四 全球经济不平等交换

国际政治经济学学者认为，全球北方富裕国家的增长和资本积累依赖于通过国际贸易和全球商品链中的不平等交换，从全球南方净占有大量劳动力和资源。这种价值攫取很大程度上是通过国际贸易中的不平等交换来实现的。中心国家和公司利用地缘政治和商业力量来压缩全球南方的工资、价格和利润，从而使南方价格相对于北方系统性地降低。20世纪八九十年代，全球南方国家实施结构调整计划，削减公共就业、取消劳工和环境保护，对工资和价格造成下行压力。而且这些国家削减了产业政策和国家主导的技术研发投资，迫使政府在竞争激烈的部门和全球商品链的从属地位中优先考虑出口导向型生产。同时，中心国家的龙

---

① Manuel Gracia Santos, Miguel Montanyá, and María J. Paz. Decomposition and Dynamics of Unit Labor Costs in a Context of International Fragmentation of Production: Evidence from the German Automotive Sector. *Review of Radical Political Economics*, 2024, 56 (4).

头企业将部分生产环节转移至全球南方国家，以直接利用这些国家更便宜的劳动和生产条件。不平等交换的动态进一步加剧了。杰森·希克尔（Jason Hickel）等学者使用环境扩展型多区域投入产出模型（EEMRIOs）和 EXIOBASE 数据库测算了 1995～2021 年全球经济劳动的不平等交换，首次纳入了部门、工资和技能水平，以回答南北工资差距和不平等交换在多大程度上受到其所从事劳动类型差异的影响。研究发现，世界经济中所有技能水平和所有部门的生产劳动绝大多数在南方国家（平均 90%～91%）完成，比如 2021 年，南方国家贡献了所有技能水平的大部分劳动力：76% 的高技能劳动力、91% 的中等技能劳动力和 96% 的低技能劳动力，但全球南方国家获得的收入不到全球收入的一半（44%），生产产量在北方国家被不成比例地攫取。2021 年，全球北方经济体从南方国家进口了 9060 亿小时的劳动时间，但仅出口了 800 亿小时劳动时间，相当于净攫取了 8260 亿小时的全球南方劳动时间，涉及所有技能水平和行业，包括在高技能行业净攫取的大量价值。考虑到技能水平的影响，这些净攫取的劳动的工资价值相当于 16.9 万亿欧元。这种价值攫取大约使北方国家可供生产的劳动力翻了一番，但耗尽了南方国家本可用于满足当地民众需求和发展的生产能力。以工资价值计算，自 1995 年以来，来自南方国家的劳动时间流失增加了一倍多。不平等交换部分是由系统性的工资不平等驱动的。研究发现，对于同等技能的工作，2021 年全球南方的工资比全球北方的工资低 87%～95%。虽然全球南方工人贡献了推动世界经济的 90% 的劳动力，但他们只获得了全球收入的21%。希克尔等还发现，在此期间，劳动收入在 GDP 中所占的份额普遍下降，全球北方国家下降了 1.3 个百分点，全球南方国家下降了 1.6个百分点。[①]

在经济全球化的背景下，所有资本主义经济体包括发展中经济体和新兴经济体都加入了国际金融市场，这些经济体不仅在全球价值链上集

---

① Jason Hickel, Morena Hanbury Lemos, and Felix Barbour. Unequal Exchange of Labour in the World E-conomy. *Nature Communications*，2024，15（1）.

中于低附加值部分或原材料供应领域，而且在金融体系上呈现依赖性。诺埃米·莱维·奥利克（Noemi Levy-Orlik）以拉丁美洲为例指出，在这些经济体中，占主导地位的阶级联盟是国际资本和国内食利者，后者以土地所有者为代表。在出口导向型模式下，生产部门依然从属于发达经济体，外国资本继续主导有活力的部门，而没有与国内传统部门建立紧密联系。这意味着拉丁美洲经济增长过程依然缺乏技术创新，收入仍然高度集中于新食利者群体。在此条件下，拉美金融体系向外商直接投资开放了所有生产和金融部门，以外国证券投资的形式吸引了短期外资。生产失衡导致经常账户赤字进一步结构性上升，再加上外资流入过剩，这些经济体陷入去工业化和金融不稳定性增强的恶性循环。墨西哥的经济金融数据证明了上述论断：自 20 世纪 90 年代以来，墨西哥经济从原材料出口转向制成品出口，但贸易账户持续处于赤字状态。金融账户的特点是私人资本流入大幅增加，但主要是聚焦金融收益的短期投资；墨西哥的金融深化主要与美国金融政策而非国内部门有关，例如广义货币总量（M4）减去货币和准货币（M1）之间的差距在 2008~2014 年增加了 12 个百分点，这是美国在 2008 年金融危机后实施量化宽松货币政策的结果。当美国在 2014 年计划通过 2015 年 12 月提高利率实现货币政策正常化时，墨西哥总负债与 GDP 的比重下降了 2 个百分点；自 1980 年以来，国际储备成为墨西哥央行货币发行基础的重要组成部分，从 20 世纪 90 年代的 47% 上升至 2010~2014 年的 91% 和 2015~2020 年的 85%。资产方面，对国际储备的过度依赖远远超过墨西哥经济的吸收能力，产生了负的净内部信贷，而政府是央行的主要债权人。这种情况限制了公共支出，并导致停止了经济分配政策以及旨在改变墨西哥生产结构的政策；尽管银行贷款占 GDP 的比例有所增加，但与其他经济体相比仍然较低，外国资本成为企业融资的主要来源。①

---

① Noemi Levy-Orlik. The New Forms of Economic Dominance in Latin American Economies in the Globalised Era: A Glance at Mexico's Financial System. *Review of Political Economy*, 2024, 36（3）.

五　后凯恩斯主义制度主义的理论进展：凡勃伦-
康芒斯奖获得者查尔斯·威伦
（Charles Whalen）的理论贡献

凡勃伦-康芒斯奖是演化经济学会（Association for Evolutionary Economics，AFEE）授予的最高奖项，旨在表彰在学术研究方面对演化经济学和制度经济学做出的广泛而深入的贡献。2024年，威伦作为后凯恩斯主义制度主义的代表性学者获得了该奖项，学会的颁奖词和威伦的获奖发言不仅揭示了他如何走上了后凯恩斯主义制度主义道路，而且介绍了其主要理论贡献，并总结了后凯恩斯主义制度主义理论的最新进展。颁奖词简明扼要地指出了威伦研究的一个关键特征：将制度主义方法论扩展至政治经济学。威伦广阔的政治经济学视野将康芒斯以工人为中心的取向和凡勃伦对制度的强调融合在一起，其理论图景还融合了明斯基的后凯恩斯主义理论，借鉴了凯恩斯、西蒙斯（货币内生性）和熊彼特（资本主义的不断演变及弹性）的研究，以推动资本主义向进步和社会公正的方向发展。①

威伦学术研究的特征与其家庭背景存在联系。在获奖发言中，威伦介绍说自己是一名来自美国东北部一个严重依赖工厂工作的城市的第一代大学生，他在康奈尔大学读书时对主流经济学感到失望，这些课程将以工人为导向的公共政策视为误导性的经济干预。直到遇到了制度主义和非正统经济学，他对经济学有了不同看法，发现了自己成长为经济学家的可能性。在奥斯汀得克萨斯大学读博期间，威伦师从三位制度主义者——雷·马歇尔（Ray Marshall）、温德尔·戈登（Wendell Gordon）和H. H. 利布哈夫斯基（H. H. Liebhafsky），其中马歇尔加深了他对劳动和国家经济政策的理解，戈登对待传统的非教条方法影响了威伦对制度主

---

① Susan K. Schroeder. The 2024 Veblen-Commons Award Recipient：Charles J. Whalen. *Journal of Economic Issues*，2024，58（2）.

义的看法，利布哈夫斯基鼓励威伦深入挖掘经济分析中那些先入为主的观念。此外，威伦历数了对其成为一名特立独行的后凯恩斯主义制度主义学者有影响的其他灵感来源。首先是凡勃伦和康芒斯的影响，凡勃伦的贡献在于支持一种具有制度基础的演化经济学，康芒斯让他认识到制度主义概念比主流经济学更加优越。威伦还指出冈纳·缪尔达尔（Gunnar Myrdal）和威廉·凯普（William Kapp）对他的影响早于凡勃伦和康芒斯，前两者的文章使其发现制度主义作为一个思想流派不仅是有价值的，而且吸引了国内外卓越学者的参与，比如约翰·加尔布雷斯（John Galbraith）。当然，威伦还提到了桑迪·达里蒂（Sandy Darity）和明斯基的影响，他们进一步增强了威伦对非正统经济学的研究兴趣。威伦还指出两位非经济学家：芭芭拉·乔丹（Barbara Jordan）和迈克尔·哈灵顿（Michael Harrington）对其职业的影响。乔丹主张政府要寻求消除阻碍个人成就的障碍，包括种族、性别和经济状况的障碍，政府采取行动的必要性需要与尊重个人自由相结合，威伦认为这与罗斯福新政以及伟大社会的进步政策是一致的。哈灵顿是《另一个美国》（该书影响了美国总统肯尼迪和约翰逊的反贫困政策）的作者，其在《决策十年》（Decade of Decision）一书中批判了20世纪70年代以来很多经济学家和政策制定者的看法：只要压低工资、减税、削减政府支出和减少环境保护，企业利润和富裕投资者的收入就会上升到足以鼓励生产性投资的水平。哈灵顿认为这种做法只会加剧经济和社会问题，解决结构性危机的关键在于将公司权力置于民主的社会控制之下，比如政府积极参与具有经济和社会意义的行业，以及推进工作场所民主，以实现投资过程民主化。威伦指出，哈灵顿在书中的制度主义分析与其早期对制度主义的欣赏产生了共鸣。

威伦总结了后凯恩斯主义制度主义作为经济分析前提的图景：社会整体论与不断的变化；社会制度的协调功能，包括政府在塑造市场中的作用；文化、权力关系、不完全知识和不确定性对人类行为的影响；个人和社会需要从各种可能的评估标准中进行选择；基于现实假设构建理论并随着时间推移对该理论进行重新评估以跟上不断变化的现实的重要性；将国家视为重要的、创造性的实体，政府政策在促进和保护公众福祉方面发挥着至关重要的作用。后凯恩斯主义制度主义在 2008 年国际金融危机中证明了其价值。它从经济周期的角度来研究宏观经济学，将内生的金融不稳定和产业波动视为现代资本主义不可避免的现实。这一视角吸收了明斯基金融不稳定假说的见解，该假说直接引致了具有内生周期的投资理论，关注了协调短期融资和昂贵耐用资本的挑战。明斯基对资本主义内在不稳定的强调与凡勃伦的周期理论是一致的，也与康芒斯由未来驱动的货币宏观经济学分析是一致的。当美国房价在 2007 年大幅下降、引发国际金融危机和大衰退时，后凯恩斯主义制度主义经济学应用并拓展了金融不稳定假说，不仅揭示了危机发生的原因，而且为经济复苏和制度改革勾勒了议程，包括银行和金融市场监管、自动财政稳定器（为失业者提供公共服务就业）和中央银行作为最后贷款人的行动。后凯恩斯主义制度主义另一个重要贡献在于对货币经理人资本主义的研究。20 世纪 80 年代，明斯基提出美国经济经历了二战后的受监管资本主义阶段，和 20 世纪七八十年代以来的货币经理人资本主义阶段，后一阶段将大型投资基金的管理者提升至以前由公司管理者所占据的主导地位，开启了股东价值驱动的对短期收益的不懈追求。明斯基担忧这种经济阶段的转变意味着私营部门在追求短期回报时会回避生产性投资和新技术的研发，基金经理更倾向于被证券化抵押贷款、杠杆收购和其他金融创新的做法所吸引。在 20 世纪 90 年代，明斯基及其与威伦的合作研究开始将工人的不安全感与公司不懈追求股东价值的制度性变化联系起来。这一分析与其他学者关于工资停滞和中产阶级萎缩的研究结论是一致的。1996 年明斯基去世后，威伦继承了明斯基的观点，继续对货币经理人资本主义制度展开批判，将明斯基对金融不稳定和资本主义发展的关注与康芒斯的这一认识相结合，即经济周期一直是劳工问题中最紧迫的一个问题。

威伦认为，未来后凯恩斯主义需要进一步拓展上述领域的研究，尤其是经济不安全感上升、威权主义威胁和气候变化问题。首先，就经济不安全而言，过去二十年间很多学者在关于金融化和就业不稳定性增强的文献中关注到了工人不安全感的上升，包括对失业的恐惧，对工资、工作时间、儿童保育、医疗保健、退休保障和工作场所安全的担忧。为了应对这种不安全所根植的经济、社会和政治两极分化，需要制定以工人为本的公共政策，提供具有真正进步意义的经济改革，如让劳动者在经济决策中享有真正的发言权。其次，在今天的美国，民主岌岌可危。企业利益长期以来主导了美国的政策制定，将国家权力导向企业利益的协同长期战略一直在持续。包括财阀在内的富裕阶层相信精英领导的社会变革，将公共机构视为其实现目标的障碍。对此，威伦主张创造有助于促进广泛政治运动的工作，包括保持劳工运动研究的制度主义传统，以解决低收入和中等收入家庭的经济需求和焦虑，如此方能挽救民主和法治。最后，气候变化问题对制度主义者特别重要。其一是因为在货币经理人资本主义阶段，以金融化为核心的经济体系日益由股东价值所驱动，这已经阻碍了生态保护关键领域的进展，包括扩大太阳能的使用和可持续的农业发展。其二在于人类价值观是对气候变化采取更积极行动的另一大障碍。一个社会对环境问题的态度取决于其文化价值观和社会信仰，这意味着推进相关公共政策不仅需要收集与气候变化相关的事实，而且需要了解社会的价值观和信仰以及它们随时间变化所需要的条件。①

---

① Charles J. Whalen. Telling It Like It Is: Reflections of a Maverick Economist-Remarks of the 2024 Veblen-Commons Award Recipient. *Journal of Economic Issues*，2024，58（2）.

专题七
年度专题：新质生产力研究进展

伴随第四次工业革命的到来，颠覆性、突破性科技不断涌现。2023年9月，习近平总书记考察黑龙江，主持召开新时代推动东北全面振兴座谈会，首次提出新质生产力概念。同年12月的中央经济工作会议上，新质生产力的概念逐渐明晰化，提出要以科技创新推动产业创新，特别是以颠覆性技术和前沿突破性技术催生新产业、新模式、新动能。2024年1月31日，中共中央政治局就扎实推进高质量发展问题，在第十一次集体学习中进一步明确新质生产力是摆脱传统经济增长方式、生产力发展路径，具有高科技、高效能、高质量特征，符合新发展理念的先进生产力质态。以此为标志，国内政治经济学界和政策界并行推动对新质生产力的理论探索与实践研究，研究走向深度和广度的提升。本专题前三节将围绕新质生产力概念与理论内涵、形成机制和理论创新等的核心理论问题展开，后三节将围绕习近平总书记提出的包括科技创新、产业创新和因地制宜发展新质生产力在内的三个新质生产力实践战略展开。

一　新质生产力的概念与理论内涵

什么是新质生产力、如何发展新质生产力？习近平总书记在二十届中央政治局第十一次集体学习时对新质生产力概念、本质、理论内涵、核心要素、特征等问题做出了界定。"概括地说，新质生产力是创新起主导作用，摆脱传统经济增长方式、生产力发展路径，具有高科技、高效能、高质量特征，符合新发展理念的先进生产力质态。它由技术革命性突破、生产要素创新性配置、产业深度转型升级而催生，以劳动者、劳动资料、劳动对象及其优化组合的跃升为基本内涵，以全要素生产率大幅提升为核心标志，特点是创新，关键在质优，本质是先进生产力。"① 2024 年，政治经济学界对新质生产力的上述几个问题展开理论研究。

（一）新质生产力的概念

关于新质生产力的概念，学术界主要有四种代表性观点。第一种观点侧重于从生产要素及其组合的变革角度定义新质生产力。如刘伟认为，所谓新质生产力，正如习近平总书记所阐释的，以劳动者、劳动资料、劳动对象及其优化组合的跃升为基本内涵，以全要素生产率大幅提升为核心标志，特点是创新，关键在质优，本质是先进生产力。② 孟捷、韩文龙将新质生产力界定为新型劳动者利用新型劳动资料作用于新型劳动对象，构造新的分工和协作体系，创造社会新财富的能力。③ 第二种观点侧重于以马克思主义政治经济学结合技术-经济范式对新质生产力下定义。如方敏、杨虎涛认为，生产力的质变本质上在于通过生产要素本身及其组合的变化能够带来生产方式（劳动方式）的根本改变，能够推动形成新的生产关系和生活方式。劳动资料或工具往往被看作这些变化的测量器和指示器。新的通用技术和主导部门能够作为考察生产力质变的一般表征。④ 第三种观点侧重于从生产力系统的"新质态"角度定义新质生产力。如郎旭华、冒佩华认为，生产力的质态，是指生产力诸因素在构成生产力系统时，在物质技术属性上彼此互相适应、互相关联的状态，是一个状态稳定的生产力系统。新质生产力是新形成的、更高水平的、状态稳定的生产力系统。⑤ 第四种观点把新质生产力

---

① 习近平：《发展新质生产力是推动高质量发展的内在要求和重要着力点》，《求是》2024 年第 11 期。

② 刘伟：《科学认识与切实发展新质生产力》，《经济研究》2024 年第 3 期。

③ 孟捷、韩文龙：《新质生产力论：一个历史唯物主义的阐释》，《经济研究》2024 年第 3 期。

④ 方敏、杨虎涛：《政治经济学视域下的新质生产力及其形成发展》，《经济研究》2024 年第 3 期。

⑤ 郎旭华、冒佩华：《生产力质态跃升形成新质生产力》，《光明日报》2024 年 6 月 18 日第 11 版。

概括为“三新”和数字经济。如洪银兴认为，在宏观上可以把新质生产力概括为新科技、新能源和新产业以及促使这三个方面融合发展的数字经济。[①]

（二）新质生产力的本质与双重属性

对新质生产力的概念的差异，首先来源于学术界对生产力的本质的分歧，与历史唯物主义方法论下生产力范畴的界定也有关系。

1. 新质生产力的本质

刘同舫梳理了关于马克思生产力概念的本质的不同认识，有“能力论”、“力量论”和“结果论”的不同界说。“能力论”侧重人的主体性、能动性，“力量论”侧重淡化主客体的关系，“结果论”侧重生产力的客观物质性。他认为，马克思本人在多种语境中对生产力做了不同规定，表明生产力兼具主客体两个方面，是主体能力与活动成果的统一。只有将现实的生产实践活动的整个过程作为理解生产力概念的背景，生产力的不同规定才能得到具体的统一。[②]

对新质生产力之“新”“质”的分析，构成了政治经济学研究新质生产力理论的主要路径。[③] 蒋永穆和乔张媛指出，生产力发展本身是一个不断“新质化”的过程。传统生产力的量变累积到一定节点后必将引发质变，并在新质的规定性下继续量的累积。新质生产力的“新”展现为新要素、新技术、新产业，“质”体现为高质量、多质性、双质效，“力”表现为数字、协作、绿色、蓝色和开放五大生产力。[④] 刘同舫认为，新质生产力之“新质”的提出，是对作为人的对象化成果的生产力在当今时代由“有形质”转向“无形质”的深刻把握，推进了人们关于生产力发展的质量关系的认识。“质”作为事物成为其自身并区别于其他事物的内在规定性，在生产力方面的突变表现为由技术革命突破、生产要素创新性配置和产业深度转型升级而催生的当代先进生产

---

① 洪银兴：《新质生产力及其培育和发展》，《经济学动态》2024 年第 1 期。
② 刘同舫：《以唯物史观理解新质生产力》，《马克思主义理论学科研究》2024 年第 4 期。
③ 任保平、豆渊博：《新质生产力：文献综述与研究展望》，《经济与管理评论》2024 年第 3 期。
④ 蒋永穆、乔张媛：《新质生产力：逻辑、内涵及路径》，《社会科学研究》2024 年第 1 期。

力的诞生，而非传统生产力及其展开过程的局部优化。但无论新质生产力相较于传统生产力发生了何种变化，新质生产力之"质"仍然是生产力之"质"，没有超出马克思在唯物史观意义上给予生产力的本质规定。[①]

2. 新质生产力的双重属性

依据历史唯物主义，生产力不仅具有自然物质属性，还具有社会历史属性。刘伟认为，生产力具有自然形式和社会形式。从自然形式上看，生产力包括质和量两个基本方面的规定。从社会形式上看，生产力作为人类与自然之间能动的变换过程中形成的创造财富的物质力量，具有自然物质性和社会历史性两重性质。社会历史形态上的生产力本质上是指生产的社会方式，即生产关系。新质生产力强调，作为自然物质生产力发展的关键在于"质"的变革，即生产力要素禀赋和组合方式的深刻变革，从而大幅提升全要素生产率。创新驱动是核心动能，是生产力"质"的变革的突出特征。新质生产力也强调，生产力的发展关键在于生产关系完善，即基本制度和生产方式的变革。[②] 方敏、杨虎涛认为，生产力是生产要素在一定生产关系下实现的物质生产力量，不能将其混同于劳动生产力或要素能力。政治经济学的生产力范畴不仅反映了生产的物质技术属性，而且还具有社会历史属性。[③] 侯惠勤认为，我们原先对于生产力的理解过于偏重其客观、自然的属性，而对其社会性方面则有所忽略。和生产关系一样，生产力既是人和自然的关系，同样也是人和人的社会关系。生产力有社会关系的属性，而生产关系有物质关系的属性，是准确把握唯物史观的两个节点。我们强调新质生产力有别于"传统生产力"，自然也包含了资本主义生产力。劳动者在生产力结构中由"物质力量"向"自主性力量"的发展趋势，预告了真正的新质生产力不属于资本主义。[④]

① 刘同舫：《以唯物史观理解新质生产力》，《马克思主义理论学科研究》2024 年第 4 期。
② 刘伟：《科学认识与切实发展新质生产力》，《经济研究》2024 年第 3 期。
③ 方敏、杨虎涛：《政治经济学视域下的新质生产力及其形成发展》，《经济研究》2024 年第 3 期。
④ 侯惠勤：《试论新质生产力对唯物史观的发展》，《世界社会主义研究》2024 年第 5 期。

（三）理论内涵的多维展开

1. 系统论视角下对生产力系统的解读

王朝科认为，马克思的生产力理论蕴含着深刻的系统思想，是系统方法的具体体现。生产力系统是动态演进的，包括构成生产力系统的要素（主要是要素的具体内涵在不断发展）、生产力系统的结构关系（平衡—失衡—再平衡—再失衡）和生产力系统的功能。[①] 黄群慧、盛方富认为，由生产力要素、生产力结构、生产力功能构成的"要素—结构—功能"系统中，新质生产力要素由新型劳动者、新型劳动对象、新型劳动工具、新型基础设施等构成，新质生产力在结构承载上表现为由新兴产业、未来产业等主导发展形成的现代化产业体系，新质生产力功能则凸显新发展理念、追求实现高质量发展、更好满足人民美好生活需要的价值取向。[②] 韩文龙、张国毅构建了最深层次（实体因素：劳动者、劳动对象和劳动资料）、中间层次（附着渗透因素：科学、技术）和最高层次（运筹性因素：产业体系及其分工协作）的三级架构，分析了新质生产力的系统化特征。[③]

2. 新质生产力的核心要素是科技创新

赵峰、季雷认为，新质生产力的核心内涵是新一轮科技革命以及由此催生的战略性新兴产业集群所展现出的生产力。[④] 胡莹认为，新质生产力呈现以下主要特征：劳动对象、劳动资料和劳动者的数智化，技术交叉融合推动的产业融合与平台聚合，形成新型分工协作模式；产业生态的融合性重塑。[⑤] 庞瑞芝、李倩楠认为，新质生产力具有五个关键特

①　王朝科：《从生产力到新质生产力——基于经济思想史的考察》，《上海经济研究》2024 年第3 期。

②　黄群慧、盛方富：《新质生产力系统：要素特质、结构承载与功能取向》，《改革》2024 年第2 期。

③　韩文龙、张国毅：《新质生产力赋能高质量发展的理论逻辑与实践路径》，《政治经济学评论》2024 年第 5 期。

④　赵峰、季雷：《新质生产力的科学内涵、构成要素和制度保障机制》，《学习与探索》2024 年第1 期。

⑤　胡莹：《新质生产力的内涵、特点及路径探析》，《新疆师范大学学报》（哲学社会科学版）2024 年第 5 期。

征：创新驱动、更依赖于自主创新与基础研究、推动产业结构趋向"软化"、绿色低碳、核心产业业态具有独特的技术特征和网络特征。①

3. 新质生产力是符合新发展理念的先进生产力质态

孟捷、韩文龙认为，新发展理念作为系统地指导经济发展的理论体系，为新发展阶段的生产力变革路径指明了方向，界定了生产力或技术发展的轨道。新发展理念提倡创新、协调、绿色、开放、共享，事实上界定了创新或新质生产力发展的方向和轨迹。② 黄群慧、盛方富认为，新质生产力具有创新驱动、绿色低碳、开放融合、人本内蕴四个主要特性，是一个有机整体，相互关联、相互作用、相互耦合，共同构成新质生产力区别于传统生产力的鲜明标识。③ 韩文龙认为，新质生产力的"先进性"体现为结构先进性和内容先进性。首先体现在要素结构、技术结构、企业结构、产业结构和世界市场结构等方面；其次体现在认知能力、知识创新能力、科技创新能力、分工与协同关系方面。④ 周文、叶蕾认为，相对于农业经济和工业经济而言，数字经济作为一种新型的生产方式，其独特之处就在于它本身就代表一种先进生产力——新质生产力，涵盖数字产业化、产业数字化、数据价值化、治理数字化等多维内容，具有高创新性、强渗透性、广覆盖性等多维特征。⑤

4. 新质生产力以劳动者、劳动资料、劳动对象及其优化组合的跃升为基本内涵

方敏、杨虎涛认为，生产力如果称得上质变，就在于这些变化能够从根本上改变现有的劳动方式，在生产要素之间建立新的组合方式，主要是生产者与生产资料的结合方式，并由此推动劳动者与其他要素所有者之间生产关系的改变。⑥ 王朝科认为，从抽象层面看，从生产力到新

---

① 庞瑞芝、李倩楠：《超大规模市场、数字技术与新质生产力》，《学术界》2024 年第 4 期。
② 孟捷、韩文龙：《新质生产力论：一个历史唯物主义的阐释》，《经济研究》2024 年第 3 期。
③ 黄群慧、盛方富：《新质生产力系统：要素特质、结构承载与功能取向》，《改革》2024 年第 2 期。
④ 韩文龙：《新质生产力的政治经济学阐释》，《马克思主义研究》2024 年第 3 期。
⑤ 周文、叶蕾：《新质生产力与数字经济》，《浙江工商大学学报》2024 年第 2 期。
⑥ 方敏、杨虎涛：《政治经济学视域下的新质生产力及其形成发展》，《经济研究》2024 年第 3 期。

质生产力，生产力系统的构成要素并没有发生根本的变化，发生变化的不过是要素的具体内涵。从具体层面看，劳动者的劳动力（体力和智力的总和）总是处在一个不断发展提高的过程中，在数字、人工智能时代赋予劳动力完全不同于过往的内涵。资本依然是体现资本占有者意志的物质外壳，科学技术在新质生产力语境下表现为计算机技术、物联网技术、5G、人工智能、生物技术、新能源新材料、算法算力等，信息在新质生产力语境下表现为数据，生产的社会过程也随着科学技术发展及其在生产工艺上的应用而相应调整，比如劳动者与生产资料的结合从物理空间向数字虚拟空间转向等。①

赵峰、季雷认为，新质生产力的要素支撑体系首先包括数据这一新质劳动对象。数据在生产过程中可以无限循环使用，使用价值不会损耗，价值也不会降低，这使得数据作为劳动对象具有类似"资本商品"的属性，数据要素的占有、生产费用及其产品价值同传统生产力下的商品生产存在重大区别。颠覆性技术、前沿技术等新一轮产业技术革命催生了新质劳动资料。从技术形态看，新质劳动资料使"算力"成为数字经济时代新的、起主导地位的生产力，以嵌入式传感器、高性能服务器、图形处理单元（GPU）、张量处理单元（TPU）、5G 通信基站、云服务器和高性能存储设备为代表的新质劳动资料深刻改造了传统工具机、传动机和控制系统。物质资料的革新推动生产过程的分工与协作方式发生质的变革，也引发社会各生产部门的系统变革，其中就包括新材料、新能源的发展。新质生产力中的新质劳动对象、新质劳动资料必然要求劳动者具备与之相适应的新质劳动技能。②

5. 新质生产力以全要素生产率大幅提升为核心标志

刘伟认为，物质生产力的发展历史进程，实质上是新的生产力逐渐改造和替代"旧"的生产力的迭代式升级过程。这个升级过程的核心动能在于生产要素质的变革和生产要素技术组合方式（生产函数）的根本

① 王朝科：《从生产力到新质生产力——基于经济思想史的考察》，《上海经济研究》2024 年第 3 期。

② 赵峰、季雷：《新质生产力的科学内涵、构成要素和制度保障机制》，《学习与探索》2024 年第 1 期。

改变，即要素禀赋演进和全要素生产率提升。要素禀赋演进和全要素生产率的提升推动产业和经济结构的改变、演进。新质生产力的发展、迭代以新产业培育为基础，产业结构演进是全要素生产率提升的函数，全要素生产率提升则是创新的函数，产业和产业结构变化则是这种技术创新和全要素生产率提升的体现和载体，进而生成系统性的生产能力迭代，这种迭代界定了生产力发展的历史进程。① 中国社会科学院经济研究所课题组认为，新一轮科技革命驱动产业创新和产业结构变迁，促进经济结构高级化，最终表现为全要素生产率的大幅提升，即存在"科技创新—结构变迁—效率变革"这一生产力发展的逻辑主线。课题组通过对中国全要素生产率的测算与国际比较，从经济增长动能转换角度论述了当前中国发展新质生产力的必然逻辑。②

（四）新质生产力的历史方位

生产力是一个"历史的范畴"。准确把握新质生产力的科学内涵，首先要立足其出场的历史方位，这既包括我国解放和发展生产力的历史进程，又包括人类社会生产力发展演进的一般趋势。③

1. 新质生产力的时代背景

习近平总书记明确指出："高质量发展需要新的生产力理论来指导，而新质生产力已经在实践中形成并展示出对高质量发展的强劲推动力、支撑力，需要我们从理论上进行总结、概括，用以指导新的发展实践。"④ 邱海平认为，习近平总书记是在对当代世界经济和中国新时代经济发展新特征、新趋势的深刻认识和科学总结基础上提出新质生产力理论的。⑤ 柳学信等认为，新质生产力的提出背景是新一轮科技革命和产业变革正在重构全球创新版图、重塑全球经济结构。新质生产力这一概念的提出，标志着

---

① 刘伟：《科学认识与切实发展新质生产力》，《经济研究》2024 年第 3 期。
② 中国社会科学院经济研究所课题组，黄群慧、杨耀武等：《结构变迁、效率变革与发展新质生产力》，《经济研究》2024 年第 4 期。
③ 刘丸源、季雷：《新质生产力与现代化经济体系研究》，《政治经济学评论》2024 年第 3 期。
④ 习近平：《发展新质生产力是推动高质量发展的内在要求和重要着力点》，《求是》2024 年第 11 期。
⑤ 邱海平：《新质生产力理论的科学内涵及其重大创新意义》，《财经问题研究》2024 年第 5 期。

工业革命后形成的传统发展范式开始落幕，一个新的发展范式开始兴起。从统筹"两个大局"来看，新质生产力是一种摆脱高度依赖物质资源投入和高碳排放传统增长范式，以新一代信息技术和先进制造技术为新的增长引擎，具有可持续性、竞争性和包容性的新生产范式，是加快建设现代化产业体系的内生动力，是驱动高质量发展的新动能，是助力国家在未来发展和激烈的国际竞争中赢得战略主动的新发展范式。①

贺俊认为，在"强起来"背景下进一步提出新质生产力这一新的政策概念的重大意义在于，既有的政策概念仍然不足以充分回应"强起来"这个时代主题提出的挑战，因而需要凝练新质生产力这一新的政策概念，以弥补既有政策概念供给与"强起来"政策需求存在的缺口。② 王曙光认为，"新质生产力"这一重要概念，是在第四次工业革命时期（"工业4.0"阶段）中国科学技术水平和工业制造能力大幅度迅速赶超世界先进国家的历史大背景下提出来的。在大国竞争日益激烈、国际格局深刻变化、全球产业布局和要素流动面临巨大转变的今天，"新质生产力"的提出为中国未来的产业发展、技术进步和经济增长模式转型，明确了崭新的方向。③

2. 新质生产力是人类社会生产力的跨越式发展

习近平总书记指出，"生产力是人类社会发展的根本动力，也是一切社会变迁和政治变革的终极原因"。④ 谢富胜等认为，马克思指出一旦生产力发生了革命，生产关系也就会发生革命，社会历史阶段也就发生了改变。社会历史阶段的转变包括社会形态的更替和同一社会形态下发

① 柳学信、曹成梓、孔晓旭：《大国竞争背景下新质生产力形成的理论逻辑与实现路径》，《重庆大学学报》（社会科学版）2024年第1期。
② 贺俊：《新质生产力问题的理论缺口与经济学的"异质性"分析视角》，《财贸经济》2024年第8期。
③ 王曙光：《从全球工业革命和中国工业化进程看新质生产力与体制创新》，《中央社会主义学院学报》2024年第3期。
④ 习近平：《发展新质生产力是推动高质量发展的内在要求和重要着力点》，《求是》2024年第11期。

展阶段的转化。① 蒋永穆、乔张媛认为，只有生产力的系统性新质化才能支撑人类社会跨越式发展的实现。人类社会诞生至今，已经发生过两次生产力的系统性新质化，分别推动人类社会步入农耕时代和工业时代。当前，第三次生产力系统性新质化正在发生，推动着人类社会由工业时代转向数字信息时代，而新质生产力正是这次生产力跃迁的科学写照。② 赵峰、季雷认为，继两次工业革命和产业技术革命推动人类体力和脑力劳动的大规模解放，新质生产力的发展把人类劳动能力的解放提升到新的高度。一方面，物联网、数字技术、云计算等数字化技术，使大量原本难以标准化、精确化的精密劳动能够以算力指挥的机械力完成，或分解为更加细致的简单标准化劳动。另一方面，以人工智能为代表的未来技术有望具有相当的"智慧力"，可能推动"观念地存在着"的特殊智慧在相当程度上被替代。③

侯惠勤认为，新质生产力对传统生产力提出了两大挑战：一是选择性创新，传统生产力创新较少涉及取舍，而新质生产力需在创新前结合全人类共同利益和道德共识进行选择，超越一己一国之私；二是全球合作共赢，传统生产力（即便社会化了）本质上还是区域性的，可以在"二元"（发达-不发达、中心-边缘）格局下发展，新质生产力则是全球性的，需各国合作，以互利共赢为基础、共同发展为目标，削弱甚至消除垄断利益。这表明发展新质生产力必须以人类共同利益为引领，克服狭隘利益。④

二 新质生产力的形成机制

（一）新质生产力的动力机制

蒋永穆和乔张媛指出，推动生产力新质化的根本动力在于劳动者、

① 谢富胜、江楠、匡晓璐：《正确理解新质生产力》，《政治经济学研究》2024年第3期。
② 蒋永穆、乔张媛：《新质生产力：逻辑、内涵及路径》，《社会科学研究》2024年第1期。
③ 赵峰、季雷：《新质生产力的科学内涵、构成要素和制度保障机制》，《学习与探索》2024年第1期。
④ 侯惠勤：《试论新质生产力对唯物史观的发展》，《世界社会主义研究》2024年第5期。

劳动对象和劳动资料三大构成要素的质态跃进。其中，劳动者是生产力中最具能动性的要素，生产力发展的动力首要来源于劳动者的物质需要满足。① 贾丽民、郭潞蓉认为，劳动者是生产力的主体性要素，具有主动性、能动性和创造性，是生产力发展的核心动力。高素质人才是新质生产力的关键。调动新质生产力主体动力源的立足点和着眼点在于明晰和把握劳动者的需要所在，从需要的现实性出发调动劳动者的生产积极性。② 韩文龙认为，需求新变化是新质生产力发展的动因，以复杂劳动主导的生产力诸要素的有机结合是其发展的内在动力，生产力诸要素的内在矛盾及其解决是推动其发展的重要源泉。③ 侯惠勤认为，生产力的先进性不仅仅表现在先进的科学技术和物质装备上，还表现在劳动者对于劳动过程的支配权上，要促进物质生产高效能和劳动者高效能发挥的统一。④

孟捷、韩文龙提出，加快发展新质生产力，需要深刻认识并处理好生产力内部的矛盾、生产关系内部的矛盾以及生产力与生产关系之间的矛盾。其中，生产力系统的内部矛盾——包括劳动的主观条件和客观条件之间的矛盾、劳动资料和劳动对象之间的矛盾、生产力的技术维度与社会维度之间的矛盾——及其解决是推动生产力发展的根本动因。⑤ 王朝科认为，生产力系统演化有三大动力源泉，分别是人的需要（原动力）、生产力系统要素之间的相互作用（内在动力）和生产力与其系统环境的相互作用（外在动力），它们共同推进生产力系统由简单到复杂、由低级到高级、从无序向有序的演化，促进生产力不断发展，不断获得崭新的形态——新质生产力。⑥ 刘同舫认为，人的需要以及矛盾的客观存在严格来说只是事物发展的"动因"，只有现实解决矛盾的人类活动

① 蒋永穆、乔张媛：《新质生产力：逻辑、内涵及路径》，《社会科学研究》2024 年第 1 期。
② 贾丽民、郭潞蓉：《唯物史观视域下"新质生产力"的主体动力源探析》，《理论探讨》2024 年第 2 期。
③ 韩文龙：《新质生产力的政治经济学阐释》，《马克思主义研究》2024 年第 3 期。
④ 侯惠勤：《试论新质生产力对唯物史观的发展》，《世界社会主义研究》2024 年第 5 期。
⑤ 孟捷、韩文龙：《新质生产力论：一个历史唯物主义的阐释》，《经济研究》2024 年第 3 期。
⑥ 王朝科：《从生产力到新质生产力——基于经济思想史的考察》，《上海经济研究》2024 年第 3 期。

才是推动事物发展的"动力"。矛盾运动推动生产力的不断发展，实际上是人们为了满足新的需要而展开的生产实践活动推动着生产力的发展。生产力的发展进步受到一定的生产关系制约，生产力与生产关系的辩证运动，是推动社会进步的根本动力。[①]

（二）新质生产力的生成逻辑

蒋永穆、乔张媛认为，新质生产力的运行机理，就是以科技创新为轴心，将要素系统革新的牵引力通过技术系统这一媒介传导至产业系统，最终实现对传统生产力三大系统的全面重塑。[②] 张旭认为，从科学技术的角度，新质生产力表现为数字经济、人工智能、量子计算等新技术；从劳动过程的角度，新质生产力就是生产过程的现代化，就是生产的全部要素的现代化过程，劳动过程的三个核心要素，就是要实现跃升的内容。也就是说，发展新质生产力不仅涵盖物质技术的创新，也包括产业体系、生产方式、资源配置方式等各个方面，而这些共同构成了现代化经济体系。[③] 郎旭华、冒佩华认为，新质生产力的形成，既是要素质量革命性提升的过程，又是要素资源配置体系化完善的过程，还是要素使用绿色化、集约化的过程。推动产业实现高端化、绿色化、融合化发展，是新质生产力发展的必由之路。[④] 盛朝迅认为，新质生产力的形成是新技术持续涌现和群体性突破带来新赛道、数据等新生产要素进入生产函数、"科技—产业—金融"顺畅循环、强大国内市场有力支撑、产业基础积淀和高素质劳动者、企业活力和企业家才能充分发挥作用六个方面因素相互交织孕育形成的结果。[⑤] 庞瑞芝、李倩楠认为，新质生产力以技术革命性突破为核心动力，涵盖技术创新、要素系统更新、组织革新和产业焕新四个维度。当前，数字技术作为最具颠覆性的通用技术，推动科学技术研究范式产生质的飞跃，重塑生产要素体系，引发要素创新

---

① 刘同舫：《以唯物史观理解新质生产力》，《马克思主义理论学科研究》2024年第4期。
② 蒋永穆、乔张媛：《新质生产力：逻辑、内涵及路径》，《社会科学研究》2024年第1期。
③ 张旭：《加快发展新质生产力 扎实推进经济高质量发展》，《马克思主义研究》2024年第8期。
④ 郎旭华、冒佩华：《生产力质态跃升形成新质生产力》，《光明日报》2024年6月18日第11版。
⑤ 盛朝迅：《新质生产力的形成条件与培育路径》，《经济纵横》2024年第2期。

性配置和企业组织变革，促进产品和服务创新、业态创新和模式创新，带动产业深度转型升级，是催生当代新质生产力的起点。超大规模市场是数字技术等颠覆性技术孕育的关键载体，其需求侧丰富应用场景、放大创新收益、需求引致创新等系统性创新优势，与供给侧生产要素供给充足、基础设施建设完善和产业体系完备等特征综合形成的创新潜能相叠加，形成独属于超大规模数字经济体的"飞轮效应"，加速数字技术迭代升级，为新质生产力发展注入强劲动力。①

　　刘伟认为，推动新质生产力发展的重点在于需要遵循客观经济规律。发展新质生产力必须遵循经济社会发展的创新规律，创新是新质生产力的根本特征；必须遵循经济社会发展的产业结构演进规律，新质生产力的体现是结构高度提升；必须遵循社会主义市场经济运行规律，新质生产力的实现机制是以市场在资源配置中起决定性作用、更好发挥政府作用为基础。② 任保平认为，形成新质生产力必须遵循生产力现代化的规律和趋势，构建包括科技创新体系、现代化产业体系、绿色生产力体系和相应的生产关系体系在内的新质生产力体系。③

　　（三）新质生产力与新型生产关系的调适

　　周文、李雪艳指出，由于生产关系自身的相对稳定性，生产关系的调整可能与生产力的发展不同步，从而形成束缚新质生产力发展的堵点、卡点。④ 尹俊、孙巾雅认为，新型生产关系的形成一般会落后于先进生产力的发展，但也可以通过政府对体制机制的主动调整，促进新的生产关系形成和转变。新质生产力发展促进新型生产关系的形成，包括所有权类型的新样式、更为紧密复杂系统化的协作关系、适配度更高的要素市场、共享型的分配趋势等。⑤ 孟捷、韩文龙引入演化经济学家佩蕾丝

① 庞瑞芝、李倩楠：《超大规模市场、数字技术与新质生产力》，《学术界》2024年第4期。
② 刘伟：《科学认识与切实发展新质生产力》，《经济研究》2024年第3期。
③ 任保平：《生产力现代化转型形成新质生产力的逻辑》，《经济研究》2024年第3期。
④ 周文、李雪艳：《加快形成与新质生产力相适应的新型生产关系：理论逻辑与现实路径》，《政治经济学评论》2024年第4期。
⑤ 尹俊、孙巾雅：《新质生产力与新型生产关系：基于政治经济学的分析》，《改革》2024年第5期。

的技术-经济范式和制度的创造性毁灭概念，分析构建与新质生产力相适应的新型生产关系的过程，他们指出，技术革命即新质生产力的传播过程，并不是自动实现的，需要国家能力来推动；构建新型生产关系的过程并不只是传统意义的生产关系变革过程，而是一个遍及全社会、具有整体性的变革过程。[①] 韩文龙认为新质生产力是数字经济时代先进生产力的具体实现形式，大力发展新质生产力，需要不断调整以数据要素所有制为基础的直接生产关系、分配关系、交换关系和消费关系。[②]

（四）新质生产力与传统生产力之间的更迭

如前文所述，学界对新质生产力的理论研究主要落脚在与传统生产力的对比上。因地制宜发展新质生产力，必须要遵循新质生产力与传统生产力之间的更迭这一必然历史过程的客观要求。洪银兴认为，发展新质生产力从一定意义上说是新旧动能的转换。[③] 尽管已明确战略性产业、未来产业在新质生产力形成过程中占据主导地位，但对新质生产力形成过程中传统产业的功能与定位需要进一步讨论。方敏、杨虎涛认为，新质生产力的形成和发展过程，不仅带来了"创造性破坏"，而且还包含着"创造性转型"。新质生产力的出现不仅创造出了代替传统产业部门的新部门，而且完成这种替代和破坏也需要新技术渗透、融合到传统部门中去，推动传统部门升级转型。新质生产力的顺利发展有赖于"创造性破坏"通过"创造性转型"实现"有序的撤退"。[④] 邱海平认为，新质生产力存在于微观、中观、宏观和世观等多层空间和领域，不同层次和水平的生产力，适应着人类生产和生活的不同需要，构成生产力自身的生态系统，新质生产力是其中最富有活力、最具有竞争力和引领力的一部分。已有的技术、产业、生产要素等都是产生新质生产力的土壤和出发点。[⑤] 刘伟强调新质生产力的发展应当避免产生"虚高度"。科技创

---

① 孟捷、韩文龙：《新质生产力论：一个历史唯物主义的阐释》，《经济研究》2024年第3期。
② 韩文龙：《新质生产力的政治经济学阐释》，《马克思主义研究》2024年第3期。
③ 洪银兴：《新质生产力及其培育和发展》，《经济学动态》2024年第1期。
④ 方敏、杨虎涛：《政治经济学视域下的新质生产力及其形成发展》，《经济研究》2024年第3期。
⑤ 邱海平：《新质生产力理论的科学内涵及其重大创新意义》，《财经问题研究》2024年第5期。

新驱动的产业革命和产业结构演进总体上具有一定的客观历史逻辑性。在当代进入第四次产业革命时期，没有农业的现代化，尤其是乡村振兴，没有坚实的工业化，尤其是新型工业化，没有强大的实体产业，尤其是对传统产业的改造，也就不可能有真正智能化、数字化经济的发展基础和应用场景。[①] 史小宁、朱少云认为，新旧质生产力之间能否平稳过渡关乎我国经济发展模式、产业体系现代化等方面的转换成败，必须从整体视域中正确认识新质生产力与传统生产力的内在关系，传统生产力是新质生产力的发展基础，新质生产力为传统生产力注入新的活力。有效推进新质生产力与传统生产力协调发展，就要大力促进新质生产力与传统生产力的深度融合。[②]

三　新质生产力的理论创新

对新质生产力的理论创新做出评价和定位是 2024 年政治经济学界的重点和热点问题之一。《中国社会科学报》连续刊发了八辑特别策划文章，以"新质生产力：中国经济学的术语革命"主题引领了国内评价的方向。

方敏、杨虎涛的文章提出，新质生产力是马克思主义政治经济学的范畴创新和术语革命。[③] 邱海平认为，新质生产力范畴和理论的重大贡献，体现在对生产力进行了明确的质态规定和划分，这是马克思主义理论的又一个重要"术语革命"。[④] 刘伟认为，新质生产力发展了马克思主义生产力学说。在生产经济理论上，强调生产力自然形态构成上的发展和时代化。如果说古典经济学生产力学说是对制造业工业革命的历史回应、马克思主义生产力学说是对大机器工业化发展时代的科学回应，

---

① 刘伟：《科学认识与切实发展新质生产力》，《经济研究》2024 年第 3 期。
② 史小宁、朱少云：《新质生产力：当代马克思主义理论阐释与实践路径》，《中国社会科学报》2024 年 3 月 22 日。
③ 方敏、杨虎涛：《政治经济学视域下的新质生产力及其形成发展》，《经济研究》2024 年第 3 期。
④ 邱海平：《新质生产力理论的科学内涵及其重大创新意义》，《财经问题研究》2024 年第 5 期。

那么新质生产力学说则更体现了对新的信息时代科技创新驱动下的产业革命做出时代性历史性回应，赋予新质生产力"质"的新结构性定义，强调新质生产力"质"的变革核心是要素禀赋变革及相应的全要素生产率提升，使马克思主义生产力学说更具经济技术发展的时代化新特征。在政治经济学理论上，强调要素禀赋和全要素生产率是新质生产力的核心。把"全要素生产率"范畴引入"新质生产力"，引入中国特色社会主义市场经济条件下的"高质量发展"命题，是对马克思劳动价值论的创造性坚持。① 常庆欣认为，新质生产力理论从"生产力发展理论"、"自然生产力理论"和"生产力与生产关系辩证统一理论"三方面创新发展了马克思主义生产力理论。②

新质生产力发展了马克思主义唯物史观。侯惠勤认为，生产力理论是我国唯物史观研究的薄弱点。新质生产力的提出，为发展唯物史观、阐发新的生产力理论提供了指导。③ 唐正东指出，马克思主义生产力理论在马克思、恩格斯那里的阐述重点在于资本主义生产关系对生产力发展的阻碍作用。在新时代中国特色社会主义的实践语境中，习近平总书记关于新质生产力的重要论述对既定生产关系条件下生产力本身的发展问题做出了原创性的阐述，对社会主义生产力发展规律尤其是新时代中国特色社会主义生产力的发展规律做出了深刻的阐发，对历史唯物主义生产力与生产关系矛盾运动理论做出了全面的阐释与发展。④ 刘同舫认为，新质生产力将科技创新作为核心要素，以绿色作为发展底色，推进了马克思关于科学技术与生产力、财富创造与环境保护之间关系的判断。⑤

新质生产力是人类文明新形态的物质支撑。刘伟认为，传统发展经济学提出走西方现代化道路，未能令多数发展中国家实现赶超的战略目标。

---

① 刘伟：《科学认识与切实发展新质生产力》，《经济研究》2024 年第 3 期。
② 常庆欣：《新质生产力理论对马克思主义生产力理论的创新发展》，《国家治理》2024 年第 9 期。
③ 侯惠勤：《试论新质生产力对唯物史观的发展》，《世界社会主义研究》2024 年第 5 期。
④ 唐正东：《新质生产力与马克思主义生产力理论中国化新境界》，《马克思主义理论学科研究》2024 年第 4 期。
⑤ 刘同舫：《以唯物史观理解新质生产力》，《马克思主义理论学科研究》2024 年第 4 期。

我国经济社会发展取得的历史性成就和创造的奇迹，表明只有打破这种发展战略和制度安排上的西化迷思，才能走出真正符合国情和民族实际的现代化道路。在经济社会发展进入新阶段、约束条件和发展目标均已发生深刻变化的基础上，我们只有坚持开拓中国式现代化文明新形态，才能真正实现发展。新质生产力的理论和实践不仅具有深刻的历史可能，而且具有紧迫的历史需要。① 任保平指出，按照历史唯物主义的观点，现代化的本质是一个不断由先进生产力取代落后生产力的动态发展过程，生产力的发展也是不断从传统生产力向现代生产力转型的过程。新质生产力是生产力现代化转型的最新体现，科学回答了政治经济学生产力现代化转型的世界之问、时代之问、中国之问。从生产力现代化转型形成新质生产力的历史逻辑看，新质生产力是立足世界生产力现代化的历史进程和中国式现代化进程中生产力现代化转型的实践创新。从生产力现代化转型形成新质生产力的理论逻辑来看，新质生产力是对马克思主义政治经济学生产力理论的创新发展，是中国共产党生产力理论的创新发展。②

孟捷、韩文龙认为，新质生产力理论系统回答了新发展阶段发展什么样的生产力、为什么发展和怎么发展等一系列问题，阐明了新质生产力与高质量发展的辩证关系，揭示了后发国家实现自身赶超的生产力发展规律，指出了实现中国式现代化的重要战略路径。③ 周文、李吉良认为，中国共产党带领人民历经百年奋斗，成功走出中国式现代化新路并创造人类文明新形态，这一成就离不开党对生产力不断发展的坚持与探索。在新的历史条件下，新质生产力的提出为实现中国式现代化、创造人类文明新形态提供了新动能。在中国式现代化道路上，新质生产力以其文明逻辑对发展理念、增长理念、发展范式等实现了超越，从而不断开辟生产力跃迁新境界。④

① 刘伟：《科学认识与切实发展新质生产力》，《经济研究》2024 年第 3 期。
② 任保平：《生产力现代化转型形成新质生产力的逻辑》，《经济研究》2024 年第 3 期。
③ 孟捷、韩文龙：《新质生产力论：一个历史唯物主义的阐释》，《经济研究》2024 年第 3 期。
④ 周文、李吉良：《新质生产力引领人类文明新形态：生成逻辑与文明超越》，《中国人民大学学报》2024 年第 4 期。

四 科技创新战略

科技创新是新质生产力的根本驱动力。新质生产力从质的要求来看，对于前沿突破性和颠覆性创新有着更高的要求。当前，与"新赛道"和"新应用场景"相关的研究日益丰富，新质生产力与数字经济的融合成为了一个重要的研究方向。

（一）科技创新开辟新质生产力的"新赛道"

原创性颠覆性科技创新是能够开辟新领域的创新。"新赛道"从时代和全局的战略高度，对新一轮科技革命进行了描述。杜传忠和李钰葳认为，相较于常规性科技创新，突破性技术创新对形成新质生产力的作用更加显著。突破性技术创新不仅是对现有技术的改进或演化，而且通过引入全新的理念、方法或技术范式，跨越原有技术轨道，能够触发产业链和价值链的巨大飞跃。[1] 平新乔提出，互联网、人工智能和数据这三种通用技术之间的互动，无论在制造业、医疗、教育等领域，还是对于传统产业转型升级和新兴产业培育都有积极影响，但也会带来就业结构的变化和技术替代效应等潜在风险。[2] 陈斌开和索昊认为技术革命将催生经济发展的"新赛道"，即通过技术创新和生产要素的高效配置实现生产力的质的飞跃。他们认为，以"创造性破坏"推动生产要素创新性配置，是技术革命通过"新赛道"驱动新质生产力发展的底层逻辑。从"新赛道"的发展趋势来看，新质生产力的发展可紧密围绕数字化与低碳化两大战略轴线，为经济发展注入新动能、开辟新领域，并赋能传统产业的转型升级。技术革命对新质生产力的作用直接反映在全要素生产率的提升上，体现了"创造性破坏"的经济逻辑。[3]

---

[1] 杜传忠、李钰葳：《强化科技创新能力加快形成新质生产力的机理研究》，《湖南科技大学学报》（社会科学版）2024年第1期。

[2] 平新乔：《新旧动能转换与高质量发展》，《人民论坛》2024年第2期。

[3] 陈斌开、索昊：《技术革命、新赛道与新质生产力》，《兰州大学学报》（社会科学版）2024年第5期。

（二）颠覆性创新的应用场景

应用场景是新质生产力实践中频繁出现在促进科技成果转化中的高频词，是颠覆性创新转化为生产力的关键媒介，对新质生产力的快速发展起到至关重要的作用。尹西明等认为，数智技术及其在海量场景中的广泛应用，正在深刻重塑传统产业并催生新兴产业与未来产业，成为推动产业智能化和发展新质生产力的关键引擎，提出企业主导、场景驱动数智技术"模仿复用—内部扩散—产业辐射—能级跃迁—原创引领"的实践进阶模型。[①] 方晓霞、李晓华认为，应用场景在颠覆性创新转化为现实生产力中有着核心作用。新兴技术的应用场景具有多样性和协同性，不同的应用场景需要多样性和协同性的创新生态系统，以促进技术发展和应用的深化；随着技术进步和市场需求的变化，一些场景会被淘汰，而新的场景会随之产生，在其"工程化—商业化—产业化"动态演进过程中发挥着技术验证、需求验证和生态构建的作用，并指出场景供给的分类和政策适配非常重要。[②] 刘志彪认为，发展新质生产力不仅应该鼓励企业自主创新，还应将目光放到市场和应用场景中去。超大规模市场诱导技术创新并极大地支持相应的商业化、市场化、产业化，这是技术创新能够顺利进入市场循环的基础条件之一。我国众多独特的产业竞争力，都是在别国难以具备的市场化场景中快速崛起的，如高铁、盾构机、商业网络平台等。实践中不少"卡脖子"技术，并不都是技术难以突破，而是缺乏实际应用的真实场景。[③]

（三）数实融合热点

在数字化转型的背景下，新质生产力与数字经济的融合成为一个重要的研究方向。数字经济的发展为新质生产力的形成提供了新的动力和平台。宋虹桥和张夏恒提出，数字化转型通过促进数据要素的功能强化、提升生产要素的质量、优化要素配置等方式，为新质生产力的发展提供

---

① 尹西明、武沛琦、钱雅婷、陈劲：《场景驱动型数智技术创新赋能新质生产力：理论逻辑与实践进路》，《中国软科学》2024 年第 10 期。

② 方晓霞、李晓华：《颠覆性创新、场景驱动与新质生产力发展》，《改革》2024 年第 4 期。

③ 刘志彪：《新质生产力的产业特征与驱动机制》，《探索与争鸣》2024 年第 3 期。

了新的动能。① 夏杰长认为，在数字经济的加持下，数字技术直接介入实体经济的趋势逐渐凸显，数字经济和实体经济的边界变得日益模糊，数实融合的特征愈发显著。因此，驱动数实融合是实现我国经济高质量发展的关键一招。无论是数实融合还是高质量发展，都需要生产力发挥作用。而新质生产力是生产力质的跃迁，一方面匹配了数字经济的发展需求、提升了数字经济的有效供给，另一方面也能促进实体经济结构转型升级。新质生产力通过产业融合和技术融合，形成了驱动数实融合的根本动力。②

师博和胡西娟认为，发展新质生产力能够推进数实融合的深度和广度，破解其面临的融合困境。在技术层面，新质生产力作用于产业主导技术和产业共性技术，缩小企业、产业和地区之间的技术鸿沟，增加了数实融合的深度和广度；在产业层面，新质生产力能够促进数字产业化和传统产业、产业园区和产业集群的数字化转型，形成新型实体企业；在社会层面，新质生产力推进社会生产方式、社会生活方式和社会经济运行方式的数字化转型；在生态系统层面，新质生产力为数实深度融合奠定数字化产业生态基础、构建全要素生态体系、提供物质基础和保障。因此，要进一步提升技术自主创新能力，完善科技创新体系，围绕新质生产力布局产业链，培育符合新质生产力要求的人才，使新质生产力成为推进数实深度融合的内生驱动力。③

张姣玉等认为，数实深度融合与新质生产力发展具有内在一致性，其表现为相互促进的辩证统一关系。两者双向交互的逻辑机理在于数实深度融合是推动新质生产力发展的根本载体，新质生产力发展是加快数实深度融合的核心动能；其战略价值在于应对百年未有之大变局下转型发展的迫切需求、科技强国方针下推动新兴产业发展的必然选择、制造

---

① 宋虹桥、张夏恒：《数字化转型赋能新质生产力：机理、挑战与路径选择》，《北京理工大学学报》（社会科学版）2024 年第 6 期。
② 夏杰长：《以新质生产力驱动数实融合》，《社会科学家》2024 年第 2 期。
③ 师博、胡西娟：《新质生产力推进数实深度融合的机制分析与实现路径》，《中国特色社会主义研究》2024 年第 6 期。

强国建设下实现新型工业化的必由之路、乡村振兴战略下推进城乡协调发展的客观要求。他们指出，当前数实融合存在新型基础设施体系建设滞后、数字技术不具备核心竞争力、城乡区域之间发展不协调、数据与技术治理体制尚不健全等现实困境，应当构建现代化基础设施体系、建立城乡协调发展的机制、实现高水平科技自立自强、健全数据与技术治理体制。[①]

五　产业创新战略

现代化产业体系是推动新质生产力发展的产业载体，产业创新战略和科技创新战略是新质生产力发展战略的一体两翼，两者相辅相成、相互促进。产业创新战略要求前瞻布局战略性新兴产业和未来产业、激活传统产业转型升级和新型工业化中蕴含的新质生产力和培育耐心资本等。

（一）前瞻布局战略性新兴产业和未来产业

从现代化产业体系来说，未来产业与战略性新兴产业、主导产业、支柱产业是依次递进的体系。未来产业处于产业生命周期的早期，或者说是萌芽期，它是新兴产业的早期形态。随着技术的成熟、扩散，在未来的某个时期会成为对经济具有较强带动作用的主导产业。洪银兴提出，超前部署和培育未来产业所培育和发展的新质生产力，能够促进产业转型升级，逐步使未来产业成为战略性新兴产业，进一步成为主导产业，从而使现代化产业体系不断升级。[②]

新质生产力的发展路径包括数字化、智能化、绿色化和融合化，通过科技创新引领现代化产业体系建设，并在此基础上推进新型工业化。这些战略性新兴产业为新质生产力发展壮大提供了巨大空间。黄群慧和盛方富指出，新质生产力从其结构承载而言，就是新兴产业和未来产业等主导发展形成的现代化产业体系。新质生产力代表着新时期生产力发

---

①　张姣玉、徐政、丁守海：《数实深度融合与新质生产力交互的逻辑机理、战略价值与实践路径》，《北京工业大学学报》（社会科学版）2024年第3期。

②　洪银兴：《新质生产力及其培育和发展》，《经济学动态》2024年第1期。

展的新方向，是产业发展新形态、新路径、新模式等的综合表述。大力发展未来产业，是引领科技进步、带动产业升级、培育新质生产力的战略选择。未来产业具有极强战略性、高度不确定性、强正外部性、系统协调性、长期演进性等显著特征，是产业政策最适合发挥作用的领域之一。[①]

沈梓鑫、江飞涛认为，包括战略性新兴产业和未来产业在内的新兴产业具有颠覆性技术创新驱动、产业布局前瞻性强、市场和组织不确定性强、技术赶超机会多等特征，是新质生产力形成的重要载体。由于新兴产业创新与新质生产力形成在技术来源、要素组合和产业基础上存在高度的一致性，因此围绕新兴产业创新的技术策源和制度设计成为新质生产力形成机制的重要动力和主要内容。新兴产业激进创新的扩散依赖于核心要素、基础设施和经济组织三个要素的协同演化，在培育新质生产力目标的导向下，未来我国产业战略应着力于促进新型生产要素的积累利用、加速新型基础设施的完善升级、积极推动生产组织方式的变革，前瞻谋划未来产业的布局等方面。[②]

（二）以传统产业转型升级和新型工业化激发新质生产力

转型升级是传统产业激发新质生产力的关键。魏后凯和吴广昊认为，新质生产力对现代化大农业发展具有引领作用，为现代化大农业发展明确了着力点，提供了内在支撑，开辟了新起点、新机遇和新路径。实践中，新质生产力能够有效拓展农业生产空间及功能，弥合农业科技短板，推动农业形成大产业格局，促进农业绿色低碳转型，由此引领、支撑并推动现代化大农业发展。以新质生产力引领现代化大农业发展，需要加快构建与之相适应的现代农业科技创新体系和现代化大农业产业体系，强化与之相配套的现代化大农业基础设施建设和新型农业人才队伍建设，

---

① 黄群慧、盛方富：《新质生产力视阈下发展未来产业的产业政策：内涵、功能与创新》，《中共中央党校（国家行政学院）学报》2024年第4期。

② 沈梓鑫、江飞涛：《未来产业与战略性新兴产业的创新与新质生产力：理论逻辑和实践路径》，《暨南学报》（哲学社会科学版）2024年第6期。

推动与之相协调的体制机制适应性变革。①罗必良和耿鹏鹏提出，要加快形成以高质量为目标、以创新引领为基础、以科技赋能为内核的农业新质生产力，着力推进从传统要素到重构基要函数的根本性转变，实现从能源农业到数智型农业的跨越性提升、从种子技术到"五良法"的匹配性延伸、从大食物观到大国土资源观的创新性配置、从食物生产到农业功能拓展的突破性转型、从农民队伍到新型农业经营主体的系统性培育。②

新质生产力与新型工业化都是在新一轮科技革命和产业变革深入发展的背景下形成的，相对于传统工业化，新型工业化体现了信息化、数字化、智能化等新要求。黄群慧认为，把握新质生产力与新型工业化的关系，以新质生产力推动新型工业化进程，以新型工业化战略牵引新质生产力发展，是推进中国式现代化的关键要求。③任保平认为，新质生产力和新型工业化之间具有双向互动关系，这种双向互动关系是一种改进的"技术-经济范式"，由"技术-经济范式"扩展为"科技-产业-生产力"范式，这一新范式的形成意味着新质生产力的形成和新型工业化的逐步推进。新质生产力是新型工业化的基础，新型工业化是新质生产力的发展载体。在推动中国式现代化和经济高质量发展中需要实现两者的双向互动，通过双向互动构建中国式现代化的技术基础、物质基础和动力支撑。新质生产力与新型工业化在条件上通过科技创新，在过程上通过建设现代化产业体系，在结果上通过形成绿色生产力和高质量发展实现新质生产力与新型工业化的双向互动。④

（三）培育耐心资本

耐心资本是具有长期投资视角、较高风险承受能力的资金，耐心资本在推动新质生产力发展中有着重要作用。它对于科技创新和产业升级

① 魏后凯、吴广昊：《以新质生产力引领现代化大农业发展》，《改革》2024年第5期。
② 罗必良、耿鹏鹏：《农业新质生产力：理论脉络、基本内核与提升路径》，《农业经济问题》2024年第4期。
③ 黄群慧：《新质生产力与新型工业化》，《中国社会科学》2024年第6期。
④ 任保平：《论新质生产力与新型工业化的双向互动》，《学术月刊》2024年第7期。

起到了关键的支撑作用。一些学者强调耐心资本通过其长期性、稳定性和对高风险的容忍度，为新质生产力的培育和提升提供了必要的金融支持。新质生产力驱动产业创新，离不开长期且稳定的资金支持，即耐心资本。耐心资本具有对高风险的高承受力和长期资本回报的期望，对于促进新质生产力的发展具有重要作用。关于耐心资本的研究主要关注耐心资本在推动新质生产力发展中的关键作用[①]和作用路径。[②]

郭楚晗、张燕探讨了耐心资本、聪明资金与新质生产力之间的辩证关系，并提出了刻画它们之间相互影响和依存关系的理论框架。[③] 戚聿东、栾菁则从耐心资本赋能新质生产力发展的内在逻辑出发，提出了实现路径和策略选择，为如何发挥耐心资本的作用提供了具体的建议。[④] 这些研究表明，耐心资本与新质生产力之间存在着紧密的联系，通过合理的策略和政策设计，可以有效地促进新质生产力的成长和发展。在实际的经济环境中，耐心资本的发展面临着各种挑战，如市场的短期化倾向、资本的短期投资倾向、风险评估与监管的不足等。

刘朝晖在其研究中指出，耐心资本的发展在市场经济条件下受到多种因素的影响，包括投资主体的逐利性、风险评估体系的不完善等，他提出了建立健全的政策引导机制和市场优化机制的建议。[⑤] 沈坤荣、尚清艺、赵倩也在其研究中指出了耐心资本在赋能新质生产力发展过程中面临的现实挑战，并提出了构建适配的科技金融体制的路径。[⑥]

---

① 程恩富、刘美平：《以耐心资本助力新质生产力发展》，《政治经济学研究》2024 年第 3 期；洪银兴、姜集闯：《培育和壮大耐心资本　推动新质生产力发展》，《经济学家》2024 年第 12 期。
② 纪玉山、苏美文、吴勇民等：《健全因地制宜发展新质生产力体制机制　推动中国式现代化》，《工业技术经济》2024 年第 8 期。
③ 郭楚晗、张燕：《耐心资本、聪明资金与新质生产力的辩证关系及其协同发展路径研究》，《当代经济管理》2024 年第 12 期。
④ 戚聿东、栾菁：《耐心资本赋能新质生产力发展：内在逻辑与实现路径》，《北京师范大学学报》（社会科学版）2024 年第 6 期。
⑤ 刘朝晖：《高质量发展阶段壮大耐心资本的逻辑依据、关键问题与实践进路》，《中州学刊》2025 年第 1 期。
⑥ 沈坤荣、尚清艺、赵倩：《耐心资本赋能新质生产力：内在逻辑、现实挑战与策略选择》，《南京社会科学》2024 年第 11 期。

一些学者聚焦如何优化耐心资本的配置效率、提升其对新质生产力的支持力度，以及如何通过政策引导和市场机制的创新来进一步激发和规范耐心资本的活力，从而关注耐心资本在不同行业、不同经济发展阶段中的具体作用和影响力，以及如何通过制度建设和风险管理来优化其在新质生产力发展中的作用。陆岷峰认为，科技金融赋能实体经济和新质生产力发展的理论框架基于传统经典理论，突出了资金支持、信息中介、风险分散和市场链接等机制在促进技术创新和产业升级中的作用，能够全面阐释科技金融、实体经济发展与新质生产力之间的内在联系。科技金融赋能实体经济和新质生产力发展，重点是要为不同规模企业提供差异化的金融服务支持、实施行业定制化的数字科技金融解决方案、建立和完善科技金融监管框架、加强科技金融知识普及和人才培养、优化科技金融发展政策环境、构建科技金融支持实体经济发展长效体制与机制。①

六　因地制宜发展新质生产力及相关实证研究

现阶段，我国国情特点决定了各地区必须走因地制宜发展新质生产力的道路。因地制宜是对新质生产力发展规律的一个科学认识。相关研究在理论和实证相结合的角度上给出了回应。

（一）因地制宜发展新质生产力

一些学者强调中国发展新质生产力的特点和因地制宜的重要性。黄群慧认为，面对全球科技创新活跃的新趋势，中国需要强化原始创新能力和底层技术开发能力，对高端芯片、半导体等关键技术存在依赖，需要加大基础研究投入，提高基础研究能力，超前布局未来产业，并强化企业在科技创新中的主体地位；中国的对外开放策略应从依赖低成本劳动力转向依托超大规模市场优势，通过国内大循环吸引全球资源要

---

① 陆岷峰：《科技金融赋能实体经济和新质生产力发展：经典理论、理论框架与应对策略》，《改革与战略》2024 年第 3 期。

素，增强国内外市场和资源的联动效应，既要高水平的对外开放和深度参与全球产业分工与合作，形成具有全球竞争力的开放创新生态，又要加快推进全国统一大市场建设，通过降低市场交易成本、促进科技创新和产业升级，促进商品和要素资源的畅通流动；政策方向上，需要深化科技体制改革，推动前沿技术和底层技术的突破，加强与"一带一路"共建国家的合作，促进数字化、工业化、创新和投资领域的高质量发展。①

一些学者强调因地制宜的区域差异，各地根据实际情况，结合自身的资源禀赋、产业基础和科研条件，选择性地推动新产业、新模式和新动能的发展，同时利用新技术对传统产业进行改造提升。蒋永穆、冯奕佳认为，我国不同地区的资源禀赋和发展水平各不相同，结构性矛盾的长期积累，新质生产力发展需要充分考虑这一实际：从要素组合的维度看，不同区域的要素存量与结构具有差异，应解决好不同区域的要素最优调整问题；从产业构成维度看，应为不同产业制定不同的发展策略，既要集中力量加紧对新兴产业的培育，也要帮助传统产业固本扬长、创新转型；从地区发展维度看，应立足地区比较优势，优化发展路径，坚持稳中求进工作总基调。②贾若祥等提出要以发展新质生产力为重大契机，深入实施区域协调发展战略、区域重大战略、主体功能区战略、新型城镇化战略，优化重大生产力布局，推动区域创新中心与区域产业体系深度融合发展，加强区域间协同融合，提高战略取向一致性，促进不同区域在发展新质生产力上形成合力，不断将我国区域空间回旋余地大的优势转化为新时代高质量发展的优势，加快形成多极点支撑、多层次联动、网络化发展的区域经济格局。③

一些学者强调健全因地制宜发展新质生产力的体制机制。周绍东等认为，新型生产关系需要通过一定的制度载体方能发挥作用，因地制宜

---

① 黄群慧：《新质生产力与新型工业化》，《中国社会科学》2024年第6期。
② 蒋永穆、冯奕佳：《因地制宜发展新质生产力的理论逻辑、现实表现与路径选择》，《重庆大学学报》（社会科学版）2024年第5期。
③ 贾若祥、王继源、窦红涛：《以新质生产力推动区域高质量发展》，《改革》2024年第3期。

发展新质生产力的体制机制就是新型生产关系的制度化形式。健全因地制宜发展新质生产力体制机制的实践路径应从三个层面着手：在所有制层面，应建立信息、知识、数据等新质生产资料的共有共享机制；在分配方式层面，应健全市场化的技术要素参与收入分配机制；在人与人的经济利益关系层面，应构建全程协同的技术创新合作机制。[①]

（二）水平测度

新质生产力发展评价指标体系的构建及新质生产力作用机制的研究，对于理解和推动新质生产力的发展具有重要意义。

一些学者基于新质生产力的内涵构建评价指标体系，并对我国新质生产力的特征性事实及其时空演变规律进行分析。蒋永穆和乔张媛的评价指标体系强调创新的主导作用，并通过全要素生产率的提升来反映新质生产力对创新、协调、绿色、开放、共享的全方位支持，同时强调安全开放，以及劳动者、劳动资料、劳动对象及其优化组合的跃升。[②]张海等基于新质生产力高科技、高效能和高质量特征构建评价指标体系，研究发现：从发展水平角度来看，中国新质生产力发展水平总体呈平稳上升趋势，新质生产力区域发展水平呈现"东部>中部>东北>西部"的特征；从空间差异方面来看，新质生产力发展水平总体差异呈平稳扩大趋势，且区域间差异是总体差异的主要成因，区域间差异呈现"东-西>东-东北>中-西>中-东北>东-中"的非均衡空间格局；从动态演进层面来看，新质生产力发展水平存在显著的空间正向关联性，且关联性呈下降趋势；核密度估计结果显示，全国新质生产力发展水平不断提升且区域差异表现为动态扩大趋势。[③]张自然等基于信息基础设施、融合基础设施及发展基础设施共3个子系统29个具体指标构建了中国新型基础设施综合评价体系，对其差异演变和分布动态的刻画得出，当前应分类规划和

① 周绍东、邱博昊、李靖：《健全因地制宜发展新质生产力体制机制的政治经济学分析——学习贯彻党的二十届三中全会精神》，《内蒙古社会科学》2024 年第 6 期。

② 蒋永穆、乔张媛：《新质生产力发展评价指标体系构建》，《经济体制改革》2024 年第 3 期。

③ 张海、王震、李秉远：《新质生产力发展水平、空间差异及动态演进》，《统计与决策》2024 年第 24 期。

分层推动四大区域新型基础设施建设，解决区域之间的发展不平衡问题，打破要素流动限制，以缓解虹吸效应的负面影响。[1]

郭朝先和万君从科技生产力、绿色生产力和数字生产力三个维度构建黄河流域新质生产力发展水平评价指标体系，研究发现：黄河流域新质生产力发展水平总体上呈现上升态势，但梯度发展态势明显，一方面是黄河流域新质生产力发展水平呈现东高西低态势，另一方面是黄河流域省会城市新质生产力水平普遍高于非省会城市。黄河流域新质生产力发展存在的主要问题，一是省区间新质生产力发展不均衡，二是省区内新质生产力协调发展程度不高，三是新质生产力中的绿色发展成色不足。[2]

（三）作用机制

基于测算的新质生产力发展水平，相关研究进一步深入新质生产力对于经济高质量发展、双循环、政府治理能力提升的作用机制，以及数实融合和数字基建等对新质生产力的推动作用等。

一些学者研究了新质生产力对经济高质量发展的作用机制。韩文龙等研究发现，新质生产力不仅能够直接促进经济增长，还具有显著的空间溢出效应。[3] 杜传忠等从"生产要素—组织形态—产业体系—技术创新"四个维度揭示新质生产力促进经济高质量发展的机制，发现新质生产力有利于提升生产要素质量，催生新型生产组织形态，实现核心主导产业、交叉融合产业、潜在关联产业、战略性新兴产业和未来产业之间的互联互动，并赋能创新生态系统，进而促进经济高质量发展。[4]

一些学者研究了新质生产力对双循环的作用机制。刘金涛的研究显示，数字新质生产力可正向推动双循环，这一结论在考虑内生性问题以

① 张自然、马原、杨玉玲：《新质生产力背景下中国新型基础设施的测度与分析》，《经济与管理研究》2024年第8期。

② 郭朝先、万君：《黄河流域新质生产力发展测度分析和路径选择》，《山西师大学报》（社会科学版）2024年第6期。

③ 韩文龙、张瑞生、赵峰：《新质生产力水平测算与中国经济增长新动能》，《数量经济技术经济研究》2024年第6期。

④ 杜传忠、疏爽、李泽浩：《新质生产力促进经济高质量发展的机制分析与实现路径》，《经济纵横》2023年第12期。

及经过稳健性检验后依然成立。中介效应分析显示，数字新质生产力可通过推动产业结构升级间接赋能双循环。异质性检验结果表明，相较于内陆地区，数字新质生产力对沿海地区双循环的推动作用较为显著。门槛效应分析表明，数字新质生产力与双循环具有非线性关系。[①]

一些学者研究了新质生产力对政府治理能力的作用机制。丁守海和徐政研究发现，政府通过采用大数据、云计算、人工智能等技术手段，提高了治理效率和服务质量；新质生产力的发展促使政府在多方参与和协同合作的模式下，有效解决人才供需不匹配问题；政府角色从单一的监管者转变为多元协调者，成为市场多元共治体系的主导者；新质生产力提高了政府的社会治理能力，包括区域协调发展、法治与司法透明、政策执行监测、公共服务供给、基层自治指导能力、矛盾处置能力和文化治理能力；新质生产力优化了政府的经济治理能力，包括维持经济稳定、市场监管、系统治理等；新质生产力增强了政府的生态治理精准性，促进了绿色技术应用和国际经验共享。[②]

一些学者研究了数字经济对新质生产力的作用机制。陈彦霖等研究了以数字网络与信息技术为基础的新型基础设施对企业新质生产力形成与发展的作用机制。"宽带中国"试点政策能显著促进企业新质生产力的形成发展，且对非国有企业、成长和成熟期企业以及资本密集型和技术密集型企业新质生产力的影响更显著；"宽带中国"试点政策主要通过人力资本改善、代理成本下降和企业数字化转型三重机制赋能企业新质生产力发展。[③] 吴俊珺和杜文豪研究了数实融合推进新质生产力发展的驱动效应、作用机制及空间特征，发现数实融合显著促进了新质生产力发展，且其驱动效应呈现"东部>西部>中部"的梯度特征；优化资源

---

① 刘金涛：《数字新质生产力赋能国内国际双循环——基于产业结构升级的中介效应检验》，《技术经济与管理研究》2024 年第 12 期。

② 丁守海、徐政：《新质生产力提升政府治理能力的内在逻辑、现实困境与实践路径》，《贵州师范大学学报》（社会科学版）2024 年第 6 期。

③ 陈彦霖、阳镇、梅亮：《"数字基建"与企业新质生产力——基于"宽带中国"试点政策的评估》，《科学学与科学技术管理》2024 年 12 月。

配置效率是影响数实融合释放驱动效应的重要机制；数实融合对新质生产力的驱动效应存在非线性递增与空间溢出特征。[1]

一些学者梳理了政治经济学界的新质生产力研究动态及趋势，为持续跟踪该专题进展提供了线索。张旭、于蒙蒙提出，当前学界对新质生产力展开的学理探究围绕三条主线：从历史唯物主义的角度系统阐发生产力与生产关系的辩证运动规律与质量互变规律；以马克思主义经典作家对生产力的解说为突破口系统阐发生产力与科学技术之间的辩证关系；科学论证习近平总书记关于新质生产力的重要论述对马克思主义政治经济学的创新性发展。[2] 刘丸源、季雷指出，需要对三方面问题继续深入研究。一是围绕新质生产力促进我国各领域现代化建设及其机制的研究，需要对劳动过程理论、劳动力再生产理论、社会再生产理论、一般利润率理论、货币与虚拟资本理论等大量经典理论进行深入再研究。二是围绕新质生产力发展指标体系和评价体系的研究。三是围绕新质生产力与新型生产关系的学理化研究。[3] 也有学者借由新质生产力从政策概念到理论建构过程探讨政治经济学发展新突破。邹建华等提出，应该从生产力发展规律的高度来认识新质生产力问题，从学科建设的角度突破政治经济学研究的传统范式，不应局限于生产方式和生产关系层面的研究，而应将研究延伸到生产力层面以及科技创新领域。[4]

---

① 吴俊珺、杜文豪：《数实融合、资源配置效率与新质生产力发展》，《统计与决策》2024 年第 24 期。
② 张旭、于蒙蒙：《新质生产力的逻辑基点、内涵辨析与学理探究》，《扬州大学学报》（人文社会科学版）2024 年第 4 期。
③ 刘丸源、季雷：《新质生产力与现代化经济体系研究》，《政治经济学评论》2024 年第 3 期。
④ 邹建华、宫凯、王毅航等：《聚焦新质生产力推动高质量发展——"四校一所"政治经济学工作坊第十二期研讨会综述》，《经济科学》2024 年第 2 期。

附录一
2024年政治经济学界大事记

时　间	事　件
3月17日	"四校一所"政治经济学工作坊研讨会（第十一期）在清华大学举行。本次会议深入学习了2024年全国两会精神，聚焦新质生产力展开深入讨论。会议由清华大学马克思主义学院、清华大学中国现代国有企业研究院、清华大学社会科学院经济学研究所、清华大学社会科学学院数字经济研究中心主办。来自中国社会科学院、清华大学、北京大学、中国人民大学、南开大学、复旦大学和中国农业大学的二十余位专家学者出席本次会议。清华大学马克思主义学院教授刘震主持本次会议。与会人员针对新质生产力的概念、范畴及有关研究话题展开了热烈讨论，提出了许多具有创新性的观点和见解。"四校一所"政治经济学工作坊将以本次研讨会为契机，为推动我国政治经济学理论创新和实践发展做出更大贡献
3月23日	"新质生产力与高质量发展"学术研讨会在上海财经大学举行。与会专家学者就新质生产力的重大理论和现实问题进行深入研讨。上海财经大学党委副书记、纪委书记何鹏程致开幕词。本次会议由上海财经大学中国式现代化研究院、习近平经济思想研究院、马克思主义学院、经济学院、滴水湖智库联合主办
3月23日	上海财经大学习近平经济思想研究院、中国式现代化研究院、马克思主义学院、经济学院、滴水湖智库联合组织召开"习近平经济思想研究丛书"选题论证会。与会专家通过分组评议、集体会评的方式对"习近平经济思想研究丛书"选题申报书进行了细致的分析和论证，并提出了许多建设性意见。与会专家还对上海财经大学正在筹备开设的研究生课程"习近平经济思想专题研究"教材编写提纲进行了论证。会议由上海财经大学马克思主义学院副院长、习近平经济思想研究院首席专家丁晓钦教授主持
3月31日	由北大经济学院倡议并联合中国人民大学、清华大学、南开大学、中国社会科学院经济研究所共同发起，《经济科学》《政治经济学评论》提供期刊支持的"四校一所"政治经济学工作坊第十二期研讨会在北大经济学院举行。此次研讨会的主题是"聚焦新质生产力，推动高质量发展"。与会学者就如何把握新质生产力的科学内涵、如何推动新质生产力加快发展和如何把握新质生产力与高质量发展之间辩证关系等方面展开了深入学习和交流。与会学者还就《政治经济学评论》新质生产力专栏的建设进行了研讨，提出了诸多建议

续表

时间	事件
4 月 13~14 日	由全国马克思列宁主义经济学说史学会主办，扬州大学马克思主义学院承办，中国社会科学院当代中国马克思主义政治经济学创新智库、全国中国特色社会主义政治经济学研究中心（中国社会科学院）协办的"全国马克思列宁主义经济学说史学会第二十二次学术研讨会"于扬州大学召开。会议主题为"以高质量发展推动中国式现代化"，来自北京大学、中国社会科学院、清华大学、中国人民大学、南开大学、四川大学、南京大学、武汉大学等高校和科研机构的一百余名专家学者参加了研讨会。本次研讨会以"以高质量发展推动中国式现代化"为主题，与会专家围绕"习近平经济思想的新发展研究""马克思的生产力理论与新质生产力研究""新质生产力与数字经济研究"等议题做了研讨交流
4 月 13~14 日	第六届中国青年马克思主义大会在云南大学召开。大会旨在深入学习贯彻习近平新时代中国特色社会主义思想，认真贯彻落实习近平总书记致云南大学建校 100 周年重要贺信精神，促进马克思主义理论学科高质量发展。本次大会由中国青年马克思主义大会组委会主办，云南大学承办，《理论视野》《学校党建与思想教育》《海派经济学》《学术交流》等期刊协办。会议设"高端对话专场""学院院长专场""青年学者专场""期刊出版社专场""青年学术沙龙活动"五个专场。会议收到来自北京大学、清华大学、中国人民大学、北京师范大学、武汉大学、复旦大学、南开大学、山东大学等单位师生投稿论文 1402 篇，经专家评审，144 篇论文获奖。来自全国各地的近 300 位专家和青年学子齐聚一堂，围绕"数字时代马克思主义理论的传承与创新"主题展开深入研讨
4 月 20~21 日	以"经济高质量发展的理论与政策"为主题的中国政治经济学学会第 34 届学术年会暨第 2 届乡村振兴论坛在中南财经政法大学顺利召开并圆满落幕。本届年会由中国政治经济学学会主办，中南财经政法大学经济学院承办，中国社会科学院马克思主义经济社会发展研究中心，上海财经大学海派经济学研究院，《政治经济学研究》、《当代经济研究》、《海派经济学》、《政治经济学季刊》、《河北经贸大学学报》、*World Review of Political Economy*（《世界政治经济学评论》）等中英文期刊编辑部共同协办。本届年会为期两天，议程包括年会开幕式、主题报告、主题发言、八个分论坛交流发言、学术论文写作与期刊建设研讨会、南开大学·中国社会科学院大学 21 世纪马克思主义研究院马克思主义政治经济学研究中心学术沙龙等多项主题活动。会议汇聚了来自全国七十余所高校、科研院所、期刊编辑部的政治经济学领域的专家学者、期刊出版社编审人员和研究生 320 余人，与会者分享了最新研究成果和实践经验，共同探索中国经济高质量发展的新路径

续表

时间	事件
5月25~26日	第五届新时代中国特色社会主义政治经济学论坛于南京大学举办。此次论坛由中宣部批准设立的七家全国中国特色社会主义政治经济学研究中心主办，南京大学全国中国特色社会主义政治经济学研究中心、南京大学商学院、南京大学习近平经济思想研究院承办。来自中国人民大学、北京大学、清华大学、南京大学、南开大学、中国社会科学院、吉林大学、武汉大学、西北大学、四川大学、辽宁大学等全国五十余所高校和科研院所的师生150余人参加了会议。会议分为开幕式、颁奖仪式、主旨演讲、平行分论坛和闭幕式等环节
6月22日	政治经济学四十人论坛·2024在安徽大学举行。"中国政治经济学四十人论坛"创设于2018年，先后由复旦大学、西南财经大学、西北大学、四川大学、辽宁大学等高校举办。本届论坛由安徽大学经济学院、安徽大学经济与社会发展高等研究院和《政治经济学报》编辑部共同主办。来自全国各地的知名专家学者、各家媒体和安大师生共三百余人会聚一堂，共同探讨中国经济发展的前沿议题。论坛设有四个单元，涵盖了货币供给侧结构性改革、中国式现代化与新经济学、新时期国有资本的性质、国企改革的历史回顾与展望、新质生产力与新型生产关系等多个主题。来自北京大学、复旦大学、中山大学等高校的专家学者发表了精彩的演讲
6月29~30日	由中国人民大学全国中国特色社会主义政治经济学研究中心、中国人民大学经济学院、中国人民大学中国经济改革与发展研究院主办，辽宁大学经济学院、辽宁大学中国特色社会主义政治经济学研究中心、辽宁大学经济学拔尖学生培养基地承办的"第三届新时代中国特色社会主义政治经济学青年学者论坛"于辽宁大学成功举办。来自中国人民大学、复旦大学、南京大学、南开大学、吉林大学、四川大学、上海财经大学、中央财经大学、西南财经大学、西北大学、辽宁大学等50余所高校和研究机构的200余位专家学者和青年学子参加了会议。会议分为开幕式、颁奖仪式、主旨演讲、平行分论坛和闭幕式等环节
7月16~18日	由全国高等财经院校《资本论》研究会和贵州财经大学主办，贵州财经大学经济学院、绿色发展战略研究院（贵州绿色发展战略高端智库、贵州黔兴高校智库联盟秘书处）承办的全国高等财经院校《资本论》研究会第41届学术年会在贵阳召开。本次年会的主题是"新质生产力与中国高质量发展的理论与实践"。来自西南财经大学、东北财经大学、对外经济贸易大学、江西财经大学、山东财经大学、吉林财经大学、浙江财经大学等全国高等院校、科研院所的150余名专家学者参加了本次会议。《经济学家》《教学与研究》《当代财经》《当代经济研究》《河北经贸大学学报》等学术期刊和中国财政经济出版社、经济管理出版社等多家出版社编辑也参加了会议

续表

时间	事件
7月17日	2024年政治经济学高端论坛在厦门大学如期举办。该论坛是马克思主义政治经济学暑期学校的重要组成部分，本届主题为"新质生产力与高质量发展"，由厦门大学经济学院、王亚南经济研究院、邹至庄经济研究院主办，厦门大学习近平经济思想教研中心、《资本论》数字纪念馆承办。论坛包含主旨演讲和中青年学者论坛等环节，马克思主义政治经济学暑期学校的授课老师等多位嘉宾、暑期学校学员等参会
8月2~5日	由世界政治经济学学会主办、希腊政治经济学学会和希腊派迪昂大学承办的世界政治经济学学会第17届论坛于希腊雅典成功举行。本届论坛以"多极世界格局下的政治经济学"为主题，来自中国、美国、加拿大、俄罗斯、英国、德国、意大利、奥地利、匈牙利、西班牙、挪威、芬兰、丹麦、爱尔兰、土耳其、希腊、巴西、墨西哥、澳大利亚、日本、韩国、印度、喀麦隆等20多个国家的近200名专家学者出席了会议。会议期间共举行了1次理事会会议、3次全体会议、45次分会研讨
8月1日	为学习贯彻落实党的二十届三中全会精神，"四校一所"政治经济学工作坊第十三期研讨会在清华大学甲所会议室举行。会议由"四校一所"政治经济学工作坊、清华大学马克思主义学院、清华大学社科学院经济所、清华大学社科学院数字经济研究中心、清华大学马克思主义学院数智教育教学中心主办。二十余位专家学者出席会议，针对进一步全面深化改革、推进中国式现代化及有关研究话题展开了热烈讨论。清华大学马克思主义学院教授刘震主持会议
8月24~25日	中国特色社会主义政治经济学论坛第25届年会在内蒙古大学举办。此次年会由中国社会科学院经济研究所与内蒙古大学联合主办，内蒙古大学经济管理学院和《经济学动态》编辑部承办。来自中国社会科学院、清华大学、中国人民大学、南京大学、南开大学、武汉大学、中央民族大学、厦门大学、内蒙古大学等40余所大学和研究机构的领导、专家学者、学生共100余人参加本届年会，就中国特色社会主义政治经济学的多个方面进行了深入的研讨和交流，为推动相关理论的发展和实践提供了丰富的学术支持。论坛开幕式由内蒙古大学副校长杜凤莲主持
10月18日	进一步全面深化经济体制改革与高质量发展研讨会暨第八届当代中国马克思主义政治经济学创新与发展论坛在北京成功举办。此次研讨会由《经济纵横》编辑部联合首都经济贸易大学经济学院共同举办。开幕式环节由吉林省社会科学院（社科联）副院长丁晓燕主持。首都经济贸易大学校长吴卫星介绍了首都经济贸易大学的学科特色、政治经济学的发展历史以及在相关领域取得的成绩，充分肯定了发展中国特色社会主义政治经济学的重要意义。吉林省社会科学院（社科联）院长刘立新希望携手首都经济贸易大学以及学术界同仁共同致力于中国特色社会主义政治经济学的研究，加强对中国式现代化的理论阐释与研究工作。会议最后，各位参会专家和学者进一步围绕"如何高举中国马克思主义政治经济学旗帜，全面深化经济体制改革与高质量发展"进行了深入研讨和交流

续表

时间	事件
10月26~27日	由中国社会科学院大学马克思主义学院、中国社会科学院马克思主义经济社会发展研究中心、全国中国特色社会主义政治经济学研究中心（福建师范大学）主办，中国社会科学院马克思主义研究院马克思主义原理研究部、福建师范大学经济学院承办，中国人民大学书报资料中心经济编辑部、《世界政治经济学评论》《政治经济学评论》《当代经济研究》《经济学家》《政治经济学季刊》《毛泽东邓小平理论研究》《东南学术》《福建师范大学学报》等期刊编辑部联合协办的第十三届全国马克思主义经济学论坛暨第十四届全国马克思主义经济学青年论坛于福建师范大学举行。此次论坛的主题是"新质生产力引领高质量发展与马克思主义政治经济学创新发展"
11月29日~12月1日	第十七届中国政治经济学年会在中山大学如期举办，140余位专家学者代表参会，大会还吸引了众多慕名而来的旁听观众。本次年会由中国政治经济学年会各理事单位联合主办，中山大学岭南学院承办，并得到了《世界经济》《经济学动态》《经济思想史学刊》《政治经济学评论》《中国经济问题》《经济理论与经济管理》《当代经济研究》《南方经济》《政治经济学报》等知名学术期刊支持
12月7~8日	以"深入学习贯彻二十届三中全会精神，发展当代马克思主义政治经济学"为主题的中国《资本论》研究会第26届年会在西北大学召开。中国《资本论》研究会会长张宇教授、中国社会科学院经济研究所党委书记龚云研究员、中央党校（国家行政学院）经济学教研部主任赵振华教授、中国社会科学院经济研究所王振中研究员、中国社会科学评价研究院副院长胡乐明教授、吉林大学经济学院宋冬林教授、武汉大学经济与管理学院简新华教授、复旦大学经济学院张晖明教授、中国人民大学经济学院邱海平教授、中央党史和文献研究院第五研究部副主任张红山研究员、省委宣传部理论处处长与省哲学社会科学工作办公室主任高宝荣、西北大学党委书记蒋林教授等嘉宾和专家学者出席会议
12月14~15日	第七届中国百所大学经济学院院长论坛丁北京举办。论坛着眼"以进一步全面深化改革推动经济高质量发展"，深入探索推动中国经济高质量发展的体制机制改革，加快建构中国自主的经济学知识体系，为全面推进强国建设、民族复兴伟业提供学术支持。来自全国206所院校的36位校长和229位院长出席此次论坛
12月28日	以"学习贯彻2024年中央经济工作会议精神"为主题的"四校一所"政治经济学工作坊第十四期研讨会在清华大学马克思主义学院举办。此次工作坊由清华大学马克思主义学院、清华大学社科学院经济所、清华大学中国现代国有企业研究院、清华大学社科学院数字经济研究中心、清华大学马克思主义学院数智教育教学中心、《政治经济学季刊》编辑部联合主办。与会专家学者就如何深入理解和贯彻2024年中央经济工作会议精神、如何准确把握新发展阶段经济工作的重点任务、如何更好实现经济高质量发展等核心问题展开了深入探讨和交流

附录二
2024年政治经济学主要著作、论文选目

一　专著

[1] 蔡昉．破除城乡二元结构［M］．杭州：浙江人民出版社，2024．

[2] 蔡昉．中国经济的未来可能性［M］．北京：社会科学文献出版社，2024．

[3] 迟福林．坚守改革［M］．北京：国家行政学院出版社，2024．

[4] 迟福林，匡贤明，郭达．高水平开放的中国［M］．广州：广东经济出版社，2024．

[5] 陈曙光等．改革开放改变中国——中国改革的成功密码［M］．北京：人民出版社，2024．

[6] 程恩富主编．马克思主义经济学说史［M］．北京：社会科学文献出版社，2024．

[7] 常庆欣；张东刚，林尚立总主编．人与自然和谐共生的中国式现代化［M］．北京：中国人民大学出版社，2024．

[8] 盖凯程，韩文龙主编．中国式现代化研究报告［M］．成都：西南财经大学出版社，2024．

[9] 葛扬，侯祥鹏．新常态下的经济形势与高质量发展［M］．南京：江苏人民出版社，2024．

[10] 韩文龙．新型生产关系［M］．北京：中国社会科学出版社，2024．

[11] 韩保江主编．中国经济高质量发展报告［M］．北京：社会科学文

献出版社，2024.

［12］韩保江主编.中国共同富裕研究报告［M］.北京：社会科学文献出版社，2024.

［13］胡鞍钢，王洪川.强国道路：中国式现代化的创新发展［M］.北京：清华大学出版社，2024.

［14］黄群慧主编.必然选择：中国共产党与中国经济十二论［M］.北京：社会科学文献出版社，2024.

［15］黄群慧.读懂新质生产力［M］.北京：中信出版集团，2024.

［16］黄群慧，林盼主编.国有企业改革［M］.北京：中国工人出版社，2024.

［17］黄奇帆等.新质生产力［M］.杭州：浙江人民出版社，2024.

［18］黄承伟.中国式现代化视野下乡村全面振兴：理论基础、创新实践和发展道路［M］.广州：广东人民出版社，2024.

［19］洪银兴，高培勇等.新质生产力：发展新动能［M］.南京：江苏人民出版社，2024.

［20］洪银兴，任保平.数字经济基础［M］.北京：高等教育出版社，2024.

［21］洪银兴，任保平.新质生产力赋能中国式现代化［M］.北京：人民出版社，2024.

［22］简新华，余江.中国社会主义市场经济理论的创新和发展［M］.北京：人民出版社，2024.

［23］江小涓，杨伟民，蔡昉，刘伟，胡鞍钢等主编.中国经济发展模式演进与前景展望［M］.北京：人民出版社，2024.

［24］姜长云.中国式农业农村现代化［M］.北京：东方出版社,2024.

［25］蓝江.如何思考全球数字资本主义？［M］.上海：上海人民出版社，2024.

［26］李雪松，张慧慧，朱承亮等.迈向高水平科技自立自强［M］.北京：中国社会科学出版社，2024.

［27］李雪松，冯明等.如何培育壮大发展新动能［M］.北京：中国社

会科学出版社，2024.

［28］林毅夫等著，王贤青主编．新质生产力：中国创新发展的着力点
　　　与内在逻辑［M］.北京：中信出版集团，2024.

［29］刘伟等．中华当代学术著作辑要：中国市场经济发展研究［M］.
　　　北京：商务印书馆，2024.

［30］刘元春主编．通往复兴之路：新质生产力理论前沿［M］.上海：
　　　上海财经大学出版社，2024.

［31］刘元春，丁晓钦．发展与超越［M］.北京：中信出版集团，2024.

［32］马卫刚．新时代政治经济学概论［M］.青岛：青岛出版社，2023.

［33］任保平．数字经济与实体经济融合推动新型工业化［M］.北京：
　　　经济科学出版社，2024.

［34］荣兆梓．平等劳动公有资本与社会主义［M］.上海：格致出版社，
　　　2024.

［35］王朝科主编．全面建成小康社会的理论与实践［M］.北京：经济
　　　管理出版社，2024.

［36］魏后凯，王承哲主编．建设农业强国的理论与实践［M］.北京：
　　　社会科学文献出版社，2024.

［37］魏礼群主编．全面深化改革与中国式现代化［M］.北京：中译出
　　　版社，2024.

［38］徐艳如.《1844年经济学哲学手稿》细读［M］.北京：中央编译出
　　　版社，2024.

［39］杨虎涛．国家发展的道路［M］.北京：社会科学文献出版社，
　　　2024.

［40］杨晓玲．马克思经济学经典与新时代劳动关系研究［M］.天津：
　　　南开大学出版社，2024.

［41］张旭，胡怀国主编．政治经济学前沿报告2024［M］.北京：社会
　　　科学文献出版社，2024.

［42］张衔，骆桢，李亚伟．马克思经济学的数理分析［M］.成都：四
　　　川大学出版社，2024.

［43］ 张卓元，胡家勇，万军．构建高水平社会主义市场经济体制［M］．
广州：广东经济出版社，2024.

［44］ 张占斌，陈晓红，黄群慧．新质生产力［M］．长沙：湖南人民出
版社，2024.

［45］ 张占斌主编．聚焦新型生产关系［M］．北京：国家行政学院出版
社，2024.

［46］ 周绍东，潘敬萍．国外马克思主义政治经济学前沿报告［M］．北
京：中央编译出版社，2024.

［47］ 周绍东．中国社会主义政治经济学史 1949－1978［M］．北京：中
国社会科学出版社，2024.

［48］ 朱鹏华．马克思社会资本再生产理论拓展研究［M］，经济科学出
版社，2023.

［49］〔法〕路易·阿尔都塞等．读《资本论》（完整版）［M］．北京：中
央编译出版社，2024.

［50］〔法〕塞德里克·迪朗．技术封建主义［M］．北京：中国人民大学
出版社，2024.

［51］〔苏〕伊萨克·伊里奇·鲁宾．马克思价值理论研究［M］．北京：
中央编译出版社，2024.

［52］ Fadaee S. Global Marxism：Decolonisation and Revolutionary Politics
［M］. Manchester University Press，2024.

［53］ Nesbitt N. Reading Capital's Materialist Dialectic：Marx，Spinoza，and
the Althusserians［M］. BRILL，2024.

［54］ Pendakis A. Living a Marxist Life：Why Marx is a Drug You Should
Probably Take［M］. Bloomsbury Publishing，2024.

二 期刊

（一）中文期刊

［1］ 安同良，魏婕．中国式创新：技术赶超的成功范式［J］．学海，
2024（01）.

［2］ 奥托·欣策，张雪琴，陈模玲．现代资本主义的经济与政治［J］．经济纵横，2024（06）.

［3］ 白永秀，陈煦．西部大开发25年：历程回顾、特征、变局与新格局［J］．人文杂志，2024（11）.

［4］ 白永秀，闫雪培．中国经济学的早期探索、演进历程与发展趋势［J］．经济学动态，2024（05）.

［5］ 白永秀，赵兴花．"中国经济学"的概念演进与内涵变化［J］．东南学术，2024（02）.

［6］ 白瑞雪，白暴力．劳动生产率与社会生产规模对利润引致需求的作用——马克思经济理论视阈下的函数与分析［J］．西安财经大学学报，2024（05）.

［7］ 包炜杰．马克思主义整体性视域下共同富裕的三重阐释路径［J］．马克思主义与现实，2024（01）.

［8］ 包炜杰．数字经济时代马克思主义所有制理论的创新发展［J］．马克思主义研究，2024（11）.

［9］ 包炜杰．"赋能论"还是"抑制论"：数字经济与共同富裕辩证关系的理论审视［J］．当代世界与社会主义，2024（03）.

［10］ 蔡昉，顾海良，韩保江，潘家华，马海涛，王文举，刘守英，周文，迟福林，王国刚，赵昌文，周颖刚．聚焦构建高水平社会主义市场经济体制，推动经济高质量发展——学习贯彻党的二十届三中全会精神笔谈［J］．经济研究，2024（07）.

［11］ 蔡昉．以劳动生产率为抓手推进农业农村现代化［J］．中国农村经济，2024（07）.

［12］ 蔡昉．银发经济与银发经济学［J］．新金融，2024（04）.

［13］ 蔡继明，曹越洋，刘梦醒．推进共同富裕的现实基础和制度保障［J］．政治经济学评论，2024（01）.

［14］ 蔡继明，高宏，陈臣．广义价值论：从两部门模型向多部门模型的扩展［J］．南开学报（哲学社会科学版），2024（05）.

［15］ 蔡继明，高宏．新质生产力参与价值创造的理论探讨和实践应用

［J］. 经济研究，2024（06）.

［16］ 蔡万焕，张晓芬. 新质生产力与中国式现代化——基于产业革命视角的分析［J］. 浙江工商大学学报，2024（02）.

［17］ 蔡万焕. 数字技术与资本的结合：数字权力的产生基础［J］. 马克思主义与现实，2024（06）.

［18］ 蔡万焕，易琳. 政治经济学视阈中的数字经济劳资关系探析——以算法下的外卖员内卷为例［J］. 世界社会主义研究，2024（11）.

［19］ 程霖，段博，刘凝霜. 中国传统经济思想概念体系探析［J］. 中国社会科学，2024（02）.

［20］ 程恩富，刘美平. 新质生产力的学理分析与培育路径［J］. 上海经济研究，2024（05）.

［21］ 程恩富，高斯扬. 智能经济及其相关论争的辨析［J］. 当代经济研究，2024（08）.

［22］ 常庆欣，郑子婕. 新时代全面深化改革赋能新质生产力的内蕴探析［J］. 东南学术，2024（05）.

［23］ 常庆欣，王腾. 习近平关于初级产品供给保障重要论述研究［J］. 理论学刊，2024（03）.

［24］ 常庆欣，王腾. 新时代推进共同富裕如何避免福利陷阱？［J］. 上海经济研究，2024（04）.

［25］ 陈健. 新中国取得巨大科技成就的社会制度优势［J］. 毛泽东邓小平理论研究，2024（09）.

［26］ 陈健. 中国数字现代化对西方数字现代化的超越与重构［J］. 马克思主义研究，2024（04）.

［27］ 陈健，张颖，王丹. 新质生产力赋能乡村全面振兴的要素机制与实践路径［J］. 经济纵横，2024（04）.

［28］ 陈雪娟，张旭. 论系统推进中国特色社会主义经济制度体系建设［J］. 经济纵横，2024（11）.

［29］ 陈宗胜，胡熙. 以县城新型城镇化促进共同富裕：理论基础、现实困境和实现路径［J］. 当代经济管理，2024（12）.

［30］陈宗胜，杨希雷，黄杏子．中国"葫芦形"分配格局及演进的进一步讨论［J］．经济社会体制比较，2024（04）．

［31］陈享光，张志强．农业生产条件建设、资本下乡与农业生产方式现代化变革［J］．当代经济研究，2024（06）．

［32］迟福林．建设更高水平的开放型经济新体制［J］．区域经济评论，2024（05）．

［33］迟福林．构建高水平社会主义市场经济体制的核心及重点［J］．人民论坛，2024（15）．

［34］戴翔，马皓巍，金碚．数字化转型与资源优化配置——兼论对统一大市场建设的可能作用［J］．中国人民大学学报，2024（01）．

［35］丁任重，李溪铭．习近平关于新质生产力论述的创新性贡献——基于马克思主义生产力理论的视角［J］．马克思主义与现实，2024（06）．

［36］丁任重，郭义盟．以经济体制改革为牵引：进一步全面深化改革的突破口［J］．政治经济学评论，2024（06）．

［37］丁任重，李溪铭．新质生产力的理论基础、时代逻辑与实践路径［J］．经济纵横，2024（04）．

［38］丁晓钦，杨明萱．数字政府助推数字经济高质量发展：机理与路径［J］．上海经济研究，2024（08）．

［39］丁晓钦，崔泽鹏．中国式现代化的财富积累机制及其对西方资本主义模式的超越［J］．毛泽东邓小平理论研究，2024（06）．

［40］杜丽群，陈洲扬．加快建设全国统一大市场的时代需求与路径选择［J］．新视野，2024（02）．

［41］方敏，杨虎涛．政治经济学视域下的新质生产力及其形成发展［J］．经济研究，2024（03）．

［42］高帆．我国农村发展的时代方位与新征程突破路径［J］．政治经济学评论，2024（05）．

［43］高帆．新质生产力与我国农业高质量发展的实现机制［J］．农业经济问题，2024（04）．

［44］高帆．中国基本经济制度的演变逻辑与实践特征［J］．上海经济研究，2024（02）．

［45］高帆．中国新质生产力的发展逻辑：基于生产率比较的研究［J］．社会科学战线，2024（08）．

［46］高培勇，魏后凯，何秀荣，青平，姜长云，周应恒．加快构建中国农村发展学自主知识体系［J］．中国农村经济，2024（11）．

［47］顾珊，李帮喜，王生升．产业资本循环视域下供需关系动态平衡研究［J］．当代经济研究，2024（11）．

［48］顾海良．现代化经济体系与中国式现代化的系统集成［J］．马克思主义与现实，2024（06）．

［49］顾海良．开放是中国式现代化的鲜明标识［J］．学术界，2024（11）．

［50］顾海良．新质生产力在中国式现代化系统集成中的新特征和新要求［J］．当代世界与社会主义，2024（05）．

［51］顾海良．习近平经济思想与中国经济学自主知识体系的建构［J］．教学与研究，2024（09）．

［52］顾海良．从"社会生产力水平总体跃升"到新质生产力——习近平经济思想关于新时代社会生产力理论创新挈要［J］．经济学家，2024（06）．

［53］葛扬．全面深化改革必须坚持"两个毫不动摇"［J］．红旗文稿，2024（15）．

［54］葛扬，丁涵浩．新质生产力与中国式现代化新动能［J］．中国经济问题，2024（03）．

［55］葛扬，丁涵浩．社会主义改造和改革：中国式现代化的基本经济制度逻辑［J］．社会科学战线，2024（02）．

［56］葛林羽，安同良．数字经济促进农村农民共同富裕研究［J］．经济问题，2024（09）．

［57］葛林羽，安同良．数字经济赋能共同富裕的政治经济学分析［J］．经济学家，2024（04）．

[58] 葛浩阳．国家理论与中国社会主义政治经济学：一个比较视野下的批判性考察［J］．教学与研究，2024（07）.

[59] 葛浩阳，陆茸．马克思竞争理论视角下的平台经济及其演化特点［J］．理论月刊，2024（05）.

[60] 龚云，孟虹．发展城镇集体经济是新时代的重要任务［J］．毛泽东邓小平理论研究，2024（09）.

[61] 龚云．科学把握和全面发展邓小平的社会主义本质论［J］．马克思主义研究，2024（07）.

[62] 龚刚，王雪松．论产业链视域下的供给侧结构性改革［J］．南方经济，2024（12）.

[63] 郭克莎．统筹扩大内需和深化供给侧结构性改革的深层逻辑［J］．中国社会科学，2024（06）.

[64] 郭冠清．中国式现代化创造人类文明新形态的发展逻辑——基于马克思主义政治经济学视角［J］．经济纵横，2024（05）.

[65] 郭冠清，谷雨涵．论新质生产力理论对马克思主义生产力理论的创新发展［J］．上海经济研究，2024（05）.

[66] 韩文龙．新质生产力的政治经济学阐释［J］．马克思主义研究，2024（03）.

[67] 韩文龙，董鑫玮，唐湘．智能经济中劳动过程新变化的政治经济学阐释［J］．经济纵横，2024（08）.

[68] 韩文龙，张国毅．新质生产力赋能高质量发展的理论逻辑与实践路径［J］．政治经济学评论，2024（05）.

[69] 韩保江．聚焦构建高水平社会主义市场经济体制［J］．中国金融，2024（15）.

[70] 韩保江．论社会主义物质文明的历史超越［J］．理论探索，2024（01）.

[71] 何自力．进一步深化改革，构建高水平的社会主义市场经济体制［J］．当代经济研究，2024（10）.

[72] 何自力．在新的起点推动社会主义市场经济体制更加成熟更加定

型［J］. 经济纵横, 2024（08）.

［73］ 何自力. 新质生产力理论的科学内涵和时代意义［J］. 中国高校社
会科学, 2024（03）.

［74］ 贺俊. 新质生产力问题的理论缺口与经济学的"异质性"分析视
角［J］. 财贸经济, 2024（08）.

［75］ 贺俊. 新质生产力的经济学本质与核心命题［J］. 人民论坛, 2024
（06）.

［76］ 贺立龙, 骆桢. 互联网资本的特性、行为规律与发展策略［J］. 改
革, 2024（11）.

［77］ 贺立龙, 陈姝兴. 农业强国建设与农业农村现代化研究［J］. 政治
经济学评论, 2024（03）.

［78］ 贺立龙, 陈向阳. 可持续脱贫的治贫理念与策略［J］. 华南农业大
学学报（社会科学版）, 2024（01）.

［79］ 贺雪峰. 市场-社会二元体制模型与"三农"政策［J］. 开放时
代, 2024（03）.

［80］ 贺雪峰. 中国式现代化视野下的乡村振兴战略［J］. 广东社会科
学, 2024（02）.

［81］ 胡乐明, 刘梦圆. 生产方式连接理论与多种所有制经济共同发展
［J］. 政治经济学评论, 2024（06）.

［82］ 胡乐明. 完善所有制结构, 优化所有制生态［J］. 当代经济研究,
2024（10）.

［83］ 胡鞍钢. 中国式农业农村农民现代化独特道路［J］. 甘肃社会科
学, 2024（03）.

［84］ 胡鞍钢, 黄鑫. 中国式现代化与绿色发展［J］. 北京工业大学学报
（社会科学版）, 2024（05）.

［85］ 胡鞍钢, 张泽邦, 周绍杰. 中国式现代化的整体性推进与区域性
差异——历史进程回顾与2035年展望［J］. 社会科学辑刊, 2024
（06）.

［86］ 胡怀国. 以新质生产力推动高质量发展的政治经济学解析［J］. 亚

太经济，2024（03）.

[87] 胡怀国 . 现代化视域下的所有制问题——兼论"两个毫不动摇"的理论逻辑 [J]. 山东社会科学，2024（02）.

[88] 胡家勇 . 新时代进一步全面深化改革的历史方位和主要线索 [J]. 经济学家，2024（10）.

[89] 黄文义，胡乐明 . 经济长波视角下的"百年变局" [J]. 当代经济研究，2024（11）.

[90] 黄群慧 . 新质生产力与新型工业化 [J]. 中国社会科学，2024（06）.

[91] 黄群慧，盛方富 . 新质生产力系统：要素特质、结构承载与功能取向 [J]. 改革，2024（02）.

[92] 黄少安 . 高水平对外开放的认知前提与提升建议 [J]. 西部论坛，2024（03）.

[93] 黄少安 . 国家现代化的基础和核心在于"人"的现代化 [J]. 江汉论坛，2024（05）.

[94] 黄少安 . 中国特色社会主义政治经济学基本方法论的传承与创新 [J]. 经济学动态，2024（04）.

[95] 黄承伟 . 有力有效推进乡村全面振兴的行动指南 [J]. 红旗文稿，2024（02）.

[96] 黄承伟 . 推进乡村全面振兴：理论逻辑、科学方法与实践路径 [J]. 农业经济问题，2024（07）.

[97] 黄承伟 . 以思想理论创新引领改革实践创新——新时代党的"三农"理论创新及其时代贡献 [J]. 南京农业大学学报（社会科学版），2024（05）.

[98] 黄承伟 . 进一步全面深化改革推进乡村全面振兴的若干思考 [J]. 华中农业大学学报（社会科学版），2024（05）.

[99] 黄泰岩，谢春燕 . 新中国成立以来基本经济制度的演进规律及创新发展——基于民营经济理论演进的视角 [J]. 东南学术，2024（06）.

[100] 黄泰岩，李文杰 . 基于数字经济发展的民族地区经济现代化 [J].

中央民族大学学报（哲学社会科学版），2024（01）.

［101］黄泰岩．马克思政治经济学的研究对象及其中国化时代化［J］.政治经济学评论，2024（04）.

［102］黄泰岩，王言文．马克思市场规模引致技术创新理论及其创新发展［J］.马克思主义与现实，2024（04）.

［103］洪银兴，姜集闯．培育和壮大耐心资本 推动新质生产力发展［J］.经济学家，2024（12）.

［104］洪银兴．中国式农业现代化和发展新质生产力的思考［J］.农业经济问题，2024（10）.

［105］洪银兴，任保平．论数字经济与社会主义市场经济的深度融合［J］.中国工业经济，2024（05）.

［106］洪银兴，王坤沂．新质生产力视角下产业链供应链韧性和安全性研究［J］.经济研究，2024（06）.

［107］洪银兴．发展新质生产力 建设现代化产业体系［J］.当代经济研究，2024（02）.

［108］洪银兴．新质生产力及其培育和发展［J］.经济学动态，2024（01）.

［109］洪银兴，耿智．制度、技术、文化多层面协同构建高水平社会主义市场经济体制［J］.经济理论与经济管理，2024（10）.

［110］贾根良，刘爱文．就业保障：实施就业优先战略的根本性措施［J］.社会科学战线，2024（07）.

［111］贾利军，郝启晨．新质生产力的生成逻辑：历史回溯、现实审视与政策实践［J］.教学与研究，2024（05）.

［112］金碚．论"新质生产力"的国家方略政策取向［J］.北京工业大学学报（社会科学版），2024（02）.

［113］金碚．论新质生产力研究的经济学思维［J］.西部论坛，2024（02）.

［114］简新华．也谈资本增殖与价值增值和"资本一般"［J］.当代经济研究，2024（05）.

［115］简新华．劳动价值论和剩余价值论的再思考［J］．河北经贸大学学报，2024（06）．

［116］简新华．毛泽东对社会主义经济理论的主要创新和发展［J］．毛泽东邓小平理论研究，2024（01）．

［117］姜长云，杨易．关于统筹新型城镇化和乡村全面振兴的思考［J］．湖南农业大学学报（社会科学版），2024（04）．

［118］姜长云．农业新质生产力：内涵特征、发展重点、面临制约和政策建议［J］．南京农业大学学报（社会科学版），2024（03）．

［119］姜长云．关于农业强国建设的若干认识［J］．中国农村经济，2024（04）．

［120］姜长云．新质生产力的内涵要义、发展要求和发展重点［J］．西部论坛，2024（02）．

［121］蒋永穆，杜婵．以农业新质生产力助推乡村生态产品价值实现［J］．农村经济，2024（06）．

［122］蒋永穆，李明星．发展农业新质生产力的政治经济学分析［J］．经济纵横，2024（05）．

［123］蒋永穆，乔张媛．新质生产力：符合新发展理念的先进生产力质态［J］．东南学术，2024（02）．

［124］孔祥智，程泽南，李愿．建设农业强国：基本认识、核心指标和推进路径［J］．学习与探索，2024（05）．

［125］孔祥智，李愿．深入学习习近平"三农"工作论述精神［J］．农林经济管理学报，2024（02）．

［126］孔祥智，谢东东．农业新质生产力的理论内涵、主要特征与培育路径［J］．中国农业大学学报（社会科学版），2024（04）．

［127］蓝江．空间、时间与生命政治：价值形式的三次重组——从《资本论》来解读数字资本主义下的价值形式［J］．学习与探索，2024（02）．

［128］蓝江．国外马克思主义研究中的技术封建主义思潮评析——从马克思的历史唯物主义角度来审视［J］．当代世界与社会主义，

2024（05）．

［129］蓝江．生产劳动与仪式劳动：数字时代政治经济学与生命政治学辩证法［J］．上海师范大学学报（哲学社会科学版），2024（05）．

［130］蓝江．从劳动力到人-机主体性——如何思考智能时代的生命政治［J］．理论与改革，2024（05）．

［131］赖立，胡乐明，粟小舟．首发经济赋能消费升级的内涵机理和路径选择［J］．经济学家，2024（12）．

［132］李实．多措并举促进农民收入增长［J］．中国农村经济，2024（01）．

［133］李政，廖晓东．中国式现代化理论的历史回溯、核心逻辑与原创价值［J］．兰州大学学报（社会科学版），2024（01）．

［134］李政，崔慧永．基于历史唯物主义视域的新质生产力：内涵、形成条件与有效路径［J］．重庆大学学报（社会科学版），2024（01）．

［135］李帮喜，赵奕菡．马克思-斯拉法体系：思想渊源、基本模型与研究进展——兼论马克思思想与斯拉法方法的兼容性问题［J］．人文杂志，2024（07）．

［136］李帮喜，李宁．经济波动、增长与实际产出水平——马克思-谢克的视角［J］．政治经济学评论，2024（06）．

［137］李雪松．以区域协同融通推进长江经济带高质量发展［J］．人民论坛，2024（24）．

［138］李连波，刘洺赫．国外政治经济学最新研究述论（2023）［J］．当代经济研究，2024（08）．

［139］林盼．国有经济布局的理论脉络、历史经验和发展方向［J］．上海经济研究，2024（02）．

［140］林毅夫．中国的发展奇迹与中国经济学自主理论创新［J］．经济学（季刊），2024（06）．

［141］林光彬，梁永坚．财政驱动增长：逻辑路径、发生机制与实践价值——基于政治经济学的视角［J］．政治经济学评论，2024

（04）.

［142］刘伟．高质量发展的关键在于推动经济质态演进［J］.中国高校社会科学，2024（05）.

［143］刘伟．健全宏观经济治理体系是进一步全面深化改革的重要任务［J］.经济纵横，2024（08）.

［144］刘伟．加快培育新质生产力 推进实现高质量发展［J］.经济理论与经济管理，2024（04）.

［145］刘伟．科学认识与切实发展新质生产力［J］.经济研究，2024（03）.

［146］刘勇，梁悦，周绍东．从雇工、零工到"玩工"——政治经济学视角的"劳动"形式文献评述［J］.中共福建省委党校（福建行政学院）学报，2024（04）.

［147］刘煜洲，蓝江．游戏资本主义：基于马克思政治经济学理论的批判［J］.中国人民大学学报，2024（06）.

［148］刘守英，黄彪．从传统生产力到新质生产力［J］.中国人民大学学报，2024（04）.

［149］刘守英，熊雪锋．中国共产党理论创造的政治经济学［J］.学术月刊，2024（03）.

［150］刘守英，李昊泽．城乡不平等的政治经济学分析［J］.社会科学，2024（03）.

［151］刘小莉，陈曙光．人民至上：中国式现代化的价值意蕴［J］.理论视野，2024（11）.

［152］刘元春．高水平社会主义市场经济体制下的政府与市场关系［J］.人民论坛·学术前沿，2024（23）.

［153］刘元春，丁洋．社会资本对工资的影响分析——基于搜寻动力减弱的视角［J］.华中师范大学学报（人文社会科学版），2024（06）.

［154］刘元春．中国式现代化情境下推进新型工业化的着力点［J］.财贸经济，2024（01）.

[155] 刘一鸣，曹廷求，王艺明．民营企业环境、社会和治理表现与劳动生产率提升 [J]．经济评论，2024（06）.

[156] 刘同舫．人类文明新形态对资本逻辑的超越 [J]．浙江学刊，2024（02）.

[157] 刘同舫．以唯物史观理解新质生产力 [J]．马克思主义理论学科研究，2024（04）.

[158] 刘同舫，冉力文．重思马克思"全部社会生活在本质上是实践的"经典论断 [J]．福建论坛（人文社会科学版），2024（05）.

[159] 刘震，周云帆．新质生产力与高质量发展：内在逻辑和重要着力点 [J]．上海经济研究，2024（09）.

[160] 刘震，张立榕．大数据技术会带来资本主义的终结吗？[J]．经济纵横，2024（06）.

[161] 刘凤义，计佳成，刘子嘉．高质量就业的政治经济学分析 [J]．经济纵横，2024（06）.

[162] 吕薇，金碚，李平，王蕴，任保平，张辉，盛朝迅，李开孟．以新促质，蓄势赋能——新质生产力内涵特征、形成机理及实现进路 [J]．技术经济，2024（03）.

[163] 卢江，王煜萍，郭子昂．数字基础设施建设对新质生产力发展的影响 [J]．上海经济研究，2024（12）.

[164] 卢江，郭子昂，王煜萍．新质生产力发展水平、区域差异与提升路径 [J]．重庆大学学报（社会科学版），2024（03）.

[165] 卢荻．经济学知识生产的内在特性——兼论中国经济学往何处去 [J]．文化纵横，2024（02）.

[166] 陆铭．观念与中国经济转型——以区域发展的空间政治经济学为例 [J]．学术月刊，2024（05）.

[167] 逯浩，温铁军．以全面深化改革推进乡村振兴的关键议题与实践路径 [J]．人文杂志，2024（11）.

[168] 逯浩，温铁军．中国乡村治理现代化转型的战略思考 [J]．学术论坛，2024（01）.

[169] 鲁保林，陈娜．正确认识金融资本的特性及风险防范［J］．上海经济研究，2024（11）．

[170] 骆郁廷，刘鸿畅．论超大规模国家现代化发展之势［J］．世界社会主义研究，2024（06）．

[171] 骆郁廷．马克思主义中国化时代化的方法论思考［J］．武汉大学学报（哲学社会科学版），2024（03）．

[172] 骆桢，张衔．劳动价值论走向实证研究的路径比较与理论融合［J］．政治经济学评论，2024（04）．

[173] 罗玉辉，李晶晶．基础·逻辑·路径：统一大市场视域下畅通"国内大循环"［J］．河南社会科学，2024（04）．

[174] 罗玉辉．新时代扎实推进农民农村共同富裕的逻辑建构［J］．当代经济研究，2024（01）．

[175] 罗必良．新质生产力：颠覆性创新与基要性变革——兼论农业高质量发展的本质规定和努力方向［J］．中国农村经济，2024（08）．

[176] 罗必良，程国强，耿鹏鹏．乡村振兴中的市场、企业与政府——基于种植文化的理论假说及其检验［J］．改革，2024（12）．

[177] 罗必良，耿鹏鹏．农村集体经济：农民共同富裕的实践逻辑［J］．社会科学战线，2024（06）．

[178] 罗必良，耿鹏鹏．农业新质生产力：理论脉络、基本内核与提升路径［J］．农业经济问题，2024（04）．

[179] 马建堂，蔡昉，高培勇，刘伟，王一鸣，董志勇．学习贯彻落实党的二十届三中全会精神笔谈［J］．中国工业经济，2024（07）．

[180] 马文武，蒋永穆．新质生产力促进共同富裕的政治经济学分析［J］．马克思主义与现实，2024（04）．

[181] 马慎萧，区铭彦，赵芫源．中国式现代化的理论内涵与实践路径研究［J］．政治经济学评论，2024（02）．

[182] 马慎萧，张袁雪湛．数字经济下劳动力再生产问题研究［J］．教学与研究，2024（12）．

[183] 毛小骓，卢荻．论数字资本的多重属性［J］．经济学动态，2024

（09）.

［184］孟捷，韩文龙.新质生产力论：一个历史唯物主义的阐释［J］.
经济研究，2024（03）.

［185］孟捷，朱宝清.作为"特种的政治经济学"的国家分配论——一
个学术史的考察［J］.学术研究，2024（02）.

［186］逢锦聚.改革创新为大力发展新质生产力提供体制保障［J］.马
克思主义与现实，2024（03）.

［187］逢锦聚.坚持"四个共同"扎实推进共同富裕［J］.当代经济研
究，2024（02）.

［188］平新乔.新旧动能转换与高质量发展［J］.人民论坛，2024（02）.

［189］平新乔.加快构建促进数字经济发展体制机制要关注生产关系的
新变化［J］.经济纵横，2024（09）.

［190］裴长洪.现代化进程中统筹独立自主与对外开放的中国经验和理
论［J］.财贸经济，2024（09）.

［191］裴长洪.《资本论》的当代价值与习近平经济思想的理论基础
［J］.马克思主义研究，2024（07）.

［192］裴长洪.中国近代经济思想的主题：抗争、求索与觉悟［J］.世
界社会科学，2024（03）.

［193］裴长洪.习近平经济思想理论内涵研究述要［J］.经济研究，
2024（02）.

［194］齐昊，李钟瑾.服务型制造的政治经济学分析［J］.经济学家，
2024（12）.

［195］乔倩，白暴力.新质生产力的生成背景、构成要素与实践理路
［J］.世界社会主义研究，2024（05）.

［196］邱海平，蒋永穆，刘震，张辉，方敏.把握新质生产力内涵要义
塑造高质量发展新优势——新质生产力研究笔谈［J］.经济科学，
2024（03）.

［197］邱海平.新质生产力理论的科学内涵及其重大创新意义［J］.财
经问题研究，2024（05）.

［198］乔晓楠．构建高水平社会主义市场经济体制推动新质生产力发展——兼论中国经济学自主理论体系的建构路径［J］．理论月刊，2024（10）．

［199］乔晓楠，冯天昪，瞿王城．商业数字平台租金、垄断规制与个人消费数据确权——一个基于政治经济学的双边市场模型［J］．中国工业经济，2024（06）．

［200］乔晓楠，王奕．构建适应新质生产力发展的新型生产关系——全面深化改革着力点的政治经济学分析［J］．财经科学，2024（08）．

［201］乔晓楠，马飞越．新质生产力发展的分析框架：理论机理、测度方法与经验证据［J］．经济纵横，2024（04）．

［202］任保平．以新质生产力赋能中国式现代化的重点与任务［J］．经济问题，2024（05）．

［203］任保平．生产力现代化转型形成新质生产力的逻辑［J］．经济研究，2024（03）．

［204］任保平．以数字新质生产力的形成全方位推进新型工业化［J］．人文杂志，2024（03）．

［205］任保平，王子月．新质生产力推进中国式现代化的战略重点、任务与路径［J］．西安财经大学学报，2024（01）．

［206］任保平．双重目标下数字经济赋能我国农业农村现代化的机制与路径［J］．东岳论丛，2024（01）．

［207］荣兆梓．社会主义公有制及国家所有制的几个理论问题［J］．马克思主义研究，2024（09）．

［208］荣兆梓．国有企业改革与中国特色社会主义政治经济学——一个历史的回顾［J］．当代经济研究，2024（04）．

［209］荣兆梓，王亚玄，李艳芬．按劳分配与按要素分配关系的进一步探讨［J］．教学与研究，2024（01）．

［210］宋朝龙．从马克思到当代：社会主义观具体化的逻辑进程［J］．理论探讨，2024（01）．

［211］孙久文，邢晓旭．中国式现代化下县域经济高质量发展的理论与

实践［J］. 齐鲁学刊，2024（01）.

［212］史正富，龚刚，孟捷. 债务视域下的货币供给侧结构性改革［J］. 政治经济学评论，2024（03）.

［213］沈尤佳，陈若芳. 全球产业链重塑：逻辑、目的与中国应对［J］. 福建论坛（人文社会科学版），2024（10）.

［214］申始占，杨春学. 高水平社会主义市场经济体制建设的历史逻辑、内在要求与实现路径［J］. 经济学家，2024（09）.

［215］唐琦，张辉，王桂军. 以新安全格局保障新发展格局——基于统筹发展和安全视角的研究［J］. 政治经济学评论，2024（04）.

［216］田克勤. 马克思恩格斯生产关系理论及其中国化的发展［J］. 世界社会主义研究，2024（10）.

［217］田克勤. 新中国75年在社会主义发展史上的地位［J］. 马克思主义理论学科研究，2024（10）.

［218］田克勤. 邓小平对马克思主义中国化方法论的重大贡献［J］. 马克思主义研究，2024（05）.

［219］王松，谢富胜. 住房资本主义体制终结了吗——城市地租、住房金融化与美国住房问题［J］. 马克思主义与现实，2024（05）.

［220］王瑶，郭冠清. 中国特色的有效市场与有为政府［J］. 河北经贸大学学报，2024（02）.

［221］王鸿宇，蓝江. 资本主义治理逻辑的历史性考察——基于马克思主义政治经济学视角［J］. 中南大学学报（社会科学版），2024（06）.

［222］王文泽. 人工智能条件下的剩余价值来源是什么？［J］. 政治经济学评论，2024（1）.

［223］王智强，程恩富. 开放经济社会再生产视角下经济循环与经济增长研究［J］. 经济研究，2024（07）.

［224］王亚玄，荣兆梓. 试论社会主义生产目的的价值形式［J］. 学术界，2024（09）.

［225］王生升，刘慧慧. 在人文经济学视域中把握经济发展与文化建设

的辩证关系［J］．经济纵横，2024（12）．

［226］王立胜，李靖．以进一步全面深化改革健全新型举国体制的路径探析［J］．山东大学学报（哲学社会科学版），2024（06）．

［227］王立胜．进一步全面深化改革必须坚持系统观念［J］．当代经济研究，2024（10）．

［228］王伟光，宋洪玲．战略性技术创新何以提升企业新质生产力［J］．河南社会科学，2024（09）．

［229］王伟光．加强系统性学理性研究阐释 不断开拓马克思主义中国化时代化新境界［J］．马克思主义与现实，2024（03）．

［230］王朝科．从生产力到新质生产力——基于经济思想史的考察［J］．上海经济研究，2024（03）．

［231］王金秋，赵敏．高水平对外开放与高质量利用外资研究［J］．政治经济学评论，2024（03）．

［232］汪三贵，马兰，孙俊娜．从绝对贫困到共同富裕：历史协同、现实基础与未来启示［J］．贵州社会科学，2024（02）．

［233］魏后凯，叶兴庆，黄祖辉，辛贤，魏建．进一步全面深化改革，开创高质量发展新局面——权威专家研究阐释党的二十届三中全会精神［J］．中国农村经济，2024（09）．

［234］魏后凯，吴广昊．以新质生产力引领现代化大农业发展［J］．改革，2024（05）．

［235］魏后凯．准确把握统筹新型城镇化和乡村全面振兴的科学内涵［J］．中国农村经济，2024（01）．

［236］魏广成，孔祥智．"小田并大田"改革的生成逻辑、实践路向与政策价值——基于完善农村基本经营制度的视角［J］．经济学家，2024（06）．

［237］温铁军，逯浩．深化新质生产力推进农业农村现代化的理论认识［J］．人民论坛·学术前沿，2024（10）．

［238］吴文，周绍东．"两个不能否定"与国家经济发展战略的动态选择［J］．南京大学学报（哲学·人文科学·社会科学），2024（01）．

［239］辛鸣．共同富裕的中国逻辑［J］．中国社会科学，2024（01）．

［240］谢地，孔晓．以全面深化改革推进中国式现代化的内在逻辑及其着力点［J］．政治经济学评论，2024（06）．

［241］谢地，张巧玲，贺城．新质生产力赋能现代化产业体系的内在逻辑与实践路径［J］．人文杂志，2024（12）．

［242］谢地，荣莹．发展新质生产力的理论源流、历史演进与实践进路［J］．山东社会科学，2024（06）．

［243］谢地，荣莹．发展新质生产力引领中国经济行稳致远［J］．马克思主义理论学科研究，2024（05）．

［244］谢富胜，江楠，匡晓璐．马克思的生产力理论与发展新质生产力［J］．中国人民大学学报，2024（05）．

［245］谢富胜，江楠．马克思的现代化思想与中国式现代化［J］．教学与研究，2024（05）．

［246］谢增毅．数字时代劳动关系概念及认定规范的中国表达［J］．中国社会科学，2024（10）．

［247］杨虎涛，方敏．生产力的质变：表征、动力与过程［J］．财经问题研究，2024（08）．

［248］杨虎涛，方敏．数字经济时代规范和引导资本健康发展的逻辑及举措［J］．世界社会主义研究，2024（05）．

［249］杨虎涛．从历史维度深化对新质生产力发展规律的认识［J］．红旗文稿，2024（10）．

［250］杨瑞龙．不断提升创建中国经济学自主知识体系的能力［J］．生态文明研究，2024（02）．

［251］于金富，蔺大勇．基于发展视角的习近平经济思想学理化研究［J］．经济纵横，2024（07）．

［252］于金富，蔺大勇．守正创新：中国特色社会主义建设的重要经验与基本规律［J］．当代经济研究，2024（07）．

［253］余斌．论货币是特殊的一般商品［J］．广西社会科学，2024（01）

［254］余斌．新质生产力与经济高质量发展的辩证关系［J］．世界社会

主义研究，2024（08）.

[255] 余斌．从欧美对俄经济制裁再论产权［J］．当代经济研究，2024（01）.

[256] 袁富华，李兆辰．系统论视角下构建高水平社会主义市场经济体制的理论与实践［J］．中国特色社会主义研究，2024（05）.

[257] 原磊，张弛．加快发展新质生产力［J］．中国金融，2024（02）.

[258] 伊萨克·伊里奇·鲁宾，张开，郑泽华，姚志才，高鹤鹏，薛敏．马克思体系中的抽象劳动和价值［J］．政治经济学评论，2024（06）.

[259] 赵峰，李爱军，马慎萧．技术进步模式转换与高质量发展的政治经济学分析［J］．经济学动态，2024（12）.

[260] 赵峰，季雷．新质生产力的科学内涵、构成要素和制度保障机制［J］．学习与探索，2024（01）.

[261] 赵峰，赵芫源．数字经济时代的资本集中：一个政治经济学分析［J］．马克思主义与现实，2024（05）.

[262] 赵晓磊，赵磊．论社会主义市场经济资本的特性——兼论资本家的管理劳动［J］．当代经济研究，2024（07）.

[263] 赵华美，刘凤义．数字经济时代资本主义私有制实现形式新样态及其批判［J］．学术探索，2024（06）.

[264] 张宇．中国特色社会主义政治经济学的历史性贡献［J］．中国社会科学，2024（04）.

[265] 张宇．马克思主义政治经济学在当代中国的创新发展［J］．马克思主义与现实，2024（03）.

[266] 张宇．马克思主义生产力理论若干基本问题再认识——基于劳动主体性的思考［J］．马克思主义研究，2024（12）.

[267] 张翔，孙久文．数字经济发展与新质生产力的生成逻辑［J］．学术研究，2024（05）.

[268] 张旭．加快发展新质生产力 扎实推进经济高质量发展［J］．马克思主义研究，2024（08）.

[269] 张旭,于蒙蒙.人工智能背景下的劳动价值论研究:核心议题、历史追溯与经典回顾[J].政治经济学评论,2024(04).

[270] 张旭,张彦泽.GPT系列生成式人工智能技术的政治经济学分析——基于马克思机器大生产理论[J].马克思主义与现实,2024(04).

[271] 张旭,于蒙蒙.新质生产力的"述"与"论":时代意义、实践路径与中国式现代化[J].河北经贸大学学报,2024(04).

[272] 张弛.新时代新征程上弘扬企业家精神[J].红旗文稿,2024(17).

[273] 张旺,白永秀.数据商品生产及其流通的政治经济学分析[J].当代经济研究,2024(05).

[274] 张杰.如何科学认识当前中国经济增长动力源泉与改革突破口[J].学术月刊,2024(04).

[275] 张杰.新质生产力理论创新与中国实践路径[J].河北学刊,2024(03).

[276] 张衔,蒙长玉.国民收入分配的合理区间:经验研究与启示[J].社会科学战线,2024(12).

[277] 张志,罗玉辉.科学推动国有资本与民营资本协同竞争的政治经济学分析[J].马克思主义与现实,2024(01).

[278] 张开.平台资本二重性:基于马克思资本二重性理论的探讨[J].中国社会科学院大学学报,2024(07).

[279] 张开,薛敏.科学理解习近平总书记关于资本问题的重要论述[J].上海经济研究,2024(07).

[280] 张开,郑泽华,薛敏.习近平经济思想研究新进展[J].政治经济学评论,2024(02).

[281] 张辉,马望博.大数据时代的农业发展:国际前沿与中国实践[J].北京交通大学学报(社会科学版),2024(02).

[282] 张辉.中国经济实现"稳"与"进"的策略选择[J].人民论坛·学术前沿,2024(03).

［283］张辉，唐琦．新质生产力形成的条件、方向及着力点［J］．学习与探索，2024（01）．

［284］张辉，唐琦，吴尚．健全推动经济高质量发展体制机制的三重逻辑［J］．中国人民大学学报，2024（06）．

［285］张建刚．科技革命视域下中国式工业现代化的发展战略与实践路径［J］．政治经济学评论，2024（04）．

［286］张亚光，毕悦．"政治经济学"概念在近代中国的溯源与演变［J］．中国经济史研究，2024（01）．

［287］张昕蔚，刘刚．数字资本主义时代的资本形态变化及其循环过程研究［J］．当代财经，2024（06）．

［288］张雷声．马克思主义基本原理知识体系构建及教学实践［J］．马克思主义研究，2024（10）．

［289］张雷声．"两个结合"是党的创新理论的原理性成果［J］．马克思主义理论学科研究，2024（12）．

［290］张雷声，杭州．习近平新时代中国特色社会主义思想的世界观和方法论理论逻辑及创新性贡献［J］．新疆师范大学学报（哲学社会科学版），2024（04）．

［291］张东刚．建构中国自主的知识体系的若干思考［J］．中国社会科学，2024（05）．

［292］周文，许凌云．新质生产力的政治经济学核心要义［J］．经济学动态，2024（06）．

［293］周文，何雨晴．新质生产力：中国式现代化的新动能与新路径［J］．财经问题研究，2024（04）．

［294］周文，叶蕾．新质生产力与数字经济［J］．浙江工商大学学报，2024（02）．

［295］周文，许凌云．再论新质生产力：认识误区、形成条件与实现路径［J］．改革，2024（03）．

［296］周文，李吉良．新质生产力与中国式现代化［J］．社会科学辑刊，2024（02）．

［297］周绍杰，钟晓萍．中国式现代化视角下城乡协调发展的三重逻辑与推进路径［J］．甘肃社会科学，2024（03）．

［298］周绍杰，张泽邦，王拓．新发展格局下的东北全面振兴：特征事实与对策建议［J］．经济纵横，2024（06）．

［299］周绍杰，王拓，胡珺祎．中国农村人口现状及生育意愿问题研究［J］．清华大学学报（哲学社会科学版），2024（01）．

［300］周绍东，胡华杰．新质生产力推动创新发展的政治经济学研究［J］．新疆师范大学学报（哲学社会科学版），2024（05）．

［301］周绍东，李靖．数字化新质生产力发展的政治经济学研究［J］．马克思主义理论学科研究，2024（04）．

［302］朱安东，毛小骅．构建高水平社会主义市场经济体制［J］．中国高校社会科学，2024（06）．

［303］朱福林．新中国引资75年：历程、经验与展望［J］．东南学术，2024（06）．

［304］朱福林．全球价值链基本图景、"分合"逻辑与战略应对［J］．福建论坛（人文社会科学版），2024（10）．

［305］庄贵阳，丁斐，王思博．生态产品及其价值实现探析——基于政治经济学的思考［J］．中国社会科学，2024（11）．

［306］中国社会科学院经济研究所课题组，黄群慧，杨耀武，杨虎涛，楠玉．结构变迁、效率变革与发展新质生产力［J］．经济研究，2024（04）．

（二）英文期刊

［1］Andrea Borsato. Does the Secular Stagnation Hypothesis Match the Data? Evidence from the USA［J］. Journal of Post Keynesian Economics，2024（2）.

［2］Aleksandra Piletić. Continuity or Change? Platforms and the Hybridization of Neoliberal Institutional Contexts［J］. Review of International Political Economy，2024（2）.

［3］Alper Duman，E. Ahmet Tonak. Clarification and Application of the Category Profit on Alienation［J］. Review of Radical Political Economics, 2024（2）.

［4］ Andrew G. Haldane, Alessandro Migliavacca, Vera Palea. Is Accounting a Matter for Bookkeepers Only? The Effects of IFRS Adoption on the Financialisation of Economy［J］. Cambridge Journal of Economics, 2024（3）.

［5］ Bill Dunn. Problems of the Labour Theory of Value, Money, and the State Form［J］. International Critical Thought, 2024（4）.

［6］ Benjamin Selwyn, Charis Davis. The Case for Socialist Veganism: A Political-Economic Approach［J］. Monthly Review, 2024（9）.

［7］ Brancaccio E, Giammetti R, Lucarelli S. Centralization of Capital and Economic Conditions for Peace［J］. Review of Keynesian Economics, 2024（3）.

［8］ Brancaccio E, De Cristofaro F. In Praise of 'General Laws' of Capitalism: Notes from a Debate with Daron Acemoglu［J］. Review of Political Economy, 2024（1）.

［9］ Brendan Burchell, et al. The Future of Work and Working Time: Introduction to Special Issue. Cambridge Journal of Economics, 2024（1）.

［10］ Burns T. Marx's Capital and the Concept of Super-exploitation［J］. Capital & Class, 2024（3）.

［11］ Bruno Höfig, Leonardo Paes Müller, Iderley Colombini. The Tendency of the Non-Bank Financial Sector to Rise: A Materialist Account of the Growth of Market-Based Finance［J］. Review of Radical Political Economics, 2024（3）.

［12］ Carlos A Ibarra. Profits and Capital Accumulation in the Mexican Economy［J］. Cambridge Journal of Economics, 2024（3）.

［13］ Carlos Alberto Duque Garcia. Competition and Distribution of Profit Rates in Colombia: A Marxist Political Economy Analysis［J］. International Critical Thought, 2024（4）.

［14］Clair Quentin. Unproductive Labor and the Smile Curve ［J］. Review of Radical Political Economics, 2024（2）.

［15］Charles J. Whalen. Telling It Like It Is: Reflections of a Maverick Economist-Remarks of the 2024 Veblen-Commons Award Recipient ［J］. Journal of Economic Issues, 2024（2）.

［16］Chilcote R H. Reflections on "Imperialism in the Financial Capital Era: Forgotten Contributions from Marxist Dependency Theory" ［J］. Review of Radical Political Economics, 2024（1）.

［17］David A. Spencer. Marx, Keynes and the Future of Working Time ［J］. Cambridge Journal of Economics, 2024（1）.

［18］David Kampmann. Venture Capital, the Fetish of Artificial Intelligence, and the Contradictions of Making Intangible Assets ［J］. Economy and Society, 2024（1）.

［19］David Laibman. Transnational Capitalist Class Theory: An Assessment ［J］. Science & Society, 2024（3）.

［20］Deepankar Basu, Cameron Haas, Thanos Moraitis. Intensification of Labor and the Rate and Form of Exploitation ［J］. Review of Radical Political Economics, 2024（1）.

［21］Erdogan Bakir and Al Campbell. Business Cycle Expansions in the Post-World War II United States Economy ［J］. Review of Radical Political Economics, 2024（4）.

［22］François-Xavier Devetter and Julie Valentin. Long Day for Few Hours: Impact of Working Time Fragmentation on Low Wages in France ［J］. Cambridge Journal of Economics, 2024（1）.

［23］Gergely Csányi. Rethinking Social Reproduction Analysis and Indirectly Productive Labour Focusing on Value, the Body and Intimacy ［J］. Capital & Class, 2024（3）.

［24］Gonzalo Durán, Michael Stanton. Reductions in the Working Week: Labour Intensity and Productivity in Chile from a Marxist Perspective

［J］. International Critical Thought，2024（2）.

［25］ Ingrid Hanon. The Autonomist Thesis of the Crisis of Value：Critiques and Perspectives ［J］. International Critical Thought，2024（4）.

［26］ Jason Hickel，Morena Hanbury Lemos，and Felix Barbour. Unequal Exchange of Labour in the World Economy ［J］. Nature communications，2024（1）.

［27］ Jalal Qanas，Malcolm Sawyer. Financialisation in the Gulf States ［J］. Review of Political Economy，2024（3）.

［28］ Jasmine Chorley-Schulz. Working-Class Soldiers，Social Reproduction，and the State ［J］. Science & Society，2024（2）.

［29］ John Bellamy Foster. The Dialectics of Ecology：An Introduction ［J］. Monthly Review，2024（8）.

［30］ John Barkdull，Paul G. Harris. Adapting to Climate Change：From Capitalism to Democratic Eco-Socialism ［J］. Capitalism Nature Socialism，2024（3）.

［31］ Juan Barredo-Zuriarrain. Credit-Fueled Demand and Shrinking Aggregate Supply：A Study on the Hyperinflation in Venezuela ［J］. Review of Political Economy，2024（1）.

［32］ Julio Huato. The Political Economy of Digital Technology ［J］. Science & Society，2024（2）.

［33］ Kadri J. Marxist Debates on the Origin of Capitalism Explored Based on an Althusserian Perspective ［J］. Comparative Sociology，2024（6）.

［34］ Klemen Knez. Uneven Development，Choice of Technique，and Generalized Worldwide Law of Value ［J］. Review of Radical Political Economics，2024（3）.

［35］ Kiyoshi Nagatani. The Value Form and the Fetishism of the Commodity ［J］. Review of Radical Political Economics，2024（1）.

［36］ Luis Arboledas-Lérida. A Marxist Analysis of the Metrification of Academic Labor：Research Impact Metrics and Socially Necessary Labor

Time［J］. Science & Society, 2024（4）.

［37］ Mark Cowling. Strategies of Continuity and Discontinuity in the Interpretation of Marx's Work: The Case for Discontinuity［J］. Capital & Class, 2024（1）.

［38］ Marko Lah, Andrej Sušjan. A Heterodox Approach to Masstige: Brand Fetishism, Corporate Pricing, and Rules of Consumer Choice［J］. Review of Radical Political Economics, 2024（2）.

［39］ Marnie Holborow. Engels for Our Times: Gender, Social Reproduction, and Revolution［J］. Monthly Review, 2024（10）.

［40］ Marco G D. Marx's General Rate of Profit: How Turnover Time, Accumulation and Rate of Surplus Value Affect the Formation of Prices of Production［J］. Capital & Class, 2024（4）.

［41］ Manuel Gracia Santos, Miguel Montanyá, and María J. Paz. Decomposition and Dynamics of Unit Labor Costs in a Context of International Fragmentation of Production: Evidence from the German Automotive Sector［J］. Review of Radical Political Economics, 2024（4）.

［42］ Markus Nabernegg, Steffen Lange & Thomas Kopp. Inflation inGermany: Energy Prices, Profit Shares, and Market Power in Different Sectors［J］. International Journal of Political Economy, 2024（4）.

［43］ Mi Li. Digital Labor or Digital Consumption: A Marxist Analysis of Digital Labor Theory［J］. Journal of Southwest University Social Science Edition, 2024（4）.

［44］ Minqi Li and Lingyi Wei. Surplus Absorption, Secular Stagnation, and the Transition to Socialism: Contradictions of the U. S. and the Chinese Economies since 2000［J］. Monthly Review, 2024（5）.

［45］ Miguel Rivera, Benjamín Lujano, Josué García, Oscar Araujo. The Power Bloc of Finance Capital and the Debacle of the Central Bank: Toward the Final Crisis［J］. International Critical Thought, 2024（4）.

［46］ Nayak B S, Walton N. The Future of Platforms, Big Data and New

Forms of Capital Accumulation [J]. Information Technology & People, 2024 (2).

[47] Nicolas Hernán Zeolla and Juan E. Santarcángelo. Financialization, Financial Assets and Productive Investment in Latin America: Evidence from Large Public Listed Companies 1995－2015 [J]. Journal of Post Keynesian Economics, 2024 (2).

[48] Noemi Levy-Orlik. The New Forms of Economic Dominance in Latin American Economies in the Globalised Era: A Glance at Mexico's Financial System [J]. Review of Political Economy, 2024 (3).

[49] Ninos G. A Methodological Interpretation of the Circuits of Capital [J]. Capital & Class, 2024 (1).

[50] Oktay Ozden and Hakki Kutay Bolkol. Shaikh's Theory of Inflation: Empirical Evidence from European Countries (2001－20) [J]. Review of Political Economy, 2024 (4).

[51] Pelin Akçagün-Narin and Adem Yavuz Elveren. Financialization and Militarization: An Empirical Investigation [J]. Review of Radical Political Economics, 2024 (1).

[52] Pedro Romero Marques, Fernando Rugitsky. Rentiers and Distributive Conflict in Brazil (2000－2019) [J]. Cambridge Journal of Economics, 2024, 48 (2).

[53] Raju J. Das. On Marx's Theory of Fettering of Productive Forces by Social Relations of Production [J]. Critique, 2024 (4).

[54] Ricci A. Deciphering the Commodity: The Social Code of Value [J]. Rethinking Marxism, 2024 (1).

[55] Rey-Araújo P M. Social Reproduction Theory and the Capitalist "Form" of Social Reproduction [J]. New Political Economy, 2024 (3).

[56] Roos A, Hornborg A. Technology as Capital: Challenging the Illusion of the Green Machine [J]. Capitalism Nature Socialism, 2024 (2).

[57] Sigurd M. Nordli Oppegaard. Platformization as Subsumption? A Case

Study of Taxi Platforms in Oslo, Norway [J]. Capital & Class, 2024 (3).

[58] Selwyn B. Global Libidinal Economy and Capitalist Development: Methodological Challenges and Intellectual Promises [J]. Rethinking Marxism, 2024 (4).

[59] Sébastien Charles, Thomas Dallery, and Jonathan Marie. Inflation in France Since the 1960s: A Post-Keynesian Interpretation Using the Conflict-Inflation Model [J]. International Journal of Political Economy, 2024 (2).

[60] Susan K. Schroeder. The 2024 Veblen-Commons Award Recipient: Charles J. Whalen [J]. Journal of Economic Issues, 2024 (2).

[61] Thomas Ferguson & Servaas Storm. Good Policy or Good Luck? Why Inflation Fell Without a Recession [J]. International Journal of Political Economy, 2024 (4).

[62] William Van Lear. An Assessment of Pandemic Era Inflation, 2021 – 2022 [J]. International Journal of Political Economy, 2024 (2).

[63] William I. Robinson. On Imperialism: Reply to the S&S Symposium [J]. Science & Society, 2024 (3).

[64] Wang J., Tomassetti J. Labor-capital Relations on Digital Platforms: Organization, Algorithmic Discipline and the Social Factory Again [J]. Sociology Compass, 2024 (3).

三　报纸

[1] 逄锦聚. 建构中国人文经济学自主知识体系 [N]. 光明日报, 2024-1-16.

[2] 王文姬, 夏杰长. 推进文化产业高质量发展 [N]. 光明日报, 2024-1-16.

[3] 黄凯南. 数据生产要素论对经济学理论创新的重要影响 [N]. 光明日报, 2024-1-16.

［4］张晓晶．供需协同发力壮大竞争新优势［N］．经济日报，2024-
　　　1-17.

［5］史丹．构筑数字经济发展新优势［N］．经济日报，2024-1-23.

［6］王春超．以数字经济高质量发展促进共同富裕［N］．光明日报，
　　　2024-1-23.

［7］张颖熙．形成消费和投资相互促进的良性循环［N］．经济日报，
　　　2024-1-24.

［8］原磊．新型工业化激发经济发展新动能［N］．经济日报，2024-
　　　2-8.

［9］胡怀国．深刻把握新质生产力的三重逻辑［N］．南方日报，2024-
　　　2-26.

［10］原磊，张鹏．从新动能看中国经济发展前景［N］．中国社会科学
　　　报，2024-2-29.

［11］陈彦斌．5%的增长目标释放出了更积极的"稳增长"信号［N］.
　　　经济观察报，2024-3-8.

［12］李政．新质生产力怎么"上新"［N］．湖南日报，2024-3-7.

［13］黄群慧．读懂新质生产力［N］．华夏时报，2024-3-11.

［14］何伟．把握"五个必须"扎实推进中国式现代化［N］．中国青年
　　　报，2024-3-17.

［15］郭冠清．新质生产力的科学内涵及其原创性贡献［N］．中国社会
　　　科学报，2024-3-22.

［16］黄瑾，唐柳．新质生产力：中国特色的先进生产力［N］．中国社
　　　会科学报，2024-3-22.

［17］何自力．深化做好经济工作的规律性认识［N］．经济日报，2024-
　　　3-28.

［18］付敏杰．因地制宜发展新质生产力［N］．河北日报，2024-4-3.

［19］黄群慧．统筹推进深层次改革和高水平开放［N］．经济日报，
　　　2024-4-23.

［20］刘新刚．加强资本治理 大力释放新质生产力［N］．中国社会科学

报，2024-4-24.

[21] 丁晓钦，侯婉月．站在更高起点 谱写改革开放新篇章［N］．光明日报，2024-4-25.

[22] 原磊，张鹏．中国经济回升向好态势不断增强［N］．中国社会科学报，2024-4-25.

[23] 宋冬林．推动东北全面振兴实现新突破［N］．中国社会科学报，2024-4-25.

[24] 刘冠君．创新是新质生产力显著特点［N］．经济日报，2024-5-8.

[25] 依绍华．高效顺畅流通支撑新发展格局［N］．经济日报，2024-5-8.

[26] 黄茂兴．辩证认识经济发展质和量［N］．经济日报，2024-5-8.

[27] 王立文．防范发展新质生产力中的认识误区［N］．人民日报，2024-5-9.

[28] 张弛．政策"组合拳"带动消费升级［N］．经济日报，2024-5-13.

[29] 张小溪．"鲜花经济"为绿色发展增色添香［N］．光明日报，2024-5-20.

[30] 张其仔．发展新质生产力需激发企业创新活力［N］．经济日报，2024-5-28.

[31] 黄群慧．新质生产力本身就是绿色生产力［N］．中国经济时报，2024-5-29.

[32] 高翔．深刻把握"第二个结合"是又一次的思想解放［N］．人民日报，2024-5-31.

[33] 周文．用中国式现代化经验丰富中国自主的经济学知识体系［N］．人民日报，2024-6-3.

[34] 邱灵．破解传统产业转型升级瓶颈制约［N］．经济日报，2024-6-4.

[35] 戚聿东．发展新质生产力要发挥数字技术作用［N］．人民日报，2024-6-4.

［36］张小溪．能源-产业双转型下，绿色经济发展行稳致远［N］．社会科学报，2024-6-12．

［37］张小溪．"小众经济"拉动"大众消费"［N］．光明日报，2024-6-17．

［38］高培勇．稳预期是宏观经济治理关键［N］．经济日报，2024-6-28．

［39］王生升．提升国内国际循环质量水平［N］．经济日报，2024-6-28．

［40］楠玉．我国经济现代化的路径选择［N］．人民日报，2024-7-8．

［41］张小溪．繁荣夜经济 激发新动能［N］．光明日报，2024-7-12．

［42］张鹏．全面深化改革 构建高水平社会主义市场经济体制［N］．中国青年报，2024-7-14．

［43］颜晓峰．为中国式现代化提供强大动力和制度保障［N］．光明日报，2024-7-24．

［44］付敏杰．为中国式现代化提供强大动力和制度保障［N］．河北日报，2024-7-26．

［45］张旭，王廷惠，丁晓钦．锚定总目标，写好改革时代新篇［N］．广州日报，2024-7-29．

［46］黄群慧．聚焦构建高水平社会主义市场经济体制［N］．解放日报，2024-7-30．

［47］丁晓钦，尤惠阳．深刻把握进一步全面深化改革的六项重大原则［N］．光明日报，2024-7-31．

［48］顾海良．进一步全面深化改革必须坚持系统观念［N］．人民日报，2024-8-12．

［49］刘元春．以经济体制改革为牵引进一步全面深化改革［N］．光明日报，2024-8-13．

［50］张旭．如何理解既"放得活"又"管得住"［N］．经济日报，2024-8-15．

［51］陈彦斌．完善宏观调控制度体系 提高宏观调控的科学性［N］．光

明日报，2024-8-20.

[52] 洪银兴. 构建"放得活""管得住"的高水平社会主义市场经济体制 [N]. 光明日报，2024-8-20.

[53] 李晓华. 深化改革推动实体经济高质量发展 [N]. 经济日报，2024-8-20.

[54] 邱海平. 新质生产力理论成果彰显原创性贡献 [N]. 经济日报，2024-9-24.

[55] 韩保江. 构建"放得活、管得住"的高水平社会主义市场经济体制 [N]. 光明日报，2024-10-3.

[56] 张宇. 马克思主义生产力理论在当代中国的创新发展 [N]. 光明日报，2024-10-8.

[57] 倪红福. 积极拓展全要素生产率提升空间 [N]. 中国社会科学报，2024-10-11.

[58] 赵麦茹. 挖掘并合理借鉴中华优秀传统经济思想 [N]. 光明日报，2024-10-15.

[59] 赖立，胡乐明. 发展首发经济　推动消费升级 [N]. 光明日报，2024-10-15.

[60] 欧阳峣. 依托超大规模市场　促进技术创新和产业创新 [N]. 光明日报，2024-11-5.

[61] 李三希. 立足中国国情推动数字经济理论创新 [N]. 光明日报，2024-11-12.

[62] 吕炜. 坚持创新在现代化建设全局中的核心地位 [N]. 经济日报，2024-11-13.

[63] 张晓晶. 全面认识我国经济发展的潜力、活力和底气 [N]. 人民日报，2024-11-20.

[64] 原磊. 构建与新质生产力相适应的新型生产关系 [N]. 经济日报，2024-11-21.

[65] 逄锦聚. 多角度研究如何发展新质生产力 [N]. 经济日报，2024-11-27.

［66］刘守英．新时代重大经济理论实践问题的科学回答［N］．经济日报，2024-12-5.

［67］顾海良．中国经济学自主知识体系的创新性探索［N］．经济日报，2024-12-19.

［68］刘洪愧．与时俱进构建高水平社会主义市场经济体制［N］．中国社会科学报，2024-12-25.

［69］陈彦斌．健全宏观经济治理体系的改革重点［N］．经济日报，2024-12-26.

［70］杜创．关键时刻更需要弘扬企业家精神［N］．大众日报，2024-12-31.

图书在版编目（CIP）数据

政治经济学前沿报告.2025/张旭主编.--北京：
社会科学文献出版社，2025.5.--ISBN 978-7-5228
-5294-2

Ⅰ.F0

中国国家版本馆 CIP 数据核字第 20254TU516 号

政治经济学前沿报告（2025）

主　　编／张　旭

出 版 人／冀祥德
责任编辑／陈凤玲　武广汉
责任印制／岳　阳

出　　版／社会科学文献出版社·经济与管理分社（010）59367226
　　　　　地址：北京市北三环中路甲 29 号院华龙大厦　邮编：100029
　　　　　网址：www.ssap.com.cn
发　　行／社会科学文献出版社（010）59367028
印　　装／三河市龙林印务有限公司

规　　格／开　本：787mm×1092mm　1/16
　　　　　印　张：20.5　字　数：304 千字
版　　次／2025 年 5 月第 1 版　2025 年 5 月第 1 次印刷
书　　号／ISBN 978-7-5228-5294-2
定　　价／99.00 元

读者服务电话：4008918866